本书出版得到韩山师范学院
创建国家教师教育创新实验区项目经费支持

许守武　唐大光　编著

绿色行动

绿色教育特色学校建设的实践探索

暨南大學出版社
JINAN UNIVERSITY PRESS
中国·广州

图书在版编目（CIP）数据

绿色行动：绿色教育特色学校建设的实践探索/许守武，唐大光编著．—广州：暨南大学出版社，2021.12
ISBN 978－7－5668－3301－3

Ⅰ.①绿…　Ⅱ.①许…②唐…　Ⅲ.①中学教育—教育研究　Ⅳ.①G632.0

中国版本图书馆 CIP 数据核字（2021）第 248752 号

绿色行动：绿色教育特色学校建设的实践探索
LÜSE XINGDONG：LÜSE JIAOYU TESE XUEXIAO JIANSHE DE SHIJIAN TANSUO
编　著：许守武　唐大光

出 版 人：张晋升
策划编辑：武艳飞
责任编辑：王辰月
责任校对：周海燕　孙劭贤　陈皓琳
责任印制：周一丹　郑玉婷

出版发行：暨南大学出版社（510630）
电　　话：总编室（8620）85221601
　　　　　营销部（8620）85225284　85228291　85228292　85226712
传　　真：（8620）85221583（办公室）　85223774（营销部）
网　　址：http://www.jnupress.com
排　　版：广州市天河星辰文化发展部照排中心
印　　刷：广州市穗彩印务有限公司
开　　本：787mm×1092mm　1/16
印　　张：18.75
字　　数：398 千
版　　次：2021 年 12 月第 1 版
印　　次：2021 年 12 月第 1 次
定　　价：69.80 元

前　言

汕头市澄海实验高级中学位于韩江之滨，是汕头市澄海区一所公办普通高中，该校背靠四季如春的花果山，南临修建于明代的冠山书院，东承中华英烈许包野陵园，西枕“华侨米丘林”谢易初先生创建的原澄海国营农场。在这里，优秀的中华传统文化和现代科学精神交相辉映，勤劳朴实的优良品质和崇高的爱国主义精神永续传承。

学校前身是创办于1958年的澄海师范学校，2000年转制为普通高中后，即确立了“高起点、专业化、重质量、有特色”的发展思路。二十年来，伴随着基础教育改革，学校一步一个脚印地发展起来，发展过程中有两条主线贯穿始终：第一是创建有特色的示范性学校，形成以“绿色教育”为特色的办学风格；第二是扎扎实实开展以“一切为了学生的发展”为核心的高中课程改革。二十年来，学校抓住发展机遇，风雨兼程，不断深化教育改革，打造充满生命力的行动性系列校本课程，于2018年3月被广东省教育研究院确定为广东省首批“基础教育研究实验基地学校”，开始开展“绿色行动”校本课程项目研究。遵循“理念引领，项目推动，整体优化”原则，提升、拓展“绿色教育”理念的内涵和外延，在深度开发“绿色行动”校本课程的同时，充分发挥“绿色教育”的价值，全方位、高品质提升学校“绿色教育”文化，在实践中取得了显著成效。为了推进绿色教育特色学校的建设，服务学校特色发展和教师专业发展，在韩山师范学院广东省中小学教师发展中心的鼎力支持下，总结学校文化，凝练绿色教育建设成果，编纂本书。

本书介绍了学校绿色教育文化体系的构建和特色学校建设情况。全书共分三编。

第一编：追寻绿色发展的教育梦。该编主要是对绿色教育文化体系的构建进行梳理。在该编的引言中简要追记了澄海师范学校的办学历史。该校在澄师时代凡四十四载，几易校舍，几度沧桑，但其辉煌的历史与闪光的业绩始终没有被湮没，学校的办学宗旨和优秀文化被后继者传承。第一章简单概述了澄海实验高级中学发展历程的四个阶段，包括转制阶段（2002—2006），发展阶段（2007—2012），转型阶段（2013—2017），创优阶段（2018—2020）。在后续的两章里，阐述了学校对绿色教育的理性认识，介绍了绿色教育的理论来源，并解读了绿色教育办学理念，包括绿色教育的概念界定、理论依据、性质和特点与基本要素，以及在“绿色教育”理念导向下所形成的绿色教育文化体系。

第二编：充满生命活力的绿色行动。该编主要介绍绿色课程的深度开发，以及在绿色教育文化引领下，打造绿色课堂、绿色德育、绿色 IT 的实践探索。在新课标背景下，关于如何创造性地达成学生发展核心素养，如何做到既体现国家意志，又适合本地本校实际，搭建起学生发展核心素养与学校日常教学之间的桥梁，我们在学习研究中形成这样的共识：必须在学生发展核心素养视角下重构校本课程框架，挖掘办学特色，发挥绿色教育的育人功能，整合、重组、深化校本课程开发，努力实现国家课程校本化、校本课程特色化、特色课程优质化。在建设特色化优质校本课程过程中，“绿色行动”校本课程充分发挥了提升人的生命价值的基础性作用。该编介绍了自承担“绿色行动”校本课程的实验基地项目后，学校在深度开发校本课程过程中的具体做法。“绿色行动”校本课程包括生命教育、生态文明教育、优秀传统文化教育、审美与健康教育、社会参与教育五个系列。该编还介绍了在“绿色教育”理念导向下，绿色课堂、绿色德育、绿色 IT 的建设情况，具体内容包括教育科研报告、教育教学论文、教学案例等，并汇总整理了近年来学校承担的各级科研项目研究成果。

第三编：成就师生美好的教育愿景。该编主要介绍了教师校本研训行动和核心素养导向下学生发展指导项目的研究成果。在教师专业发展方面，学校大力推动“强师工程”建设，倡导专业阅读和专业写作，构建教师专业成长共同体，不断提升教师的专业素养，一批区域内有影响的名师正在茁壮成长。在学生发展指导方面，重点介绍了在“绿色教育”理念引领下深入贯彻因材施教的原则，持续提高教育质量和办学水平方面的一些做法。该编最后还汇集了学校师生参加“我与学校特色培育同成长”征文比赛的部分获奖作品，以此纪念学校开展特色学校建设。

弦歌不辍二十载，玉汝于成续华章。本书既是对广东省基础教育研究实验基地研究项目的总结，也是学校创办普通高中二十年以来发展的缩影。新时代“创新、协调、绿色、开放、共享”的发展理念是深化教育改革，提升教育品质的重要指导思想。其中，“绿色”是永续发展的必要条件和人民对美好生活追求的重要体现，其关键是促进人与自然和谐共生，改善生态环境。绿色发展离不开绿色教育。澄海实验高级中学在过去的二十年中，在绿色教育的道路上不断探索，构建绿色教育理念文化体系，着力加强资源环境、国情和生态价值观的教育，践行可持续发展教育理念，提升了办学品质，为实现优质、多样、特色发展打下坚实基础。作为广东省基础教育研究实验基地学校，我们有义务将研究成果进行梳理提炼，作为学校发展的建设者、见证者，我们更加有责任整理和保存学校优质资源，传承和发扬学校优秀文化。

许守武
澄海实验高级中学校长
2021 年 3 月 10 日

目 录

CONTENTS

001 前 言

第一编 追寻绿色发展的教育梦

003 引言 洒下一片光和热 而今杏坛尽芳菲——澄海师范学校办学追记
004 第一节 澄海师范学校简介（1958—2002）
005 第二节 花果澄师办学追记

008 第一章 绿色教育行动轨迹——澄海实验高级中学发展历程简述
008 第一节 转制阶段（2002—2006）——打基础，塑文化，上等级
011 第二节 发展阶段（2007—2012）——扩规模，树理念，创品牌
015 第三节 转型阶段（2013—2017）——崇两思，尚精业，促转型
019 第四节 创优阶段（2018—2020）——创优质，求多样，强特色

022 第二章 绿色教育的理性认识
022 第一节 绿色教育的概念界定
026 第二节 绿色教育的理论依据
039 第三节 绿色教育的性质和特点
044 第四节 绿色教育的基本要素

053 第三章 绿色教育文化体系
053 第一节 解读绿色教育办学理念
061 第二节 学校绿色教育价值体系
068 第三节 办学宗旨与“一训三风”

第二编　充满生命活力的绿色行动

079　引言　一花引来百花开

080　第一章　绿色课程
080　第一节　绿色课程深度开发
092　第二节　特色课程建设案例
134　第三节　“绿色行动”校本课程的实施及反思

138　第二章　绿色课堂
138　第一节　构建绿色教学教研文化
144　第二节　改革教学常规管理制度
149　第三节　绿色课堂教学改革案例

162　第三章　绿色德育
162　第一节　办有灵魂的教育
168　第二节　绿色德育建设案例

176　第四章　绿色 IT
176　第一节　绿色智慧校园的建设
180　第二节　绿色智慧教学的实施
186　第三节　绿色智慧教学的案例

第三编　成就师生美好的教育愿景

201　引言　绿色科研强师筑梦

202　第一章　教师专业发展
202　第一节　开展教师校本研训行动研究
207　第二节　建设教师专业发展有效机制
211　第三节　形成教师专业发展有效途径

218　第二章　学生成长指导
218　第一节　核心素养与课程育人
225　第二节　“选课走班”中的绿色基因
232　第三节　共读共享，培育素养

240 **第三章 我与学校特色培育同成长**
240 第一节 教师篇
240 蔡晓琳：我的三年“互联网＋传统文化教育”之旅
243 曾颖嘉：课题研究，永远在路上
246 黄碧君：成长一路伴随
248 蔡建炼：成长在实高
250 许春梅：关乎灵魂的教育
252 陈昱如：那一节课
254 王绮霞：让哲学智慧内化于心，外化于行——我与学生共成长教育故事
257 周素芸：我在实高成长的那些日子
259 林雪念：学无止境，达者为先
261 陈佳明：一起走过的日子
264 曾映丹：“磨课”的魔力
266 蔡卓伶：做合格的生物老师
268 胡亚伟：与“绿色教育”共进，提升自我教学能力
270 谢海燕：绿色在行动，成长在进行——记我在学校“绿色教育”中的成长故事
272 第二节 学生篇
272 陈泳宇：一生四季千寻瀑
275 许妙冰：青春记录
277 林梓琳：实高学子的骄傲
279 黄曼琳：绿色教育改变了我
280 陈佩微：文化风采在实高
282 林本奕：香樟
283 黄璜：绿色学校，绿色教育
284 陈婵钰：我与学校特色教育同成长
286 侯舒璇：绿光
288 邱文钰：我们与校园环境

290 **后 记**

第一编　追寻绿色发展的教育梦

引言　洒下一片光和热　而今杏坛尽芳菲

——澄海师范学校办学追记

“韩江之水清涟而毓灵秀之气，澄海之山苍郁而蕴珠玉之辉。澄城之西，有神山名胜；神山之上，有魁星阁；魁星阁下，有澄海师范学校；澄师之西，有韩溪蜿蜒而过。昔有前贤卢侗，溯山水之灵脉而至神山之侧，结庐读书。由是神山脚下，书院兴立；读书之习，蔚然成风；与澄海各地学校，琅琅书声相应。今澄师学舍，巍然矗立；师生过千，桃李满园；文风之盛，旺于往日。”① 这是林伦伦先生对澄海师范学校周遭人文及自然景观的描述。寥寥数语，徜徉恣肆，澄海名胜前贤、地域山川神韵、邑人崇学之风、澄师人物风尚皆跃然纸上。

澄海师范学校（简称澄师）是澄海实验高级中学（简称澄海实验高中）的前身，创办于 1958 年，曾两度停办，两度复办，历经沧桑。1994 年再度复办时选址于韩江东畔花果山麓。2000 年 9 月增设普通高中，2002 年 8 月正式改制为普通高中。创办后的实验高中，不但承接澄师的美丽校园、雄厚师资和办学设备，而且传承了其在师范时期业已形成的“严谨、求实、崇德、敬业”的学校文化。

学校文化是学校的灵魂，它凝聚了全校师生共同的价值观、共同的信念、共同的愿景、共同的努力方向……学校文化不是一朝一夕能够建立起来的，是靠几代人的努力积淀起来的。② 本编旨在通过梳理学校文化生成脉络，总结学校文化引领创建特色学校的经验，持续推动学校发展。作为文化寻踪，澄师的学校文化以及所形成的办学特色，应该为后继者所尊重和传承。顾明远教授在谈到特色学校时说道：“特色学校就是在办学方面有自己独特的理念，有自己的独特的思路，有独特的举措，为全校师生所认同，形成传统。”③ 在深入挖掘学校传统文化的过程中，我们放宽视野，寻根溯源，在几十年的历史长河中捕捉师范时期的文化特色元素和符号，使之历久弥新，发扬光大。

澄师的风物人情、理想信条值得我们追忆，澄师人开拓进取的精神永远激励着后来者。由于半个世纪的颠沛，学校师范时期案宗多有散佚，此文从方志或旧报小文间只觅得大概，未能复现其全貌，权作开篇引言。

---

① 林伦伦．澄师花果序［C］．澄师花果——澄海师范学生优秀作品选集，1999.

② 顾明远．学校文化是什么［J］．今日教育，2013（12）.

③ 顾明远．也谈特色学校［J］．人民教育，2003（9）.

第一节 澄海师范学校简介（1958—2002）

一、创办时期：1958—1964 年

1958 年 10 月，为贯彻“两条腿走路”的办学方针，适应农村教育实际需要，澄海县开办澄海师范学校，校址设于澄海县陈敏祖祠，1960 年校址迁往澄城东郊鹦哥埔，学制三年，培养次等教育和幼儿教育师资，1961 年教职工共 23 人。1964 年，澄师第一次停办。据记载，办学期间共有毕业生 376 人。

二、复办时期：1970—1984 年

1970 年 2 月澄师复办，起初在下蓬镇借用空军兵营为校舍，配有外砂机场旁沙田 20 亩以开垦学校农场，其时有教职工 20 人，培训初中师资 810 人。1974 年 1 月迁址澄城，借澄海中学校舍办公，1975 年冬始招两年制中等师范学校毕业生（简称中师生），招生对象是经过两年社会实践的高中毕业生。1976 年 10 月澄师在南峙山果林场山坡建设新校舍。1977 年起将招收学生纳入国家统一招生和分配计划，至 1979 年共招收普通中师生和英语专业中师生 424 名（含南澳县培养的学生 62 名），开设 9 个班。1980—1981 年，学校招生对象为小学民办教师，共招收普通中师生学生 162 名（含饶平县培养的学生 85 名），开设 4 个班。1984 年 2 月改设为县教师进修学校。

1979 年，澄海县把教育作为现代化建设的基础工程，开始进行教学改革。20 世纪 70 年代，澄海师范复办，特别是改革开放前后南峙山师范时期，澄师培养的师资力量，为刚刚步上正轨又面临师资严重短缺的澄海县教育事业注入了新鲜血液。

三、再办时期：1994—2002 年

进入 20 世纪 90 年代后，国家把教育摆在优先发展的战略地位，1993 年 3 月，《中国教育改革和发展纲要》出台。1994 年 9 月，澄海市委、市政府决定复办澄海师范学校，挂牌招生。同年 12 月，经广东省政府批准，澄海师范学校开始择地筹建，次年 2 月在上华镇冠山管理区的澄江公路旁花果山建设新校舍。1996 年 5 月 6 日，广东省人民政府批准成立澄海师范学校，批准学校的办学规模为 1 500 人，招生和毕业生就业纳入广东省计划统一管理。同年秋季学校建成，学校占地面积为 7.7 公顷，专门培养中师生，学制为三年，又与澄海市教师进修学校合署办学，学校发展进入黄金时期。至 2002 年，学校先后设置普通师范、

英语、音乐、美术、体育和幼师6个专业，培养中师生2 160名（包括汕头市区及南澳县学生334名）。其中普通师范专业学生有774名，英语专业学生有350名，美术专业学生有209名，音乐专业学生有257名，体育专业学生有213名，幼儿师范专业学生有235名。2002年6月经广东省人民政府批准，澄海师范学校停办。历经风霜练，报得桃李香。澄海师范学校结束了其四十四年光辉历史，为后继者留下了永不磨灭的印记。

第二节　花果澄师办学追记

澄师自1958年创办，至千禧之年转制收官，凡四十四载。虽然经历多次迁址，几度复办的磨洗，但其辉煌的历史与闪光的业绩始终没有被湮没。澄师培养的教师遍布澄海的各个部门和多所学校，成为当地社会发展和教育发展的领跑者、建设者。特别是1994—2002年，澄师择址花果山再次复办，后来改制易名为“澄海实验高级中学”。其福祉涵养后继，德泽降乎斯地。笔者将这段时期称为“花果澄师时期”。

一、精心选址，科学规划

师范教育是培养人才的基础工程。澄师复办初衷是为解决本地区基础教育师资不足、整体素质不高等问题。建设者高瞻远瞩，立下把新澄师办成“名师摇篮，师训基地”的决心，将一幅建设“粤东地区一流的师范学校”的愿景展现在澄海人民面前。新澄师选址韩江之滨，紧临澄海八景之一的“冠山环翠”。学校背靠四季如春的花果山，南临修建于明代、素有“澄海文脉”之称的冠山书院，东承中华英烈许包野陵园，西枕“华侨米丘林”谢易初先生创建的原澄海国营农场。广袤的办学场地沿山坡连绵而上，漫山遍野翠绿滴透，楼宇宽敞明亮，恢宏无比。在这里，优秀的中华传统文化和现代科学精神交相辉映，勤劳朴实的优良品质和崇高的爱国主义精神永续传承。

复办初期，学校提出“校风好、校园美、质量高、有特色”的办学目标，本着“总体规划、分步实施、逐步完善”和高起点、高水平的建设思路，学校边建设边办学，先后建成教学楼两幢，学生宿舍楼两幢，教师宿舍楼一幢，食堂及多功能厅一幢，礼堂、风雨操场各一幢及其他配套工程，总建筑面积25 000平方米，总投资3 000万元；另投资800万元建设电脑室、多媒体语言实验室、理化实验室、图书室、美术室、音乐室、体育器材室及其他教学配套设施。后来，又分期建设了艺术楼、科学楼、图书馆、教师宿舍、400米跑道运动场。

择址得天独厚，规划科学合理，设备设施完备先进，现代化园林式的校园环境和优越的办学条件，为澄师培养人才打下了坚实基础。

二、解放思想，艰苦创业

复办不久，一切从零开始，澄师人本着解放思想、实事求是的精神，艰苦创业。一方面，精打细算抓好重点项目，确保现代化教学设备达到粤东地区一流水平，满足了教学的基本需要，实现了学校办学标准化。另一方面，从实施素质教育和社会需求出发，确立了全面发展和个性发展和谐统一的教育理念，打造“严、勤、实、活、爱”的校风，培养合格的教学师资。首先，学校重视师德师风建设，着力建立一支政治合格、结构合理、素质优良的教师队伍。教师加强学习，不断提高思想和业务素质，适应时代要求。学校还重视引进人才，截至1997年，全校有在编教职工104名，其中有来自宁夏、陕西、湖南、湖北、贵州、江西等省区的教师33名。其次，学校提出让师范生“学会做人、学会生活、学会学习、学会育人”的要求。

其间，不仅校舍与设备逐步走向完善化，教育教学质量也有了令人瞩目的成绩。复办后澄师的每届毕业生活跃在澄海许多中小学校的讲坛上，为澄海的教育事业做出贡献。复办八年来，澄师呈现出一派繁花竞放、草木芳菲的喜人景象，为本地教育行业输送了大批优秀师资人才，振兴了本地教育事业，赢得了良好的口碑与赞誉。

三、学陶师陶，践行使命

在复办过程中，学校高度重视教育改革和教学研究，成立了陶行知教育思想研究会，组织开展群众性“学陶师陶”活动，学习研究陶行知活动在全校蔚然成风，对澄师深化教育改革、实施素质教育起到了积极的促进作用。

学校认识到，现代教育改革的深化和教育水平的提高越来越依赖于教育科研的进步。“学陶师陶”是教育改革新形势的要求，是实现科研保教兴校的需要。首先，学校同基础教育由应试教育向全面素质教育转变的改革浪潮相呼应。中师教育开始实施素质教育，以培养21世纪合格小学教师为主题，倡导教师学习陶行知先生为教育事业“捧着一颗心来，不带半根草去”的献身精神和“爱满天下”的道德风范，教师要以自身完美的人格魅力使学生学有典范；学校组织教师学习陶行知创造教育思想和教师专业化成才的经典论著，并且将所学应用到教育实践中去，提高自身教育业务素质，力争成为既“学高”又“身正”的未来教坛栋梁。其次，学校把学习研究陶行知教育思想作为教育科研重要组成部分，营造浓厚教育科研气氛，抱着强烈的使命感和责任感，努力建设“陶研基地”，推动澄海教育行业“陶研”工作跨进先进行列。

四、抓住机遇，办出特色

复办初期，学校根据当时艺术教育滞后、师资缺乏的情况，发挥学校和当地文化资源优势，大胆探索特色艺术教育之路，建立起以音乐、美术专业为龙头，多种艺术门类并举的艺术教育学科体系，充实艺术教育的骨干师资，配备音乐、美术专业教学设备和专用教室。在发展特色艺术教育过程中，学校注重将艺术教育的专业性和师范性相结合，群众性和专业性相结合，课堂教学和课外活动相结合，理论及技能教学与艺术实践相结合；抓好课堂教学，既重视艺术类专业班教学水平的提高，又重视非艺术类专业班艺术教育的普及，着力培养学生的“一专多能”；对文学社、书法组、美术组、合唱团、铜管乐队、灯谜社等课外艺术类兴趣小组加强管理，定期展示活动成果；并把视唱练耳、弹奏、舞蹈、美术字、毛笔字、简笔画等列为非艺术类专业教师教学基本功的考核范围。

学校每年举办艺术节、音乐会、作品展览，师生参加各级艺术竞赛和展演活动并取得了优异成绩，提高了学校的影响力，提升了学校的知名度。学校艺术教育办学特色的发展，艺术教育水平的提高为当地小学实施素质教育，特别是发展艺术教育输送了合格师资，推动了当地中小学艺术教育氛围的形成和艺术教育的发展，影响深远。

2000 年 9 月，澄海师范学校增设高中部，挂名“澄海市实验高级中学”；2002 年 6 月，经广东省人民政府批准，澄海师范学校停办。

参考文献

［1］张秀清．澄海县志［M］．广州：广东人民出版社，1992.

［2］汕头市澄海区地方志编纂委员会．澄海市志：1979—2003［M］．北京：方志出版社，2012.

［3］卢楚德．为育桃李吐芬芳［N］．澄师报（创刊号），1997－11－25.

［4］林伦伦．澄师花果序［C］//澄师花果：澄海师范学生优秀作品选集，1999.

［5］蔡林然．学陶师陶办好澄师［N］．澄师报，1998－03－30.

［6］澄海师范学校简介［N］．澄师报（创刊号），1997－11－25.

［7］澄师花果：澄海师范教师教育教学论文集［C］. 1998.

［8］蔡沛勤．结合实际，办有特色师范学校［N］．澄师报，1998－03－30.

［9］廖世雄．为师者，以“诚”为贵［N］．澄师报，1998－03－30.

［10］冯健．多读书是中师生提高语文素质的基本途径［N］．澄师报，1998－03－30.

第一章 绿色教育行动轨迹

——澄海实验高级中学发展历程简述

汕头市澄海实验高级中学是2000年在原澄海师范学校的基础上创办起来的，2002年，经改制成为普通高中。二十年来，澄海实验高中培养了近两万名优秀的高中生，在粤东地区享有美誉，入选全国绿色学校，广东省国家级示范性普通高中，广东省基础教育研究实验学校，澄海区绿色教育特色学校，其艺术教育成果闻名遐迩。

第一节 转制阶段（2002—2006）

——打基础，塑文化，上等级

2000年9月，澄海师范学校增设高中部，挂名“澄海市实验高级中学”，招收应届初中毕业生230人，设4个教学班，开始开展普通高中教学工作。至2006年9月，学校规模扩大至40个教学班，在校学生2 300名，专职教师113人。

2002年8月，学校正式改制为普通高中，上级部门为兴学育才，抓住改制转轨机遇，调整管理层，组建了一个强有力的领导班子。学校秉承师范时期高起点、高水平的发展思路，确立“高起点、专业化、重质量、有特色”的发展目标，认真做好转轨工作。

一、完善办学条件，优化育人环境

汕头市人民政府、澄海区人民政府一直重视澄海实验高中的发展，早在学校改制前就投入5 000万元，建造了教学楼、科学楼、办公楼、学生宿舍、礼堂、体育馆、图书馆等建筑，为学校的转制积累了优越的教育资源。2000年增设高中部后，澄海实验高中多方筹集资金，又投入了近1 629万元，建设了生活综合楼、办公楼、教师宿舍和学生宿舍，配置现代化教育技术和设备，改善教学设备设施，使学校的办学条件有所改善，为学校的可持续发展奠定了坚实的物质基础。

正式改制之后，学校依托原澄师优良的教育环境和设施设备，从高中教育的特点出发，因地制宜，精心设计，进一步在“绿化、净化、美化”上下功夫，注重人文环境建设，用校训、校风、名人名语、格言警句、师生优秀作品装饰教室和走廊，用大型雕塑、文化石、艺体雕塑墙、艺术作品走廊、地理园等小景观装点校园，做到人文与自然和谐统一，达成了教育性、艺术性、知识性的统一，使原本绿树成荫、空气清新、景色宜人的校园更增添了许多人文气息，营造了浓郁的育人氛围。

二、加强文化建设，塑造精神家园

精神文化是学校办学的灵魂，学校将精神文化建设当作学校转型发展的一个重要课题来抓。澄海实验高中创办伊始，学校把构筑共同愿景贯穿于学校转型发展全过程，制定了学校章程，提出在五年内把学校办成一所质量优良、特色鲜明、具有较高科研水平的现代化高中的愿景，激发了全体成员对学校未来发展的憧憬。学校确立了“办有灵魂的教育，育有底气的新人”的办学宗旨，传承师范时期“学高为师，身正为范”训育理念，立下了以校训为主导，校风、教风、学风为副翼的“一训三风”，即以“正心博学”为校训，“敦品励学、自强不息”为校风，“崇德敬业、勤研善教”为教风，“向上乐群、勤学力思”为学风，铸炼学校精神文化。校训引领下的校风、教风、学风，发扬了澄海人勤劳朴实、精明奋进的优良传统，展现了学校倡导的精神风尚。同时，导入CI体系管理理念（Corporate Identity System，企业形象识别系统），塑造了良好的学校形象。采用青花蓝为主色调设计校徽、校服，以“激扬青春”的主旋律谱写校歌，在校园核心方位凿刻与学校精神内核呼应的“自强不息”四字大型篆印雕塑。学校通过精神文化和形象文化的塑造，增强了全体师生的自豪感、责任感和使命感。

这所年轻的学校，满载着年轻教师可贵的热情，年轻的学生和青春的梦想。通过短时间的碰撞、磨合，学校很快形成了新的办学文化，包括“在从严治校和人文关怀之间寻找平衡点”的管理文化，“把职业奉献和专业发展捆绑起来”的教师文化，“从养成教育向人格教育攀升”的育人文化，“传授知识和发展个性统一整合”的课程文化。

办学宗旨明确戒除了新办学校的浮躁，摒弃了空头理论的不切实际，凝聚起了人心。

三、构建管理体系，践行“层级服务”

普通高中属于基础教育阶段，与师范教育有诸多不同。改制之初，学校提出“管理就是服务，一切为了教学”的口号，确立“以人为本，从严治校，提高效率”的管理理念，对原有的常规管理制度进行了完善与创新，建立起适应普通高中教育的管理体系，初步形成了学校治理框架，对以后学校的发展起到了引导作用。

在组织管理方式上，学校实行“层级服务”，明确服务教学中心各部门工作的责任，使“一切服务教学”成为学校领导、教职工普遍认同的价值观，从而保障了决策科学果断，工作服务到位，提高了工作效率。

学校激活内部管理机制，管理上条分缕析，发挥了全体员工的创造潜能。德育工作贯彻从严治校的管理理念，根据生源素质和寄宿制学校的特点，构建起“全员育人、全程育人、全方位育人”的德育管理模式，抓好养成教育，于细微处见功夫；教学管理工作坚持“科学、严谨、扎实、高效”的指导方针，以课堂教学为主阵地，以提高教学质量为目标，抓准、抓好管理的着力点，强化教学常规管理，发挥教学评价作用，抓好高考备考工作。

从严治校不代表铁板一块，学校在严格的管理制度和人性化关怀之间寻找平衡点和最佳结合点，创设和谐、合作的人际氛围，使从严治校和人文关怀相得益彰。

四、迎接高中课改，完善管理制度

从 2004 年 9 月开始，广东省在全国率先进行了普通高中课程改革（简称新课改），学校抓住新课改契机，把握新课程标准、新高考方案的精髓，组织全员培训，更新教育观念，促进教师专业发展和学校可持续发展。学校还探索与新课改相适应的管理模式和教学模式，规范国家、地方、学校三级课程管理，在改革教学评价上下功夫，形成学生学业成绩与成长记录相结合的综合评价机制，建立符合模块课程特点的多样化考试方式，制定学分认定的规则和程序。

随着普通高中新课程改革的不断推进，曾为学校的教育教学管理起过重要作用的旧有制度，有一部分已经不能适应普通高中新课改的需要，因此，改进或重建与新课改相适应的教育教学管理制度，成为学校进行课程改革的重要工作。为保障课程改革顺利实施，解决新课改背景下普通高中学校管理的实际问题，学校根据国家课程改革的有关规定和省市有关文件精神，结合学校实际，在实践中建立和不断完善新课改背景下普通高中学校教育教学管理制度。学校课程改革与管理制度主要内容包括新课程实施纲要和教学常规管理制度、校本教研和培训制度、综合实践活动实施与管理制度、学生学业成绩管理制度、教师评价制度、选课指导制度等。学校在制度建设中坚持以人为本，落实新课改理念，着眼于学生的全面发展，也为教师的专业成长提供保障，为新课改的有效实施和学校的跨越式发展奠定了坚实基础。

五、美誉节节走高，等级步步攀升

澄海实验高中在打好发展基础、塑造学校精神文化过程中，有效地加大了执行、落实各项常规管理制度的力度，校园充满着勤奋、创新、思索、进取的生机和活力，从而保证教学工作顺利地进行，教学质量逐步提高，办学成绩引人瞩目。

学校首届毕业生于2003年参加高考，“首战告捷”，郑坚纯、王泽欣两位同学的语文、历史成绩分别位列全区第一名，一批学生进入省、市、区尖子生行列。2004年高考学校再获大丰收，首批艺术特长生参加艺术类高考，成绩斐然；2005年，学校高考入围率达96%，本科上线率达48%；2006年学校高考本科上线率首次位列全区第二名，使“极具加工能力”的学校声誉得到进一步的确立。

学校的体育艺术教育工作也取得骄人的成绩，学校合唱团在澄海区首届中学生合唱节中获得一等奖，学校田径队获澄海区中学田径运动会团体总分第二名，学校足球队获得汕头市“迎春杯”足球赛冠军。学生陈木青代表汕头市在日本举行的国际市民马拉松比赛中获得好名次。

创办初期，学校遵循“办有灵魂的教育，育有底气的新人”的办学宗旨，以“校园文化建设与素质教育实施”为中心，初步构建起“文化育人”的教育发展模式，推动素质教育，继承发展了办学特色，进一步提升了办学品位，取得了可喜的成绩。本阶段学校在创等级品牌方面取得如下成果：

2003年10月被评为澄海区一级学校；

2004年10月被评为汕头市一级学校；

2004年11月被评为广东省绿色学校；

2006年1月被评为汕头市贯彻《学校体育工作条例》优秀学校；

2006年12月被评为澄海区“两个文明”建设先进单位；

2006年12月被评为广东省一级学校。

第二节　发展阶段（2007—2012）

——扩规模，树理念，创品牌

从2007年开始，学校进入规模化发展阶段。为了给本地学生提供更多的优质学位，学校根据事业发展规划，逐年增加班级数量，从37个班扩大到60个班，学生数量从2 100人增加到3 958人。为适应规模发展需要，深化课程改革，学校提出建设“环境优美、设备先进、师资成熟、科研全面、管理科学、优质高效、特色鲜明”的国家级示范性普通高中的办学目标，抓住发展机遇，争创教育品牌。

一、改建扩建校舍，完善设备设施

在政府大力支持下，在短短几年间，澄海实验高中共投入资金近3 000万元，按照国家级示范性普通高中标准，改建、扩建校舍10 000多平方米，完善教学配套设备，增加近2 000个优质学位。其中，投入资金1 600多万元，将两层的文化艺术楼改造成 7 000 多平方米的拥有实验室、办公室、会议厅、考务室、校史室等的六层教学综合楼；投入资金约 300 万元，在校区西北侧建约 2 000平方米的教工食堂综合楼，并于此改造原科学楼、文化艺术楼，迁图书馆、艺术教学功能场室；投入资金约 230 万元，增建电脑室、多媒体教学平台，增购图书并充实完善理、化、生教学仪器设备，改建高考监控系统，保证与广东省高考巡考系统互联互通，同时，解决教师宿舍、学生宿舍用电、用水问题。

经过精心设计和营造，校园环境更加优美。教学区、运动区、生活区布局合理，动静相宜，功能清楚。校舍依山而建，错落有致，富有现代气息。学校的信息技术、设备水平不断提高，体育、艺术设施更加完备，校园条件更加优越、教学设施更加齐全。

二、确立先进理念，引领学校发展

精神文化是一所学校办学的灵魂。拥有明确办学理念和完整价值观体系是一所学校成熟的标志。经学校管理层集体讨论，确定把“以人为本、绿色教育、和谐发展”纳入办学理念。绿色是生命的象征。绿色教育是尊重生命、遵循生命成长规律、认知规律的教育。2007 年 3 月，学校迎接全国第四批表彰绿色学校督导组的评估，首次将这一办学理念写进评估报告中。绿色教育办学理念与办学宗旨、校训和“三风”建设一同构成了完整的学校理念文化系统。至此，学校有了文化传承和形象定位基石，对内激励师生为学校办学目标而奋斗，对外展示学校的价值追求。

在学校理念文化系统的建设过程中，学校又提出了“一品三兼优”的人才培养目标，即“具有诚信、正直、自强、乐观的道德品质，人文素养和科技精神兼优，基础认知和探究能力兼优，身体素质和心理素养兼优”。学校还逐步确立起促进学校持续发展和师生不断成长的人才观、管理观、文化观和课程观，即“培养有中华灵魂和现代视野、有健壮体格和健全人格、全面发展和学有所长”的人才观；“制度管理和情感管理相统一，科学管理和人文关怀相融合”的管理观；“天人合一”“制度建设与文化生成相融合”“科学教育与人文素养、传统文化与现代文明、高雅艺术和通俗文化共生”的校园文化观以及“开放、选择、综合，传授知识和发展个性统一整合”的课程观。

三、倡导绿色管理，激发发展潜能

管理改革是学校办学的永恒课题。澄海实验高中确立了“绿色人本”的管埋理念，努力开创规范管理与情感管理相统一，科学管理与人文关怀相融合的局面。学校行政领导成员践行“层级服务”观念，构建“校长室—德育处—年级组长—班主任—学生”和“校长室—教务处—教研组—备课组—教师”的五级网络式管理体系，实行“周密计划—科学组织—合理协调—定期检查—总结考核”的管理流程，形成校长室总揽全局、协调资源，各处室职能分明、高效运作，拉动各项工作全面展开的层级管理网络。

学校积极推行民主管理，每年召开教职工代表大会，制订了《校务公开实施方案》。充分发挥学生的自主管理作用，每年都召开学生代表大会和各种形式的学生座谈会，建立家长委员会制度，为学校的发展建言献策。学校把教师的学习活动和课堂教学从过去的封闭式管理改为开放式管理，教师对早读、晚自习的管理由定量管理到适度自主管理，学生值周班制度由风纪监督组改为文明示范岗的形式，从而形成了“个个主动关心学校发展，人人自觉参与学校管理”的氛围。

四、开展校本培训，推进课程改革

教师队伍是学校办学的核心竞争力。澄海实验高中注重通过校本培训不断提高教师的专业素质。学校在理论学习、专家引领、校际交流和校本教研四个方面探索促进教师专业发展的有效路径。各教研组、备课组突出“研”字，积极开展研究，针对教学实践中出现的问题，有计划、有步骤地组织理论学习、专题研讨、案例分析、策略遴选、效益评鉴等形式的教研活动，不断提高教师队伍的教学研究水平。

学校提出“有效教学、自主学习、持续发展”的教学理念，积极开展新课程改革，大力推行课堂教学“三五式”教学策略，即课堂教学要实现“三个转变”和“五个要让”。“三个转变”即变注入式教学为启发式教学；变学生被动听课为主动参与；变单纯知识传授为知能并进。“五个要让”即在课堂教学中能让学生观察的要让学生观察；能让学生思考的要让学生思考；能让学生表述的要让学生表述；能让学生自己动手的要让学生自己动手；能让学生自己总结的要让学生自己总结，教师不能代替包办。学校还充实和丰富拓展型选修课程，开发具有地方和学校特色的包括主体发展学习、科学素养学习、人文素养学习、艺术审美学习、健身健体学习五个校本学习领域的校本课程体系，编定出具有鲜明特色的校本教材，如《绿色教育手册》《化学趣味实验》《信息资源使用培训教材》《速写教学》《色彩教学》《声乐教学》《舞蹈教学》《运动队和高考集训队课程教学》《国学校本课程》《潮汕文化系列读本》等。学校有“花果”文学社、“激流”小记者团、红十字站、篪声谜社、书法社等学生社团十四个，第二课堂兴趣活动小组二十多个。学校每学年举行文艺表演、运动会、队列广播操比赛等活动。除上述之外，学校还依托冠山书院、驻汕海军、澄海玩具工艺协会、澄海展览中心、澄海爱心志愿社、澄海阳光志愿社等建立了相应的实践基地和社区服务场所。

五、创新德育工作，增强育人效果

德育工作是教育优质发展的重要保障。学校确立了“一个指针、两条主线、三支队伍、四位一体、五条途径”的德育工作体系：“一个指针”即“科学求知、人文养德、爱心育人、知行合一、身心两健、德艺双馨、全面发展”的德育工作指针。“两条主线”即明确将政治思想品德教育和行为养成教育作为德育主线；“三支队伍”即着力建设德育管理队伍，教书育人骨干队伍，学生自治管理队伍；“四位一体”即形成学校、家庭、社会、学生四位一体的德育教育网络；“五条途径”即课程育人、教书育人、管理育人、服务育人、环境育人。为了形成多层次、多方位的德育工作体系，学校在德育内容、活动系列化方面，形成了“三个主题”“五个板块”的教育链条：“三个主题”就是开展“以‘国学’为师，做堂堂正正的中国人”教育活动；“绿色、生命、环保”主题教育活动，实施绿色行动，培养学生崇尚绿色健康理念；“明礼守法，知行合一”主题教育活动，加强学生的法治教育，预防违法犯罪行为的发生。“五个板块”就是升旗献词、主题班会、节日仪式、学生家长会、社会实践活动。

学校把建设“充满书卷气息和青春活力，能体现传统与现代、人文与自然和谐统一的绿色文化校园”作为学校办学的一种精神追求，科学规划，精心打造，赋予校园建设以教育内涵。有形的环境打造中涌动着无形的精神内涵，弥漫着学府的文化气息，学子们置身于这个自然的清新世界，潜移默化地受到教育。

六、探索特色办学，初显示范效应

特色办学是学校个性化发展的显著标志。澄海实验高中结合自身实际，选准突破口，初步形成了“艺术教育”和“绿色教育”两大学校品牌。在艺术教育方面，各类校园文化艺术活动丰富多彩、有声有色，学生们读名著、听名曲、看名片、赏名画、探名胜，各种文艺活动蔚然成风。学校每年都举办学生才艺展演活动，提高全体学生的艺术素养。学校致力于对地方艺术教育资源和校本艺术课程的开发，开展非物质文化遗产保护和利用的教学实验，将潮汕艺术资源引进高中课程。

在创建全国绿色学校过程中，不断提升绿色理念，丰富绿色教育内涵，强化“绿色渗透”，打造“绿色”品牌，将绿色理念融入学校管理的各个层面，辐射到教育教学的全过程。学校将高考备考作为实现人的发展、提升人的生命价值的重点工作，在备考管理上遵循规律、尊重差异、因材施教，为学生的升学创造机会。一大批青年教师在备考一线上担纲负重，在备考熔炉里褪去青涩，绽放华彩，实现了与学校同成长的愿望。青年教师们在备考过程中根据生情、考情，科学设计，及时调整备考策略，形成一套行之有效的备考方案，分别于 2008 年和 2011 年在汕头市高中教育教学工作会议上做专题发言。

五年间，学校高考备考取得优异成绩，每年高考各项指标不断攀高刷新，一年一个台阶，2007 年全校总上线人数达 652 人，上本科线的有 324 人；到 2012 年，全校总上线人数达 1 169 人，上本科线的人数达到 628 人。总上线和上本科线人数增加了近一倍。艺术加强班成绩突出，一批同学以优异成绩考进国内顶尖艺术院校，2009 年余梓涛同学被中国美术学院录取，2010 年郭枳彤、邱逸琳、林晓燕、王剑慈四位同学被清华大学录取。

本阶段学校办学综合实力迅速增强，在绿色教育、学校德育、体育艺术、高考备考等方面取得较大进步。本阶段学校在创等级品牌方面取得如下成果：

2007 年 6 月被评为第四批国家级表彰绿色学校；

2007 年被评为广东省“五四”红旗团委；

2009 年 9 月获广东省第九届“百歌颂中华”歌咏活动总决赛金奖、广东省第三届中小学生艺术展演比赛第一名；

2009 年被评为汕头市体育特色学校；

2009 年被评为广东省第四批现代教育技术实验学校；

2010 年 5 月被评为广东省普通高中教学水平优秀学校；

2010 年 6 月通过广东省国家级示范性普通高中初期督导验收；

2011 年被评为广东省体育特色学校；

2011 年 12 月通过广东省国家级示范性普通高中终期督导验收；

2012 年 2 月被评为广东省国家级示范性普通高中。

第三节 转型阶段（2013—2017）

——崇两思，尚精业，促转型

2013 年，学校招收高一新生 1 285 名，达到办学十二年以来的高峰。在学校规模空前扩大的局面下，为了促进学校可持续发展，学校及时调整发展思路，提出一系列策略措施，推动学校走上规模化和内涵化同步发展的道路。

一、落实发展规划，文化引领转型

面对普通高中教育规模持续扩大的形势，早在迎接示范性普通高中终极评估时，学校已经编制了《澄海实验高中发展规划（2012—2016）》，提出“文化立校，科研强教，特色办学，内涵发展”的发展方向，提出以“转变教育发展方式，推进学校内涵发展”为核心，以“质量、队伍、特色和管理”为抓手，着力开展教师培育、精致教学和特色教育等多项工程建设，努力实现三个转变——即变规模发展为质量发展；变粗放发展为精细发展；变同质发展为特色发展，让学生成人、成才，让教师成长、成功，让学校成就辉煌。

在学校转型发展中，文化立校方针起到了引领作用，得到深入贯彻。时任校长侯庆生发表了《绿色教育理念下的学校文化建设探索》一文，文中对学校文化如何引领学校发展提出了深刻的指导意见：“学校文化是学校教育的灵魂，是学校发展的动力。一所学校如果没有强烈的学校文化意识，没有个性鲜明、贯穿始终的理念来统领文化建设，就不能为学校提供持续不竭的发展动力、经久不衰的生命力和卓越不凡的精神。澄海实验高中是一所由师范转制的只有近二十年历史的新生学校，与那些拥有深厚历史积淀的老校相比，文化积淀相对‘贫瘠’。但是，没有历史不等于没有文化，没有历史或许更能甩脱因袭的重负，在白纸上自由大胆地创造自己的历史，涵养自己的文化。因此，学校提出‘文化立校’的发展思路，肩负传承与创新的学校文化使命，本着‘学校文化建设的终极目的在于为人生造福，应着眼于师生健康精神的培育和完全人格的养护’的理念，努力打造传统文化与现代文明，科学教育与人文素养，制度建设与文化生成相融合，用多元优秀文化丰富学生、教师学校生活的内涵与品位的学校特色文化。”①

学校文化重在教化与践行。在深入开展学校文化教育践行活动中，学校将“饮水思源，见贤思齐”（简称“两思”）作为教化与践行的重点，聚焦观念、行为的转变。“饮水思源”是木落归本、探源求真等积极意识和态度的集中体现；“见贤思齐”是从德向善、取法乎上、德才兼备的行动指引。在师生中开展“两思”教育，培养有规范意识、有感恩之心、有独立思想、有探究精神，知行合一，乐于奉献的澄海实高人。

学校文化教育践行活动的开展，为学校“三个转变”发展目标的实现起到了思想上的动员，精神上的支持和行动上的指引作用。这是“两思”教育活动的开始，是绿色教育的深化拓展。“两思”教育与爱国主义教育、生命教育、生态文明教育成为学校德育的主要抓手。激扬青春，从德向善，用理想点燃激情，用品质承载重任，用汗水抒写辉煌，成为这个阶段学校转型发展的主旋律。

二、改革教学管理，打造教学文化

在学校文化的统领下，通过开展教育科研，构建教学制度文化和组织行为文化，把学校文化内化为师生自觉的行动。

建设制度文化，重构教学规章。学校推行扁平化管理，搭建组织结构扁平化管理模式，建立教学质量的保障机制，修订了《关于加强基础年级教学工作的意见》和《关于高三备考工作指导意见》两个工作规范性文件，进一步明确了新课程改革背景下高中阶段各年级教学的基本特点、质量管理目标、教学教研重心和工作要求，形成了全程质量管理指导系统。

建设组织行为文化，优化教学行动。学校把追求教学效果、效率与效用统一起来，形成教学行为文化。学校改变了以往教研管理自上而下，忽略合作创新的刚性管理，建立对话、协商、合作机制，形成“教学研究共同体”。在学习方法的指导方面，学校坚持“学贵得法，学贵有恒”，综合学习态度、目标、习惯和策略方法，提出高中学涯创造性发展策略。

坚持“科学、严谨、扎实、高效”的工作指针，恪守宗旨和信念，保持热

① 侯庆生. 绿色教育理念下的学校文化建设探索［J］. 师道·教研，2011（8）.

情，在“细、实、活”上下功夫，在“精、巧、细”上出成绩，捍卫荣誉，以良好的心态、过硬的作风、奉献的精神，打造一支和谐上进、敬业奉献、精益求精、敢闯敢拼的教师团队，引领学生刻苦学习、顽强拼搏。

三、实施精致教学，推动课堂转型

学校转型发展的关键在于课堂教学改革。首先，学校大力推行精细管理，提高课堂质量。精细管理概括而言就是“一主、二课、三精、四查”。“一主”即以课堂为主阵地夯实基础，优化教学手段，营造和谐的课堂氛围。“二课”即提高复习课和讲评课的教学效益，将“两课型”研究活动贯穿备考的全过程，克服无效备考和低效备考。“三精”即贯彻“精讲、精练、精评”的原则，评出规律、评出方法、评出能力，达到举一反三、促进迁移的效果。“四查”即查学生基本知识掌握情况，查学生基本技能掌握情况，查学生基本思想和方法掌握情况，查答题的规范性和科学语言运用的逻辑性。学校向师生发放《“查失分”的操作指引》，开展考后反思和建立知识清单活动。

其次，改革课堂结构，优化教学方法。从 2013 年秋季开始，学校教学部门在各学科中开展三年一体化整体教学的探索。同时，推广“以学定教，先学后教”的成功经验，出台并实施《澄海实验高中开展精致教学活动实施方案》，落实“主题精练、内容精当、方法精巧”三项标准，推行“重心前置、自学贯通、精讲精练”教学设计策略。学校在课堂结构改革过程中以转变教学设计理念课堂教学结构为前提，以主题式教研、微型课题研究、系列公开课活动为载体，以转变教学方式为中心，依托常规教研和校本培训，开展“精致教学”主题活动。在高考备考中贯彻精致备考策略，以“精细培养”为要点，精研考纲考点，精准把握考情学情，精选考题套题，精编练习训练，精心经营艺术特色，精密跟踪学生心理状况，密切家校联系，调动一切力量，合力营造奋发向上的备考氛围。

四、构建研训机制，加快专业发展

学校依托广东省“强师工程”重点项目“普通高中教师校本研训的理论与实践研究”，构建了师德建设长效机制、校本研训运行机制和专业发展保障机制，为学校的内涵发展注入了生机活力。建立“一规划、二方案、三制度”的校本研训机制：“一规划”即教师专业发展规划。“二方案”即校本培训方案和教师素质提高年活动方案。“三制度”即读书与反思学习制度、教育科学研究制度、师资类层式培养制度。坚持开展“读书与反思”，举行“双百”活动（读书季一百天活动，推荐教育教学名著一百部），办教师读书博客，引导教师“学模、用模、创模”，开展微型课题研究，创办读书沙龙；校本研训机制促进“学、用、创”活动的开展，教师边学习培训、边实践研究，积极申报各级课题，校本研究的水平得到提升。形成“学用于研，研学并重，相互促进”的格局，同时，加快了学科带头人培养步伐，促进了“名师工程”建设。

学校还建设了以教师专业化评价为核心的教师专业发展保障机制，形成学习力、行动力、反思力三个方面的评价指标，利用“菜单式”评价，对参加校本研训活动进行量化计分，达标奖励。同时，完善奖教奖学制度，制定《澄海实验高级中学学科带头人选拔制度》《教育教学先进集体、先进个人评选条例》，设立名贤奖学奖教基金。每个年度结合年度师德考评、专业技术人员年度考核，评选表彰教育教学先进集体、先进个人，选拔学科骨干和名师培养对象，并做好推荐各类先进人物和名师评选的工作。

五、创新课程载体，推动内涵发展

2016 年 11 月，“绿色行动”校本课程被澄海区教育局认定为特色学校项目，项目的建设方案获得广东省中小学特色课程一等奖。通过全省遴选、专家评审和现场答辩，学校被评为广东省首批“基础教育研究实验基地学校”。学校遵循项目引领、逐步推进、整体优化的原则，全方位、高品质建设绿色教育文化，打造充满生命质感的行动性校本系列课程，在实践中取得了显著成效。一方面，提高特色项目的优质性，扩大特色课程的影响力；另一方面，提升特色项目建设的综合性，拓展“绿色行动”校本课程特色项目的外延和内涵。学校围绕“人文与自然和谐共生，传统和现代完美融会”的主题，融合生命教育、生态文明教育、优秀传统文化教育、审美与健康教育、社会参与教育理念，渗透高中学生发展核心素养的培育，培养学生的健全人格和实践能力。

至此，通过广大师生的共同努力，学校教学管理方面基本实现了“三个转变”目标。自从 2012 年学校确立“三个转变”目标以来，学校教学管理坚持贯彻落实文化立校方针，走科研兴学之路，抓好质量、队伍、特色和管理，开展教师培育、精致教学和特色教育等多项工程建设，完成了“借鉴陶行知教育思想改革学校教学常规管理”“普通高中教师校本研训的理论和实践研究教学工作”和“绿色行动”校本特色课程建设，扎实开展了一系列科研活动，初步实现了“变规模发展为质量发展；变粗放发展为精细发展；变同质发展为特色发展”的目标。

本阶段学校高考成绩再攀新高，本科上线率从上一阶段 50% 左右跃升到 77%，一批次上线人数突破百人，2015 年达到 144 人，本科上线人数达到 935 人；艺术类考生上一批次线者保持在每年 20 人以上，2017 年达到 26 人，其中，蔡熠婷被中央美术学院录取。学校在创等级品牌方面取得如下成果：

2013 年 9 月被评为广东省语言文字规范化示范学校；

2013 年获汕头市高中教学资源建设集体贡献奖；

2014 年被评为汕头市平安校园；

2014 年被评为汕头市德育先进集体；

2015 年被评为广东省食品安全示范学校食堂；

2016 年获粤东首届微课大赛优秀组织奖；
2016 年 11 月被澄海区教育局认定为特色学校项目；
2017 年 10 月被评汕头市文明校园。

第四节　创优阶段（2018—2020）

——创优质，求多样，强特色

进入新时代，优质、多样、特色发展成为普通高中教育改革与发展的必然方向，教育改革和学校发展站在了新的历史起点上。

一、新思维落实新课标，新策略聚焦新高考

2018 年秋季，教育部开始实施新制订的普通高中课程方案和新的学业水平考试方案，学校组织教师学习，转变教学观念，提升教学效益。通过集中学习、网络培训、观课议课等形式，明确该课程方案的意义和各学科核心素养内涵及学业质量标准，精准把握新课标的具体要求。学校组织行政、骨干教师和学科教师前往山东省参加了“高考改革背景下的学科教学变革”专题培训班，学习名校选课走班经验，选派教师在南海石门中学、肇庆市第一中学参加了精准备考交流活动。学校还建立“全员育人导师制”，开展生涯规划指导，设立研究性学习课题，引领学生对自己的性格、兴趣、爱好和职业方向进行有效探究。

学校将整体教学观念与精准备考结合起来，开展基于学生学业水平和学校教学质量多维度常态化监测的研究，建设教情、学情监测平台，在大型测评上应用以云计算、数据挖掘和移动互联为支撑的大数据技术，以有效分、平均分差距率、群体提高度为标准，以分段、分层跟踪监测的培优保质评价方法分析学生知识短板，提高教学质量，取得了较好效果。

学校还开展了基于学生成长发展事实的综合素质评价，反映学生德智体美劳全面发展的情况。对学生学业修习状况、核心素养和日常行为表现进行系统记录，每学期从思想品德、学业水平、身心健康、艺术素养、社会实践五个方面进行考评，为高校招生录取提供重要参考。

二、担使命用心办优质，增效益文化再升级

2018 年 2 月起，学校围绕汕头市开展的全国文明城市创建活动，深化文明校园创建活动，开展全民阅读活动，结合推进普通高中优质化、多样化、特色化的建设工作，以思想道德教育好、领导班子建设好、教师队伍好、校园文化好等“六好”为创建标准，坚持寓教育于创建活动之中，引导学生提高文明素养，广

泛开展思想道德教育和精神文明创建活动，通过对标打造，着力推进文明校园建设的标准化工作。

从2019年9月开始，集中开展“不忘初心、牢记使命”主题教育。在活动中，结合年度文明学校创建工作，制定《创文提质增效暨校园文化建设升级规划》，发挥绿色教育特色学校和广东省基础教育研究基地学校实验基地的品牌作用，以校园文化建设升级为抓手，开展校园文化环境、活动阵地、师资队伍建设。在校园文化环境建设规划方面，投资修缮教学、文艺、体育、科技等活动场室，改造综合楼厕所，建设智慧校园和改造自然景观、人文景观，同时，加强环保教育设备设施基地建设。在校园文化建设方面，规划以校园道路、景观、教室走廊、墙壁、校园文化墙等为主要载体，围绕书香校园、文化传承、生态文明等教育主题，分期、分批建设，征集校园道路、景观命名，营造爱读书、读好书的书香校园氛围。精心设计和组织开展具有学校特色的劳动技能、志愿服务、文娱体育和学习竞赛等校园文化活动。创新绿色教育网络宣传教育途径，采集“绿色生态”数据，丰富校园网络文化活动。在活动阵地建设方面，开设生态教育校本课程，开发校本教学资源，汇编校本教材，出版绿色教育特色学校专集图书；设置学生发展中心，优化社团活动环境；加大对综合实践活动设施与场所的建设力度，营造特色鲜明的社团活动环境，建设校园电视台、校史陈列室、荣誉室。

三、求多样课程绿色化，创特色综实大行动

2018年3月，学校被广东省教育研究院认定为首批基础教育研究实验基地学校，承担“绿色行动”校本课程深度开发研究项目。

“绿色行动”校本课程秉承办学宗旨和理念，依据人本主义教育理论和陶行知“做中学”教育思想，依托学校办学传统和资源，围绕“人文与自然和谐共生，传统和现代完美融合”的绿色教育主题，在“学生发展核心素养”引导下，选择适合学生“自主学习、合作学习、探究学习”的绿色教育内容，构建跨学科、综合性、发展性校本课程。课程由“生命教育”“生态文明教育”“优秀传统文化教育”“审美与健康教育”“社会参与教育”五个校本课程组成，各课程之间既相对独立又相互依存，形成层次分明、特色突出的有机整体。

“绿色行动”校本课程以高中综合实践活动课程为依托，学校根据课程目标和综合实践活动课程实施办法，对课程的组织管理，课程呈现方式，课程评价进行具体设计。“绿色行动”校本课程在实施中贯彻“全员性”和“常态化”原则，落实“整体规划，统筹管理，全员参与，常态长效”的策略，规范课程组织管理，完善校本教研制度，保障师资来源，实现课程规划整体化、资源开发生活化、教学管理课程化、校本教研经常化，促进校本课程的有效开展。

“绿色行动”校本课程作为特色项目，经过拓展提升，打造充满生命质感的行动性校本系列课程，成为“绿色教育”办学中的一抹亮色。学校逐步形成全方位、高品质的绿色教育文化，并在实践中取得了显著成效，学校总体形成独

特、稳定、优质的办学风格。以绿色教育为特色项目，学校于 2018 年 7 月被澄海区教育局命名为“特色学校”。

四、强师能互融提素质，信息化助力赢未来

2018 年 8 月，学校被广东省教育厅确定为信息化中心学校。学校以智慧校园建设为抓手，改善了基础环境。学校依托广东省基础教育信息资源中心，实现了无线网络覆盖教学楼区、办公楼区、教师宿舍楼区等主要功能区，支持移动教学、移动办公、移动学习等需求；依托汕头市“教育云”和教学资源平台、智能学科辅助工具、在线学习社区以及第三方服务，基本实现课堂教学“云端”一体化；学校还分批安装了希沃教学一体机，建设讯飞智慧课堂录播室。学校着力改变重基础设施建设、轻教育教学应用的状况，以信息技术与教育教学深度融合为核心，开展信息化融合创新课题研究，充分发挥信息技术的优势，尤其是新课程改革的服务与支撑作用，将教学与新课程改革放在信息时代背景下来设计和推进，引领教育教学方式的转变，努力实现理念重塑、结构重组、流程再造、模式重建。

提升教师科研与信息素养，着力打造“强师工程”。学校依托韩山师范学院广东省中小学教师专业发展中心、韩山师范学院“专家工作室”等高校、教科研学术交流平台，推广“强师工程”建设经验；积极组织教师申报教育科学“十三五”规划省级课题“信息化背景下精准教学策略的研究”“基于智慧学习环境的精准教学模式研究”等十多项省、市、区研究项目。通过专题培训和研讨，分享研究成果，鼓励教师发表论文，确保各级科研课题研究任务顺利完成。优化校本研训模式，利用慕课、微课、移动公开课等形式扩大研训渠道，培育种子教师担任种子项目辅助指导工作，开好观摩课，提升论文和课例品质。本阶段学校在创等级品牌方面取得如下成果：

2018 年 3 月确定为广东省首批基础教育研究实验基地学校；

2018 年 5 月获广东省教育教学成果奖二等奖；

2018 年 7 月被澄海区教育局命名为“特色学校”；

2018 年 8 月被教育部评定为全国青少年校园足球特色学校；

2018 年 8 月被广东省教育厅确定为信息化中心学校；

2018 年 11 月被评为广东省中小学艺术教育特色学校；

2019 年师生合唱队分获汕头市中小学校园合唱节教师组、高中组特等奖；

2020 年 4 月被广东省教育厅确定广东省示范性教师教育实践基地；

2020 年 11 月参加广东省信息化中心学校建设成效评价被评为优秀学校。

第二章　绿色教育的理性认识

第一节　绿色教育的概念界定

什么是绿色教育？在创建绿色学校的初期，学校对此只有一些初步认识，还没有形成完整的概念，通过十几年不间断的学习、行动和思考，才逐步有了系统的认知。特别是学校在推进普通高中优质化、多样化、特色化建设过程中，广泛吸收了国内外有关领域的研究成果，结合学校多年的实践探索，尝试对“绿色教育”进行定义。

一、国内外绿色教育相关研究

进入21世纪，我国“绿色教育”随着波澜壮阔的教育改革应运而生。较早提出“绿色教育”概念的是中国科学院院士杨叔子，他在《绿色教育：科学教育与人文教育的交融》一文中指出：“现代教育应是科学教育与人文教育交融而形成一个整体的‘绿色’教育”。①

在国外相关领域基本上没有针对“绿色教育”的完整定义，与国内提出的“绿色教育”直接相关的就是环境教育与可持续发展教育。也就是说，国外相关领域对环境教育、可持续发展教育的研究中蕴含了“绿色教育”的内容。从这个角度来看，绿色教育出现在20世纪，其发展大致可划分为三个阶段。

（一）20世纪40年代末至70年代：环境教育时期

1949年，联合国召开“资源保护及利用科学会议”（UNSCCUR）。同年，联合国教科文组织（UNESCO）成立了“国际自然及自然资源保护联合会（IUCN）”，并成立了专门的教育委员会。这意味着国际组织开始注意到教育对环境保护的作用，并试图通过环境教育来拓宽和增进人类的国际环境意识。1970年，国际自然及自然资源保护联合会与联合国教科文组织在美国的内华达州卡士佛罗里达学院召开了“学校课程中的环境教育国际会议”，会上将环境教育定义为：“环境教育是一个认识价值和澄清观念的过程，这些价值和观念是为了培养、认

① 杨叔子．绿色教育：科学教育与人文教育的交融［J］．教育研究，2002（11）．

识和评价人与其文化环境、生态环境相互之间的关系所必需的技能与态度。环境教育还促使人们对与环境质量相关的问题做出决策，并形成与环境质量相关的人类行为准则。”①

20 世纪 70 年代是国际环保事业聚力推动的年代，在短短几年间树立了一个又一个里程碑。1972 年 6 月 5 日，联合国在斯德哥尔摩召开“联合国人类环境会议”，会后发表了《斯德哥尔摩宣言》，号召“全世界人民保护与改善人类环境”，并宣布“不仅对成年人而且对青年一代要在环境问题上进行教育”。自此，每年的 6 月 5 日被定为“世界环境日”。1975 年 10 月，《贝尔格莱德宪章——环境教育的全球框架》发布，1977 年 10 月通过的《第比利斯宣言》，为此后各国环境教育者提供了一个国际纲领性文件，并且为各国和各地区的环境教育实践提供了具体的指导。

（二）20 世纪 80 年代至 21 世纪初：从环境教育时期过渡到可持续发展教育时期

进入 20 世纪 80 年代，环境教育向可持续发展教育迈进。1980 年，世界自然资源保护大会上首次提出了“可持续发展”这一概念，在《保护地球》这一报告中，将其定义为：“在支持发展的生态系统的负荷能力范围内，提升人类的生活质量。”此后，可持续发展理念在环境教育界得到了及时响应，并且成为环境教育追求的最高目标。1991 年国际野生生物保护学会发表《关心地球——迈向可持续生活的战略》一文，其中重点强调了教育在实现可持续发展中的作用，并率先指出环境教育应被重新定义，其内涵从而开始迈向“为了可持续发展的教育”。从此以后，环境教育开始走向可持续发展教育，各国纷纷响应，如澳大利亚于 2000 年发布《为了可持续的未来：环境教育国家行动计划》，要求在整个国家层面实施环境教育。

20 世纪末到 21 世纪初，国际组织通过一系列重大国际会议倡导和推动环境教育，提出了环境教育的定义、内涵、目标、方针、性质、实施原则等，明确了环境教育整体性、终身性、跨学科性等原则，内容涉及意识、知识、态度、技能和行动等方面，促进环境教育向可持续发展教育转变。

（三）20 世纪以来：绿色教育的中国探索

在我国，“绿色教育”新理念被比较完整地提出是在 2001 年 11 月“中外中小学校长论坛”上，我国著名教育家、中国科学院院士杨叔子做了题为“现代教育：绿色·人文·科学”的发言。杨叔子说：“人是有感情、思维能力、精神境界与个性的，或者说是有‘灵魂’的。‘育人’主要是开发人脑，化育‘灵魂’，而绝不能对其加以污染与破坏。科学求真，人文求善，现代教育应是科学

---

① 帕尔默. 21 世纪的环境教育——理论、实践、进展与前景［M］. 田青，刘丰，译. 北京：中国轻工业出版社，2002.

教育与人文教育相融合而形成一体的‘绿色’教育!”① 随着我国教育界对绿色教育关注度的日益提升，国内有关绿色教育的研究和实践逐渐形成风气，涌现出许多成果。

绿色教育在中国的发展既是思想上的探索，又是行动上的创新，是思想与行动相互促进的结果。近年来，相对于我国教育界对绿色教育关注日益升温，世界其他国家和地区有关“绿色教育”的课程开发和专项研究文献却比较少见。据分析，国际上与我国绿色教育概念最接近的是环境教育和稍后衍生出的可持续发展教育。美国环境教育课程提出“让环境成为学习活动的有机组成部分”，意为把环境教育与学校中的其他主要课程——比如艺术、体育、音乐、科学等结合起来。环境教育还包括各种户外或课外活动，比如野外考察、校园种植、社区服务，以及其他地球日、环境教育周等。

究竟什么是绿色教育?

绿色，是代表着大自然的颜色。在文学创作中，人们借用“绿色”来象征蓬勃向上的状态，形容充满生机与活力。在学术界，很多学者借用象征手法来解释“绿色”的内涵。单新涛等认为：“‘绿色’象征着自然与生命，象征着和谐共生，象征着有机的整体，也象征着可持续发展……”② 叶向红在总结众多学者观点之后认为：“‘绿色’让人联想到自然，象征着生命，以及生命在遵循规律的培育下蓬勃向上，充满生机、活力。”③ 在教育界，绿色教育由环境教育与可持续发展教育拓展为科学与人文相结合的教育。杨叔子院士在他的文章中提到“绿色教育是科学教育与人文教育的交融。科学教育包括：科学思维（思想）教育、科学方法教育和科学精神教育；人文教育包括：人文知识、人文思想、人文方法和人文精神教育”④。

在教育理念方面，绿色教育是提倡和谐与尊重的教育。马广柏先生认为，“绿色教育”是指在教育生态理念的指导下，实现教师、学生和环境的和谐相融，促进师生中的可持续发展。在马广柏先生看来，绿色教育既和绿色学校相关，又体现在绿色课堂中。在课堂中，教师把学生看成一个个独立的个体，注重、尊重学生的个性，能够与学生进行平等的对话与交流。同时教师也能维护自己的尊严，真正地实现自身的价值。⑤ 崔学鸿老师认为，绿色教育应该重视以人为本，树立和谐意识，促进人与自然的和谐发展，实现人的可持续发展。⑥

---

① 陈文莉，戴劲松．中科院院士提出“绿色教育”理念［EB/OL］．https://www.edu.cn/edu/ji_chu/ji_jiao_news/200603/t20060323_19990.shtml.

② 单新涛，刘才利．“共生”取向的校本教师专业发展探究——基于西南大学附属小学“绿色教育”实验［J］．中小学教师培训，2011（12）．

③ 叶向红．绿色教育五年研究：理念、行动与反思［M］．北京：北京师范大学出版社，2016.

④ 杨叔子．绿色教育：科学教育与人文教育的交融［J］．教育研究，2002（11）．

⑤ 马广柏．基于“绿色教育”理念的“课堂气质”论［J］．教学与管理，2012（15）．

⑥ 崔学鸿．教育应该是绿色的：由绿色 GDP 想到的［J］．中国教师，2008（12）．

在绿色教育从经验研究上升到理论构建方面，丁钢认为，绿色教育不仅是科学与人文的交融，更是“一个涵盖、涉及和渗透教育工作各方面和各阶段的理论体系”①。

北京师范大学教育学部余清臣教授在《绿色教育在中国：思想与行动》一文中认为，中国绿色教育理论的第一种内涵源于世纪之交的环境保护浪潮以及由此产生的环境保护教育的需要。第二种内涵是把环境保护与人类发展结合起来的可持续发展教育，是对以人类为中心的可持续发展教育思想的探索与行动创新。随着生命教育理念在中国的提出和传播，中国绿色教育又开始了对生命教育思想的吸收和借鉴，这构成了中国绿色教育的第三种内涵。他进一步指出，面向未来，中国绿色教育的时代内涵应该具有内外两个方面，即中国绿色教育的社会内涵与教育内涵。在社会内涵方面，中国绿色教育应以环境保护为最终目标，是促进生态环境可持续发展的教育；在教育内涵方面，中国绿色教育应以促进学生可持续发展为根本目标，在呵护生命、尊重生命的基础上提升学生的生命质量，最终实现学生的“绿色”健康发展。②

以上专家的观点，用“绿色”形容“教育”，挖掘其隐喻空间潜藏着的更多喻义，进一步提升了“绿色教育”的立意高度。从学习内容到形成理念再到构建理论体系，“绿色教育”作为一个全新的教育理念，不能仅仅从颜色内涵上把它归结为环境教育或环保议题，它还有着更深层次的、丰富的内涵和无限的可能性。绿色教育已提升到了一种全新教育理论的高度。这种对“绿色教育”内涵的挖掘，是“绿色”内涵的最新发展方向，实现了教育思想和价值倾向的“绿化”，即由环境教育、可持续发展教育主题转向了教育思想和价值导向，使其指向对整个学校文化的改进，为发展中的学校教育指引方向。

二、绿色教育概念界定

澄海实验高级中学最初提出绿色教育，是在其转制初期创建绿色学校的时候，此一阶段对绿色教育的理解为环境教育。开展绿色教育，就是增长师生的环境保护知识，树立环保意识，掌握环保技能，形成可持续发展的态度和价值观，提高环保的自觉意识及环境素养。学校把绿色教育定义为以环境教育为抓手，以呵护生命为根本，以素质教育为指向的理想教育。简言之，绿色教育是一种在环境中、关于环境、为了环境的教育。

随着对绿色教育的不断深入研究，学校认识到其蕴含着更为广博的内涵和深远的意义。查阅相关文献发现，学术界对于绿色教育的研究已经超越了环境育人的本义，其学习内容得到拓展，内涵得到深化。

---

① 丁钢．回归与创新之间：与杨叔子先生商榷“绿色教育”［J］．镇江高专学报，2004（3）．

② 余清臣．绿色教育在中国：思想与行动［J］．教育学报，2011（6）．

澄海实验高中办学二十年来，对“绿色教育”孜孜追求，从最初的构建“生态文明学校”发展过渡为“绿色学校”，并不断进行内涵和外延的深化与扩展。绿色象征春天与生命，象征成长与生机，象征健康与未来。“绿色学校”从本质上讲就是在学校建设中体现可持续发展的理念，采取有利于师生可持续发展的措施，提升师生作为人的生命状态和生活质量的教育。绿色学校的建设不仅仅包括环境建设和环境教育，还应当与学校教育教学的过程相结合。因此，学校赋予“绿色学校”以崭新的理念，提出“以人为本，绿色教育，和谐发展”的办学理念，逐步实现从创建“绿色学校”到实施“绿色教育”。

学校所倡导的“绿色教育”，以培养“全面发展而有个性的人”为核心，关怀生命、遵循规律、尊重多样，唤醒与激发每一个生命个体的活力与潜能，促进每一位学生健康、和谐、永续发展，为学生终身发展奠基。

近年来，随着特色学校的创建，“绿色教育”的内涵更加丰富。“绿色行动”和“绿色发展”共同构成学校“绿色教育”体系。“绿色行动”就是坚持教育的本质在于激发人的生命活力，促进人的全面可持续发展的教育价值观。在教育内容和教育方式上，遵循人才成长的客观规律，注重科学教育、人文教育与艺术教育的相融相生，注重师生的主动参与和自主发展，实现校园环境绿色化、学校管理绿色化、师资队伍绿色化、教育载体绿色化、教育方式绿色化。“绿色发展”就是顺应人的自然本性，复归于朴，天人合一，尊重个体差异，张扬个性，树立主体意识，开展自主探究，寓教于乐，全面、和谐、均衡与可持续发展。

第二节　绿色教育的理论依据

学校在探索“绿色教育”的道路上虽然已经走过十几个年头，在实践层面有了一定的成果，但在理论层面一直都没有较为系统的梳理。从 2017 年开始，由于广东省教育研究院开展基础教育实验研究基地学校建设的需要，学校通过学习、思考与论证，借鉴了国内外“绿色教育”理论研究成果，特别是总结了近几年国内特色学校的建设经验，比较系统地对“绿色教育”的理论依据进行了概括。以“促进每一名学生健康、和谐、永续发展”为要义的绿色教育，必须以马克思主义关于人的全面发展学说为指导，继承我国传统教育思想精髓，并学习借鉴现代先进教育理论和有效教学理论，形成“绿色教育”的理论基础，以适应新时代的新教育。

一、马克思主义关于人的全面发展学说

马克思主义关于人的全面发展学说在马克思主义理论学说中有着极其重要的地位。所谓人的全面发展，即指人的体力和智力的充分、自由、和谐的发展。马克思主义从分析现实的人和现实的生产关系入手，指出了人的全面发展的内容、

条件、方法和途径。

（一）马克思主义关于人的全面发展学说的内容和条件

马克思在《1844 年经济学哲学手稿》中，阐述了人的全面发展思想。马克思认为，人的发展是“人以一种全面的方式，也就是说，作为一个完整的人，占有自己的全面的本质”。马克思强调的“人的全面的发展”，实质上是“人的本质力量的展示”和“人的本质力量的发展”。马克思主义认为，人的发展的条件与人的发展的内容是紧密联系在一起的。人是社会实践的主体，既被现实社会所塑造，又在推动社会进步中实现自身发展。马克思认为，社会的每个成员都能够完全自由地发展和发挥他的全部才能和力量，处在社会中的个人能够发挥自己的能力使自己获得最大程度的发展，最大程度地满足自己的需求。但是又因为每个人的出身、生活的环境、所受到的教育以及对于自身需要的不同，每个人的发展情况不尽相同。马克思“人的全面发展”学说包括四个方面：

第一，人的发展是全面发展。“人的全面发展”首先是现实的人的全面发展。“人的全面发展”是处于社会中的每个人得到全面的发展。马克思认为，人的全面发展并不是要求所有社会成员都同一地发展，也不是说每个人都具备同等的能力去发展，取得相同的发展成果，而是每个人依据自身能力的大小以及自身的现实需要，通过自身发展获得自身德智体全方位的提高。同时，人是社会的存在物，人的生存和发展受到社会物质资料和精神资料的限制。人们只有通过自身实践推动社会的发展，才能为实现自身的发展提供希望。人的全面发展是与人的片面发展相对而言的，全面发展的人是精神和身体、个体性和社会性都得到普遍、充分以及自由发展的人，这是人的全面发展学说的基本理论观点。

第二，人的需要的多样满足。马克思认为人类历史的第一个活动就是实践，实践活动的产生源于人们的生产生活需要。人的需要内容丰富，富有层次性，其中最基本的是生存需要，在这一需要被满足后，人们就会有安全感、归属感、爱与尊重的需要，当这些需要得到满足后，人们会产生更高层次的需要，比如审美需要，并最终希望获取自我价值实现与自我发展的需要。

第三，人的能力获得充分发展。人们在发展中所体现的为满足生存需要改造自然的能力，与他人进行社会交往的能力，自我调节的能力以及进行物质生产和精神生产的能力都属于人自身的能力。人的全面发展包含人的智力和体力的协调发展，也包括人的才能、志趣和道德品质等的协调发展。当把教育与生产劳动结合起来时，才能培养出全面发展的人。

第四，人的个性获得解放。每个人都具有自身独特的特质，每个人都是独立存在的个体，都具有主观意识和能动性，这是人的个性的体现，也是人与动物的本质区别。人的全面发展还体现在人的素质和个性的全面发展。人的素质也是一个复杂的体系，既有基本的生理素质，隐形的心理素质，也包括道德和文化素质。而要达到人的素质的全面发展就要权衡考虑各个因素之间的协调和谐。个性发展是人们最为追求的需要。所谓的个性其实就是人的精神面貌或心理特性，从个性中我们可以看到人的特性。在马克思看来，人的全面发展是人的身心的自由发展，也是人的个性和社会性的自由发展。

（二）马克思主义关于实现人的全面发展的途径和方法

马克思主义关于人的全面发展的另一个重要论断是关于实现人的全面发展的途径和方法，他指出，教育与生产劳动相结合是实现人的全面发展的唯一方法。

马克思在《资本论》中指出："未来教育对所有已满一定年龄的儿童来说，就是生产劳动同智育和体育相结合，它不仅是提高社会生产的一种方法，而且是造就全面发展的人的唯一方法。"① 马克思主义指出教育与生产劳动相结合是现代社会和现代教育发展的普遍规律，让儿童参加力所能及的定量生产劳动，同时对他们进行智育、体育和综合技术教育，不仅是提高生产的一种方法，而且也是改造旧社会，培养全面发展的人的方法。

中华人民共和国成立后，一直把教育与生产劳动相结合作为教育方针的重要内容，在教育与生产劳动结合的内容和方法上不断有所创新。党的十八大以来，习近平总书记围绕教育与生产劳动相结合多次作出重要批示、发表重要讲话，形成了系统化、科学化的思想，为新时代马克思主义关于人的全面发展学说注入了新内涵、提出了新要求。习近平总书记特别强调"要通过各种措施和方式，教育引导广大青少年牢固树立热爱劳动的思想、牢固养成热爱劳动的习惯，为祖国发展培养一代又一代勤于劳动、善于劳动的高素质劳动者"。

（三）马克思主义关于人的全面发展学说对绿色教育的指导作用

马克思主义关于人的全面发展学说确立了科学的人的发展观，是我国素质教育的指导思想，是课程改革的理论基础，也是绿色教育的理论依据。马克思主义关于人的全面发展学说对于绿色教育的指导作用体现在下列几个方面：

（1）处理好人的发展目的和手段的关系。人的全面发展是人类自我实现的最高理想，提高人的生命质量是教育的基本任务。绿色教育是以尊重人的主体性，注重开发人的潜能，形成人的健全人格为特征的教育。绿色教育是手段，人的全面发展是目的，二者是手段和目的的关系，是辩证统一的。

（2）明确教育活动中双主体的关系。在学生学习活动方面，学生是学习活动的主体，学习对象包括教育者是学习活动的客体，在学习过程中，要确立学生在学习活动中的主体地位。另外，作为主体的学生需要审视自己，不断改造、发展和完善自己。在教师教学活动方面，教师是主体，学生作为教育对象是客体，教师不但要认识和了解学生，而且要变革和改造学生，促成其全面发展。同时，教师必须经常反思自己的教学行为，认识自己、提高自己，做到教学相长，教书育人。

（3）处理好"五育"并举的关系。坚持德、智、体、美、劳各育并举，充分重视各种教育内容要素的作用，保障教育的全面性。根据马克思主义关于人的个性全面发展学说，社会主义教育内容的要素为德育、智育、体育、美育和劳动

---

① 马克思，恩格斯．马克思恩格斯全集（第23卷）[M]．北京：人民出版社，1971.

技术教育。各要素之间不是孤立的，也不是简单的叠加，而是有机结合构成一个整体；既是有区别、不可替代的，又有着密切的联系，不可相互分离。绿色教育发挥其协调作用，促进各要素之间的有机结合，根据不同的性质、规律和特点，分配好时间和力量，处理好各育之间、各育与素质教育之间的关系，联结优化整体结构，真正做到使学生的身心素质全面健康地发展。

二、人本主义学习理论

20 世纪 50—60 年代，美国兴起了人本主义心理学，由美国心理学家马斯洛创立，以美国心理学家罗杰斯为主要代表，被称为心理学第三思潮。这一理论注重人格塑造，注重对人的尊严的维护，注重人的自我成长、自我实现、自我接纳，而且强调在人格塑造过程中，创造良好的环境是极为重要的。

（一）人本主义学习理论的内涵

人本主义学习理论的内涵体现在教学理论上，就是以学生为中心，鼓励学生积极主动地学习。首先，人本主义学习理论的教育目标是培养学生学会学习，从而达到自我实现。其次，人本主义学习理论主张学生在教育中的主体地位，强调在教学过程中让学生保持和产生好奇心，以其自己的兴趣为导向去探究任何未知领域，意识到一切事物都是变化的、发展的。再次，人本主义学习理论认为教师仅仅是学生学习的促进者，作为促进者的教师的首要任务不是“教”而是“促”，鼓励学生自由学习和满足自己的好奇心。

人本主义理论认为，要改变一个人的行为，首先必须改变其信念和知觉。所以人本主义学者特别关注学习者的个人知觉、情感、信念和意图，认为它们是导致人与人的差异的“内部行为”，因此他们强调要以学生为中心来构建学习情景。

人本主义主张从人的直接经验和内部感受出发来了解人的心理，而且更应该关注人的高级心理活动，如热情、信念、生命、尊严等内容，认为人的自我实现和为了实现目标而进行的创造才是人的行为的决定因素。

人本主义学习理论从全人教育的视角阐释了学习者的成长历程，以发展人性；注重启发学习者的经验和创造潜能，引导其结合认知和经验，肯定自我，进而自我实现。人本主义学习理论重点研究如何为学习者创造一个良好的环境，让其从自己的角度感知世界，发展出对世界的理解，达到自我实现的最高境界。

人本主义学习理论认为，教育应该是以学生为中心而进行的“有意义学习”。要对学生进行表扬和激励，突出情感的重要性。在教学过程中以情感为动力，以学生个体为中心，把教学活动从教师为主导转向以学生为主体，将学生的情感和态度作为教学活动的重要考察依据，理解对学生来说教育是什么。只有这样才能增强有意义学习。①

人本主义学习理论也有其缺陷和不足，如片面扩大了情感因素的作用，过分

① 殷群．绿色教育：从理解到行动［M］．南京：江苏人民出版社，2016.

强调了学生的自我选择，忽视了教师的指导作用，不利于学生学习系统的知识，不利于培养学生的意志力和纪律性，以及易走极端个人主义，等等。

（二）人本主义学习理论的主要观点

人本主义学习理论强调学生自主学习，自主建构知识意义，强调协作学习。与建构主义不同，它更强调以人的发展为本，即强调学生的自我发展，强调发掘人的创造潜能，强调情感教育。人本主义学习理论主要可以分为五大观点：即潜能观、自我实现观、创造观、情感因素观与师生观。

1. 潜能观

人本主义学习理论认为：在学习与工作上人人都有潜能，可惜的是这种潜能没有充分释放出来。教育本身就要努力发掘学生的潜能，所以人本主义学习理论研究的重点在于怎样通过教育来发掘每个学生的潜能。从这个观点出发，人本主义学习理论强调学习要以学生为主体但也重视教师在这个过程中发挥的主导作用，而这个主导作用在于怎样去发掘学生的潜能。

2. 自我实现观

人本主义学习理论高度重视学生的个性差异和个人价值观，强调学生的自我实现（发展），把学生的自我实现作为教学的目标。但由于人的知识水平、接受能力、兴趣爱好、学习方法和学习习惯不同，所以存在个体差异。教师在教学中，应该根据每个学生的个体差异，因材施教，为不同学生创设不同的学习条件，使得不同的学生都能得到自由发挥。

3. 创造观

人本主义与建构主义一样，在知识与能力之间崇尚学生能力的培养，并把创造力作为教学的核心问题。罗杰斯指出：人人有创造力，至少有创造力的潜能，人应该主动地发展这些潜能。并认为：不应该把创造力看成某些专家的特权。而美国当代著名心理学家布鲁姆也认为应该研究大多数人的潜能和创造力。

4. 情感因素观

学习中的情感因素，与发掘学生潜能、发展学生创造力等都有密切关系。对这一点，人本主义学习理论给予了特别重视，认为学习是学生个人主动发起的，个人对学习的整体投入，不但涉及认知能力，而且涉及情感、行为等方面。学生对学习兴趣很浓，目标明确，是十分重要的情感因素，教师必须充分地为学生创设良好的学习环境，把学生充分吸引到学习的情境中来，并长时期坚持下去。

5. 师生观

人本主义学习理论更重视师生定位观：师生之间的关系应是以情感为纽带，维持一种宽松、和谐、民主、平等的学习氛围，建立起一种良好的人际关系与和谐的学习氛围。教师应该平等地对待每一个学生，根据学生的个体差异，相信学生，尊重学生；在教学过程中要构建民主、平等、和谐的师生关系，不使学生在学习中感到压抑或负担，让学生在学习中学得主动积极和生动活泼。

（三）人本主义学习理论对绿色教育的启示

人本主义学习理论的主要观点对绿色教育有着重要的借鉴作用。人本主义所强调的重视对学生人格的培养、充分发挥学生主动性和创造力、主张教学要以学生为中心、构建良好的师生关系、鼓励学生的自我评价、使学生身心健康地成长以适应时代的变化和社会的要求等观点，对绿色教育有着重要的启发意义：

（1）绿色教育融合吸收了人本主义学习理论，彰显了“以人为本”的教育理念。教育是对人的培养，绿色教育应该遵循以人为本的教育思想，辩证地吸收西方人本主义教育的部分理论和中国古代人文主义传统思想，建立起一种全新的教育理念。这种新理念，就是对人本思想的分析、讨论、批判后所进行的一系列取舍和融合之后形成的新理念。

（2）绿色教育要充分尊重和发挥学生的主体性作用。每一个人都是独一无二的，都有自己的个性，又都需要获得他人的尊重，进而更好地自我尊重。同时，作为社会人又需要一种认同感，需要他人认同自身价值，而人本主义的核心就是维护个人的尊严、注重自我价值的实现，每一个人都有无限的潜能，要充分发挥个人的主体性。在这种理念下，倡导以人为本，强调学生的自我管理，促进学生的健康可持续发展。这一理论启示我们，要充分发挥学生的主体性，让学生积极主动地参与建设，充分尊重学生，促进学生人格的健康发展。

（3）绿色教育要满足学生发展的内在需求。人本主义学习理论倡导发掘学生的潜能和创造力，满足不同的个性需求，让学生认识自身价值，促进他们自身的发展，这种情感与认知的结合，要求教师坚持以人为本的观念，积极引导鼓励，创设良好的学习环境。教师要由主宰者、权威变成学生的指导者和朋友，由教变成导，这样才能让学生的学变成真正的自主参与。

三、建构主义学习理论

（一）建构主义学习理论的内涵

建构主义主张世界是客观存在的，但是对事物的理解却是由每个人自己决定的。不同的人由于原有经验不同，对同一事物会有不同的理解。建构主义学习理论认为：学习是为了引导学生从原有经验出发，生长（建构）起新的经验。①

建构主义的目的就是要寻求适合于高级学习的教学途径。其中适合于高级学习的教学途径之一就是随机通达教学（Random Access Instruction）。随机通达教学认为，对同一内容的学习要在不同时间多次进行，每次的情境都是经过改组的，而且每一次学习的目的不同，分别着眼于问题的不同侧面。这种重复绝非为巩固知识技能而进行的简单重复，因为在各次学习的情境中会有互不重合的地方，而这将使学习者对概念知识获得新的理解。这种教学避免抽象地谈概念的一般运用，而是把概念具体到一定的实例中，并与具体情境联系起来。每个概念的教学都要涵盖充分的实例（变式），分别用于说明不同方面的含义，而且各实例都可能同时涉及其他概念。在这种学习中，学习者可以形成对概念的多角度理

---

① 李芒，金林，郭俊杰．教育技术学导论［M］．2版．北京：北京大学出版社，2015.

解，并与具体情境联系起来，形成背景性经验。这种教学有利于学习者针对具体情境建构用于解决问题的图式。可以看出，这种思想与美国教育心理学家布鲁纳关于训练的多样性的思想是一致的，是其深入发展。

建构主义分为个体建构主义和社会建构主义两大范畴。个体建构主义与认知学习理论有很大的相似性，二者都认为学习是一个意义建构的过程，学习者通过新、旧知识经验的相互作用，来形成、丰富和调整自己的认知结构。学习是一个双向的过程，一方面新知识纳入已有的认知结构中，获得了新的意义；另一方面，原有的知识经验因为新知识的纳入，而得到了一定调整或改组。比如，探究式学习就是个体建构主义的观点在具体教学中的运用。社会建构主义认为，学习是一个文化参与的过程，学习者是通过参与到某个共同体的实践活动中，来建构有关的知识。学习不仅是个体对学习内容的主动加工，而且需要学习者进行合作互助。社会建构主义更关注学习和知识建构背后的社会文化机制，认为不同文化、不同环境下个体的学习和问题解决之间存在着很大的不同。①

（二）建构主义学习理论的主要观点

1. 知识观

建构主义知识观认为，知识不是对现实的纯粹客观的反映，只不过是人们对客观世界的一种解释、假设或假说，将随着人们认识程度的深入而不断地变革、深化，出现新的解释和假设。在具体问题的解决中，需要针对具体问题的情境对原有知识进行再加工和再创造。另外，尽管语言赋予了知识一定的外在形式，并且获得了较为普遍的认同，但这并不意味着学习者对这种知识有同样的理解。因为对知识的理解，还需要个体基于自己的知识经验而建构，还需要取决于特定情境下的学习历程。

2. 学习观

建构主义学习观认为，学习是学生自己建构知识的过程。学生不是简单被动地接受信息，而是主动地建构知识的意义。学习是学习者根据自己的经验背景，对外部信息主动地选择、加工和处理。对所接收的信息进行解释，生成了个人的意义或者说是自己的理解。个人头脑中已有的知识经验不同，调动的知识经验相异，对所接收的信息的解释就不同。

3. 教学观

建构主义教学观认为，教学不能无视学习者已有的知识经验，不能简单地、强硬地从外部对学习者实施知识的“填灌”，而是应该把学习者原有的知识经验作为新知识的生长点，引导学习者从原有的知识经验中，主动建构新的知识经验。教学不是知识的传递，而是知识的处理和转换。教师和学生、学生与学生之间，需要共同针对某些问题进行探索，并在探索的过程中相互交流和质疑。

（三）建构主义主张的学习方式

建构主义主张的学习方式有探究学习、支架式教学、情境教学、合作学习。

---

① 李芒，金林，郭俊杰．教育技术学导论［M］．2 版．北京：北京大学出版社，2015.

1. **探究学习**

探究学习就是基于问题解决活动来建构知识的过程。在教学过程中，应该是通过有意义的问题情境，让学生通过不断地发现问题和解决问题，来学习与所探究的问题有关的知识，形成解决问题的技能以及自主学习的能力。换言之，探索学习是指学生积极主动地参与、体验，通过这些活动形成自己的知识与理解的学习方式。

2. **支架式教学**

支架式教学是指教师或其他人与学习者共同完成学习活动，为学习者提供外部支持，帮助他们完成无法独立完成的任务。随着活动的进行，逐渐减少外部支持，让学生独立活动，直到最后完全撤去支架。

3. **情境教学**

建立在有感染力的真实事件或真实问题基础上的教学称为情境教学。知识学习是与情境化的活动联系在一起的。学生应该在真实任务情境中，尝试着发现问题、分析问题、解决问题。

4. **合作学习**

合作学习是指通过讨论、交流、观点争论，相互补充和修改，共享集体思维成果，完成对所学知识的意义建构过程。合作学习主要以互动合作（师生之间、学生之间）为教学活动取向，以学习小组为基本组织形式，共同达成教学目标。①

由建构主义学习理论所主张的学习方式建构起来的教学模式有支架式教学、抛锚式教学、随机进入教学，其基本框架如下：

支架式教学

搭脚手架 → 进入情境 → 独立探索 → 协作学习 → 效果评价

抛锚式教学

创设情境 → 确定问题 → 自主学习 → 协作学习 → 效果评价

随机进入教学

呈现基本情境 → 随机进入学习 → 思维发展训练 → 协作学习 → 效果评价

（四）建构主义学习理论对绿色教育的启示

建构主义学习理论对绿色教育具有深远的影响和积极的意义。建构主义学习理论作为国际教育改革的一种主流思想，它在知识观、学生观、教学观等方面都有自己独到的见解，对有效教学方式的实施具有明显的积极意义，对绿色教育有着重要的启示。

（1）学会自主性学习。绿色教育吸纳建构主义学习理论的知识观、学习观、

① 李方．教育知识与能力［M］．北京：高等教育出版社，2011.

教学观，主张“学习者在学习过程中具有主观能动性”，反对把学生当作被动的接受者。绿色教育强调学习的主动性、实践性、创造性和社会性，积极促进学生自主学习，主动建构自己的知识经验，不断充实、丰富和改造自己已有的知识经验，使智力因素和非智力因素得到发展。

（2）学会探究性学习。绿色教育强调对学生探究能力的培养，在教学中借鉴和运用建构主义学习模式，推崇探究性学习方式，将学生的学习置于问题情景中，或镶嵌于活动背景中，结合原有的经验进行新的学习和探究，建构自己的新观点和见解，建构自己的判断和信念，激发学生不断地在知识的海洋里探索。

（3）学会创造性学习。创造性是一种十分复杂的心理现象，人人皆有创造潜能。建构主义学习理论的核心是培养人的创造性思维和创新能力。绿色教育应为人的创造潜能提供适当条件。在教学中，要努力弘扬主体的创造性思维，不仅要给学生提供创造的时空，使求知的过程成为不断改造的过程，让学生在认识世界中发现问题、解决问题，获得“创造力”；同时还要给学生添加释放潜能的“催化剂”，使学生学会建构知识，学会创造知识，学会生产知识，丰富情感世界，服务于人类社会。

四、多元智能理论

（一）多元智能理论的内涵

多元智能理论是由美国教育学家和心理学家加德纳于 1983 年提出的，并多次加以发展。该理论认为，人类思维和认识的方式是多元的。多元智能理论对智力的定义和认识与传统的智力观是不同的。智力是在某种社会和文化环境的价值标准下，个体用以解决自己遇到的真正难题或生产及创造出某种产品所需要的能力。智力不是一种能力而是一组能力，智力不是以整合的方式存在而是以相互独立的方式存在的。就其基本结构来说，智能是多元的，每个人身上至少存在七项智能，即语言智能、数理逻辑智能、视觉空间智能、音乐韵律智能、身体运动智能、人际沟通智能、自我认识智能；智能的分类也不仅仅局限于这七项，如加德纳于 1996 年提出了第八种智能——自然观察智能。① 多元智能理论的基本要素如下：

（1）语言智能：指人对语言的掌握和灵活运用的能力，表现为用词语思考，用语言和词语的多种不同方式来表达复杂意义。

（2）数理逻辑智能：指人对逻辑因果关系的理解、推理、思维表达能力，其突出特征为用逻辑方法解决问题，有对数字和抽象模式的理解力，认识解决问题的应用推理。

（3）视觉空间智能：指人对色彩、形状、空间、位置的正确感受和表达能力，其突出特征为对视觉世界有准确的感知，能够产生思维图像，有三维空间的

① 加德纳．多元智能［M］．北京：新华出版社，1999.

思维能力，能辨别感知空间物体之间的联系。

(4) 音乐韵律智能：指人感受、辨别、记忆、表达音乐的能力，其突出特征为对环境中的非言语声音，包括韵律、曲调、节奏、音高、音质的敏感性。

(5) 身体运动智能：指人身体的协调、平衡能力和运动的力量、速度、灵活性等，突出特征为利用身体交流和解决问题，能够熟练地进行物体操作以及需要良好动作技能的活动。

(6) 人际沟通智能：指对他人的表情、说话、手势动作的敏感程度以及对此做出有效反应的能力，表现为个人能觉察体验他人的情绪情感并做出适当的反应。

(7) 自我认识智能：指个体认识、洞察和反省自身的能力，突出特征为对自己的感觉和情绪敏感，了解自己的优缺点，用自己的知识来引导决策，设定目标。

(8) 自然观察智能：指的是观察自然的各种形态，对物体进行辨认和分类、洞察自然或人造系统的能力。

实践证明，每一种智能在人类认识和改造世界的过程中都发挥着巨大的作用，具有同等的重要性。

(二) 多元智能理论的主要观点

(1) 弹性、多因素组合的智力观。多元智能中的各种智能不是以整合的方式存在，而是相对独立的，各自有着不同的发展规律并使用不同的符号系统。

(2) 全面、多样化的人才观。多元智能视角下的人才观认为，每个学生都有一种或数种优势智能，只要教育得法，每个学生都能成为某方面的人才，都可能获得某方面的专长。

(3) 积极、平等的学生观。每个学生都或多或少具有八种智能，只是其组合的方式和发挥的程度不同，各自都具有自己的优势智能领域、学习风格类型和发展特点。

(4) 个性化、因材施教的教学观。每个学生都具有在某一方面或几方面的发展潜力，只要为他们提供了合适的教学和训练，每个学生的相应智力水平都能得到发展。

(5) 以发展为取向的评价观。多元智能理论的评价观超越传统的以标准的智力测验和学生学科成绩考核为重点的评价取向，主张通过多渠道、采取多种形式、在多种不同的实际生活和学习情景下对学生解决实际问题的能力进行评价，是一种以发展为取向的评价观。①

智能是人类大脑中文化知识的积累。它是一种生理和心理的潜能，这种潜能在个人经验、文化和动机的影响下，在一定程度上得以实现。②

---

① 钟志贤. 多元智能理论与教育技术［J］. 电化教育研究，2004（3）.

② 殷建连，孙大君. 手脑结合概论［M］. 苏州：苏州大学出版社，2017.

（三）绿色教育是促进多元智能发展的教育

绿色教育不主张一元发展，而是倡导多元协调发展。多元智能理论所强调的基本观点，如学生的智能发展是有差异的，每个学生都有成才的潜力，教学应该着眼于学生的多方面智能，评价学生应该看到学生的多方面智能，这些观点都应该被主张和谐发展理念的绿色教育所接纳。多元智能理论对绿色教育的启发是多方面的。

（1）借鉴多元智能理论的人才观，整合多元课程内容。学生多元智能发展的基础是多元课程的整合的结果。在课程建设上，以学生为中心，以课程为中介，以特色促发展，强调国家课程校本化，校本课程优质化，优质课程特色化，为学生创设绿色学习的环境，提供丰富多样的课程。根据学生的能力、风格、爱好选择学习内容和方式，使学生的个性得到张扬，其优势智能得到强化发展。

（2）借鉴多元智能理论的智力观，提供多元活动机会。绿色教育倡导“科学教育与人文教育的交融”“传统文化与现代文明同育”，高中综合实践活动为学生的发展开辟了面向生活、面向自然、面向社会的广阔时空。综合实践活动主要包括专题研究、社区服务、社会实践、劳动技术教育等。它超越书本，超越体系化的教材，超越封闭的课堂，面向自然、面向社会、面向学生的生活和已有经验，学生的多元智能在开放的时空中得到实际开发与增长。学习活动的多样化同时可促进学习领域之间的整合。

（3）借鉴多元智能理论的教学观，运用多元教学方法。每个学生的智能潜力是不同的，而且是不断丰富发展的，应针对不同教学内容，不同层次的学生，灵活组合运用多种教学方法，使各种不同的教学方法优势互补，以达到理想的教学效果。绿色教育引领下的有效教学，倡导以问题为中心，培养学生发现问题的能力；倡导探究式学习，让探究、探索成为学生追求真理的习惯。鼓励学生参与互动，根据不同学习类型采用不同学习方式。

（4）借鉴多元智能理论的评价观，采用多元评价标准。智能面前人人平等，每个学生都有独特的智能倾向，只要以他的智能为标准去评价他，我们就会发现，每个学生都是可以培养的。树立多元评价标准，需克服以偏概全的现象。在实际教学中只有平等地对待每一种智能，每个学生才有可能受到尊重。

学生是学习的主体，在各类评价活动中，学生都是积极的参与者和合作者。因此应建立开放、宽松的评价氛围，鼓励学生、同伴、教师和家长共同参与评价，实现评价主体的多元化，帮助学生在自我评价、互相评价、师长评价中不断反思、认识自我，从而实现自主学习和发展。

五、教育生态学理论

（一）教育生态学研究的主要问题

教育生态学是介于教育学与生态学之间的一门边缘学科，是运用生态学的理论与方法，综合研究教育现象、教育与人的发展规律的学科。

教育生态学始于20世纪上半期的美国，心理学家巴克和赖特从社会的自然生态角度，探讨儿童行为的发生、发展特点与教育的关系问题，① 20世纪60年代末至70年代中期勃兴。教育生态学着重围绕生态平衡、环境与适应、人群的分布与构成、人际关系等问题，试图建立合理的学校内外生态环境，提高教学效率，促进年青一代健康成长。这套理论统称为教育生态规律。美国哥伦比亚师范学院院长 Cremin Lawrence 在其《公共教育》一书中总结了教育生态规律，包括“迁移与潜移律”“富集与降衰律”“教育生态的平衡与失调”“竞争机制与协同进化”“教育生态的良性循环”。揭示了教育与外部生态环境之间以及教育内部各环节、各层次之间本质的、必然联系的基本规律。②

教育生态学不但揭示了教育生态的规律，同时也指出了教育系统内外各要素之间的相互关系及其自主适应调节、动态生成的网络机制。“教育是一个开放的系统，不断与外界进行着人、财、物、信息与能量的交流。教育系统又是有结构、层次，多样性的生态系统。教育系统的构成可以从宏观、中观和微观三个不同层面进行分析。宏观层面包括全球、国家和地方经济、政治、文化、科技与教育之间的动态关系；中观系统包括教育制度、国家财政投入、教育文化、公共教育平台等要素所构成的教育中间层面；微观系统是指各级各类学校内部的要素、结构、功能及其相互关系。”③

（二）教育生态学对绿色教育的启示

无论是从研究层面，或者是实践层面，教育生态学作为绿色教育的理论依据有着重要的指导意义，是绿色教育不可或缺的理论依据。教育生态学对绿色教育的启示主要集中在以下几个方面：

（1）着眼于教育内部的生态优化，协调学校教育生态系统中诸要素及其相互关系。学校教育生态系统包括生物系统与环境系统，以及两个系统内部的各个要素都是相互影响和制约的。优化学校内部教育生态，协调促进学校组织和谐发展，是绿色教育重要的文化策略。学校中的组织，无论是教研组或者备课组，无论是教学班乃至班里一个小组都是一个生态系统。组织由生物系统和环境因素构成，生物系统主要是“人”的因素，包括教师、学生及学校管理者；环境系统

---

① 顾明远．教育大辞典（增订合编本）［M］．上海：上海教育出版社，1998.

② 吴鼎福，诸文蔚．教育生态学［M］．南京：江苏教育出版社，1990.

③ 王玉秋．教育生态研究［M］．南昌：江西人民出版社，2017.

指校园环境、班级环境等。

（2）立足于课程结构的优化。提升课程育人质量，围绕立德树人这一根本任务，遵循教书育人规律和学生成长规律，科学设置课程育人体系，即“绿化”课程体系。避免课程教学仅限于知识传授和能力培养，注重学科课程与思政品德教育，消除“两张皮”现象，实现思政品德教育与知识体系教育有机统一。开设绿色行动校本课程，丰富高中课程体系。要为学生创设绿色学习的环境，提供丰富多样的课程，根据学生的能力、风格、爱好选择学习内容和方式，使学生的个性得到张扬，优势智能得到强化发展。

（3）把握平衡规律，促进良性竞争。教育生态的核心是生态平衡，把握了教育生态平衡规律，能从根本上厘清教育方方面面存在问题的实质，推进教育发展。借鉴“竞争机制与协同进化”的观点，承认“竞争长久存在并导致优胜劣汰”，竞争对教育者、受教育者可以产生推动力，竞争可以促进整体教育改革，促进教学质量与科研水平的提高。绿色教育不但不排斥竞争，而且要引进竞争机制，在共同利益和愿景之下形成团队意识，协同进步，使“协同竞争”成为管理者、教育者、受教育者的共同愿望，协同进化成为主流。

以上对绿色教育理论依据的论述，其主旨在于夯实理论基础，为包括育人理念、课程结构、教学方式、学校文化建设等方面找寻理论支撑。

六、其他影响绿色教育的思想理论

绿色教育具有很强的包容性，其内涵因受到现代教育快速发展形势下诞生的新思想新理论的影响而不断衍生，只要是对学生发展有利的都会被吸纳进来。为了解决绿色教育指向模糊甚至泛化的问题，我们始终在努力学习，深入分析影响绿色教育各要素之间的关系，吸纳更多的先进理论和研究成果，形成一个整体的、系统化的绿色教育理论基础。除了上述教育理论思想外，绿色教育还深受主体教育、主体间性教育、全人教育、对话教育和生命教育等的影响。

主体教育是一种基于主体哲学对教育应当培养什么样的人以及教育活动的认识，它相对于依附性教育或客体教育而言，是一种教育的观念或教育哲学思想。其基本观点是：人是教育的出发点，人的价值是教育的最高价值；培育和完善人的主体性，使之成为时代需要的社会历史活动的主体，是教育的根本目的。主体教育的过程强调必须把受教育者当作主体，唤起受教育者的主体意向，激发受教育者主体的自主性、能动性和创造性，使教育成为主体的内在需要，成为主体自主建构的实践活动。

主体间性教育是基于哲学主体间性思想所进行的教育活动，是师生在一定的情境下，通过主体间的知、情、意、行等身心交互活动而实现的“认知—能力迁移”和“情志—心灵升华”过程。构成主体间性教育活动的要素有：情境熏陶、言行互动、能力迁移与心灵升华。影响主体间性教育活动的因素有：主体意识、平等理念、信息对称与技术支持。主体间性教育理论以主体性教育理论为基础，是对主体性的丰富与发展。主体间性教育理论认为，现代教育是主体间性教育，主体间性即师生间的交互关系，是现代教育的本质；现代教育过程是一种主体间性活动过程，师生间的双向或多向交互活动是现代教育过程的关键。理论上的主体间性是一种充分的主体间性，实践中的主体间性是一种不充分的主体间性。不充分的主体间性向充分的主体间性不断转化的过程，就是教育活动的科学性和艺术性不断提高的过程，最终实现人与自然、人与社会、自我与他者的共在和谐与进化发展。

主体间性教育理论和建构主义学习理论都认为学习是学习者的身心自我发展的自主活动过程，认为学习是学生与环境的互动过程。其不同之处在于：建构主义学习理论关注人的活动过程特别是人的内在活动过程，注重人的动态认知过程向静态认知结构的转化。而主体间性教育理论关注人与人之间的交互关系或交互活动，既注重内在思维向外在实践的迁移，同时又注重外在活动向内在心灵的升华。

全人教育是20世纪60至70年代兴起于美国的一种激进的带有强烈批判主义色彩的教育思想流派。对话教育是现代教育哲学中一个含义深刻的范畴。对话是平等者之间一种共生的交往关系。对话教育的意蕴体现在教育目的、教学、学习、师生关系等方面。生命教育有广义与狭义两种：狭义的生命教育指的是对生命本身的关注，包括个人与他人的生命，进而扩展到一切自然生命。广义的生命教育是一种全人教育，它不仅包括对生命的关注，而且包括对生存能力的培养和生命价值的提升。

第三节　绿色教育的性质和特点

分析绿色教育的理论依据，目的是从支撑绿色教育的理论逻辑寻找绿色教育的核心属性，为在现实中的教育实践提供导向。相比素质教育、主体教育、全人教育、生命教育这些教育模式，绿色教育有什么独特之处呢？本书将探讨一下绿色教育的性质和特征，对其内在和外在的表现做一个判断。

一、绿色教育的性质

绿色教育的核心在于遵循人的身心发展规律，促进学校中人的全面发展和共同成长。其核心属性是共生性、行动性、人文性、科学性、永续性。

（一）绿色教育的共生性

共生就是相互依赖，彼此有利，形成紧密合作和互利关系。人类是世界上最能表现出共生性质的，如人类群体之间的社会共生或群体共生、人与自然的和谐共生。

1. **群体共生**

德国心理学家库尔特·勒温（Kurt Lewin，1890—1947）认为个人是一个非常复杂的能量系统，群体中人与人之间存在着相互影响、相互渗透的交互作用，来自集体内部的“群体动力”是一种强势“能源”。共生性表现在共同愿景、和谐共处、共享成长三个方面。

第一，共同愿景。共同愿景是一个群体愿意为之奋斗，可实现而又有挑战性的，具有召唤及驱使人向前的使命的愿望、理想、远景或目标。绿色教育构建了学校中人的发展的共同价值体系，完善了学校中人的发展指向，激发了个体的积极性、主动性、创造性和向上性，使学校中人自觉地与学校融为一体，形成学校发展的强大生命力。

第二，和谐共处。和谐共处是指人与他人、与自然相处时的一种状态或态度，体现的是一种互惠互利，协同合作的关系。和谐共处是绿色教育的内容，也是保障学校、班级、教师之间的交往的基础。绿色教育作为学校人际关系的价值趋向，引领师生心理相容，心灵相通，使师生间、生生间形成真挚的情感关系，建立和谐平等的人际关系。绿色教育重视民主，强调民主参与决策，重视团体合作气氛。绿色教育要求教师要充分尊重学生、肯定学生，增进师生间的交往互动。

第三，共享成长。共享成长是绿色教育共生性的核心，学校师生以共同愿景为导向，建立新型的师生关系，在共识、共享、共进之中求得共同发展。师生共处在“学习共同体”中，师生之间相互激发，相互促进而共生共荣。师者可以成为学生志同道合者，成为教育过程中平等的参加者，学生可以在群体中互帮互助、友爱团结，主动学习，合作学习。绿色教育为教师提供了一个专业成长平台，为学生打造了一个身心发展空间，让师生共享成长快乐。

2. **人与自然的和谐共生**

绿色教育的一个本质属性就是坚持人与自然和谐共生。人因自然而生，人与自然是一种共生关系。习近平总书记在党的十九大报告中强调：“坚持人与自然和谐共生。建设生态文明是中华民族永续发展的千年大计。”尊重客观规律，倡导绿色发展、将生态文明教育纳入绿色教育课程。

第一，尊重客观规律。人类必须尊重自然、顺应自然、保护自然，否则就会遭到大自然的报复。绿色教育遵循人与自然和谐共生的客观规律，把环境教育和可持续发展教育结合起来，开展生态文明教育，在课程中渗透尊重自然、顺应自然、保护自然的教学内容，让保护自然生态、维护生命共同体的观念成为普遍共识。

第二，倡导绿色发展。绿色教育把绿色发展理念融入文化建设、学校管理、教育教学的方方面面，渗透到育人的全过程。着力树立绿色发展理念，完善学校文化制度，优化生态环境，节约资源，保护环境，建设美丽校园。

第三，开展实践活动。绿色行动坚定不移地推动绿色发展形成方式和生活方式，开展节约资源和保护环境教育，实行“创绿·护绿”制度，倡导“有效教学”理念，以新发展理念为指导，创新教育教学方式，减轻过重的课业负担，提高教育教学实效；端正劳动态度，培养劳动技能，养成良好的、健康的生活方式。

（二）绿色教育的行动性

行动性就是教育对象通过实践在行动中得到体验和认知，身心得到发展。绿色教育借鉴了生活教育派的代表人物陶行知先生的教育思想，强调了教育的实践和体验的重要作用，主张学生在绿色行动中提升绿色素养。行动的成果来自实践和体验。

绿色素养包括绿色知识、绿色情感、绿色意识和绿色行为四个基本要素。绿色知识是要解决“何为绿色”的认知问题，是提升个体绿色素养的基础；绿色情感和绿色意识是要解决情意问题，是提升个体绿色素养的中介和保障；绿色行为要解决行为问题，它不仅是衡量人们是否掌握绿色知识和是否形成绿色价值观的外在表现，更是提升个体绿色素养的落脚点和标志。这四个要素既相互联系又相对独立，是一个密不可分的集合体。实践和体验是学生理解、消化知识，提升情意境界的必经环节，两者相互作用，相互依赖。绿色教育是一个亲身经历的动态过程，只有行动才有理解和领悟，又在实践中经过反复磨合、矫正、升华，形成自觉行为。绿色教育既注重教育活动的形式与过程，更注重实践主体的内心体验，用“心”去感悟，用“心”去体验，才能把教育要求内化为品质，外显为行为，不断促进绿色素养的提升。因此，绿色教育关注学生现实生活经验，引导学生从身边发生的事情，关注环境变化，关心社会时事，走出课堂，从行动中汲取新知。在自主创新能力培养方面，提高实践能力的同时培养探究意识，保护学生的好奇心。通过实践探究，让学生自主探究问题的答案。

（三）绿色教育的人文性

人文即人类社会的各种文化现象，其内涵是崇尚理性，追求知识，探索自然，研究科学。人文的核心是人，以人为本，关心人、爱护人、尊重人，承认人的价值，尊重人的个人利益，包括物质利益和精神利益。“提高校园生活质量，提升学生生命状态”是绿色教育的起点和归宿。绿色教育本身就是一种人文教育，探求人类生存的意义与价值。追求对人的关怀，致力于对人的教育和培养，是绿色教育人文性的体现。绿色教育的人文性包括人文教育和人文关怀两个方面。

人文教育体现在人文素养和人文精神上的教育。人文素养是指科学文化素养之外的一种素养。道德修养、个性人格、理想追求、人际关系等都属于人文素养，重点是人的涵养，与人性、情感、欲望、情绪、人际关系等方面密切相关。人文精神指的是人类为自身的可持续生存、发展，以真善美的价值理想为目标，不断探索与追求人与自然、人与社会、人与人之间的可持续、和谐互动的一种自觉的文化精神。人文精神常常通过一定的人文知识来体现，但人文知识不等于人文精神。我们培养人文精神，不能仅仅停留和局限在学习知识上，而要进一步引导师生树立关爱人、尊重人、关爱生命、尊重生命的观念。

人文关怀就是对人的生存状况的关怀、对人的尊严与符合人性的生活条件的肯定，对人类的解放与自由的追求。绿色教育树立以人为本的教育观，重视人的价值和个性发展，满足学生发展的内在需求。绿色教育倡导因材施教，就是承认差异，重视学生个体发展需要，针对不同个性、能力和差异的学生，创设适合的教育环境，采取多样化的教学方式和教学手段，促进学生全面而有个性地发展。

（四）绿色教育的科学性

绿色教育的科学性在于求真，培育核心素养，使学生学科素养和关键能力落地生根。突出“绿色教育”科学性，是针对教育中“非绿色”的现象而提出的，它力图摒弃漠视和不尊重生命、不尊重教育规律、不尊重个性差异的现象，重建一种充满生机与活力的教育，遵循教育的科学性，回归教育本真。

绿色教育重视科技知识教育、科学思维教育、科学方法教育与科学精神教育。科技知识是生产力发展的源泉，科学思维是正确思维的基础，科学方法是事业成功的前提，科学精神是求真务实的核心，四者结合构成绿色教育的科学性。

绿色教育作为对教育功利化的批判性武器，坚持有效教学理念，突出科学性特点。教育功利化问题由来已久，近年来，教育“非绿色”现象有愈演愈烈的趋势。例如只重视文化知识学习，轻视德、体、美及劳动教育，大搞灌输式教学、疲劳战术、题海战术，忽视学生学习个性特征。为了考试和升学而抛弃提升与培养学生的个性思想、想象力与创造力的教育方式，冷漠对待师生间的情感交流，违反了学习规律，甚至漠视生命、泯灭个性、违背教育本真。这种“非绿色”的教育思维方式普遍缺乏理性，不利于学生的身心健康成长。

绿色教育遵循选择性原则，面向全体、尊重个体，构建促进学生个性化发展的特色课程体系，因材施教，制定个性化教学目标，开设丰富多样的选修课程，满足学生选课需求。

（五）绿色教育的永续性

永续就是可持续。绿色教育受可持续发展教育思想的影响深刻，本身就带着可持续发展教育的烙印。运用可持续发展思想创建新型学校育人模式，就是要以可持续发展思想为指导，探索有利于对学生进行环境、人口及可持续发展科学知识与科学思想教育的有效育人模式，并动员组织学生在校期间积极参与环境保护与提高人口素质等方面的社会活动，从而做好有关环境与人口健康发展方面的科学知识与相关能力的必要准备，培养能够促进经济与社会可持续发展的新一代公民，构建“主体探究—综合渗透”型课堂教学模式，即主体探究、综合渗透、合作活动、创新发展。可持续发展体现为学生在学习中的渐进和持续的学习进程。学生要养成自主学习的能力，拥有持续而独立的学习能力，也就是说在教学中学生要学会学习。教师可以采用探究性学习、合作学习或先学后教的方法，让学生亲身体验自主学习模式的优势，并养成自主学习的能力。可持续发展教育需要教师和学生共同发展，真正做到教学相长，教师要不断更新教学知识、投入科研、反复实践，只有这样才能改进教学，从而促进学生发展，形成良性循环。

教师是改进教学的原动力，教师开展教学研究一方面可以使教师通过实践探索升华理论知识，为教育可持续发展提供动力。另一方面，当教师作为学习者时可以促使其换位思考，深入理解教师与学生的关系，教师学习学生的优点和长处，吸收转化为教师的教学养分，促进教学相长。

二、绿色教育的特点

绿色教育以实践为基础，以人文与自然和谐共生，传统和现代完美融合为载体，尊重生命、尊重规律、尊重差异，促进每一个学生得到全面而有个性的发展。

（一）实践是绿色教育的基础

绿色教育的本质属性是行动，是教育对象通过实践在行动中得到体验和认知，身心得到发展。实践和体验是学生成长与发展的重要途径，是学生理解、消化知识，提升情意境界的必经环节。通过技术体验实践活动、生活探究实践活动、社会参与实践活动，建构实践育人体系。

（二）尊重生命，尊重规律，尊重差异

绿色教育是尊重自然规律的教育，是焕发学生生命力的教育，是尊重每个学生个体独特性和差异性的教育。

（1）尊重生命。绿色教育是焕发学生生命力的教育，绿色教育要求尊重学生生命，将尊重生命放在学校教育的第一位，引导和激发学生重视生命健康、积极向上成长。

（2）尊重规律。绿色教育遵循规律。强调教育教学应遵循学生的认知规律、学习规律和教学规律，将教育教学建立在科学依据上，同时强调艺术性和德育性。

（3）尊重差异。绿色教育尊重每一个生命的独特性和个性，让学生生命充满生机活力、自由生长、不断超越。

（三）人文与自然和谐共生，传统和现代完美融合

绿色教育以人文与自然和谐共生，传统和现代完美融合为载体，是科学精神与人文精神、传统文化与现代文明、特色文化与多元文化相统一的教育。

科学是立世之基，人文是为人之本，二者同源互通，共生互补，共同构成了绿色教育内容。自觉地保护适合于人类可持续生存和发展的自然界及其再生能力，是一种文化行为和文化建设。学校绿色教育倡导关爱自然、保护自然和利用自然，重视传承优秀传统文化，同时，注入时代的精神、活力、内容、审美要求和审美情趣，让文化底蕴在传承中发展。只有科学与人文结合的教育，才能促进学生有正确的人生追求，形成完备的知识基础、优秀的思维品质、健康的生活方式、和谐的人际关系。

绿色教育不是一味模仿和照搬，而是努力从多种文化传统中吸收丰富的资源，同时，坚持本土化、校本性，突出学校特色。绿色教育赋予个性教育以丰富的内涵。尊重学生的人格与差异，关注每一个学生，因学生不同的天分而教，使每一个学生的个性得到积极、充分、和谐的发展。

第四节　绿色教育的基本要素

研究和界定绿色教育，必须认识构成绿色教育的基本要素。根据教育学理论，教育构成的三个基本要素，即受教育者、教育者、教育影响。受教育者、教育者属于“人”的要素，是教育主体，包括教师和学生。受教育者是教育活动的基础和目的所在，在教育活动中具有主体地位。教师是最主要、最重要的教育者，是教育者的主体和代表。教育者在教育活动中发挥着重要作用。教育影响是教育者与受教育者进行教育活动时所依赖的一切事物的总和，属于“物”的要素。

绿色教育不仅仅是一种教育理念，而且是一个行动实践过程，一个多向互动、多向反馈和多向影响的过程，厘清绿色教育的组成要素及其之间的关系，有利于深入理解绿色教育的内涵，把握其特征，在先进理论的指导下，不断实践探索，使绿色学校的各项教育措施更加“绿化”，塑造绿色阳光的教师队伍，培育绿色阳光的学生。

一、绿色教育双主体的特征

教师和学生是绿色教育的双主体。绿色教育对于教育双主体的定位源于所依据的教育理论。马克思主义人的全面发展学说是人类自我实现的最高理想。绿色教育是以尊重人的主体性和主动精神，注重开发人的潜能，注重形成人的健全个性为特征的教育，是以提高人的生命质量为基本任务的教育。马克思主义人的全面发展学说是处理绿色教育诸要素之间关系的根本指导思想，对于绿色教育双主体的定位起到主要的指导作用。人本主义学习理论把学生摆在中心地位，鼓励学生积极主动地学习，学会学习，从而达到自我实现。建构主义学习理论主张学习是学习者主动建构自己知识经验的过程，强调学习的主动性、实践性、创造性和社会性，强调对学生探究与创新能力的培养。多元智能理论认为，智能面前人人平等，每个学生都有独特的智能倾向，只要以他的智能为标准去评价他，树立多元评价标准，克服以偏概全的现象，则每个学生都能受到尊重。

（一）绿色教育中学生角色的特征

学生是绿色教育实践活动的对象，是主动学习者、自主发展者、独立思考者、勇敢探索者、积极参与者。

第一，学生是主动学习者。皮亚杰的认知建构主义理论认为：“儿童是主动的、积极性很高的学习者。儿童并不是在环境刺激下被动接受学习的个体。相反，儿童天然地对周围世界充满着好奇，并主动寻找各种信息让自己了解和解释它。”① 学习是学习者主动建构知识的意义过程，是儿童在与周围环境相互作用的过程中，通过同化与顺应，逐步建构起关于外部世界的知识，从而使自身认知结构得以转换与发展。

第二，学生是自主发展者。人本主义心理学家罗杰斯认为：“当我们能够把个体从自我防御中解决出来，使他向自身各种各样的需要以及各种各样的环境及社会的需求开放，那么就可以相信他的反应是积极的、向前发展的、建设性的。”② 学生是有着内在发展潜能的人，只要采取合适的方式和策略，就能够把学生的潜能激发出来，使他们成为积极发展者。

第三，学生是独立思考者。陶行知倡导“动手又动脑”，曾经编了一首歌谣：“人生两个宝，双手和大脑；动手又动脑，才能有创造。”学生在参与实践体验的过程中，主动探究，引发其思维活动，促进其思维发展，提高了其独立思考能力。人本主义学习理论认为，学生是学习的中心，学生是具有独立性、自主性的人，在学习过程中应该指导学生制订学习方案，让学生自主经历和体验学习过程，相信学生的能力，促使学生自主思考。

第四，学生是勇敢探索者。布鲁纳认为：“学生是积极地、不断地进行探索的探寻者。”③ 学生是积极的、主动的知识探究者，而不是消极的、被动的知识接受者。只有让学生自己去学习，自主去探究，才能增强学生学习的内驱力，激发学生自主探究知识的欲望。教学中重要的是为学生提供独立探究的空间、规律，让学生自主发现方法，让学生自己寻找问题，让学生自主解决。随着教育信息化的深入发展，作为“信息原住民”的学生，其自主探究的学习空间得以扩大，具有充分的条件和有利环境获取更加丰富的信息资源，可以自主探究知识、整合资源，在自主、探究与合作交流过程中，不断挑战自我、扩展自我，不断提高自我学习能力、探究能力、合作能力、创造能力。

第五，学生是积极参与者。苏联心理学家维果茨基的认知发展理论认为，学生现有水平与经过他人帮助可以达到的较高水平之间的差距称为“最近发展区”，学生可以在教师和更有能力的同伴的帮助指导下完成任务、获得发展。积极参与学习活动，在交往互动中起到了重要作用。绿色教育鼓励学生参与合作互助，成为积极主动的参与者，通过与他人进行互动，交流意见、交换观点，从而促进其发展。

---

① 奥姆罗德．教育心理学［M］．4 版．彭运石，等译．西安：陕西师范大学出版社，2005.

② 罗杰斯．个人形成论：我的心理治疗观［M］．杨广学，等译．北京：中国人民大学出版社，2004.

③ 辛普森，等．杜威与教学的艺术［M］．耿益群，译．北京：中国轻工业出版社，2009.

（二）绿色教育中教师角色的特征

教师是绿色教育实践活动的主体，是对学生的知识、技能、思想、品德等方面产生影响的人；是学生学习的引领者、学生品格的影响者、学校人际关系的协调者。同时，教师自身也是真正的终身学习者。

第一，教师是学生学习的引领者。美国教育家杜威说："由于学习是学生为了自身而必须去做的事情，学习的能动性在于学生。教师是一个指导者和指引者。教师引领着船的行驶方向，但船行驶的动力必须来自学习者自身。"① 绿色教育把学生放在学习的主体地位，把培养和促进学习动机作为主要目标和任务。教师应采用恰当的方法和策略，激发学生的学习动力，如营造良好的学习交往氛围，帮助学生树立目标，提供能够引发好奇心、兴趣的学习材料和任务，通过创设情境、巧设问题和障碍、指导学生正确归因等方式，激发学生的学习动机，引导学生自主学习、主动探究、深度思考、体验情感，促使学生全身心投入学习当中。

第二，教师是学生品格的影响者。作为一个人的基本素质，绿色教育坚持培养"一品三兼优"的学生。"一品"即具有诚信、正直、自强、乐观的道德品质，"三兼优"即人文素养和科技精神兼优，基础知能和探究能力兼优，身体素质和心理素养兼优，促进学生精神生命的成长，注重学生优良品格的培养，使学生拥有学习生活及工作生涯所需的品格。教师要做教书育人者、学生人格思想品质培育者，绿色教育要求教育者不仅要"教书"，更要"育人"，其自身必须具有善良、友爱、尊严、自信、进取、理性、自制、自觉、坚毅等品质。

第三，教师是学校人际关系的协调者。社会建构主义理论者认为，学习是一个文化参与的过程，学习者通过参与某个共同体的社会活动，把有关的概念、语言符号、规则等内化为自己的一部分，从而能越来越自如地理解和参与该活动，完成与该活动有关的思维和交流。绿色教育主张教师要成为学生之间合作与交往的促进者，协调学生之间的互动交往关系，协调与同事、家长的关系。

第四，教师是真正的终身学习者。首先，教师是热爱知识者和知识交流者。热爱知识，热爱自己所任教的学科，充满热情地研究教育教学，获得对绿色教育更加深刻的认识。同时，教师也应该热爱传播和交流知识，与学生分享学科知识，与同事研讨交流学科教学经验。其次，教师要成为批判反思者，通过理论学习、实践反思，达到意识、理性的启蒙，思想的解放，最终放弃传统的权威的主体角色定位。再次，教师首先要激发其自身内在的生命活力，终身学习，不断成长，通过自身的榜样示范作用达到对学生的激励。从学科知识和学科教学来讲，教师需要不断扩充和完善自身学科知识结构，不断认识与理解所任教学科的本质与内涵，并在教学中不断研究学科教学方法和策略，而这些都需要教师长期持续地进行研究和学习。从育人角度来讲，教师需要不断学习和领悟做人做事的道

---

① 辛普森，等．杜威与教学的艺术［M］．耿益群，译．北京：中国轻工业出版社，2009.

理、生活的情趣、人生的价值等。教师只有不断学习和提高自己，让自己成为一个明白通透的人，才能更好地引领和教育学生走向更完满的人生。

（三）师生关系是主体间性的关系

绿色教育承认师生之间的关系是主体间性的关系。我们知道，主体间性以主体性为基础，是对主体性的丰富与发展。主体间性的主要特征表现为多主体之间在交往活动中互相尊重、平等交流、互相理解、和谐共生。绿色教育过程，也就是以交互主体为中心，通过知、情、意、行等身心交互活动而实现的认知—能力迁移和情志—心灵升华过程。绿色教育借鉴教育主体间性理论，重视包括对“情境熏陶、言行互动、能力迁移与心灵升华”等诸要素的优化，

深刻认识师生间的交互关系，也就深刻认识了教育的本质；准确把握师生间的交互活动，也就准确把握了教育的活动过程。

以上对于教师和学生的定位，首先是确定学生在教育活动中的中心地位，学生的发展就是教育的发展，判断教育是否成功的标志之一就是看每一个学生的“发展”状况。绿色教育就是让每一个学生在突出个性的基础上激起发展的欲望，实现全面发展、最佳发展、可持续发展。评价教育、评价教师、评价学生必须要多维，要相信每一个学生都能成才。绿色教育是为学生的生命发展服务，教师就必须当好教练，当好导航员、护航员。正确处理、协调、发展教师与学生之间的关系是实施绿色教育的艺术。遵循学习规律和教学规律，正确定位师生角色。

二、绿色教育的影响措施

教育影响是教育者与受教育者进行教育活动时所依赖的一切事物的总和。绿色教育的影响措施包括教育内容和影响的方式方法，即教育媒体、教育环境和教育手段等。教育内容是教育活动中所要传授和学习的知识技能、思想观点、行为习惯等的总和；教育媒体是在教育过程中携带和传递教育信息的物质载体和工具，分为传统教育媒体和现代教育媒体，现代教育媒体即电子技术媒体，由硬件和软件两部分组成；教育环境是为培育人而有意识地创设的情境，教育环境可划分为校内教育环境和校外教育环境；教育手段主要指各种教育工具、教育方法和教育组织形式等，是教育活动方式和方法的总称。教育手段既是教育者进行教育教学活动的工具，也是教育者和受教育者沟通的中介。现代教育技术的广泛运用，教育手段的不断革新，带来了教育活动方式和方法的变革和进步。

绿色教育是现代化教育的一种理想追求。绿色教育在培养目标上是培养具有环境生态意识，具有人文素养与科学精神，敢创新、肯实践的新一代人才。绿色教育的影响措施深受现代先进教育理论影响，汲取了现代活动教育理论、建构主义学习理论和主体间性教育理论的精华，它不但关注人的活动特别是人的外在活动，注重人的外在活动向内在素质的转化；而且关注人的内在活动过程，注重人

的动态认知过程向静态认知结构的转化；还关注人与人之间的交互活动，注重内在思维向外在实践的迁移，促进外在活动向内在心灵的升华。

绿色教育追求教育的灵性，关注师生发展，重视培养良好的教育生态环境，促进学校中人的永续发展。因此在教育影响的措施上表现出其综合性的特征。在教育内容上，是一种综合性、统一性；在教育的策略上，表现为教育媒体、教育环境和教育手段的深度融合。

（一）绿色教育的主要内容

绿色教育围绕实现人类、自然、社会的和谐发展为目标，追求人的全面而有个性的发展。随着现代教育内容不断拓宽，那些关乎人类命运共同体的新教育内容不断出现，如有关环境、和平与民主、经济新秩序、文化传承与传播等内容渗透进学校教育中来。绿色教育回应时代呼唤，在教育内容构成方面不仅主张德、智、体、美、劳五育并举，而且与学校教育过程相结合，与素质教育相结合，与学生发展核心素养相结合，与学校特色建设相结合，构建丰富、生动、活泼、民主的教育内容。

教育内容一般通过课程的形式体现。2018 年，澄海实验高中对校本课程深度开发进行了一系列的论证，选择了适合学生“自主学习、合作学习、探究学习”的绿色教育内容，构建了跨学科、综合性、发展性校本课程。课程由“生命教育”“生态文明教育”“优秀传统文化教育”“审美与健康”“社会参与”五个校本课程组成，各课程之间既相对独立又相互依存，形成层次分明、特色突出的有机整体。

（1）生命教育课程：学会敬畏生命，规划人生。帮助中学生认识、理解生命的意义，学会尊重生命、关爱生命、珍惜生命，关注青春期身体和心理健康，提高生命质量；学会生涯规划，持续发展，提升生命价值。

（2）生态文明教育课程：正确认识自然环境的规律及其价值，提高学生对自然环境的情感、审美情趣和鉴赏能力，获得保护和促进生态环境的知识、态度、价值观、责任感和技能，创建生态文明，实现可持续发展。

（3）优秀传统文化教育课程：引领学生认同、接受传统美德，传承和保护中华优秀传统文化，有效促进道德认知和内化，提高道德修养水平，并诉诸实践。

（4）审美与健康课程：把学生的差异作为资源加以重视和开发，办好艺术加强班和体育竞技运动队，将艺术加强班和体育竞技运动队的管理经验辐射到其他非特长类教学中，尊重个性，发扬特长，实现“人各有才，人尽其才，人人成才”的目标。

（5）社会参与课程：开发学生潜能，激发学习兴趣，改变学习行为和方式，提高服务意识，在实践、体验、领悟、服务过程中掌握本领，丰富学生学习、生活和社会活动经验。

“绿色行动”校本课程秉承办学宗旨和理念，依据人本主义教育理论和陶行知“做中学”教育思想，依托学校办学传统和资源，围绕“人文与自然和谐共生，传统和现代完美融会”的绿色教育主题，在“学生发展核心素养”导引下，形成绿色教育内容。

（二）绿色教育课程建设的原则

绿色教育课程内容选择的标准是满足社会需要与满足个人需要相统一。绿色教育富有时代感、责任感，具有强大的生命力，融前瞻性、综合性、实践性于一体，赋予了“绿色行动”校本课程丰富的内涵。课程建设既要遵循校本课程开发的一般原则，又必须根据其目标内涵，在开发、组织、管理和评价等方面遵循必要的准则。

1. 教育性、科学性、人文性相结合的原则

“绿色行动”校本课程涉及众多学习领域和多样化的学习方式，是一种实践性很强的综合课程。课程建设必须遵循教育性、科学性和人文性相结合的原则。要服务于“提高校园生活质量，提升学生生命状态”的根本目的，以尊重自然，尊重生命价值，赋予生命意义，激发生命活力，促进以永续发展的科学发展观为指导，挖掘深厚的历史文化内涵，突出潮汕文化精神意味，在人与自然、人与社会、人与人三个领域综合体现其教育性、科学性和人文性。

2. 整体化、课程化、经常化相结合的原则

这是由高中课程管理要求决定的。作为三级课程的重要一环，“绿色行动”校本课程的建设必须做到活动规划和方案整体化，教学管理课程化，校本教研经常化，实现全员参与。要统筹安排指导教师、课时、专题。课时安排要进入学期课程安排表，并按课程表的计划予以实施。要经常组织教师针对具体问题开展专题性的研讨，以便提出解决的方案。教师和学生既是活动方案的开发者，又是活动方案的实施者。要保证课程各领域有可选择性，学生可以根据自己的兴趣爱好选择相应的学习领域。

3. 开放性、本土化、校本化相结合的原则

这是由校本课程互补性和综合性的特点决定的。“绿色行动”课程超越书本，超越体系化的教材，超越封闭的课堂，其课程目标、课程内容、活动方式等方面都具有开放性特点。“绿色行动”校本课程资源具有很强的地域性和不可代替性，人们可以从众多的“绿色行动”校本课程传播的空间里感受到一种沁人心脾的“潮味”。“潮味”与“绿色教育”相结合，让学生走近家乡文化，激发其热爱本土文化的志趣，培养学生的自主学习、综合实践能力和创新意识。校本课程开发的目的在于运用，“绿色行动”校本课程资源开发的过程也是本土课程资源利用的过程。校本课程离不开本土资源，具有“潮味”的本土资源必须联系绿色教育校本课程，使“绿色教育校本课程建设”与“潮味本土课程资源开发”同步进行。

4. 生成性、发展性、多元化相结合的原则

“绿色行动”校本课程的基本学习方式是课题研究性学习、社会参与性学习、体验性学习和实践性学习等。在课程的实施中，要充分发挥动态生成作用，促进学生综合素养的动态生成和发展。重视形成性评价的作用，关注学生发展全过程，收集并保存能表明学生发展状况的关键资料，分析学生的发展变化，针对学生的优势和不足，给予学生激励或具体的、有针对性的改进建议。运用多种评价方法、评价手段和评价工具综合评价学生在情感、态度、价值观、创新意识和实践能力等方面的进步与变化。关注学生的差异，尊重学生个体发展的需要和个性取向，运用不同的评价方法，判断每个学生不同的发展潜能，为每个学生提出适合其发展的具体建议。

（三）绿色教育的影响手段

绿色教育受现代主体教育的影响深刻，我们在总结绿色教育影响手段的方法方式时发现，主体间性教育理论中关于构成教育影响的要素——情境熏陶、言行互动、能力迁移与心灵升华，在绿色教育影响手段中表现尤为突出。

1. 情境熏陶

教育情境是通过师生之间、生生之间充分交流和合作，有意识地创设的共生永续合一的情境。在这个情境当中，主体间的合作精神和自主能力得到提升，人格得到升华。情境熏陶是绿色教育的实施策略，广泛应用于情感领域和认知教学领域。实施途径主要包括创设情境、自主活动、总结转化等。学生在特定的气氛中，在教学环境中有利因素的激发下，积极主动地从事各种学习活动；在潜移默化中领悟，达到情感与理智的统一，并使这些认识和经验转化为指导其思想、行为的准则。与应试教育不同，绿色教育采用情境熏陶策略，遵循人才成长的客观规律，积极促进人与人、人与自然、人与社会和谐共生，适应现代文明的发展需求，使学生得到全面、和谐、自由、可持续发展。

2. 言行互动

“互动”是教学的重要方式方法。言行互动是主体间性教育活动的基本形式，贯穿教育教学组织的始终。即思维互动与实践互动是师生交互关系的基本内容，而思维互动与实践互动则是师生交互活动的基本形式。内在的思维互动与外在的实践互动相互影响、相互制约，在一定条件下可以相互转化，两者构成对立统一的辩证关系。师生言行互动是师生交往的主要形式，师生双方多维而动态的有效互动，取决于“师生言行互动”的品质。师生共处在“学习共同体”中，以“言行互动”为纽带，师生互相尊重和理解，倾听、沟通、合作是言行互动的主要途径。首先是倾听，不仅要听正面看法，还要耐心听取反面意见；不仅要听取有创见性的发言，还要听不成熟的甚至错误的见解，这样才能全面观察，深入了解和客观研究。其次是沟通，激发学生从思想上对教师及其涉及学科内容产生一种认同感、亲切感。“亲其师重其道”，创设情境，特别是创设学生都能积极参与的情境，提出问题进行质疑，让学生去解决矛盾，让学生去分析问题解决问题。最后，合作需要教师和学生充分参与，共同探究。师生合作是在倾听、沟通的基础上达到心理相融，进而引发的情感共鸣与认知共识。应当注意的是，语言互动以情意为基础，教师要善用情感沟通，使情感体验、道德体验、审美体验得到交流。

3. 能力迁移

能力迁移是指一种能力对另一种能力的影响，是主体间性教育活动的基本目标。培养能力与发展智力是学校教育教学的重要目标，而能力迁移则是实现绿色教育的基本目标。首先，通过师生之间的思维互动与实践互动，增进外在客观的知识结构转化为学生内在主观的知识结构，提升学生的认知水平。其次，通过学生个人的思维或实践活动，学生大脑内在主观的知识结构转化为新的认知结构和认知能力，从而实现其认知能力与情志能力、创造能力、生涯能力的迁移。简言之，通过教学主体之间的有效互动，实现对知识的迁移和运用，将所学知识应用于解决实际问题，提高绿色行动能力。

要促进迁移的产生，首先要有教师的指导。其次要掌握学习材料的特性。再次是学习的心向与定势。心向与定势指的是同一种现象，既先于一定的活动而又指向该活动的一种动力准备状态。最好要选择好适合的媒体。还有就是有较多相似的知识更容易产生迁移。此外，学习者原有的认知结构也很重要。

其间，主体意识、平等理念、信息对称与技术支持是影响主体间性教育活动的因素。绿色教育是师生共同发展的过程。

4. 心灵升华

心灵是指人的知（认知）、情（情感）、意（意志）相统一的思想精神状态，而心灵升华是指人的思想得到提升、感情得到陶冶、意志得到磨炼、智慧得到点化，人的思想状态或精神状态获得整体性飞跃或发展。能力迁移是主体间性教育活动的基本目标，而心灵升华则是主体间性教育活动的最终目标或核心目标。

在一定的主体间性教育教学情境条件下，通过准确把握师生之间的良性身心互动关系（包括人际型知情意行互动关系与自我型知情意行互动关系），尽可能准确把握学生的兴趣和需要，积极引导学生不断实现从内在思维向外在实践的迁移与外在活动向内在心灵的升华，进而不断提高学生的思想人文素质和智力能力水平，逐渐培养和发展学生健康、健全的人格个性。

在现代主体间性教育活动中，教育者与被教育者即教师与学生都应当树立或培养正确的主体意识和平等理念。师生双方应当充分认识到教师与学生都是教育教学的主体，即教师是教育教学之“教”的主体，而学生则是教育教学之“学”的主体。师生双方应当充分认识到教师是教育教学过程的设计者和合作者，而学生则是教育教学过程的构建者和创造者，教师与学生之间的关系（包括师师关系、师生关系与生生关系）是平等或相对平等的交互关系或主体间性关系。教育者即教师应当创设相对于师生而言的对称或比较对称的信息环境，而教育机构即学校应当提供关于师生情境熏陶或信息对称等方面的技术支持，从而不断促使不充分的主体间性向充分的主体间性转化。

绿色教育是一种实践行为，是亲身经历的动态过程，是学生发展的重要途径。在绿色行动的基础上，才有对绿色素养基本要素的深刻认识、理解和领悟，逐步内化为自觉行动，又在实践中经过反复磨合、矫正、升华。实践是学生理解、消化知识，获得感性认识的必经环节。实践和体验两者相互作用，相互依赖。绿色教育既注重教育活动的形式与过程，更注重实践主体的内心体验，用“心”感悟，用“心”体验，才能把教育要求内化为品质，外显为行为，不断促进绿色素养的提升。因此，绿色教育关注学生现实生活经验，引导学生从身边发生的事情出发，关注环境变化，关心社会时事，走出课堂，从实践活动中汲取新知。在自主创新能力培养方面，通过实践探究，让学生自主探究问题的答案，提高实践能力的同时培养探究意识，保护学生的好奇心。

第三章 绿色教育文化体系

学校文化是一所学校围绕教育教学管理而形成的观念的总和。顾明远教授在他为《学校文化管理丛书》所作的序中指出："学校文化是学校的灵魂，它凝聚了全校师生共同的价值观、共同的信念、共同的愿景、共同的努力方向。因此，学校文化起着统领的作用、规范的作用、激励的作用、熔炉的作用。"①

学校文化有多角度、多层次的反映，有不同的指向和适用对象。从学校文化的结构来看，包括学校物质文化、制度文化、精神文化和行为文化四个方面。其中，精神文化是学校文化的表现形式，是学校文化的核心，为物质文化、制度文化和行为文化提供思想基础。学校的精神文化包括"办学理念""教育思想""教育价值观"，以及师生集体认同和遵循的"办学宗旨"和"一训三风"等，共同构成学校精神文化体系。在绿色教育理论的导向下形成的学校精神文化体系，我们称之为"绿色教育文化体系"。

第一节 解读绿色教育办学理念

在学校文化体系中，理念文化属于学校精神文化体系。"以人为本，绿色教育，和谐发展"是澄海实验高中长期以来秉持的办学理念。

学校理念文化是学校的核心价值观，是学校形象定位和传承的基石。它对内激励师生为学校办学目标而奋斗，对外展示学校的价值追求。一所学校的办学理念，体现了学校管理者的管理哲学。一个成熟的办学理念应当是贯穿学校办学始终的，并且具有与时俱进的品格，经得起时间的检验。顾明远教授认为："特色学校就是在办学方面有自己独特的理念，有自己独特的思路，有独特的举措，并为全校师生所认同，形成传统。"先进的办学理念是一面旗帜，是一种力量，是一种气质，是一种个性，是一种宝贵的教育发展资源。

结合上述，在理念文化体系中，"办学理念"是学校总的价值观，理应是学校文化的核心，是学校发展的精神之源。所有办学主体主动倡导的观念都属于学校的办学理念。它把学校的办学宗旨、办学目标、行为规范等整合成一个有机整体，寄托着学校的特色追求，践行着学校的承诺。

---

① 顾明远.学校文化是什么［J］.今日教育，2013（12）.

从师范转制普高后，澄海实验高中重新对学校进行价值定位，提出了“办有灵魂的教育，育有底气的新人”的办学宗旨，并以“激扬青春”作为学校文化的主旋律，把“自强不息”作为学校精神内核，构筑学校精神文化。绿色象征春天与生命，象征成长与生机，象征健康与未来，“绿色学校”从本质上讲就是在学校建设中体现可持续发展的理念，实施有利于师生可持续和谐发展的办学政策，提升师生作为人的生命状态和生活质量的教育。绿色学校的建设不仅仅包括环境建设和环境教育，还与学校教育教学的过程相结合。正如杨叔子所说的“科学求真，人文求善，现代教育应是科学教育与人文教育相融而形成一体的‘绿色’教育”①。因此，我们赋予“绿色学校”以崭新的内涵，提出“以人为本，绿色教育，和谐发展”的办学理念。

一、以人为本

学校提出“以人为本”，就是要把师生的利益作为学校一切工作的出发点和根本点，充分调动师生的主观能动性，关爱每一个学生，关心每一位教师，不断满足他们的多方面需求，促进其不断发展。

强调人与人之间的和谐、尊重、互信和支持的人本理念在中西方都有悠久的历史渊源。古希腊哲学家普罗泰戈拉提出著名的主张：“人是万物的尺度，是存在的事物存在的尺度，也是不存在事物不存在的尺度。”他认为人的感觉是判定一切的准绳，而否定了神的意志是衡量一切的尺度，树立了人道的尊严和权威，体现了希腊文化人文主义的本质。14 世纪到 18 世纪的欧洲掀起了文艺复兴和启蒙运动，在这两次思想解放运动中弘扬了以人为本的理念，出现了人文主义思潮。“以人为本”作为西方文艺复兴时期提出的人文主义的口号，强调以作为个体而存在的“人”为出发点，以实现人应有的权益为宗旨，提倡人性解放、个性自由，因而具有人性解放的意义。为此，马克思进一步概括说：“社会是人同自然完成了本质的统一，是自然界的真正复活，是人实现了的自然主义，以及自然界实现了的人道主义。”②

我国古代最早提出“以人为本”思想的是春秋时期政治家管仲，他在著作《管子·霸言》中说道：“夫霸王之所始也，以人为本。本理则国固，本乱则国危。”孔子重视“仁”，他主张“仁者人也”“仁者爱人”，即仁爱，这也是儒家伦理思想的核心。儒家思想就是以“仁”为本的思想，也就是以“人”为本的思想。儒家伦理重视社会的安定和谐，追求人生的意义和价值，成就君子人格，其“天人合一”“仁民爱物”思想体现的是人与自然、社会、人的共生、共处、共荣的精神，反映了人们对人类社会理想境界的追求。经典儒学当中的人本思想

---

① 杨叔子．绿色教育：科学教育与人文教育的交融［J］．教育研究，2002（11）．

② 马克思．1844 年经济学哲学手稿［M］．中共中央马克思恩格斯列宁斯大林著作编译局，译．北京：人民出版社，2000.

中精华的部分与“以人为本”和谐社会的目的有着内在的一致性，能够引导人们正确地认识个人发展与社会进步的统一性，正确处理个人、集体与国家以及自然界的关系，把个人能力的提升、个人自由而全面的发展，与国家、民族的前途、命运联系起来，把人的发展与自然和谐统一起来，从而实现构建和谐社会的美好理想。

中西方关于“以人为本”的人本理念有着异曲同工之妙。

“以人为本”是21世纪教育改革的宗旨和核心理念，“以师生发展为中心”“一切为了学生、为了学生的一切”，不仅仅是口号，而是将“以人为本”教育理念贯穿到教育工作的方方面面。

“以人为本”的基本内涵就是为了师生、尊重师生、依靠师生。

为了师生，就是学校教育必须以学生和教师的共同成长为根本目的，始终把师生的发展作为学校全部工作的出发点和落脚点，强调师生的共同发展。一方面，应以育人为本，促进每一位学生的全面发展；另一方面，必须满足教师专业发展的需要，只有在实践中不断促进教师综合能力的提升，学生才能获得全面发展。

尊重师生，就是学校必须将尊重师生作为学校发展的基本准则，将维护广大师生的合法权益作为学校教育教学和管理活动的出发点和落脚点。从关注师生生命整体发展出发，尊重、理解和信任每一位教师和学生，给予学生成长成才的条件和教师发展、创新、创业的空间。一方面，在教育教学活动中，教师要尊重学生的个性而不是让其任性，要对学生宽容而不是纵容。教育“以人为本”强调教师对学生的理解、帮助、尊重和关爱，而不意味着对学生一味地迎合、顺从与迁就，放弃对学生教育管理的责任。另一方面，必须强调对教师的尊重和关怀，尊重教师的尊严、劳动和合法权益。

依靠师生，就是学校要把依靠师生作为学校建设和发展的根本途径，把师生尤其是教师作为教育事业的第一资源。全心全意依靠师生，激发师生的创造精神和自身潜能，真心实意地依靠师生员工参与学校的民主决策、民主管理和民主监督，尊重民意，广集民智，最大限度地激发师生的主观能动性，在全校形成尊重劳动、尊重知识、尊重人才、尊重创造的良好氛围。

学校教育只有贯彻这样的“以人为本”，才能把教育教学推向新的高度。在课改过程中，学校深受余文森、崔允漷、郭思乐等教授倡导的以生为本、有效教学思想理论的影响，系统学习和推行“生本教育”和“有效教学”。郭思乐等教授将“生本教育”阐述为一种新的教育思想和教学方式。以生为本就是强调教育要真正以学生为学习的主人，以生为本的教育跟传统教育的不同之处在于回归教育本真，“高度尊重学生、一切为了学生、全面依靠学生”，体现教育的本质在于激发学生的生命活力，促进学生的全面素质可持续发展的真谛。

以生为本的教育，就是强调人非工具。人的一切活动归根结底是为了人类的福祉；在认知领域内，人是主体，人具有先天认知的能力，需要外界的刺激，更需要充分发挥其内部的认知能力。也就是说，人的起点非零，人拥有其自身发展的全部凭借，具有与生俱来的语言的、思维的、学习的、创造的本能。学生是教育教学中最重要的学习资源，应当借助学生的本能力量，形成教育的新的动力方式和动力机制。

生本理念认为，学生的美好学习生活是学校德育的基础。当学生在课堂中真正成为主人，自己去体验和感悟真善美，就可以使教学中饱含的真善美最大限度地进入学生本体，从而起到最大的德育作用。由此，让课堂教学成为最自在、朴素的、无形的德育过程。①

澄海实验高中坚持以人为本的教育理念，把以教师为中心的教育转向以学生为中心的教育，实现由“师本教育”向“生本教育”的转变。教师在生本理念中，是生命的牧者而非“纤夫”，在教学组织上引导学生自主学习，鼓励先学，以学定教，少教多学，直至不教而教，实现学生积极、主动、活泼、健康地发展。

二、绿色教育

作为办学理念的“绿色教育”，就是倡导在教育教学过程中，要做到激发人的生命活力，遵循人才成长的客观规律，注重科学教育、人文教育与艺术教育的相融相生，注重师生的主动参与和自主发展，实现育人理念绿色化、校园环境绿色化、学校管理绿色化、师资队伍绿色化、教育载体绿色化、教育方式绿色化。

（一）育人理念绿色化

在对绿色教育概念的界定中已经对绿色教育的育人理念做了阐述。“绿色教育”办学理念，是以培养“全面而有个性发展的人”为核心，关怀生命、尊重多样、遵循规律，唤醒与激发每一个生命个体的活力与潜能，促进每一位学生健康、和谐、永续发展，为学生终身发展奠基。“绿色教育”育人体系由“绿色行动”和“绿色发展”构建。“绿色行动”就是坚持教育的本质在于激发人的生命活力，促进人的全面可持续发展的教育宗旨，在教育内容和教育方式上，强调遵循人才成长的客观规律，注重科学教育、人文教育与艺术教育的相融相生，注重师生的主动参与和自主发展。“绿色发展”，就是顺应人的自然本性，复归于朴，天人合一，尊重个体差异，张扬个性，树立主体意识，开展自主探究，寓教于乐，追求全面、和谐、均衡、可持续地发展。

（二）校园环境绿色化

美化校园环境，提高育人功能，着力建设传统文化与现代文明相融合，自然与人文和谐相生的校园绿色生态环境，努力使校园环境优美和谐，文化氛围更浓、品味更高。建设绿化景观，文体长廊，以烘托艺体氛围；建设园林活动区，

---

① 荆志强．幸福地做老师：我的生本教育实践之路［M］．南京：江苏人民出版社，2013.

种花卉绿草，以体现绿色关怀；竖铭牌标语，配名师佳作，丰富文化底蕴。命名道路楼宇，张贴名人名言，以营造和谐文明校园。

（三）学校管理绿色化

为了建设人本和谐的管理文化，学校努力开创规范管理与情感管理相统一、科学管理与人文关怀相融合的局面，激发广大师生员工参与教育教学活动与学校管理活动的热情与创造力，使学校中人与环境和谐、与工作和谐、与人和谐。首先，树立以人为本的管理思想，把全心全意依靠教职工，调动教职工的积极性作为学校管理的出发点和落脚点，不断增强学校教职工群体的凝聚力。其次，坚持精神奖励与物质奖励相结合、追求成就与获得利益相结合、思想教育心理疏导和严格管理相结合，建立、健全管理机制，落实负责制；建立目标管理考评制度，完善议事程序和规则；实施依法治校、以德治校，依法治教、以德治教；充分发挥民主管理制度和保障监督机制作用。再次，应用高效的管理手段，及时更新信息化管理系统，逐步实现无纸化办公，力求节能减排。

（四）师资队伍绿色化

搭建有利于教师发展的绿色平台。教师是学校发展的主体，教师的专业发展是学校持续发展和学生发展的必要条件。建设一支师风师德高尚、专业基础扎实、具有艺术特长、富有教育智慧、科研能力较强、具有自主发展意识与能力、富有人文精神和文化品位、结构合理的合作型教师队伍。

第一，加强教师的师德教育。师德建设是提高教师素质的核心，认真组织教师进行政治学习，使教师有坚定的教育信念，具备正确的价值观、质量观、人才观，树立依法治教、文明施教、精心执教、廉洁从教的师表形象，在政治思想、道德品质、学识风范上能够以身作则、率先垂范、为人师表。

第二，建设学习型教师团队。提高教师的业务素质，成为全面提高教育教学质量的关键。教师不仅要有扎实的专业知识，还应具备教育教学所需的相关知识与技能。一方面，要让教师树立终身学习的观念，增强其责任感和紧迫感，使其主动自觉地更新教育观念，从而促进教师由经验型向“学习型”“研究型”和“专家型”的方向发展，由“单一型”教师逐步成长为“复合型”教师。另一方面，大力促进信息技术与教学的深度融合，加大信息技术培训力度，积极探索并实践信息技术与教育教学的全面、深度融合的途径和方法，提高教师信息技术的应用能力。

第三，培养中青年教学骨干。通过开展“青蓝工程”“强师工程”，培养一大批在教育教学工作中起到骨干、示范作用的优秀教师和教育名师，带动和培养大批青年骨干教师，鼓励青年教师进修学习，吸引更多研究生学历层次的教师来校工作。

第四，提高教育科研水平。完善教育科研体系，争取在区级、市级、省级科研方面出成果。学校在此基础上，本着实用、先进、可操作、可推广的精神，参加国家级、省级和市级的重点科研项目，努力提高教育科研水平，以取得数量更多、层次更高、影响更大、实际效果更好的科研成果。学校与此同时也继续开展校本教学研究，通过自我反思、同伴合作和专业引领等活动，促进教师的专业成长，每位教师每学年要选择参与一个小课题，并将课题成果转化为有实践意义的研究论文。

（五）德育载体绿色化

学校工作以德育为先。学生的思想政治素质是最重要的素质之一。学校在加强和改进德育工作时，一要继承，二要创新。继承就是继续实施澄海实验高中行之有效的做法，做到“组织领导系统化、德育目标层次化、德育内容系列化、德育渠道网络化、德育活动制度化、德育考评科学化”。创新，就是要研究新时期的德育对象、德育工作的特点和规律，确立新思路，努力在德育的内容、形式、方法、手段和机制等方面进行创新和改进，在加强德育工作的针对性、实效性和主动性上下功夫。在校内要形成“教书育人、管理育人、服务育人”的网络，校外要形成“社会、学校、家庭一体化”的网络，通过多方配合形成合力。要凸现特色德育，学校就要进一步完善“绿色教育”和“国学教育”特色教育体系。要更加切实有效地开展相关活动和研究，引导学生关注社会、关注人生、关注历史、关注政治、关注经济，引导教师从科技和人文等领域中选择研究课题，调查了解，分析研究，写出有理有据的论文，凸现学校德育特色，全面提高学生素质。

（六）教育方式绿色化

教学是学校一切工作的中心，着力把学校打造成为一座教学质量高的名牌高级中学，是澄海实验高级中学工作的重中之重。学校教学工作要力争三个突破：第一，突破传统的教学观念，变苦抓为擅抓，变苦教为乐教，变苦学为巧学，坚持以“有效教学，自主学习，持续发展”教学理念为引领，改革教学方法，改善教学手段，革新教育模式。第二，突破传统的课程设置，以课程功能改革为重点，要在创造性地实施国家课程，开齐开足必修课的基础上，突出两种课程——地方课程和校本课程。更好地满足学生多方面、多层次的需要，扩充选修课程内涵，拓展地方课程内容，加强旨在培养学生科学精神和人文素养的校本课程的开发与学习，使学校课程丰富多彩，百花齐放。第三，突破传统课堂教学模式。改革传统的教学模式，要以“探究式教学”为核心，创造新型的、多样的教学模式。在提高课堂教学效益上，实行三个优化：一是优化教学全过程，形成以学生为主体，师生互动，促使学生主动发展的课堂教学模式；二是优化教学手段和方法，提倡激活思维的“启发式”“探究式”教学，利用多媒体网络和计算机辅助教学，使课堂教学更丰富、更新颖；三是优化教学氛围，创建民主、和谐的教学关系和师生关系。

三、和谐发展

“和谐发展”理念的提出是在学校初创阶段，当时正值学校文化建设的起步时期，取义于“人与自然和谐共生，人文与科学完美融合”。“和谐发展”思想的源头是中国古代的“和合”哲学思想。尚和合、求大同、和而不同、和谐相处，是中华传统文化的基本内涵。“和合”思想独具东方智慧，是阴阳、儒、释、道、墨诸家主张互相碰撞、彼此融合而成。在甲骨文与金文中，“和”是吹奏乐，其义为声音和谐、协调，有“和平”“和睦”之义；“合”是器皿闭合，引申为物物相合、彼此融洽。

儒家经典《礼记·中庸》中有：“中也者，天下之大本也；和也者，天下之达道也。致中和，天地位焉，万物育焉。”将“和合”思想所蕴含的和顺、和畅、和美等意义由人类社会推及整个宇宙自然，和合而不苟同，就是既要“和”，又要保持自己的独立性。《易经》中提出“保合太和”，孔子提倡“礼之用，和为贵”，墨子提出的“天下兼相爱则治，交相恶则乱”，都是强调“和而不同”“和谐相处”。西汉董仲舒总结前人思想，进一步阐释了“天人之际，合而为一”的理念，把“天、地、人”看作一个不可分割的整体，强调天道与人道、自然与人类之间的和谐、统一的关系，成为儒家和谐观的主要内容。不但重视天与人之间的和谐，也强调家庭及人与人之间的和谐。

现代意义上的和谐思想，体现事物之间的辩证统一，强调相辅相成、互促互补、共同发展的关系。和谐是指对自然和人类社会变化、发展规律的认识，它是人们所追求的美好事物和处事的价值观、方法论。和谐发展是一种以人为本的，全面、协调、可持续的发展观。同时，也意味着尊重差异性，尊重多样性，并主动促进不同事物的结合、统一共存。针对客观事物，就是遵循客观事物的发展规律，追求人与自然的和谐；针对和谐社会，就是一种社会政治安定的状态；针对学校教育，就是协调各种教育力量，以“五育”为中心，使学生实现全面和谐发展的目标。

我国普通高中教育的任务，是促进学生全面而有个性地发展，为学生适应社会生活、高等教育和职业发展做准备，为学生的终身发展奠定基础。这是和谐发展理念的出发点，践行和谐发展理念，就是要做到宏观上求“和”，微观上求“谐”。

（一）宏观上求“和”

所谓宏观上求“和”，就是使学生在德、智、体、美、劳诸方面都得到生动、活泼、主动的发展，即“五育”并举。

第一，在德育方面，坚持立德树人，加强思想品德教育。道德的自我完善是人的和谐发展的最高目标。学生的和谐发展必须依靠德育工作，学校要加强爱国主义、集体主义、社会主义教育，开展理想信念、社会主义核心价值观、中华优秀传统文化、生态文明和心理健康教育，加强品德修养教育，强化学生良好行为习惯和法治意识养成，引导青少年听党话、跟党走。

第二，在智育方面，提升智育水平，减轻过重学业负担。突出学生主体地位，注重保护学生的好奇心、想象力、求知欲，激发学习兴趣，提高学习能力。加强科学教育和实验教学，广泛开展多种形式的读书活动。培养学生接受知识、运用知识、发现知识和创造知识的能力。

第三，在体育方面，强化体育锻炼，开齐、开足体育课程。科学安排体育课运动，让每位学生掌握一至两项运动技能，如大力发展校园足球。广泛开展校园普及性体育运动，定期举办学生运动会或体育节。

第四，在美育方面，增强美育熏陶，实施美育提升行动。严格落实音乐、美术、书法等课程，结合地方文化资源设立艺术特色课程。广泛开展校园艺术活动，帮助每位学生学会一至两项艺术技能，教会学生唱主旋律歌曲。组建特色艺术团队，引导学生了解世界优秀艺术，增强文化理解。

第五，在劳动教育方面，加强劳动教育，加强学生生活实践、劳动技术和职业体验教育。优化综合实践活动课程结构，确保劳动教育课时。坚持学生值日制度，组织学生参加校园劳动，积极开展校外劳动实践和社区志愿服务。

（二）微观上求“谐”

所谓微观上求“谐”，就是使学生在全面发展的基础上，其个性特长得到充分发展。全面发展与个性发展是相辅相成、辩证统一的。全面发展是个性发展的前提和基础，个性发展是全面发展的强大动力。两者紧密联系，相互促进。“世界上没有两片完全相同的树叶”，世界上绝没有两个个性完全相同的人。人的个性发展总是在全面发展基础上的选择性发展，这样的个性发展必然能激发每一个人的身心潜能，形成独特的个性特长，然后在全面发展基础上，获得个性特长的充分发展。个性是创新思维的基础，是创造力的核心，没有个性就没有创造性。注重个性发展与个体潜能开发，能促进人的全面发展，实现其独特的创造价值。之所以说微观上求“谐”，就是指个性发展与全面发展是人的个性与共性、特殊性与一般性的统一，彼此相互制约、协同发展，而不是相互排斥、相互对立的。

第一，尊重差异与多样。我们强调“和谐发展”，就是要通过实施“绿色教育”，尊重生命，尊重规律，尊重差异与多样。首先，尊重每个生命的发展权，唤起学生对人生的激情和对幸福生活的向往，让每个学生都有所进步。其次，面对学生的差异，保障课程的选择权，平等对待每一个学生，使他们在享有同等教育机会和同样教育资源的基础上，鼓励个性发展。开辟“绿色行动”校本课程，搭建形式多样的活动平台，使全体学生的潜能得到挖掘，个性特长得到培养。

第二，培养学习兴趣，保护学生的好奇心。创新的必要因素包括思维力、想象力、注意力、记忆力、观察力、操作力等，而人的动机、兴趣、情感、意志、气质、性格等非智力因素则是引起好奇心、产生创意灵感的决定因素。必要因素和决定因素共同构成创新人才的动力系统，是人从事创新活动的必备条件，故而个性发展是创新的必由之路。现代教育就是要让一切教育活动有趣，教育的全部艺术就是唤醒学生天然好奇心的艺术，让这种好奇心在学习中得到满足。好奇心是个体学习的内在动机之一，是创造性人才的重要特征。好奇心激发求知欲，求知欲滋养了持久的学习兴趣，这些都是开发智力和能力的前提和条件，是多种多样人才诞生的重要途径，具有特殊的意义。学生在学习过程中，只有产生了兴趣，把学习当作一种享受，才会积极主动地去认识和探究知识。

第三，营造环境，因势利导，发挥个性特长。学校在教学中营造良好的氛围，把学习的主动权交给学生，需要教师发扬教学民主的精神，鼓励学生独立思考，提出问题，发表见解，使学生的思维迸发出绚丽的火花。尤其是调动学生主体参与的积极性，创造机会，让学生体验成功的快乐，通过追求成功来巩固兴趣。如果教师总是对学生提出过高的要求，而学生又总是无法完成任务，那么他们就会逐渐失去学习兴趣。

第四，个性的充分发展需要构建和谐共进的人际环境，形成人与人之间尊重差异、包容多样，在差异中求和谐、在多样中求统一的良好文化氛围，从而促使个人的各种潜能得到充分的发展。社会将呈现无比丰富的多样性，具有强大的活力和创造力，人的全面发展与个性发展也必将在创新人才的高度上实现和谐统一。

和谐发展是教育的终极目标。提升综合素质，发展核心素养，使学生具有理想信念和社会责任感，具有科学文化素养和终身学习能力，使学生学会求知、做人，学会生存、劳动，学会健体、审美，全面、和谐地发展。

和谐发展观，是以人为本、全面协调可持续的发展观在社会建设层面合乎逻辑的展开。它拓展了科学发展观的科学内涵。

第一，确立正确的学生观。这是和谐教育的前提。它包含两个内容：一是确信学生的学习潜力。二是尊重学生人格，承认学生在学习活动中的主体地位。

第二，创设和谐的情境。这是和谐教育的必要条件。和谐的情境包括和谐的物理环境和和谐的人际关系。

第三，坚持以教学为中心。这是和谐教育的关键。教师从学生的基本职责与学生某些行为之间的不和谐出发，从学生的学习基础与教材要求的不和谐出发，通过教学活动使之达到和谐。

第四，使学生得到全面和谐发展。这是和谐教育的目标。学生的全面和谐发展具有两层意思：首先使学生在德智体诸方面都得到生动、活泼、主动的发展；其次是使学生在全面发展基础上具有特长。因为，全面和谐发展的学生，是具有适应市场经济广泛需求的学生，既可经短期培训上岗，也可根据需要继续深造。

和谐的终极目标是发展，它不仅重视让学生掌握知识和技能，更重要的是开发学生的个性潜能，培养学生的创造性思维。

第二节　学校绿色教育价值体系

一、教育价值观简述

价值观作为人们对于客观事物的意义、重要性的总评价和总看法，决定着人的行为，影响着群体行为和整个组织的行为。价值观包括价值判断、价值取向、价值追求、价值导向、价值评判、价值约束等。价值观的影响持久而深远，它主要不是表现在制度上，而是表现在人的思维感官之上的心理世界。

教育价值观是关于教育实践和教育价值关系的根本看法，是指导、支配和评价教育行为和功效的核心观念，对于整个教育活动起着深刻的导向作用，直接影响着教育的目的、内容、形式和方法，影响着教育的规划、结构、布局和体制。每一所优秀学校，都有相对稳定和持久的教育价值体系，守护着师生的精神家园，并进行有效的价值导向和价值约束。一所学校没有正确的教育价值观，就可能造成其价值判断的异化，导致教育责任、教育情感和教育激情的消失。教育工作者如果失去了应有的价值追求，一切管理将是纸上谈兵。

价值观是学校文化的内核，学校文化又是教育的理想、情感、责任和崇高感的支柱。因此，学校教育价值观在整个教育文化体系中起着主导作用，其重要性不言自明。

澄海实验高中在初创时期就建构了一系列学校文化因子，经过了近二十年的践行和锤炼，形成了包括以学校核心价值观为主导的教育价值体系，并逐渐“绿化”，形成具有绿色教育特色的人才观、管理观、绩效观、发展观等绿色教育价值体系。

二、学校核心价值观

“尊重生命，激发人的生命活力，促进人的全面素质可持续发展”，是澄海实验高中秉持的核心价值观，它建立在对教育本质的新认识和教育理想目标的追求之上。人的生命只有一次，生命高于一切。学生生命安全和健康是学校一切工作的基础，学生生命发展是学校教育教学工作的出发点和归宿。学校要为师生创造生命价值而服务。

“尊重生命”，这是一个如何看待生命价值的命题。生命是大自然演化的产物，每一个生命都是造物的奇迹，每一个生命都值得尊重。具体落实到绿色教育行动上，就是要坚持正确的生命观、安全观、发展观。

（一）生命高于一切

生命至上，珍爱生命，善待生命，尊重人与自然这个生命共同体，是我们在尊重生命价值上所抱持的基本观念。其含义包括下面三个方面：

第一，珍爱自己的生命，对自己的身心健康负责。生命既是脆弱的又是坚强的。无论遇到多大的困难和挫折，都应该永不放弃希望，悦纳自己，热爱生命，以积极乐观的心态面对生命；注意自身生命安全与健康，注意脑力与体力的平衡发展，懂得保护自己，积极锻炼身体。磨炼生命的意志，展现生命的光辉。

第二，每一个生命都值得尊重，要善待所有生命。周国平教授在《尊重生命》一文中有一句经典的论述：“热爱生命是幸福之本；同情生命是道德之本；敬畏生命是信仰之本。”尊重生命是人在世上一切责任心的根源。对自己的人生负责任，就是对自己生命的最大尊重。尊重他人的生命，就是同情别人的生命，同情一切生命。不能侵犯和危害他人生命和健康，要珍爱亲人、朋友和陌生人，保护动物、植物等其他生命。

第三，人与自然是生命共同体，相互依存、和谐相处。人是自然界的一分子，自然界与人类形成了紧密互利、不可分割的关系，正确认识自然界生命之间共生共存、息息相关的自然发展规律，尊重自然、顺应自然、保护自然、爱护自然，养成保护自然环境的思想意识和行为习惯。

（二）保障生命安全

“以人为本，安全为先，积极主动，关爱生命”是学校的安全理念。师生是学校的主体，学校要以安全为先，以师生的生命健康为本，关怀师生生存状况，不断改善办学条件，给师生提供安全保障。

学校的建设规划、设施设备、决策及教育管理行为应该有利于广大师生的身心健康，满足师生生存、生活和学习工作的需求。一方面，保障环境安全。环境安全要靠合理的制度、责任心和细致的工作来保障，为师生提供可以创造和发展的空间。另一方面，更为关键的是，要从深层次关注学生身心健康。心理安全、人格安全是深层次的安全，超越了制度管理的范畴，除了靠责任心和细致的工作，还要靠学习、研究去解决。要采取有效的措施，积极应对、主动化解、科学规避。抓安全是为了促进学生健康发展，不能逃避责任，不能以牺牲发展为代价。

（三）激发生命活力

绿色教育呼唤生命自觉，强调生命的珍贵，尊重生命的存在，认识生命的责任，激发生命的潜能和活力，从而提升生命的价值、提高生命的质量。

第一，唤醒主体精神。学生是活生生的人，有生命的活力、发展的潜能。他们带着自己的知识和经验、兴趣和需求、思考和灵感参与教育教学过程。学生不是教育活动中的听众、观众，而应使学生明白，“我是自己的主人，我是自己的选择者、决定者，我对我自己的行为负责”。学校要尊重学生成长规律，发挥学校教育作用，激发其生命活力，唤醒其主体精神，张扬其主体个性，让学校教育洋溢着生命的光彩，涌动着生命的灵性，使师生在教与学中享受生命的幸福。

第二，追求生命自觉。学校教育是生命对生命产生影响的过程，教育促发生命自明，只有自己认识到自己的优势和缺点、认识到自我的主体地位和独特尊严，才能对自己产生正确的自我评价、自我反省、自我批评、自我调控和自我教育。正如《论语·里仁》所载“见贤思齐焉，见不贤而内自省也”，即进入到生命自觉的境界，而无须别人提醒，能主动地进行人格精神的自我完善、生命品质的自我提升、学习能力的自我发展。即“生命自明”催生“生命自省”，进而追求“生命自觉”。

现代学校的核心价值在于唤醒师生个体的生命自觉，促进人的和谐发展。而学生的生命自觉来自教师的生命自觉。所以教育首先要唤醒和培育教师的生命自觉，将“唤醒生命自觉，促进和谐发展”作为学校文化的核心精神，用“生命自觉”来引领教师的专业发展和学生的幸福成长。

德国著名文化教育学家斯普朗格说过：“教育绝非单纯的文化传递，教育之为教育，正在于它是一种人格心灵的‘唤醒’，这是教育的核心所在。”“教育的最终目的不是传授已有的东西，而是要把人的创造力量诱导出来，将生命感、价值感唤醒。”① 学校教育就是要引导受教育者自我觉知，自我教育，为受教育者在当下和未来“认识自我，发展自我，实现自我”奠定基石，也就是“唤醒生命自觉”。

第三，辩证看待苦乐。人类的行为受其所持观念支配，观念正确与否直接影响到一个人行为的结果。学生进入高中阶段时正值青春期，此时大多数学生会产生自身身份角色认同的困惑，他们开始思考怎样去适应这个世界，人生应怎样度过，怎样将自己塑造成为一个成人。这一阶段的学生往往心智逐步成熟，喜欢被肯定，寻求同辈接纳，追求荣誉进步，不喜欢被制约束缚。面对这种身份角色认同的困惑，有学生往往会自觉能力不足，长时间的学习和各种压力使他们感到无所适从，甚至身心疲劳，从而导致苦闷的情感占据其心绪。单靠“填鸭”式灌输会扭曲其心灵，适得其反。对待这种“成长的烦恼”，应该引导学生树立愉快学习的观念，“着眼明天，把握今天，做最好的自己”。树立正确的苦乐观，辩证看待成长中的苦与乐。

一方面，提高学生的情意素养、学习品质和身心修养，养成良好的学习生活习惯，掌握科学的学习策略方法，“行者常至，为者常成，愉快学习，畅享成长”，充分利用教育时间，开展励志教育、感恩教育、责任教育，将激发精神动力的目标贯穿始终。培养学生的自主性、独立性和创造性，提高学生心理健康水平，鼓励学生追求卓越，做最好的自己。另一方面，把学生的差异作为资源加以重视和开发，让每位学生在现有的基础上得到发展，“不必每分钟都在学习，但求学习中每分钟都有收获”，帮助学生进入科学、愉快、高效的学习境界，充满自信地走上成功之路。同时，把开发生涯辅导课程作为学校教育的重点工作，通过生涯认知、生涯安置、生涯进展等实践活动，帮助学生认识生命价值和意义，了解职业并进行职业探索；协助学生进行生涯规划和生涯决策的尝试。

（四）厚植发展根基

绿色教育以“促进人的全面素质可持续发展”为依据，为学生终身发展厚植根基。所谓“全面素质”，即德、智、体、美、劳诸方面的素质；所谓“可持续发展”，即内在和外在和谐统一，见识与修养与日俱增。

学校所宣扬的绿色教育，是追求人的全面发展的教育。坚持素质教育，力求五育并举，全面发展，为学生终身发展奠基。要创造绿色德育空间，提高德育工作实效，为学生培育必备品格；要积极推进绿色课改，提升智育水平，减轻学生课业负担；要坚持健康第一，强化体育锻炼，保障学生身心健康；要增强美育熏陶，培养审美能力，提升学生艺术修养和审美情趣；要加强劳动教育，弘扬劳动

---

① 邹进．斯普朗格文化教育学思想概览［J］．外国教育，1988（3）．

精神，使学生掌握劳动技能。

学校所倡导的绿色教育，是追求人的和谐发展的教育。通过绿色教育，不断提高自我觉察和认知的能力，促进学生人格完整和谐，包括自我身心和谐、自我与他人和谐、自我与社会和谐、自我与自然和谐。绿色行动为永续发展打下基础，在未来生活中，使学生能顺应外在变化，调整自己的思维和行为模式，达到内外平衡协调，幸福一生。

学校所尊崇的绿色教育，是人的可持续发展的教育。人的全面而自由、和谐的发展是实现终身永续发展的条件。通过绿色教育的熏陶，使学生学会饮水思源、见贤思齐，学会做人、学会学习、学会健体、学会审美、学会合作、学会创造，终身学习、永续发展，从而实现人的现代化。

三、学校价值体系及其绿色内涵

学校多角度、多层面的价值观共同构成学校的价值体系，如人才观、管理观、绩效观、发展观、教育观、教学观、学习观、教师观、学生观等。

（一）绿色人才观

不遗余力地培育人才，不拘一格地用好人才；尊重个性、兼容并蓄、鼓励创新、共同发展是学校秉持的人才观。绿色人才观，对于培养人才来说，就是全面的育人观；对于教师队伍管理来讲，就是科学的用人观。

1. 全面的育人观

全面的育人观首先要解决“培养什么人、怎样培养人、为谁培养人”这一根本问题，事关广大青年学生的健康成长，事关国家和民族的前途与命运，是一项基础工程、民心工程、希望工程和社会工程，影响深远，意义重大。“培养有中华灵魂和现代视野、有健壮体格和健全人格、全面发展和学有所长的一代新人”是澄海实验高中的育人观。普通高中教育是基础教育最后一个阶段，是在义务教育的基础上进一步提高国民素质、面向大众的基础教育，不但要为学生进入大学做准备，还要为学生适应社会生活和职业发展做准备，为学生的终身发展奠定基础。学校秉持“办有灵魂的教育，育有底气的新人”的办学宗旨，提出了既要有国家民族情怀又要有国际视野，身心双健、五育并举，全面发展又学有所长的社会主义建设者和接班人。

全面的育人观还体现在让每个学生受到关注，让每个学生都能得到教师的关怀、尊重和重视，让每个学生不仅在学业上获得发展，在个性、特长等诸多方面也能得到发展，让每个学生都能享受成功。全面育人观的宗旨是每一位教师不放弃任何一位学生，并让每一位学生的潜力得到充分开发。因此，教师要关注和适应社会不断变化、发展的教育需求，关注和深入了解学生，探索他们发展、成长的规律，为其提供适应社会变化和满足学生发展需求的教育，要促进师生之间真正的平等，为铸造学生的精神和人格提供有力的保障。

2. 科学的用人观

科学的用人观有以下三层含义：一是不拘一格用好人才。要敢于打破旧传统旧观念，不拘一格选好人才、用好人才。不唯学历，适合最好；不问资格，能者居之；人无完人，避其短而用其长；唯才是举，唯才是用，唯才所宜；知人善任，任贤使能。这些古往今来流传下来的选人用人之道都是有益的启示，应该成为学校用人观的标杆与尺度。二是不遗余力培育人才。要造品牌，先造人才。人才固然要靠引进，但最重要的还是靠学校自己培养。人才就在组织内部，就在你我他之中，人才靠培养，人人是人才。三是尊重个性、兼容并蓄、鼓励创新。教育和教学是最富有个性、最复杂的工作，需要创造性思维、创造的激情以及创新的动力。澄海实验高中的发展和未来，很大程度上取决于学校管理团队和教师队伍的创新水平和能力。要建立与学校发展目标相适应的人才评价制度，形成人人渴望成才、人人努力成才、人人皆可成才、人人尽展其才的良好局面，努力造就一支“师德高尚、业务精湛、结构合理、充满活力”的高素质、专业化教师队伍。

（二）绿色管理观

管理理论认为：管理人员运用高水平的分析，特别是定量分析，就可以选择达到其管理目标的最佳办法，从而做出合理决策，即一切都是理性化的。这就是以制度管理和科学管理为基础的理性管理。

澄海实验高中秉持的管理观是制度管理和情感管理相统一，科学管理和人文关怀相融合的绿色管理观。学校认为：管理就是服务，一切为了学生，管理更多地体现为沟通与理解、支持与服务、宽容与激励。绿色管理观注重人情、人的主观能动性，强调管理的灵活机动性和变通性，不主张用既定的理论模式去机械地管理变动中的教育教学行为或复杂多变的人。教育本身是富有创造性的高级活动，教师的工作是富有创造性的工作，这种活动和工作的过程是很难精确定量的，所以很难对其实施精确的量化管理。绿色管理将制度管理、科学管理、“以人为本”的管理及艺术化、情感化的管理统一起来，改善传统管理模式，创新管理流程，变原有的层级化管理为扁平化管理，强化效率意识，提供优质服务，加强细节管理和靠前管理，提升管理效益。

（三）绿色课程观

新课程改革后，为顺应新课改大势和全民教育观，学校提出了“开放、选择、综合，传授知识和发展个性统一整合”的绿色课程观。

根据课程的组织方式或课程设计的不同，课程被分为许多类型。从课程管理上可分为三级课程：即国家级课程、地方级课程、校本课程；从课程内容属性上可分为学科课程与活动课程；从课程内容的组织方式上可分为分科课程与综合课程；从对学生的学习要求上可分为必修课程和选修课程；从课程的呈现方式上可分为显性课程和隐性课程。

绿色课程观秉持开放的观点，汲取历史上各类课程观的优秀成果，以师生为课程建设的主体，在组织管理和开发运作方面，遵循国家课程实施方案。同时，贯彻新课程理念，坚持选择性、综合性原则，将传授知识和发展个性统一整合起来，让国家课程校本化，校本课程优质化，优质课程特色化。

（四）绿色发展观

绿色发展观就是一种科学的、可持续的发展观，包括学校的发展和师生个体的发展。学校的发展首先要坚定优质、多样、特色的发展方向，这是新时代赋予普通高中的发展使命；其次要尊重学校的历史和传统，总结办学经验，发扬优良传统，并在继承的基础上与时俱进，勇于改革，创新教育教学模式和人才培养模式。在人的发展方面，坚持以人为本，以发展为本，以学生的健康成长、学业进步、理想确立和教师的职业进步为本。关爱生命，尊重个性，关注情感，促进发展。关注学生的生命状态，关注他们的学习和生活质量，为学生创造一个安全宽松的，能够健康成长、愉快生活的环境，使学生享受学习和成长的快乐和幸福。

（五）绿色绩效观

重实力、讲业绩，比贡献、看实效；奖励绩效，不奖励庸俗关系；奖励贡献，不奖励论资排辈。

绩效是绩与效的组合。绩就是业绩，体现在学校的组织和个人目标上，要对实现目标或超额完成目标的人给予奖励；效就是效率、效果，也包括人在行为过程中所表现的态度、品格和方式。遵守规章制度，纪律严明、工作规范的员工应该得到肯定和荣誉，业绩突出且品行优秀的教师才能够得到晋升和重用。绩效考核是学校管理不可或缺的管理工具。发挥绩效考核在奖优、治庸、汰劣上的作用，遵循客观、公平、正义、合理、民主、开放、公开、科学的考核准则，实事求是，注重实效。学校所倡导的“有效教学”，就是要以教育教学客观效果来衡量能力，以教育业绩来考核评价，不容忍平庸、消极和惰性，针对原则性的错误和渎职行为，坚决予以取缔。

（六）绿色文化观

学校文化是一所学校的灵魂，是学校发展不竭的动力。“天人合一”“制度建设与文化生成相融合”“科学教育与人文素养、传统文化与现代文明、高雅艺术和通俗文化共生”就是学校绿色文化观。

学校的优秀与否，是就学校文化而言的，而不是就其硬件设施而言的。营造一流的文化比造就一流的校舍更难。澄海实验高中承接澄师时代的硬件建设基础，经过多年的充实和建设，现在可以说是一流的，但是还要有一流的文化和一流的软件。一流的硬件主要靠投资，一流的文化和软件则靠全体师生的共同努力。

第三节　办学宗旨与“一训三风”

学校绿色教育文化体系由三个部分组成。第一部分是办学宗旨，办学宗旨就是要把学校办成一所什么样的学校。澄海实验高中的办学宗旨是“办有灵魂的教育，育有底气的新人”。第二部分是校训，校训就是需要学校师生共同遵守的道德和行为准绳，学校以“正心博学”为校训，这也是学校师生的座右铭。第三部分是校风、教风、学风。学校以“自强不息”作为学校精神的内核，以“激扬青春”作为学校文化的主旋律，构筑学校精神文化，形成了“敦品励学，自强不息”的校风、“崇德敬业，勤研善教”的教风和“向上乐群，勤学力思”的学风。办学宗旨、校训和“三风”的确立，目的在于唤醒师生的生命意识，提倡优化人生质量，开发精神资源，最终提升生命品位。

一、办学宗旨：办有灵魂的教育，育有底气的新人

“宗旨”一词，《现代汉语词典》中的解释是“指主要的目的和意图”，因此，“办学宗旨”指的是“办学的主要目的和意图”。

在澄海实验高中的学校理念文化中，办学宗旨是最早提出的。2002 年，澄海实验高中刚刚从师范改制为普通高中，面临着将学校办成一所什么样的普通高中的问题。当时的学校领导层是一群当地的教育才俊，他们想将这所新创高中办成一所区域名校，打造与众不同的教育品牌，因此提出了“办有灵魂的教育，育有底气的新人”的办学宗旨。这句话包含“办学思想”和“育人目标”两个概念。

“办学思想”指的是用什么思想来指导办学，解决“怎么办”的问题。办学宗旨首个短句“办有灵魂的教育”的中心词语“灵魂”，其含义就是学校所坚持的“绿色、和谐、人文、科学”为基本内涵的教育思想，体现为生命对生命的尊重，人格与人格的平等，情感与情感的共鸣，此爱与彼爱的交融，智慧对智慧的点燃，文化对文化的润泽；还体现为人文与自然和谐统一，传统与现代完美融合，知识与能力齐驱并进，道德与情怀同步提升，责任担当和政治信仰锤炼笃实。绿色教育伴随高中生生命的成长、提高着生命的质量、丰富着生命的意义、唤醒着生命的良知，这种有“灵魂”的绿色教育是一项关乎生命的事业；这种有“灵魂”的绿色教育是一项关乎未来的事业。教育如果有了灵魂，则其不只是关注学生在校期间的成功，而且关注学生走入社会后的发展；其不只是关注受教育者知识和技能堆叠的高度，而且关注学生潜藏于灵魂深处的情感态度、意志品质及涵养的厚度。绿色教育为人的和谐发展提供素养，为人的终身幸福奠基，为社会的文明进步助力，为民族的未来担当。

“育人目标”是“办学宗旨”的主要体现。学校办学宗旨“育有底气的新

人”的中心词是“底气”，底气来源于自信。学校教育培养有思想、有道德、有能力、懂人文、会沟通、善担当、能创新的人，一个人能全面发展和个性发展相统一，就是“底气”之所在。

教育不能短视，不能功利，教育必须坚守“立德树人”的根本任务。2016年9月，《中国学生发展核心素养》研究成果发布。“核心素养”由文化基础、自主发展、社会参与三个方面构成，综合表现为人文底蕴、科学精神、学会学习、健康生活、责任担当、实践创新六大素养，并具体细化为若干基本要点。核心素养是党的教育方针的具体化，是连接宏观教育理念、培养目标与具体教育教学实践的中间环节。党的教育方针通过核心素养这一桥梁，可以转化为教育教学实践可用的、教育工作者易于理解的具体要求，明确了学生的必备品格和关键能力，从中观层面深入回答了“立什么德、树什么人”的根本问题，引领课程改革和育人模式变革。①

绿色教育是发展核心素养的正道通途，是鼓足干劲，充实信心，打足“底气”的教育。学校在完成广东省国家级示范性高中终期评估后，曾制定一个学校近、中期发展规划，对人才培养目标，以及相应的学校发展目标有过这样的阐述：

> 秉承“办有灵魂的教育，育有底气的新人”的办学宗旨，并以之为育人目标。这里，“灵魂”强调澄海实验高中的学生应具有诚信、正直、自强、乐观的道德品质和理想追求，具有爱国心和责任感；“底气”强调澄海实验高中的学生应是具有科技精神和人文素养，具有创新精神和较强实践能力，学有所长，体格健壮，心理健康，人格健全的发展型的新一代中学生。为此，将学校发展目标确定为：未来几年，学校将着力建设现代学校管理制度，全面培育学校绿色文化，提高整体发展水平，努力把学校建成“环境优美、设备先进、师资成熟、科研全面、管理科学、优质高效、特色鲜明”的广东省国家级示范性高中。在特色发展目标上，学校要在全面提高教育教学质量的基础上，在校园文化、德育和教学工作中的某些方面着力经营，逐步形成独特的、稳定的、效果明显的特色。②

学校的发展规划中把“教育思想”和“育人目标”结合起来，阐述了“灵魂”和“底气”的内涵，并把学校发展目标和特色发展目标作为育人目标实现的保障确立起来，形成了一个完整的办学目标体系。

一般来说，“育人目标”决定了采用什么样的“办学思想”；反之“办学思想”的层次又决定了“育人目标”能否达成。我们所倡导的“办有灵魂的教育，育有底气的新人”的办学宗旨，就是坚持以“绿色、和谐、人文、科学”为基

---

① 中国学生发展核心素养研究课题组负责人答记者问［EB/OL］.（2017 - 01 - 09）. http：//www. jyb. cn/china/gnxw/201609/t20160914_673092. html.

② 澄海实验高中学校发展规划（2012—2016）［A］. 2012 - 02 - 16.

本内涵的绿色教育思想，培育能够适应终身发展和社会发展需要的具有必备品格和关键能力的、全面发展和个性发展并重的人，这是教育最基本的责任，也是绿色教育最本真、最朴素的追求。

二、校训：正心博学

澄海实验高中的校训取自儒家经典。“正心”语出《礼记·大学》：“古之欲明明德于天下者，先治其国；欲治其国者，先齐其家；欲齐其家者，先修其身；欲修其身者，先正其心。”修身、齐家、治国、平天下，此为儒家崇奉之人生信条，读书人追求成功之理想。“正心”是格物致知的要求，是立人的基础。

《大学》作为“初学入德之门”，提出了“三纲八目”。“三纲”即明德、亲民、止于至善；“八目”即格物、致知、诚意、正心、修身、齐家、治国、平天下。“正心”是“三纲八目”中的关键一环。

《大学》中的“三纲八目”是儒家所倡导的一种内心道德修养过程。在“八目”中，“修身”是其核心，“正心”是关键，“格物”“致知”“诚意”是“正心”的基础。宋代理学家程颐说，进修之术，“莫先于正心诚意”。就是说“正心诚意”是达到至善道德境界的必由之路。朱熹也称“正心”为“万世学者之准程”。“正心”是说心要端正而不存邪念，这也是历代读书人奉为圭臬的准则。儒家认为，人心受到忿激、恐惧、好乐、忧患等情欲的影响会不得其正，而心必须有所诚求，将心灵从对外物的依附中解放出来，才能不乱而正。

“正心”是立人的根本。作为现代学校的校训，正心对于莘莘学子来说，就是要立足当下，把握未来，对当下的每一件事都能集中精力，而不是心不在焉。网络时代，青少年容易被纷繁世界的光怪陆离所吸引，如果缺乏定力，注意力分散，就会左右摇摆、浅尝辄止、心不正而朝三暮四。正心即专注，这是所有杰出人士共同的特点，也是正心的结果。

正心者，使人心归于正。拥有正义之心，不惧怕，不偏袒。正义就是公正、正直、正当的道理。一个人做人做事能够公正无私，公平允当，持守道义，刚正不阿，爱憎分明，光明正大，就是拥有正义之心的表现。正心是指拥有一颗简单、沉静的心，正面、向善的心，积极、阳光的心，也是指拥有一颗笃定、坚韧的心。有这样的心，我们就会不惑于外物，就会专注平和。

古代文化典籍中多次出现“博学”。《礼记·中庸》有云：“博学之，审问之，慎思之，明辨之，笃行之”，讲的是求知的过程；《论语·子张》有云：“博学而笃志，切问而近思”，讲的是学习的方法；《孟子·离娄章句下》：“博学而详说之，将以反说约也”，讲的是学习的终极目标。这些传统观点共同孕育出现代学习理念。“博学”位列于“学、问、思、辨、行”的学问方法体系的首位。博学，是指通达地学习、广泛地学习，这是吸收知识的过程，是深入追问，缜密思索，分辨择定，笃定履行的基础。

古代人们常把“博学”与“笃志”联系起来。《论语·子张》记载子夏对学生的教诲："博学而笃志，切问而近思，仁在其中矣。"意思是说：广泛地学习就要坚守自己的志向，恳切地发问求教，多考虑当前的事情，仁德就在其中了。对"博学而笃志"，宋代理学家程颢分析说："学不博者不能守约，志不笃者不能力行。"学问不通达、见识不广博，就会缺乏明确志向的树立；志向不确立、价值观不明朗，就缺乏真正有力度的实行。

"博学"是希望学生认真求学，在学好基础课程的前提下，培养兴趣和爱好，博学多才，将来成为对社会有用的人。学生不仅要有较全面又相对合理的知识结构，还要有远大的抱负和广博的胸怀，面向社会，走向未来，在生命途中永无止境地学习和充实自己。

人们时常将满腹经纶、博览群书与"博学"联系起来。在学校里，博学与阅读总是紧密联系在一起。莎士比亚说："书籍是全世界的营养品。生活里没有书籍，就好像没有阳光；智慧里没有书籍，就好像鸟儿没有翅膀。"新教育实验的发起人朱永新说："一个人的精神发育史就是他的阅读史"。阅读是教育的一种最基本的手段，是授之以渔的最重要的方式方法，是构建幸福的精神世界的根本途径。因此，学校要大力推广课外阅读，要为学生创造读书的机会，为学生提供阅读的条件，为学生推荐阅读书籍。过程中还要做到三个兼顾：兼顾古今中外，兼顾经典与时代性，兼顾学生的阅读兴趣、心智水平，创造机会，让学生博学多识。

对于信息时代的阅读指导，需要注意的是，随着信息技术飞速发展，知识更新迭代的速度超乎想象，而电脑搜索似乎将要取代博学多识。新媒体环境下的"碎片式"阅读渐成常态，只要人们愿意，似乎就能轻而易举地获取海量信息，传统的知识观正在遭受巨大冲击，我们有必要追溯博学多识的本质。很多时候，我们通过主动阅读所获取的知识是静态和单向的，而如今新媒体带来直观的、碎片化的信息，有时是被动接收的，却丰富了人们的知识。这些体验无论是直接的还是间接的，都是以个性化的方式进行，都能达到"博学多识"的境界。当然，信息时代对"博学"提出了新要求，就是要具备一定的"信息素养"，可以从分散的"碎片式"阅读中提取有助于解决问题的优质信息的能力，重组知识结构。这既是时代的要求，也是"博学"新的内涵。

校训来自传统文化，又蕴涵时代精神。正心，是要求用传统优秀文化和现代公民意识来塑造人格、规范行为；博学，则是要求打下厚实的知识基础，获得在知识时代发展自我的能力。校训表明学校以人为本，对学生则启发其认识自我价值，促进自主发展；对教师则要求正人先正心，育人先育己。勉励广大师生明德求真，修身践行，追求发展，努力创新。

校训是学校精神文化建设的重要内容。1988 年版《汉语大词典》解释："校训，即学校为了进行道德教育的方便，选择若干符合本校办学宗旨的醒目词语，作为学校全体人员的奋斗目标。"校训是一把标尺，体现学校的办学原则与目标，劝勉师生共同遵守基本行为准则与道德规范；校训是一把钥匙，熔铸办学理念和治学策略，帮助师生打开通往幸福人生的大门；校训是一种印记，凝练学校文化，积淀学校传统，鼓励师生，即使离开学校也会时刻将它铭记在心。

澄海实验高中自开办之初就有“正心博学”的校训。

正心是厚德之基，博学是容养之舟。正心博学，厚德载物，以深厚的德泽育人利物，以崇高的道德、博大精深的学识立德来育人。校训体现了“必备品格”与“关键能力”的融合，坚持知行统一、学思结合的原则。正心与博学相互依存、相互支撑、相辅相成。

三、校风、教风、学风

校风、教风和学风是学校办学理念的反映，也是学校校训的表现。它们是学校的无形资产，潜移默化地影响着学校、教师的不断发展和学生的健康成长。

（一）校风：敦品励学，自强不息

校风即学校的风气，是学校个性特征、精神风貌的集中体现，也是学校开展各项活动所遵循的行为准则，既反映学校的气质，又贯穿在学校的过去、现在和未来之中。澄海实验高中的校风由“敦品励学，自强不息”两个部分组成。

“敦品励学”是一个并列词组。“品”是道德品质，“学”是接受教育。“敦”本为厚重之意，引申为督促。敦品，就是砥砺品德。励，也有奋勉、致力的意思。励学，即发奋学习。“励学”二字在我国古代前贤的名句与文章中常有出现，比如，北宋皇帝宋真宗赵恒通过《励学篇》一诗，来劝勉人勤奋学习。“敦品励学”响应校训“正心博学”，语出清学者梁章钜《归田琐记·谢古梅先生》：“先生敦品励学，实为儒宗。”梁章钜以“敦品励学”来评价可为儒者典范的人，说明它反映了学者致力于自身道德修养、发奋学习的高尚境界。学校为教化之所，不仅是修习知识技能的场地，更是培育师生精神成长的家园。

“自强不息”源于中华文化的母本之一的《周易》，“天行健，君子以自强不息，地势坤，君子以厚德载物”。意为自觉地努力向上，永不松懈。意思就是说：君子处世应该像天宇运动一样刚毅强健，发愤图强，永不停息；君子处世应该像大地一样厚实和顺，增厚美德，容载万物。早在远古我们的祖先就认识到天地的永恒，人生的短促。古人以天道为榜样，激励人们自强不息，奋斗不已，“终日乾乾，与时偕行”。国内许多著名大学以此句为校训，如清华大学的校训就是“自强不息，厚德载物”。兰州大学、厦门大学也以“自强不息”为校训或学校精神，可见其影响的深广。“自强不息”是中华民族自强自立，惜时奋进的信条，支撑着中华民族生生不息、薪火相传。今天这句话依然是我们推进民族复兴大业的强大精神力量，也是我们建设优质、多样、特色的现代化学校的精神支柱。

学校把“敦品励学，自强不息”作为校风，作为今后发展中所应依靠的主心骨，希望学子：做人要敦品厚德，诚意正心；学问要日勤其业，广博融通；做事要慎思力行，尽职尽责；希望教师要以生为本，立德正心，优质育人，精益求精，希望教师和学生都能笃行信道，自强不息，做终身学习的倡导者和践行者。

（二）教风：崇德敬业，勤研善教

教风是教师道德作风、专业素养、执教行为的集中体现，具体是指教师在教学、科研等工作中体现出来的专业精神和职业风范，包括教书育人的目的、态度、行为特点、方法等。崇德敬业是师德诉求，勤研善教是专业规范，两句话互相映衬呼应。

《礼记·大学》中这样阐述："德者，本也。"就是说道德乃做人之根本。《世说新语》中这样阐述："百行以德为首。"《左传》中这样阐述："有德不可敌。"德厚方能为师，学精方可从业。师有德，方能矢志育人，潜心教学，方有事业心和责任感。勤研方能善教，善教更促勤研。研究学问，创造新知，在教学过程中不断长进，教学相长，就有可能臻于"至善"之境界，成长为学者型教师，乃至教育大家。

崇德敬业是澄海实验高中教师秉持的职业道德和以此为基础的思想作风。"崇"是崇尚的意思，"德"指道德、德行。"崇德"指崇尚有德之人、推崇高尚的德行。"崇德"既是为人之本，也是中国历代读书人精神追求之所在。比如：老子《道德经》曰："修之于身，其德乃真"，《尚书·武成》曰："谆信明义，崇德报功，垂拱而天下治"，《周易·乾》有："君子进德修业"，北京师范大学校训——"学为人师，行为正范"等，都是指向推崇道德修养。党的十八大报告将"立德树人"置于"全面发展"之前，强调把"立德树人"作为教育的根本任务，突出以德育人的重要地位，揭示了教育的本质，体现了新时代对为人师表的深刻理解。

"敬业"的本义是指专心致志于学习。中华民族历来有"敬业乐群""忠于职守"的传统，敬业是中国人民的传统美德。早在春秋时期，孔子就主张人一生始终要勤奋、刻苦，为事业尽心尽力，他秉持并宣扬"执事敬""事思敬""修己以敬"等理念。《礼记·学记》有云："一年视离经辨志，三年视敬业乐群"。北宋程颐更进一步说："所谓敬者，主之一谓敬；所谓一者，无适（心不外向）之谓一。"清代中兴四大名臣之一的曾文正在《诫子书》和家书中都提到过"主敬则身强"，同样把"敬"作为一种精神上的自我约束和追求，并厉行三敬：一是用"敬"做学问，每天持之以恒，从不敢懈怠，到老之时依然不改；二是用"敬"办事，每办一事，无不竭尽全力，谨慎行之，必求圆满；三是用"敬"带兵，把生死置之度外，这是曾氏"敬业"的极致表现。"敬业"就是严肃认真地做好自己的工作，注重践行、心无旁骛，恪尽职守、勇于探索、精益求精、甘于奉献。

崇德敬业要求教师具有高尚的师德修养和较高的专业素质，倡导教师扎实工作，无私奉献，从严治学，勇于创新。我们倡导教师不仅要把教师这一职业当成一个谋生的手段，更应视之为一个毕生的追求。对于教师而言，突出奉献精神，首先必须忠于党的教育事业，乐于教书育人，以求真的态度对待教学、教育科研。在平时教学中，认真备好每一堂课，上好每一堂课，让学生在每一堂课中都有所收获，受到启迪。同时联系学生实际，了解学生，挖掘学生的潜力，因材施教。

勤研善教是教师专业素养和执教行为应该体现的一种施教风貌。“勤研”是勤于研究，不断探索，开拓进取，勇于创新的意思，在研究中工作，在工作中研究。“勤研”让教师群体从教书匠走向研究者、引领者，让“师生都过上幸福完整的教育生活”。就目的而言，“勤研”着眼于教师自身教学水平提高的需要，指向师生的共同发展。同伴互助，协同解决教育实践中出现的难题，“人人参与问题研究，处处都有研究成果”，让每个教师都能走向成功。就对象而言，“勤研”要求对教育主体进行探究，即通过研究学生，认识学生需要学什么、想要怎么学；通过研究自身，认清我能发展什么、有哪些可发展的，怎样用科研规范来寻求问题的解决。就内容而言，“勤研”是对教育客体进行研究，即通过研课标、研理论、研方法，从教育和生活现象中发现和提出有教育价值内涵的问题。

“善教”是构建教师的职业幸福感的基础。教师的幸福感来源于工作成就所带来的职业幸福感，专业得到长足的发展最能使教师获得幸福感和成就感。《学记》说：“善歌者，使人继其声；善教者，使人继其志。其言也，约而达，微而臧，罕譬而喻，可谓继志矣。”能否让学生喜欢上学习并能传承教师的价值观、理想信念是检验“善教”与否的标尺。要做到“善教”，教师的讲授就要言辞简洁而通达，含蓄而精妙，不用太多比喻就能使人明白，《学记》中的这段话可谓是古今“善教”的通则。“带得好班、上得好课、写得好文案、用得好 IT、育得好学生”是“善教”的集中体现。要力争做一个有教育情怀，一专多能，胜任学生辅导工作，受学生爱戴喜欢的教师。教师能提供给学生的不仅仅是知识、分数，还有对学习的兴趣与喜爱，更有对世界的认知、对人生的理解、做人的信念、价值取向、优秀品格。换言之，学生能学到的不仅仅是知识，更是一种情怀与信念。“善教”是澄海实验高中教师对教育成功的认识，是对践行“有效教学”理念的认同，也是教师积极参与校本研训的指引。

以学生为本，师德为先，能力为重，终身学习。育人是教师的天职，育人先要育己。“崇德敬业，勤研善教”是澄海实验高中办学理念引领下大力培植和繁育的教师文化。教人认知、教人做人、教人做事、教人交往，需要有渊博的知识、高尚的人格、创新的精神、进取的意志。只有这样，才能成为一名“有理想信念、有道德情操、有扎实学识、有仁爱之心”的“四有”老师。

（三）学风：向上乐群，勤学力思

《礼记·大学》中这样阐述：“苟日新，日日新，又日新。”朱熹在《答巩仲至》中说：“百尺竿头，更进一步。”一个人在学业上起点如何，不论取得了多大的成就，都应该保持积极向上的精神，不仅要力争超越别人，更要超越自我。《礼记·学记》有云：“敬业乐群。”乐群就是在学习和生活中，善于与人合作，具有团队精神，怀有强烈的集体荣誉感，将个人的发展融于群体的进步中，才能使群体的环境有助于个人的发展。这样，个人才能在激烈的社会竞争中游刃有余，拥有良好的发展空间。

《论语》有云：“学而不思则罔，思而不学则殆。”王安石说：“其思之不深，则其取之不固。”都在强调“力思”之重要。勤学力思，方能格物至善；知行合一，必成时代之才。

对于“向上”的理解就是往上看，朝着高处走，就是超越自我，不断提升与成长的积极态度。在为人处事的态度上，中华传统文化中有“低调做人，高调做事”的说法。所谓低调做人，是在姿态、言辞上要低调；所谓高调做事，是在思想上、细节上要高调。厚道做人，会一次比一次稳健；踏实做事，会一次比一次优秀。学涯是一场修行，心态也需要修行。澄海实验高中在学风上倡导这样的修行心态：日新其德，天天向上。意思是人要不停地改过求新以提升生命德行，从而使人每天都能进步，每天都在成长。古人常说“学如逆水行舟，不进则退”，宋代《二程集》中说：“君子之学必日新，日新者日进也。不日新者必日退，未有不进而不退者。”孔子也说“温故而知新”。这些都是劝人向上的意思。对于澄海实验高中学子来说，“日新其德”的主要方式是读书。但大家也应认识到：读书并不仅仅是读纸之书，生活、社会乃至世界，其本身就是一部大书。用心去读，读人心、读生活、读社会、读世界，从心髓入，微处用力，日新不已，刚健笃实便自有光辉。

对于“乐群”的理解就是指喜欢在群体中与同伴一起生活和工作。从个体品质上讲，乐群品质表现为热情开朗、和蔼可亲、合作融洽、大度汪洋、积极参加社团活动，虚心接受他人意见等，这就是心理学上“乐群”的个性表现。学校教育本身就是群体活动，在学习中强调学生要独立思考的同时也重视交流启发与彼此切磋。从学校精神文化层面上看，“乐群”精神是团队意识、集体主义精神。高中生活是一个人从个体、家庭走向社会的第一站，“乐群”品质的养成，为学生进入大学和社会做好重要的素质保障。作为学风的一个要素，倡导“乐群”精神，就是要培养“乐群”的学生，融入学校、融入班级、与团队为伍、精诚合作、团结向上，让每个学生都能得到全面而有个性的发展。

对于“勤学”的理解：“勤”是中华民族的优良品质，所谓“天道酬勤”“勤能补拙”“勤谨”“勤快”……治国持家，成才立业，几乎无一不与“勤”字有关。澄海实验高中取“勤学”为学风之要素，一则秉承古今中外成功通则，二则向被潮州人奉为“百代文宗”的韩愈致敬。韩愈有《进学解》曰：“业精于勤，荒于嬉；行成于思，毁于随。”意为：“学业由勤奋而精进，由嬉游而荒废；为人行事由深思远虑而获得成功，因随便而导致毁败。”韩愈是历史上伟大的文学家、教育家和思想家，刺潮期间，其惜民疾苦，逐鳄除恶，兴学育才，化民成俗，给潮地留下了宝贵精神财富。澄海实验高中学子秉承“勤学”精神，日勤其业，持之以恒，天天使自己的学业精进而不至于荒疏，不断地进步和发展，使之成为终身发展的优良品格，在任何时候都不会丢弃。

对于“力思”的理解：思考是一种可贵的学习品质，善于思考必定受益无穷。做学问应当不遗余力，穷尽心思探究未知，“审度时宜，虑定而动，天下无不可为之事”（张居正《答宣大巡抚吴环洲策黄酋》）。古今中外，凡成大事者都是会思考的人，他们善于发现问题、解决问题，不让问题成为人生的难题。南宋朱熹《读书之要》中说："读书之法，在循序而渐进，熟读而精思。"清代王夫之在《四书训义》说："学非有碍于思，而学愈博则思愈远；思正有功于学，而思之困则学必勤。"只学习不思考不行，只思考不学习也不行。"力思"还强调了思维的重要和艰苦，"一个人失去思考力的迹象之一，是从盲从他人失去独立判断开始"。"人与人能力的最大差别，在于思维方式的不同，以及对存在事物刨根问底的思考层次。"毋庸置疑，通过思考可以传承精华，去除糟粕，孕育智慧，拓宽人生！

学习与思考是获取知识能力的直接途径，勤学力思的学风彰显澄海实验高中学子本性，就是勤读书，善思考，肯用功。在《论语》中，孔子早就对学与思的关系做出精辟论断："学而不思则罔，思而不学则殆。"意思是说，如果学习书本知识而不思考，就会望文生义，不辨真伪，就会迷惑而无所得；如果只是苦思冥想却不认真读书，就会精神疲倦，孤陋寡闻，更不能做到博见约取，融会贯通，学以致用。古往今来，人们在此基础上继续强调"学""思"关系的重要性。如《礼记》有云："博学之，审问之，慎思之，明辨之，笃行之。"《河南程氏遗书》及《晁氏客语》中说："为学之道，必本于思。思则得知，不思则不得也"。《书》有云："思曰睿，睿作圣。思所以睿，睿所以圣也。"

学风是对校训"正心博学"的呼应，倡导把学习和思考结合起来，学到切实有用的知识，提倡活学活用、融会贯通，反对死记硬背、不求甚解，反对坐而论道、夸夸其谈，主张通过"勤"和"力"的途径促进"学"和"思"。

"向上乐群，勤学力思"就是澄海实验高中学生所具备的品格和能力，是成就澄海实验高中学生成功成材的支柱。

文化是一个国家、一个民族的灵魂。学校是传承文化的场所，建设学校文化，培育先进文化，挖掘学校文化资源，涵养师生精神气质，是落实立德树人根本任务的重要举措，也是建设优质、多样、特色发展的现代化普通高中的有效路径。我国教育领域综合改革给予了学校发展新的契机，为学校教育生态培植沃土。学校必须与时俱进，传承创新，优化学校文化体系，开展"绿色行动"，强化学生发展关键能力、必备品格和正确价值观念的培育，满足学生成长和社会多样化发展的教育所需。

第二编　充满生命活力的绿色行动

引言　一花引来百花开

尊重生命，激发生命活力，提升生命价值是现代学校教育的使命，也是绿色教育的初心所在。“绿色”是生命的象征，在绿色文化体系引领下构建起来的绿色课程，挖掘了学校优质教育资源，总结提炼绿色教育成果，将学校特色发展和办学内涵的提升引导到课程建设上来，绿色课程成为师生共同拥有的成长密码。

2018 年 3 月，澄海实验高中“绿色行动”校本课程建设被广东省教育研究院确定为首批“基础教育研究实验基地学校”研究项目。三年来，学校确立的理念文化发挥了领航作用，其开展的课程项目围绕“人文与自然和谐共生，传统和现代完美融合”的主题，渗透进高中学生发展核心素养的培育，进一步拓展了“绿色行动”校本课程的外延和内涵，经过课程深度开发，形成了包括“生命教育”“生态文明教育”“优秀传统文化教育”“审美与健康教育”“社会参与教育”五个系列的校本课程，使课程充满生命质感，进一步完善了课程体系。

丹心化作春江水，一花引来百花开。“绿色行动”校本课程的深度开发传播了学校绿色文化，优化了育人和生态环境，发挥了促进人的生命价值发展的基础性作用。随着“绿色教育”理念文化的渗透扩展，学校教学管理、德育工作、智慧校园建设逐步走向“绿色化”。本编主要介绍绿色校本课程的深度开发，以及在绿色教育文化的引领下，打造绿色智慧校园、绿色德育、绿色课堂的实践探索，有教育科研报告、教育教学论文、案例等，是对学校近年承担各级科研项目研究成果的汇总提炼。

第一章　绿色课程

第一节　绿色课程深度开发

一、绿色课程建设的背景

进入21世纪第二个10年，学校各项事业突飞猛进，迎来了跨越式发展。随着规模扩大，管理方面负重爬坡，学校面临着发展的拐点。在新的考验面前，学校坚持文化立校方针，在学校文化中寻找新支点，挖掘办学目标新意涵，发挥绿色教育品牌效应，努力打造特色学校，全面提升办学品质，学校在征集广大教师意见的基础上，经过创建特色学校工作领导小组的论证，确定将“绿色行动”校本课程作为学校特色建设项目。

“绿色”是生命的象征，尊重生命，激发生命活力，提升生命价值是绿色教育的使命。“行动”是指有意识地自觉参与绿色教育的一切行为和活动。“绿色行动”将践行充满生命质感的绿色教育与传承文明、教书育人、习惯养成、务实创新结合起来，把书本世界和社会实际、生活实际结合起来。“绿色行动”校本课程基于学生发展需要，针对学习兴趣、动机和经验，以“绿色教育”为主题，以活动课程为形态，超越严密的知识体系和技能体系的学科界限。目前，学校已初步构建了包括“生命教育”“生态文明教育”“优秀传统文化教育”“审美与健康教育”“社会参与教育”五个系列的课程，设计了相对独立的系列课程目标，根据课程归属实施不同的教学活动策略与评价方式。

“绿色行动”校本课程的开发，提升了学校的育人品位。学校于2016年11月被命名为澄海区首批中小学特色建设项目学校，2018年7月，顺利升级为澄海区特色建设项目学校。

教育现代化的关键是理念现代化。党的十九大提出了新时代“创新、协调、绿色、开放、共享”的“新发展理念”，是深化教育改革、提升教育品质的重要指导思想。学校教育尤其要着力加强环境资源和生态价值观的教育。学校开展绿色教育由来已久，充分发挥了绿色教育在促进人的生命价值方面的基础性作用，利用学校历史和现实教育资源开发的“绿色行动”校本课程曾获广东省中小学特色课程一等奖。2018年3月，学校被广东省教育厅确定为首批基础教育研究实验基地学校，“绿色行动”校本课程被确定为研究项目之一。

广东省内于2018年秋季入学的高一新生将采用新高考改革方案，新高考改革方案明确要求建立学校学生发展指导制度、选课走班教学制度、综合素质评价制度。其中，综合素质评价内容分为思想品德、学业水平、身心健康、艺术素养、社会实践五个方面，纳入普通高校招生选拔体系。与此同时，全国开始实施以提升学生核心素养为重要载体的普通高中新课程改革方案。新课程改革方案加强了与新高考改革方案的衔接，规定了学校应“根据学生的多样化需求，根据当地社会、经济、文化发展的需要，以及学校办学特色等”设计校本课程。高中新课程改革方案为促进学生全面而有个性地发展，引导高中提升办学品质，为实现优质、多样、特色发展提供保障。

2018年12月，《广东省教育厅关于普通高中学生综合素质评价的实施办法(修订)》正式公布。在新形势下，如何创造性地达成学生核心素养的发展？如何做到既契合国家意志，又适合本地、本校实际，搭建起学生发展核心素养与学校日常教学之间的桥梁，提升学生综合素质？学校认为，必须在核心素养视角下重构校本课程框架，以此整合、重组、深化校本课程建设。

二、绿色课程研究价值及建设的原则

（一）绿色课程研究价值

（1）满足学生发展需要。校本课程深度开发更加强调以学生感兴趣的事物和方式为基础，注重从硬件和软件两个层面来打造传统文化与现代文明相融合、自然与人文和谐相生的课程生态，为学生创造灵活的、有助于探索研究的学习环境。

（2）促进教师专业发展。校本课程的深度开发要求学校和教师要有课程改革的正确意识、愿望和动力，有开发校本课程所必备的知识、技术和能力。教师在深度开发利用现有的和潜在的教学资源的同时，促进自身观念转变，提高科研素质。

（3）推动学校特色发展。绿色教育与核心素养培育异曲同工，其价值和意义展现在行动中。“绿色行动”校本课程的深度开发强化了学生发展关键能力、必备品格和正确价值观念的目标，为建设优质、多样、特色发展的现代化学校提供了动力。

（4）加强与新高考改革方案的衔接，助力高中新课程改革方案落地。把校本课程深度开发和新高考改革方案有机结合起来，培植优质课程群，加强核心素养培育的测评指导，完善学生发展指导制度和综合素质评价制度。

（5）在学术价值上，探索校本课程深度开发的策略和实施途径，完善新时代高中教育教学管理制度。借鉴国内外先进的课程开发理论和实践成果，以“新发展理念”为引领，以培育学生的核心素养为目标开展校本课程的深度开发，建构核心素养视角下的校本课程框架，进一步优化校本课程的组织管理与评价系统，形成新时代的校本课程开发模式与有效运行机制，促进学校课程整体优化，完成作为实验基地学校所肩负的研究任务。

（二）绿色课程建设的原则

绿色教育富有时代感、责任感，具有强大的生命力，融前瞻性、综合性、实践性为一体，赋予了“绿色行动”校本课程丰富的内涵。课程建设既要遵循校本课程开发的一般原则，又必须根据其目标内涵，在开发、组织、管理和评价等方面遵循必要的准则。

1. 教育性、科学性、人文性相结合的原则

“绿色行动”校本课程涉及众多学习领域和多样化学习方式，是一种实践性很强的综合课程。课程建设必须遵循教育性、科学性、人文性相结合的原则。要服务于“提高校园生活质量，提升学生生命状态”的根本目的，要以尊重自然，尊重生命价值，富于生命意义，激发生命活力，促进永续发展的科学发展观为指导，挖掘深厚的历史文化内涵，突出潮汕人文精神特色，在人与自然、人与社会、人与人三个层面综合体现其教育性、科学性和人文性。

2. 整体化、课程化、经常化相结合的原则

这是由高中课程管理要求决定的。作为学校三级课程的重要一环，“绿色行动”校本课程的建设必须做到活动规划和方案整体化，教学管理课程化，校本教研经常化，以期实现全员参与。要统筹安排指导教师、课时、专题。课时安排要进入学期课程安排表，并按课程表的计划予以实施。要经常组织教师针对具体问题开展专题性的研讨，以便提出解决方案。教师和学生既是活动方案的开发者，又是活动方案的实施者。要保证各领域的课程有可选择性，学生可以根据自己的兴趣爱好选择相应的学习领域。

3. 开放性、本土化、校本化相结合的原则

这是由校本课程互补性和综合性的特点决定的。“绿色行动”校本课程超越了书本，超越了体系化的教材，超越了封闭的课堂，其课程目标、课程内容、活动方式等方面都具有开放性的特点。“绿色行动”校本课程资源具有很强的地域性和不可替代性，人们可以从“绿色行动”校本课程传播的过程中感受到一股沁人心脾的“潮味”。使“潮味”与“绿色行动”相结合，让学生走近家乡文化，激发其热爱乡土的志趣，培养学生自主学习的能力、综合实践的能力和创新意识。校本课程开发的目的在于运用，“绿色行动”校本课程资源开发的过程也是对本土课程资源利用的过程。校本课程离不开本土课程资源，具有“潮味”的本土课程资源必须联系绿色教育校本课程，使“绿色行动”校本课程建设与“潮味”本土课程资源开发同步进行。

4. 生成性、发展性、多元化相结合的原则

“绿色行动”校本课程的基本学习方式是课题研究性学习、社会参与性学习、体验式学习和实践式学习等。在课程的实施中，要充分发挥动态生成作用，促进学生综合素养的动态生成和发展。重视形成性评价的作用，关注学生发展全过程，收集并保存能阐明学生的发展状况的关键资料，分析学生的发展变化，针对学生的优势和不足，给予学生激励或具体的、有针对性的改进建议。运用多种评价方法、评价手段和评价工具综合评价学生在情意、创意和实践能力等方面的进步与变化。关注学生的差异，尊重学生个体发展的需要和个性取向，运用不同的评价方法，判断每个学生不同的发展潜能，为每个学生提出适合其发展的具体建议。

三、特色课程建设的总体目标

（一）课程总目标

坚持以“提高校园生活质量，提升学生生命状态”为办学的出发点和归宿点，以培养学生核心素养为导向，从“做”中学，从“学”中做，培养“一品三兼优”的发展型中学生，提高学生社会责任感以及参与社会实践活动的能力，为学生一生的幸福打下坚实的基础。“一品”即“具有诚信正直、乐观自信、责任担当的道德品质”，“三兼优”即“人文底蕴和科学精神兼优，基础知识和实践能力兼优，身体素质和心理素质兼优”。

（二）课程系列目标

“绿色行动”五个校本系列课程围绕“绿色行动”校本课程总目标，形成了相对独立的课程目标，并以此构成绿色教育校本课程目标体系。

（1）生命教育课程目标：学会敬畏生命，规划人生。帮助中学生认识、理解生命的意义，学会尊重生命、关爱生命、珍惜生命，关注学生的青春期身体和心理健康，提高生命质量，学会生涯规划，持续发展，提升生命价值。

（2）生态文明教育课程目标：正确认识自然环境的规律及其价值，提高学生对自然环境的情感、审美情趣和鉴赏能力，获得保护和促进生态环境的知识、态度、价值观、责任感和技能，创建生态文明，实现可持续发展。

（3）优秀传统文化教育课程目标：引领学生认同、接受传统美德，传承和保护中华优秀传统文化，开发以“国学”与“非物质文化遗产”为主要内容的研究性学习课程，促进道德认知和内化，提高道德修养水平，并诉诸实践，传承、保护民族优秀文化。

（4）审美与健康教育课程目标：把学生的差异作为资源加以重视和开发，办好艺术加强班和体育竞技运动队，将艺术加强班和学生体育竞技运动队的管理经验辐射到其他非特长类教学中，尊重个性，发扬特长，实现“人各有才，人尽其才，人人成才”的目标。

（5）社会参与教育课程目标：开发学生潜能，激发学习兴趣，改变学习行为和方式，广泛开展并参与社团实践与义工服务，在实践、体验、领悟、服务过程中掌握本领，提高服务意识，丰富学生学习、生活和社会活动经验。

四、课程体系（结构、门类）

“绿色行动”校本系列课程之间既相对独立又相互依存，围绕“绿色行动”

校本课程总目标，形成了层次分明、特色突出的跨学科、综合性、发展性校本课程（见表2－1）。

表2－1 “绿色行动”校本系列课程体系

系列	结构	门类
生命教育	1. 生命教育：生命教育是对绿色教育理念的诠释和演绎。通过学科教学和主题活动，开展心理健康教育、青春期教育、安全教育、毒品预防教育、法治教育等教育活动，将生命教育有机渗透在学科教学中，体现在学校工作的各个方面、各个环节 2. 生涯辅导：生命教育课程的常规化课程，以综合实践活动课程为主要途径，通过生涯认知、生涯安置、生涯进展等实践活动，帮助高中生了解职业，进行生涯规划和生涯决策	必修模块（知识考核）； 选修Ⅱ（校本课程）
生态文明教育	1. 生态教育：开展校园绿色文化建设，融入生态学思想、理念、原理、原则与方法，营造校园绿色生态环境，使“尊重自然、热爱生命、和谐共荣、永续发展”的绿色教育理念辐射到校园的管理、德育、课堂、人际等各个层面 2. 环保科技：挖掘各学科环境教育资源，与各类社会实践活动结合，开展以环保为主题的研究性学习活动、科技创新比赛活动	必修模块（知识考核）； 选修Ⅱ（校本课程）
优秀传统文化教育	1. 国学教育：通过学科传授、经典诵读、环境创设、才艺展示等手段，培养高中生对传统文化的兴趣，开展中国传统文化及学术的引导学习，接受潜移默化的文化熏陶，提升个人道德修养，构建核心价值观 2. “非物质文化遗产”校本课程：有重点地将列入国家级和省级“非遗”名录的项目进行筛选、加工，引进高中课程，开展方言与口头文学、表演艺术、传统手工技艺、民俗常识四个模块的研究性学习	必修模块（语文、政治、历史，研究性学习课题）； 选修Ⅱ（校本课程）
审美与健康教育	1. 提高班与集训队：贯彻课堂训练打基础、课外活动促提高的原则，办好艺术加强班和体育竞技运动队，注重基础知识的传授和基本技能的培养，开发艺体特长培育校本教材。组建学校合唱团、舞蹈队、田径队并鼓励学生参加各级比赛 2. 艺体校本活动课程：以课堂教学为基础载体，以体育、文化艺术节为活动展示平台，坚持课内与课外相结合、普及与提高相结合，使每位学生在校期间都能掌握一项艺术技能和两项体育技能，开发具有鲜明学校特色的校本教材	选修Ⅰ（体育、音乐、美术相关模块）； 选修Ⅱ（校本课程）

（续上表）

系列	结构	门类
社会参与教育	1. 学生社团：建设具有学生自主、自理、自治的“三自”特色课程。组建学生社团，加强社团管理，通过组织开展内容充实、形式多样、格调高雅的社团活动，选派热爱学生工作、德才兼备、有责任心的青年教师指导学生社团工作，促进社团建设 2. 志愿者服务：通过视频教学、邀请专家、优秀志愿者典型做专场报告、讲座，集中对志愿者精神、素质、服务技能进行培训，通过组织各种公益实践活动，培养团队精神，提高服务技能，营造志愿服务氛围	必修课程（综合实践活动）

五、特色课程的组织管理与评价

“绿色行动”校本课程以高中综合实践活动课程为依托，学校根据课程目标和综合实践活动课程实施办法，对课程的组织管理，课程呈现方式，课程评价进行具体设计。

（一）课程的组织管理

“绿色行动”校本课程的实施关键在于全员性和常态化，要规范课程组织管理，完善校本教研制度，保障师资来源，实施“整体规划，统筹管理，全员参与、常态长效”的策略，实现课程规划整体化、资源开发生活化、教学管理课程化、校本教研经常化，促进校本课程的有效开展。

1. 课程组织与保障

（1）成立领导小组，由校长任组长、主管副校长任副组长，成员由学校综合实践活动领导小组成员兼任（包括教务处、德育处等职能部门负责人），共同负责“绿色行动”校本课程建设工作，从整体上负责布置、协调、管理、评价工作。领导小组职责主要有：①制订综合实践活动课程实施方案。②制订教学计划，安排课时、师资配备和教学（或活动）场所。③对活动过程进行监控、指导。④对教师的课程实施进行评价、考核。⑤对学生的学习过程、课题成果、学习档案袋进行评价，并进行学分认定。

（2）设置“绿色行动”校本课程实施工作小组，负责具体的实施工作。小组成员以综合实践活动指导教师为主体，由各班班主任、课程教师、课题指导教师组成，其职责主要有：①对学生的学习进行日常管理，确保每位学生参与课程。②对学生加强安全教育、纪律教育、法治教育和社会公德教育。③审定课题或活动计划。④对学生的学习进行指导。⑤协助教务处管理校本课程档案材料。⑥对学生的学习成果进行评定。校本课程实施工作小组下设系列课程研究性学习指导组，负责指导学生开展研究性学习。

(3) 建立健全保障制度。围绕特色课程资源的开发和实施工作，学校对部分教育、教学管理制度进行修订，逐步将教师参与校本课程开发与实施的业绩纳入年度考核和各项评比中，将学生参与课程活动学习情况纳入学年先进评比和毕业考核、综合素质评价中，实现以制度驱动课程实验，以制度保障新课程顺利实施。

(4) 师资安排和外聘。从师资上看，学校拥有一批骨干教师，他们教育教学经验丰富，富有改革创新精神，业务扎实，为学生开展校本课程的学习进行指导。此外，争取韩山师范学院、本地文广新局、图书馆、义工社等高校和有关机构的支持和合作，拟聘请高校教师和校外辅导员担任学校教育科研工作的导师和顾问，为新课程实施提供专业指导。

2. 课程开发与实施

第一，设计系列课程修习专题，精心编排学习内容。“绿色行动”校本课程的活动形式多样化，其根据系列课程目标初步设置了 29 个专题，其中，“生命教育”包含 10 个专题，“生态文明教育”包含 5 个专题，“优秀传统文化教育”包含 7 个专题，“审美与健康教育”包含 4 个专题，“社会参与教育” 3 个专题。各系列课程修习专题对应高中各学段必修或选修学习模块，分不同年级和学段实施。实施过程由校本课程实施工作小组和相关科任教师负责，采用学科传授、模块渗透、主题活动、讲座论坛、观摩考察、竞赛展示、社会实践、社区服务等教学方式，开展相对独立的教学活动，共同服务于课程总目标的达成（见表 2－2）。

表 2－2 校本系列课程修习专题内容一览表

系列	修习专题		学段	教学方式	模块	学分	负责
Ⅰ生命教育	1	生命教育	高中三年	学科传授、主题活动、研究性学习	必修模块（知识考核）；选修Ⅱ（校本课程）	修习 2 学分；课题 5 学分	教务处、德育处、班主任、科任教师
	2	健康教育					
	3	预防艾滋病教育					
	4	毒品预防教育					
	5	环境教育					
	6	青春期教育					
	7	安全教育					
	8	法治教育					
	9	学科渗透：生物、政治、体育					
	10	生涯辅导					
	10.1	生涯认知（高一）					
	10.2	生涯安置（高二）					
	10.3	生涯进展（高三）					

（续上表）

系列	修习专题		学段	教学方式	模块	学分	负责
Ⅱ生态文明教育	1	地方生态教育	高一至高二	学科渗透、讲座竞赛、观摩考察、主题活动、研究性学习	必修模块（知识考核）；选修Ⅱ（校本课程）．	修习2学分；课题5学分	教务处、德育处、班主任、科任教师
	2	校园绿色文化教育					
	3	学科核心素养阅读活动					
	4	环保主题研究性学习课题					
	5	国家级绿色学校建设资料学习					
Ⅲ优秀传统文化教育	1	国学教育	高一至高二	诵读经典、社团活动、研究性学习	必修模块（语文、政治、历史相关内容，研究性学习课题）；选修Ⅱ（校本课程）	修习2学分；课题5学分	教务处、德育处、班主任、科任教师
	2	校园文化：园地建设、竞赛活动					
	3	学科强化：学科教学渗透					
	4	国学教育研究性学习课题					
	5	高中人文社会学科探究学习课题					
	6	“非遗”研究性课题					
	7	潮汕文化与“非遗”阅读活动					
Ⅳ审美与健康教育	1	艺术特色校本活动课程	高中三年	分类辅导，参加竞赛，高考备考	选修Ⅰ（体育、音乐、美术相关模块）；选修Ⅱ（校本课程）	按照修习模块计分，每个专题2学分	教务处、科任教师
	2	体育特色校本活动课程					
	3	学校艺体辅导活动课程：					
	3.1	舞蹈队辅导活动课程					
	3.2	合唱团辅导活动课程					
	3.3	田径队辅导活动课程					
	4	艺术教育实验基地实践活动					

(续上表)

系列	修习专题		学段	教学方式	模块	学分	负责
Ⅸ社会参与教育	1	学生社团活动	高中三年	竞赛展示、社会实践、高考备考、社团活动、志愿者服务	必修课程(综合实践活动:社区服务、社会实践)	综合实践及其他按修习情况和相关规定计分	教务处、德育处、班主任、科任教师
	2	社区服务:					
	2.1	参与社会义工活动资料					
	2.2	彩虹志愿社活动资料					
	3	社会实践活动*					

注:学生在校学习期间至少要有两周时间参加学校统一安排的社会实践活动,如军事训练,校内值周,各种参观、考察与调研等,至少要有一周时间参加各种类型的社会实践活动,如校内传统活动、各类培训学习、学生社团、志愿者服务等。

第二,设置研究性学习专题,有效开展研究性活动。根据高中生的特点,突出研究性学习在校本课程中的地位,在高中基础年级设立“绿色行动”研究性学习专题,由系列课程研究性学习指导组负责指导学生进行一系列研究性学习课题的开发和研究活动。

第三,开设专题讲座。聘请环保部门、潮汕文化研究部门、作家或学校课题组教师举办专题讲座,各系列课程每学期举办一场主题讲座,内容包括学习绿色教育理念、前沿学术成果、技能培训等,内容可涉及“高科技在环保中的应用”“非遗保护最新信息”“潮汕善堂文化”“书院文化”等主题。

第四,学科教学渗透。学科教学渗透是课程开发的一个重要途径,是学科拓展性学习的必由之路。如语文课上将《潮汕文学读本》带进课堂,引导学生走进“潮语”世界,激发其学习兴趣,鼓励阅读民间文学;历史课堂教学可结合农耕文化、近代生活民俗变迁、现代经济发展、“非遗”常识教育等内容,引领学生进行深度的知识获取;在政治课的“文化生活”等模块的教学中开展“非遗”保护和传承教育。

第五,成立学生社团和兴趣小组,保证活动时间、场地、人员和经费;组织学生走出校园,走近传统文化,让学生在活动中感受文化创意工作和社区生活的变化,领会民间艺术的魅力。花果文学社、激流小记者站、“最爱广播”广播站同步配合宣传报道有关知识和活动情况,学生篪声谜社、学生戏剧社、学生舞蹈社、学生动漫社等学生社团也应开展研究成果的展示活动,让学生把学到的、想到的、做到的充分展示出来。

第六,建立“绿色行动”校本系列课程资源库。从教学资源上看,学校已经在创建国家级绿色学校活动中建立了一批课程案例资源包。课程实施工作小组将在此基础上,根据课程分类规则,整理形成“绿色行动”校本课程资源库。(见表2-3)

表2-3 “绿色行动”校本课程资源库

领域	代码	资源库	表现	负责	备注
Ⅰ生命教育	Ⅰ-1	生命教育读物	图书教材	图书信息组	
	Ⅰ-2	健康教育读物	图书教材	图书信息组	
	Ⅰ-3	预防艾滋病教育读物	图书教材	图书信息组	
	Ⅰ-4	毒品预防教育读物	图书教材	图书信息组	
	Ⅰ-5	环境教育读物	图书教材	图书信息组	
	Ⅰ-6	青春期教育读物	图书教材	图书信息组	
	Ⅰ-7	安全教育读物	图书教材	图书信息组	
	Ⅰ-8	法治教育读物	图书教材	图书信息组	
	Ⅰ-9	学科渗透			
	Ⅰ-9-1	生物（生命教育）	课本教材	生涯辅导组	
	Ⅰ-9-2	政治（法治教育）	课本教材	生涯辅导组	
	Ⅰ-9-3	体育（健康教育）	课本教材	生涯辅导组	
	Ⅰ-10	生涯辅导课程课题研究材料	研究成果	生涯辅导组	
	Ⅰ-10-1	生涯认知（高一）	校本教材	生涯辅导组	
	Ⅰ-10-2	生涯安置（高二）	校本教材	生涯辅导组	
	Ⅰ-10-3	生涯进展（高三）	校本教材	生涯辅导组	
Ⅱ生态文明教育	Ⅱ-1	地方生态教育读物	图书教材	生态环保组	
	Ⅱ-2	校园绿色文化教育	校本教材	生态环保组	
	Ⅱ-3	生物、地理等学科核心素养阅读			
	Ⅱ-3-1	学科生态教育资料	教学案例	生态环保组	
	Ⅱ-3-2	学科环境教育资料	教学案例	生态环保组	
	Ⅱ-4	环保主题研究性学习课题	优秀课题	生态环保组	
	Ⅱ-5	国家级绿色学校建设资料	研究成果	生态环保组	
Ⅲ优秀传统文化教育	Ⅲ-1	国学教育读物	图书教材	图书信息组	
	Ⅲ-2	校园文化：经典诵读、园地建设、竞赛活动	活动案例	传统文化组	
	Ⅲ-3	学科强化：语文、历史、政治等学科教学案例	教学案例	传统文化组	
	Ⅲ-4	国学教育研究性学习课题	优秀课题	传统文化组	
	Ⅲ-5	高中人文社会学科探究学习课题	优秀课题	传统文化组	
	Ⅲ-6	“非遗”课题研究材料			
	Ⅲ-6-1	“非遗”研究性课题	优秀课题	传统文化组	
	Ⅲ-6-2	“非遗”校本教材	校本教材	传统文化组	
	Ⅲ-7	潮汕文化与“非遗”图书专柜	图书教材	图书信息组	

（续上表）

领域	代码	资源库	表现	负责	备注
Ⅳ审美与健康教育	Ⅳ－1	艺术特色校本教材	校本教材	传统特色组	
	Ⅳ－2	体育特色校本教材	校本教材	传统特色组	
	Ⅳ－3	学校艺体辅导教材	校本教材	传统特色组	
	Ⅳ－3－1	舞蹈队辅导教材	校本教材	传统特色组	
	Ⅳ－3－2	合唱团辅导教材	校本教材	传统特色组	
	Ⅳ－3－3	田径队辅导教材	校本教材	传统特色组	
	Ⅳ－4	艺术教育实验基地资料	研究成果	传统特色组	
Ⅸ社会参与教育	Ⅸ－1	学生社团活动章程	活动章程	社团导师组	
	Ⅸ－2	学生社团管理制度及活动指南	制度汇编	社团导师组	
	Ⅸ－3	志愿者服务读物	图书教材	图书信息组	
	Ⅸ－4	学生参与社会义工活动资料	活动案例	社团导师组	
	Ⅸ－5	彩虹志愿社活动资料	活动案例	社团导师组	

第七，建立活动基地。除充分利用现有教学班教室、多媒体阶梯教室、图书馆、实验室、计算机室、运动场和校园网络外，利用社区综合实践基地，进一步将其改造和完善为“绿色行动”校本课程校外实践基地。（见表2－4）

表2－4　校本课程校外实践基地建设一览表

类型	基地名称	活动内容
法治安全教育基地	澄海区公安局	法治安全教育
生态教育基地	澄海区自来水公司第二水厂	生态教育
	科隆有限公司（千树园）	
传统与历史文化教育基地	隆都镇前美村陈慈黉故居	乡土和华侨历史文化
	神山风景区	传统道德和历史文化
	冠山书院	传统道德和历史文化
	许包野烈士陵园	爱国主义教育
	西浦革命烈士纪念馆	爱国主义教育
国防教育基地	中国人民解放军海军某部队	军事训练
社会实践基地	全宇工艺玩具有限公司	学工：参观体验 玩具工艺的基本知识和环境保护知识、玩具生产技术
	启明星广告有限公司（玩博会）	
	冠山学生劳动生产基地	学农：劳动体验“三高”农业的基本知识和农业生态环境知识
	莲上农业科技综合示范园	
	西浦写生基地	学艺、健体：实践体验 野外写生、体育训练
	澄海区青少年业余体校	
	阳光志愿社	社区服务

（二）课程的评价

课程开发评价是校本课程建设的重要环节。基于“以人为本，绿色教育，和谐发展”办学理念的校本课程建设，必须遵循特色课程建设原则，建构课程资源开发评价标准和学生发展性评价体系。

1. 课程资源开发评价标准

遵循课程开发若干原则确立课程资源开发评价标准，作为判断、筛选、加工、引进课程的依据。

第一，实践性标准：以学生动手、亲身体验为基础，从学生个体的需要、兴趣和爱好出发，培养学生的实践能力，在实践中注重自主、合作、探究。

第二，综合性标准：以综合利用各种类型的课程资源为基础，把各种学习活动结合起来，综合开发，综合运用，实现课程资源的综合作用和价值。

第三，区域性标准：以开发“绿色行动”校本系列课程资源为基础，突出“潮味”，正确反映潮汕地区“活态文化”的本真性和独特性。

第四，过程性标准：以系列课程各主题为基础，突出活动过程的有效性，纠正传统教学中仅以学习结果作为评价标准的错误做法。

2. 学生发展性评价体系

学生发展性评价体系就是把智能因素、过程因素和情意因素等方面作为重要内容，形成评价方法、评价标准和操作方式。

（1）评价方法。

①多元性评价：评价的主体为学生、同伴、教师以及家长。

②创新性评价：鼓励独立思考、发现问题、解决问题、锐意创新。

③过程性评价：评价重心在校本课程的修习过程，旨在促进学生的学习体验及对学习的感悟。

④差异性评价：根据学生个性特点，正确判断学生的不同特点及其发展潜力，提出适合其发展的具体的、有针对性的建议。

（2）评价标准。

①学习过程评价和操作方式。

校本课程教学活动打破了课堂教学的封闭状态，在学习评价上，必须采用定性标准和定量标准相结合的评价方式。

定性标准：评价学生学习过程中的积极参与意识、信息收集汇总与交流的能力，以及提出问题、分析问题、解决问题的能力等，注重体现学生的个体差异。过程定性评价分优秀、良好、合格、不合格四个等级。导师评语在陈述性意见的基础上进行等级评价。

定量标准：主要规定活动时数、考勤，规范文本完成情况。如研究性学习作业规定的必须缴交的材料有：《研究性学习课题开题报告》《研究性学习课题结题报告》《研究性学习分组登记表》《研究性学习评价表》。

②学习档案袋评价。

学生活动质量评价是课程评价的核心，学校为每个同学建立了“课程活动档案袋”。档案袋中按要求系统地收录学习活动的材料，包括活动设计、活动过程资料、活动成果记录，以及学生在活动中的自我评价。建立档案的过程中，指导教师要组织学生明确参加活动的基本目标，指导学生自行搜集评价材料，评价每学期进行一次，由指导教师负责组织。学期末通过在班级公开展示档案袋，进行自我评价和相互评价，教师评价主要从系统性和完整性方面给予指导，评语及等级评价记入成绩报告单。

③学习结果评价。

学习结果评价分“能力考核”和“知识考核”两方面。“能力考核”主要考察学生的作业和论文。要求学生从自己生活和社会生产中主动发现问题、分析问题产生的原因、提出解决问题的方案，确定一个研究专题，由教师对论文做出评价；“知识考核”主要在学期末时，以本学期校本课程专题为背景资料，对学生的学习做出定量评价。生命教育、生态教育与环保科技、国学、艺术、体育与健康等知识的考核可以应用相关必修模块知识考核成绩；生涯辅导、“非遗”等选修Ⅱ知识考核成绩采用优秀、良好、合格、不合格四个等级进行评价。上述考核合格者计 2 个学分。各系列研究性学习按研究性学习课题评价规定计分，学生在校学习期间应至少参与“绿色行动”校本系列课程的两项研究课题，完成学习任务者计 5 个学分。社团实践、义工服务及学科实践探究性活动按社会实践、社区服务有关修习评价规定计分。学生在校学习期间至少参加学校统一安排的社会实践活动两周，如军事训练、校内值周，各种参观、考察与调研等，至少要有一周时间参加各种类型的社会实践活动，如校内传统活动、各类培训学习、学生社团、志愿者活动等。

（3）操作方式。

形成档案材料。学校要为每位学生建立“绿色行动”校本课程修习档案，作为《普通高中学生综合素质档案》的一个重要组成，用来指导学生成长，并作为学生毕业和升学的重要参考，提供给各高校招生参考。

第二节　特色课程建设案例

一、生命教育课程

21 世纪的教育改革越来越多地关注生命，关注生命将是人类在教育观念上的一次根本变革。[①] 重视个体生命，重视体验生命的价值和意义，不断提升人的生命质量，是当代教育最主要的本质使命。现代学校教育必须重塑教育的人本理

① 王东莉．生命教育与人文关怀：青少年教育的终极使命［J］．当代青年研究，2003（6）．

念，以人和人的生命为本，帮助学生认识自我，培养学生对生命的珍爱、关照，体现对生命价值与意义的理解和追求。

学校教育是生命教育的主要渠道，不仅要关注生命的发展，而且要基于生命的需求，积极主动而自觉地影响个体生命的成长。因此，教育价值取向的选择应与人的生命需要相契合。教育的目的在于以知识启迪智慧，将智慧融入生命，完善人格、张扬个性，提升生命的质量。在教育中关注生命，关怀生命，是教育追求的最高境界。

在我国，学校教育长期受功利化应试教育的影响，学生变成考试机器，个体生命的需要被漠视，学生不被视为活生生的人，其兴趣、爱好、特长遭受扼杀，天性、灵性、悟性被泯灭，活力、追求被呆板、迷茫所代替。教育变得“目中无人”，应试教育不仅使学生体验不到生命存在的意义和价值，更严重的是导致了人性的扭曲，漠视自己和他人的生命从而导致校园内极端事件的频频发生。

教育从本质上讲“是一种体现着人的生命创造的事业，它通过教师创造性地教和学生创造性地学习来培养真正具有创造能力的人，并不断生成与人的生命同步发展的崭新文化”①。唤醒教育的生命意识，凸现教育对生命的关怀，无疑是教育最真切的意义和使命。高中教育必须肩负起加强学生生命教育的责任，加强对青少年学生的生命教育，凸现教育对生命的关怀。本节收录了学校制定的《生命教育课程纲要》，以及近年来开展的生命教育专题活动案例，还有关于学科渗透生命教育的一些教学经验总结，同时也展示了班会课教案、心理辅导讲座提纲等。

【案例1】生命教育校本课程实施策略

“尊重生命，激发人的生命活力，促进人的全面素质可持续发展”，是澄海实验高中秉持的核心价值观，它建立在对教育本质的新认识和教育理想目标的追求之上。人的生命只有一次，生命高于一切。学生的生命安全和健康是学校一切工作的基础，学生的生命发展是学校教育教学工作的出发点和归宿，生命教育课程是学校办学理念落地的重要途径。经过近二十年的摸索、积淀，学校实施生命教育校本课程有如下策略：

一、明确课程目标，提升课程实施的专业性

明确的课程目标是构建生命教育课程的首要条件。生命教育校本课程致力于通过开放的环境和学生自我觉察，让学生学会敬畏生命，规划人生。帮助中学生认识、理解生命的意义，学会尊重生命、关爱生命、珍惜生命，关注青春期生理和心理健康，提高生命质量，学会生涯规划，持续发展，提升生命价值，做一个具备生命素养的“幸福实高人”。帮助学生树立科学的生命观，即

① 朱小蔓．教育的问题与挑战：思想的回应［M］．南京：南京师范大学出版社，2000.

生命高于一切，感受生命的可贵，形成尊重生命、珍爱生命、关怀生命的意识，能够敬畏生命、敬畏自然，能与其他生命乃至整个自然界和谐共处。激励学生追求生命自觉，掌握调整心理状态的技能与方法，提升抗挫能力；能够正确认识自我，学会悦纳自我、接纳他人，形成乐观的人生态度与良好的意志品质。努力保障学生生命安全，增强生命安全意识，掌握防身自救常识与技能，具备保护自我与他人的能力，热爱生命，养成健康的生活方式。唤醒学生的主体意识，能够积极自主地学习与体验，学会在实践的过程中获得相关的生命知识与技能，拓展生命的宽度，丰富生命情感；树立对他人、社会的责任意识，明确自己在社会中的价值。

二、创新体制机制，增强课程实施的可持续性

学校生命教育课程的实施，遵守课程实施原则；以心理健康教育为主，辐射生涯规划，采用线上、线下等多种形式。创新生命教育机制，开创朋辈互助模式，重视思想引领、学习辅导、实践导航，实现家庭—学校—社会多方联动，从而扎实、有效地开展生命教育。

1. 课程实施原则

（1）课程内容紧密围绕课程目标。

根据泰勒原理①，课程内容要紧密围绕课程目标，课程内容的选择要提供机会让学生去实践该目标所隐含的行为和处理该目标所隐含的内容。② 如果课程内容脱离了课程目标，那么最终学生实现的目标也失去了最初的意义。本课程目标根据学生成长心理需求确定，课程实施的最终目的是提升每一位学生的发展能力，帮助学生实现生命的价值。把学生的需求放在第一位，课程目标和课程内容的确定都围绕着学生的成长，都要从学生成长过程中的心理需求出发，旨在帮助学生开发心理潜能，在更高处遇见更优秀的自己。

（2）课程内容要具备适切性。

课程内容要有适切性，选择有利于学生发展的内容。这种适切性一方面是指课程内容要在学生的最近发展区，要符合学生的身心发展水平；另一方面是指课程内容对学生能产生积极的影响。泰勒提到，同样的学习经验可能会产生截然相反的结果，那么我们在具体选择内容时就要防止对学生产生不良的影响。例如涉及“死亡”这一生命教育内容，有的学生可能领悟到要学会正视死亡，感悟到生命的意义；有的学生则可能会因此对“死亡”产生恐惧感。生命教育很多时候就是用温暖的方式告知学生在成长的过程中可能会遇到的挫折，以及授予学生正视困难的方法。通过设置情境，让学生在情境中获得生命认知，提高生存技

---

① 泰勒原理可概括为四个方面：目标、内容、方法、评价，即确定课程目标；根据目标选择课程内容；根据目标组织课程内容；根据目标评价课程。泰勒认为一个完整的课程编制过程都应包括这四项活动。

② 泰勒．课程与教学的基本原理［M］．罗康，张阅，译．北京：中国轻工业出版社，2014.

能，丰富生命情感，最终提高其生命素养。

（3）课程内容立足于多元的课程资源。

课程内容的选择在一定程度上会受到课程资源的制约，生命教育课程资源的开发要立足于学校内外课程资源，制定相应的生命教育课程内容。要根据现有的资源开发课程内容，生命教育课程的实施要回归生活，枯燥的说教无法让生命教育在学生的心里落地生根，并进一步影响学生的一生。课程内容要生活化，才能焕发生命教育的光彩。从生活化的角度出发，充分利用地方特色课程资源，把当地的特色资源与生命教育课程内容结合起来，不断丰富课程内容，拉近生命教育与学生的距离，使得学生更充分地认识生命、感悟世界。

2. 多元化的课程实施途径

学校以心育课程、咨询辅导、学科渗透为主要实施途径，开创朋辈互助模式，实现家庭—学校—社会多方联动、线上线下相结合，从而扎实、有效地开展生命教育。

（1）心育课程。

心育课程是学校生命教育工作的核心，主要可以通过以下三种方式开展生命教育。

①将生命教育纳入学校的课程体系，将其作为校本全员必修课程开设，纳入班会课内容体系。

②由心理教师向学生传授生命教育知识，提高学生对生命价值的认识，让他们了解和掌握心理调节的基本方法，从而维护和促进自身的心理健康。

③定期、不定期开设心理讲座。每学期各年级针对学生群体当前存在的较为普遍且急切的心理困惑或问题，开设针对性讲座。学校的生命教育讲座分为“激扬青春”“乐群向上”“敦品励学”“琢玉成器”“精品女人”等系列，对学生进行思想引领、学习辅导、实践导航等。

④“互联网+”心理健康教育。利用新媒体开展生命教育。为顺应时代的潮流与趋势，学校心理健康活动室开通了微信公众号——花果馨雨，不定期推送心理健康教育方面的推文，使学校生命教育在更大的空间里发挥更好的作用。录制心理健康教育网课，充分利用网络开展心理健康教育。由三位心理教师对接学校三个年级，针对不同年级在线上心理咨询过程中所反映出来的突出问题，录制个性化心理讲座网课。

⑤构建家庭—学校—社会多方联动的心理健康教育模式。学校每学期都会开设家长课堂，请专家或心理教师给家长上心理健康教育课，既培养健康的心育观念，也传授科学的自我调节方式和维护身心健康的方法，从而帮助家长与学生建立和谐的亲子关系，营造温馨的家庭氛围。通过外聘专家、推荐公益讲座等途径和方式整合社会资源，提升心理健康教育效果。

（2）咨询辅导。

心理健康教育是开展生命教育的主要阵地，咨询辅导能为学生提供个性化的心理健康教育。为了提高生命教育的效率，要确保生命教育的开展是以学生的需求为导向的。

学校利用心理测评系统为学生建立心理健康档案，提高生命教育的科学性、专业性。在学生高一入学的时候用学校的测评系统对学生的心理进行多次测评，建立心理档案，保证教师能够更加全面地了解不同学生的学习心理、心理状态等多方面的问题，为教师优化心理健康教育打下坚实的基础。对于测评中发现的问题学生，心理教师应定期回访，跟踪学生后续的情况，及时反馈总结并与班主任、生涯导师密切合作，为学生的心理健康发展提供帮助和指导。为在心理测评中出现预警状态的学生专门建立跟踪档案，并将被预警学生名单和存在问题上报心理危机干预领导小组。随时和学生进行沟通、交流、指导，包括课间的简单谈话、日常的鼓励、上课的提问激励等。有效开展心理健康教育活动，鼓励被预警学生积极参与学校组织的心理健康教育活动，例如讲座、团训、塑优等，促进学生心理健康成长。除个体辅导交流外，也鼓励心理教师进行分类团体辅导。

创新生命教育机制，全面推行全员育人导师制度。年级组根据学生的具体情况为学生合理分配导师。育人导师负责指导学生生涯发展规划，唤醒学生的生命责任感，调动学生学习的积极性，使之明确人生发展目标，以饱满的热情投身到学习生活中，扩展生命的宽度。

(3) 学科渗透。

学生的大部分在校时间都属于课堂，学校开展生命教育要能够融入课堂。因为学科知识中也包含很多生命教育的内容，将生命教育融入学科教学过程中，能够随时随地对学生进行生命教育，培养学生向上的生命观。学科渗透模式的必要性在于，学科教师对学生的影响是深刻的，如果学科教师重视学生在课堂上的情感体验和情绪，关注学生的心理需求和人格发展，将有利于落实全员德育，创设和谐的课堂氛围。通过对学生学习兴趣的激发、学习习惯的培养、学习方法的指导等，提升学生成绩，从而提高学生高中生活学习适应性，激发学生的积极情绪。

学科渗透主要有两种途径。一是通过对各科新课标教材的二次开发，在学科中渗透生命教育。各类新课标课程蕴含着丰富的生命教育资源，教师通过挖掘隐藏在教材中的生命教育资源，可以不露痕迹地在教学中渗透生命教育知识。二是新高考方案的背景下，学科教师在职业生涯规划教育中将扮演重要角色，各学科教师应当更了解本学科相关专业的就业前景、发展前景和院校等。学科教师在讲授学科知识的时候要结合生涯教育，提升生涯教育的适切性。

三、建立保障机制，确保课程实施的可行性

1. 强认识，提实效

课程是指为了实现学校教育的培养目标而设定的教育内容及其结构、程度和进程，是把教育目标和教学实践结合起来的桥梁，是培养目标的载体和实现培养目标的手段，是学校教育教学活动的依据。全体教职员工要加强学习，深刻认识到生命教育在现行新课程改革背景下的重要性以及开展生命教育对学生

个人发展的重大意义；要掌握对学生开展生命教育的基本方法，提高生命教育的实效性。

2. 编教材，显特色

为了落实“生命至上，珍爱生命，善待生命，尊重人与自然的生命共同体”的基本理念，学校编写了校本教材——《生命的礼赞》，其中包括生命的起源、生命的含义、关爱生命、提升生命的价值、珍惜生命、焕发生命的光辉等内容。通过校本教材以及生命课程的实施，让学生在生生不息、人与自然共生的“花果山”下，感受生命的张力。

3. 强学习，促成长

要使生命教育工作更好地开展，就需要组建一支教学观念新、重视心理健康教育的教师队伍。教师既要懂得尊重学生的个体差异，关心、贴近学生，还要提升自身的专业素养和心理素质，减小因为自身的情绪或者心理状况带给学生的负面影响。与此同时，教师还应经常参加心理健康教育的培训，学习心理素质教育、心理健康教育等相关知识，掌握正确的学科渗透方法，学会心理教育和咨询的专业技巧，提升生命教育的能力。学校组织骨干教师建立了一支专业的教师团队，激励教师参加心理健康教育培训，考取心理咨询相关的证书，提升了队伍的专业素养，促进了教师的专业成长。

4. 建评价，重激励

生命教育注重学生的发展，学校要摒弃过于注重甄别与选拔的功能，转而注重其激励与改进的功能，所以学校选择了表现性评价的方式对学生进行评价。即在尊重学生的个体性、创造性、主体性的前提下，以明确的评价标准、客观的评分原则、灵活的评价方式以及有效的评价结果对学生的行为、倾向和能力进行直接评价，从而促进学生的全面发展。表现性评价的本质在于学生的创造，促进学生全面发展正是表现性评价的旨归。通过观察学生在完成实际任务时的表现来评价学生已经取得的发展成就，对学生学习过程与学习成果进行评价。

伴随着社会的发展，学生心理健康问题愈发严峻，生命教育越来越受到人们的重视。目前学校面临的问题是缺乏专职的生命教育教师，由于缺乏专业的培训，生命教育教师良莠不齐，大多数都是由班主任兼任。作为一个新生事物，生命教育面临缺乏专业人才的困局，我们需要提高从业门槛，这就需要高校的支撑。

（作者：许春梅）

【案例 2】高中语文教学中生命教育的实践策略

一、问题的提出

近年来校园暴力事件频发，校内学生轻生事件也时有发生，导致这种情况出现的原因之一就是生命教育在中学教育中的缺失。虽然也有零星的生命教育在班会课中出现，但难以形成系统。其他学科也很难发挥生命教育的功能，所以作为人文学科的语文当仁不让地必须承担这个责任。

本课题组认真学习了有关青少年生命教育的理论后发现，当前学校的语文教学并没有遵循生命教育的理念，这就造成了学生未能形成正确的学习方法和严谨的学习态度，更不用说人文素养的提升、生命意识的教育。那么，语文教学的目的何在，又该采用怎样的方法呢？要解决这个问题，需要科学先进的生命教育观来指导语文教学。

二、课题研究的目标及内容

1. 课题研究的目标

(1) 使学生在提高语文能力的同时能领悟生命的意义，培养学生健康的心智，树立正确的生命观，增强生命意识，实现自我发展。

(2) 结合课堂教学实践对生命教育的途径、方法、注意事项等做有效探索，转变当前高中语文教学中的传统观念和注重应试技巧的做法，培养学生积极主动的学习态度，提高教学质量。

(3) 以学科支持德育，将德育和人文结合起来，解决当前德育工作重说教、轻人文的现状。

2. 课题研究的内容

在高中语文教材中，很多课文都直接或间接地蕴含着丰富的生命教育因素。在教学实践中，教师应准确地把握语文学科的人文特点，深入体会优秀作品的意蕴内涵，从而挖掘生命教育的种子。本文主要有以下几个方面的设想：

第一，关于生命教育的基本解读，包括生命教育对“生理、心理、社会”三个层面内涵的解读，生命教育对于处在叛逆、冲动、脆弱、情窦初开时期的高中生的重要性的解读，在语文教学中实施生命教育的优势的解读。

第二，对高中语文教材的剖析，分析了解教材的概况、筛选涉及生命教育的选文，并从“人与自然、人与社会、人与自我”三个维度，对教材选文中的生命教育内容进行归并、整合。

第三，针对现阶段高中语文课堂的现状，对涉及生命教育的课文进行教学设计，形成高中语文教学融入生命教育的思路和有效的课堂教学方法。除了课堂教学外，还可以通过丰富多彩的综合活动，创设轻松、民主的氛围，激励学生主动参与，享受语文的乐趣和生命的愉悦。

第四，结合生命教育的内容，为学生列出相关的课外阅读书目，制订课外阅读计划；同时开展一些探究式的读书活动，在课外阅读中领悟生命的意义。

其中第三点是本课题研究的重点。课题组成员通过细致地挖掘教材中生命教育的元素，充分利用语文教材的优势，在语文课堂教学中带领学生进行对生命的思考，使每一个学生真正认识到生命的珍贵，激发其生命的潜能，促进学生生命意识的觉醒，实现自我发展。

三、课题研究的意义和价值

英国哲学家怀特海指出：“学生是有血有肉的人，教育的目的是激发和引导他们的自我发展之路。”要让学生更好地实现自我发展，首先要培养学生健康的心智、树立正确的生命观。本课题重在研究高中语文课堂教学中如何融入生命教育，使学生在提高语文能力的同时领悟生命的意义，增强其生命意识，实现自我发展。

1. 理论意义

本课题着重探讨高中语文教学中如何融入生命教育，力求结合课堂教学实践，对生命教育的途径、方法、注意事项等做有效探索，转变当前高中语文教学中的传统观念和注重应试技巧的做法，尝试为“生命教育”理论提供实践基础，进一步丰富和发展原有理论，具有一定的理论价值。

2. 实践意义

本课题与高中语文的课堂教学紧密结合，力求转变传统的教学方式和学生被动的学习心态。通过研究，更新教学观念、改善教学方式、提高教学质量，培养学生积极主动的学习心态，提高教学质量，提高学生的语文能力，促进学生生命意识的觉醒，从而实现自我发展。

四、课题研究成果

1. 学习理论，认识“生命教育”

课题主要围绕文献研究展开，课题组成员通过认真学习国内外关于生命教育及课堂实践的相关理论，对生命教育有了更深刻的认识。生命意识包括肯定、珍惜个人生命价值，对他人、社会乃至自然、宇宙生命的互动与伦理关系等宏大的省思，以及对生死尊严、信仰的思考等。但身心尚处于发展阶段的高中生，一方面开始对亲情、友情、爱情等情感关系，对社会人际关系等逐渐积累了一定的体验与经历，这当中既有愉悦又有挫折；另一方面，这个阶段的学生处在叛逆、冲动、脆弱、情窦初开的心理发展阶段，导致他们在面对纷繁复杂的“外部”世界时，有时难以分辨、驾驭，而因此没有形成积极正面的“生命意识”。如有学生因为亲人的去世，觉得人不管怎么努力、生前多么风光，到头来都是一场空，从此以后认为学习“无用”，就放弃了学习，消极对待一切，甚至出现暴力、轻生现象。

“生命教育”刻不容缓，刘再复教授在一次演讲中指出：21 世纪应踏入教育学的世纪，重新肯定人的价值与尊严；教育的第一目的，在于提高生命质量，培养优秀的人性。新课标也强调“应重视学生的品德修养和审美情趣”“逐步形成积极的人生态度和正确的价值观”“逐步形成良好的个性和健全的人格”等。学校教育必须重视“生命教育”，唤醒学生的生命意识，引导学生懂得自爱、爱人，能尊重生命，有生活品格；唤醒学生去重视分数、物质、流行文化、社会飞速发展以外的生命的意义和价值内涵，协助学生学会珍惜生命与敬畏生命。具体来讲，要引导学生发现自己生命的特质，学会欣赏自己，建立自信的人生观，在面对打击时总有自信，即使失败也不会绝望。不仅要教育学生学会欣赏自己，还要教育学生学会欣赏他人及自然界的一切生命，塑造开放的心灵，在与人相处、与人竞争时才能有豁达的心态来包容别人的缺点、面对自己的失败。总之就是要做到：为生命而为，用生命而为。正如叶澜教授所说的“直面人的生命、通过人的生命、为了人的生命”，“主张生命价值是教育的基础性价值，教育具有提升人的生命价值和创造人的精神生命的意义”。

2. 研读教材，整合课程资源

循着“生命”的主题，漫步在语文教材所呈现的文学海洋中，我们处处都能发现闪烁着生命光辉的作品，一篇篇课文就是生命体验、一本本书就是生命意识的流动。我们从“人与自然、人与社会、人与自我”三个维度，来体味和挖掘教材选文中的生命元素。

通过对《离骚》的学习，可以领略屈原坚持理想、“路漫漫其修远兮”的生命姿态。小说《祝福》《阿Q正传》《项链》包含了作者对生命意义的追寻。阅读《逍遥游》《兰亭集序》，我们大致可以了解到“生死齐一”，敬畏生命的自然生命观。陶渊明的《归园田居》和刘易斯·托马斯《这个世界的音乐》为“自然与生命的和谐”又添上了清新明丽的一笔。史铁生在《我与地坛》中阐述了他的死亡观：“死是一件不必急于求成的事，死是一个必然会降临的节日。”而苏轼在被贬至黄州期间所创作的《念奴娇》《定风波》《赤壁赋》《后赤壁赋》，则告诉我们面对人生的困境，不能颓废，不能逃避，而应以一种无畏风雨、笑看坎坷的潇洒旷达去面对，去挑战。读革命烈士林觉民写给妻子陈意映的《与妻书》，我们会感动于他们的伉俪情深，更会震撼于他舍小爱而成全大爱的人格力量和伟大胸襟。而《〈论语〉选读》《中国现代散文选读》两本选读教材就是按“生命教育”的主题来选材编排的。《〈论语〉选读》分为人生篇、情操篇、伦理篇、治学篇四个单元。《中国现代散文选读》分为珍藏记忆、品读生命、陶冶格调、守望精神、吟咏文化五个单元。所以，语文教材就是进行生命教育的一块核心阵地。

我们不仅要利用语文教材来进行生命体验，还要在不断地深入研究中发掘作文课、课外阅读、语文活动，深化学生生命意识、实践生命意识、思想交流碰撞。正如北京师范大学肖川教授所说的“用生命去温暖生命，用生命去呵护生命，用生命去撞击生命，用生命去滋润生命，用生命去灿烂生命”。

3. 研究教法，构建教学模式

通过不断实践和深入的研讨，我们在语文教学中借助教材的核心阵地，结合作文课、活动课等为学生搭建思想交流碰撞的平台，构建“交互课堂”的教学模式。法国教育思想家马里坦认为，教育的动力因素包括学习者自身思想的自然活动及教师的理智引导两方面的内容。苏霍姆林斯基在《怎样培养真正的人》中说过：“教育者一个极为重要的任务就是唤起孩子感情上的敏锐性、注意力和感觉上的精细。”因此，教学不能以教材为中心，只是简单背诵课文；也不能以教师为中心，变成“一言堂”，学生被动接受；更不能以学生为中心，任由他们畅所欲言，他们是要学习知识、体验生命的；而是要让教材、教师、学生三者之间通过交互作用，形成一种持续生长，孕育无穷的美好和未知的力量的课堂教学模式。

在这种“交互课堂”中，教师在一个高度上去占有、利用和不断发现教材的已有价值和潜在价值，并充分敞开课堂的生命空间为一切未知提供肥沃土壤，同时将自己也完全抛入这样一个磁场，与教材、学生一起进行充分的互动。这样，教材本身的意义和价值会不断生成，学生的生命也会获得不同层面的生长。

4. 加强交流，举行公开课

在“体验生命”教学理念的支撑下，课题组成员根据“交互课堂”的教学模式，对以前的教学设计进行推翻、论证和优化，举行多个示范性公开课。如市级公开课“时评写作”“定风波”，区级公开课“宝玉挨打”“蝶恋花（槛菊愁烟兰泣露)”“捕蝶者”“寒风吹彻”。其中，“宝玉挨打”“变形记”“蝶恋花(槛菊愁烟兰泣露)”三堂课的教学设计收录在《汕头市中小学名师优课教学案例》一书中，“祝福”同时获得优课比赛区级、市级一等奖。

我们不仅对单篇课文进行“生命化”设计，还对教材进行大胆取舍：认为值得补充的内容要义无反顾地“加”，认为可以简化的内容则要大刀阔斧地“减”。如课题组通过研究筛选，把必修教材二的《赤壁赋》，必修教材四的《念奴娇赤壁怀古》，《唐宋散文选读》的《后赤壁赋》，《唐诗宋词元散曲选读》的《定风波》，苏教版《唐诗宋词选读》的《卜算子（缺月挂疏桐)》和林语堂的《苏东坡传》，余秋雨的《苏东坡突围》进行整合，设计形成“贬谪黄州时期的苏轼”的专题教学，受到学生的欢迎。

5. 积极总结，撰写高质量的教学论文和教学设计

课题组成员根据该阶段的研究成果，听取了各位同行的意见和建议，不断完善“交互课堂”的教学模式，不断提升“生命教育”的广度和深度，积极进行反思与总结，撰写的论文质量较高。《高中散文教学要入乎其内，出乎其外》发表在《师道》上；《散文教学的思考与尝试》获得澄海区教学论文一等奖；《实施导学案，提高课堂效率》获得澄海区教学论文二等奖；《聚焦选项，找准敏感点》获得澄海区教学论文三等奖；《一个内向高三学生的考试焦虑症》获得澄海区德育论文一等奖；《立德守望，做高三学生的引路人》获得澄海区教育系统师德征文比赛一等奖。

课题组在最后阶段整理和归纳了课题研究相关资料，汇编了教学论文和教学设计；多角度对课题进行总结，撰写了论文《生命教育在语文教学中的有效性及策略》。

（作者：苏泽涛、谢泽鸿）

二、生涯辅导课程

普通高中生涯辅导课程是一门以高中综合实践活动为主要手段，以生命教育和生涯教育为主要内容，以增进高中生心理健康水平、提高生涯规划能力为主要目的的校本课程。随着我国新课程改革的深化和新高考方案的出台，生涯辅导课

程的开发对转变育人模式具有独特的意义。

第一，提高学生综合素质，满足生涯发展需要。生涯教育关系到学生的未来发展，是为学生未来奠基的教育。课程开发满足学生的兴趣、爱好和对未来的理想和发展愿望，是促进认知发展的支柱和动力。在高中三年的学习时间中，充分利用多种渠道开展生涯规划教育，促进学生对自我、环境与其互动的了解，发挥禀赋才能，开展学涯规划和专业抉择。

第二，深入贯彻新课程标准，落实育人根本任务。生涯辅导课程开发促使综合实践活动新模式的建构，实现转变育人模式的目标，以独特而强有力的方式和手段，为落实立德树人根本任务提供条件。生涯辅导课程可以从课堂走出课外，让学生走出学校，投身于社会，到社会上亲身参与、体验。

第三，促进教师专业发展，提高校本课程实效。在开展生涯辅导过程中，教师成为学生学习的促进者、组织者和指导者，教师在参与生涯辅导课程的开发过程中，不断地吸纳新知识，拓宽自己的视野，更新自身的知识结构，提高自身的综合素质，推动学校课程文化建设，推动研究向更高的层面发展，促进学校可持续发展。

【案例】高中生涯辅导课程的有效实施

高中阶段是学生世界观、人生观和价值观形成的关键阶段，也是学生选择未来人生发展方向的关键期。开展普通高中生涯规划教育是贯彻选择性教育思想、促使学生全面而有个性地发展、实施素质教育的重要组成部分，旨在促使学生认识自我，发现自己的兴趣特长，明确未来发展方向，从而指导学生积极主动地进行高中三年的学习，并为下一阶段学习、生活与工作做好必要的准备，帮助学生实现自我发展的理想和成人、成才。

一、生涯辅导课程开发的背景

国外生涯辅导起步比较早。20 世纪 70 年代，随着生涯辅导理论和生涯发展理论在美国的出现，掀起了生涯教育运动，到了 20 世纪 80 年代，生涯辅导成为现代学校教育的一个重要部分，形成“自我概念、发展潜能”的全人辅导模式，并辅之以矫正、补救的心理咨询和训练项目。目前，生涯辅导已成为美国、英国、法国、加拿大、德国和日本等国学校心理辅导的重要组成部分。

长期以来，我国的传统教育目标中缺乏生涯辅导的基本内容，忽视创新能力的培养与训练，导致学生走向社会的适应期比较长。自新课程改革以来，一些学校开始重视生涯辅导和职业规划的经验，出现有关职业辅导的活动设计，但相关课程没有形成统一规范，特别是建构生涯辅导课程实施模式、探索中学生综合素质评价方面，目前尚属空白。

我校很多学生学习的唯一目的就是上大学，缺乏明确的生涯发展目标。学生对高校所开设的专业不了解，对自己所填报的专业未曾深入了解过，更谈不上爱好。在职业取向上，绝大多数学生只是向往比较高尚、体面、薪资高的职业，并未考虑自身素质和发展条件。学生迫切需要生涯规划方面的指导和实践。

目前，国家出台全面深化教育领域综合改革措施，改革高考制度，推行综合评价多元录取机制，为高中教育指明了方向。面对新形势，有效设计和开发生涯辅导课程，成为普通高中教育教学工作的一项重要课题。

二、生涯辅导课程的内涵

生涯是个人通过从事工作所创造出的一个有目的的、延续一定时间的生活模式。该定义是由美国国家生涯发展协会（National Career Development Association）提出，是生涯领域中最为广泛使用的一个概念。显然，生涯的内涵包括自我意识、角色适应、学习辅导、情绪调节、人际交往、生涯规划辅导等。国内学者对生涯教育辅导做了相关研究，清华大学心理学教授樊富珉提出，生涯教育辅导就是：对自我状况的了解及个人价值观的澄清；对生涯规划及生涯决策能力的培养；发现并发掘个人潜能，充分给予个人机会，以独特的方式去发展及表现个人才能。也就是说，生涯教育通过生涯认知、生涯安置、生涯进展等实践活动，帮助学生认识其生命价值和意义，发现自己，了解自己，了解职业，并进行职业探索，以协助学生进行生涯规划和生涯决策。生涯教育中存在双主体，对于学生来讲即生涯实践活动，对于教师来讲即生涯辅导工作。在普通高中阶段，生涯辅导就是在教师的指导下，以提升高中生心理健康水平、提高生涯规划能力为主要目的而开展的教育活动。在此基础上，探索生涯辅导策略，建立健全综合素质评价机制，形成一种教育辅导新模式。

目前，针对普通高中学生，生涯规划的主要内容包括学业规划和职业规划。学业规划是指学生根据自我兴趣特长、学业水平、专业性向、生涯发展意向，科学合理地安排高中三年的课程修习计划。职业规划是对自我未来生涯发展做出全面的设想和计划。学业规划是实现职业规划的基础，职业规划是学业规划的目标和方向。

三、生涯辅导课程的开发原则和实施策略

生涯辅导课程是一种综合实践活动，又是一种校本课程。在设计和开发的过程中重视开发原则和实施策略，是构建生涯辅导模式的关键所在。

1. 课程开发的原则

（1）导向性原则：生涯辅导课程突出教师在生涯规划过程中的指导地位。辅导教师必须以国家制定的教育目标为准则与导向。虽然课程开发要根据学生不同的特点，凸现个性特色，在具体个人职业方向和目标上有一定的侧重，但无论是课程的设计，还是课程的实施与评价，都要以实现“立德树人”目标为最高原则。

（2）实践性原则：生涯辅导课程作为综合实践活动，在课程开发过程中，要把是否需要亲自动手规划、亲身体验作为基本的准则，引导学生亲身经历各种生涯规划的学习实践方式，参与各项实践活动，在“做中学”，即通过调查、考察、探究、设计、测验等一系列活动发现和解决问题，积累和丰富经验，自主获取知识，发展实践能力和创新能力。

（3）前瞻性原则：作为校本课程的一种课程形态，生涯辅导课程起到弥补国家相关课程不足的作用，照顾到每一位学生的发展需要，有利于学生终身发展。因此，生涯辅导课程内容的设置，要充分分析和预测社会经济发展的趋势，着眼于学生的未来，着眼于开发学生的潜力，使生涯辅导课程具有一定的前瞻性。

（4）适切性原则：在课程开发过程中，既要适应学生兴趣和爱好，又要契合社会对人才的需求。教师的辅导应提供切合学生自身条件和社会实际需求的课程资源，最大限度地适合每一位学生的性格特征、生活经验和文化背景，使每一位学生在规划生涯过程中，能够综合考虑各种相关因素，扬长避短。

（5）生成性原则：生涯辅导课程的开发过程中，要注重发挥自主建构和动态生成的作用，处理好课程的预设性与生成性之间的关系。学生的活动主题、活动项目产生于对生活中现象的观察、问题的分析，随着活动的不断展开，学生的认识和体验不断丰富和深化，新的活动目标和活动主题将不断生成，生涯辅导课程形态随之不断完善。

2. 生涯辅导课程开发的策略

（1）依靠教师，开发课程。在开发生涯辅导课程的过程中，要依靠教师，发挥教师在开发、评价课程资源过程中的决定性作用。首先，充分发挥教师开发生涯辅导课程的潜在能力，赋予教师在课程资源开发与利用的主动权，组织教师开展调查，学习生涯辅导理论，搜集相关信息，整理文本资料，掌握丰富的信息资源，形成个性化教学案例资源。其次，教师要为学生创造灵活的、有助于实践探索的学习环境和各种活动，按学生的需求设计相关的课程内容。

（2）选准途径，分步实施。综合实践活动是开展生涯辅导的有效途径，以生涯觉察、生涯探索和规划、生涯决策为主要线索，分年级进行设计。其中，高一年级以生涯觉察为主，包括自我认识、学习辅导和休闲辅导；高二以生涯探索和规划为主，包括专业辅导、人际辅导、职业了解和未来规划；高三以生涯决策为主，包括考前心理辅导、志愿填报辅导和求职辅导。

（3）自主学习，实践探究。学生是课程开发的主体。在课程开发中，学生不应是接受者，而应是探究者、实践者。学以致用的机会要靠学生自己创造。生涯辅导课程开发很大程度是基于学生自己的直接经验和体验，学生通过实践活动，根据自己的专长和兴趣，自主选择切入点、实践点，自主探索与发现，将实践和反思相结合，提高综合运用知识的能力、实践能力、科学态度和创新精神。

（4）全员参与，常态管理。通过设置课程研发和协调机构，解决课程参与的全员性和课程开设的常态化难题。研发和协调机构可以由学校综合实践活动领导小组负责，统筹管理，也可以由年级组负责课程的建设和管理，无论哪一种管理方式，都要以实现全员参与、全面整合、全程管理为目标，做到活动规划和方案整体化、课程资源开发生活化、教学管理课程化、教学研究经常化。辅导教师要组织和管理好学生，引导学生组成活动小组，并协调学生活动中各部门的关系，通过与相关部门或人员的沟通，为学生开展活动创设良好的活动时空。

（5）注重发展，过程评价。正确的评价引导学生正确的行动。首先，重视发展性评价。基于“人各有才，人尽其才，人人成才”的发展观，把智能因素、过程因素和情意因素等方面作为重要内容，形成评价方法、评价标准和操作方式，为学生提出适合其发展的具体的有针对性的建议，让每位学生在现有的基础上得到发展，充满自信地走上成功之路。其次，重视过程评价。评价重心在于过程，以学生动手、亲身体验为基准，以分步活动为主题，注重实践中自主、合作、探究，突出活动过程的有效性。注重评价方法多样化，采用多元性评价，创新性评价，过程性评价，差异性评价等方法，克服传统教学中仅以学习结果作为评价活动标准的做法。另外，要注意评价材料的整理存档工作，为学生综合素质评价提供鲜活具体的佐证和独特的评价材料。

总之，生涯辅导模式的构建，调动了学生的自主性、独立性、责任心和创造性，提高了学生的心理健康水平和生涯规划能力，一定程度地解决了现行课程管理制度单一，缺乏指导性、发展性的问题，在深化课程改革中起到了不可替代的作用。

四、生涯辅导课程设计

高一年级：以生涯觉察为主，涉及认识学校的环境和资源，确定学习目标认识自我、认识职业等。

高二年级：以生涯探索和生涯规划为主，内容涉及情绪辅导、人际关系辅导、异性交往辅导、生涯规划与抉择辅导等。

高三年级：以生涯决策为主，以志愿填报辅导为主要内容，高三设计三个生涯专题辅导活动：考前心理辅导、志愿填报辅导和求职辅导（见表2－5）。

表2－5　生涯辅导课程设计

年级	内容体系	目标
高一年级	（一） 学校适应	1. 了解学校资源，知道学校心理辅导室的位置和功能 2. 认识生涯辅导课程，了解这门课程对自己的意义 3. 觉察自己当前的生涯状态，确立为自己生涯发展负责任的信念
	（二） 认识自我	1. 学生能了解自己的兴趣特长、人格特质类型 2. 学生能认识到自己的优点和缺点，肯定自己的价值，学会悦纳自己 3. 协助学生探索适合自己的生活形态，作为未来专业和职业选择的思考
	（三） 学习与未来生涯	1. 学生能了解自己的学习价值观，确立大学习观的概念，了解学习对个人生涯发展的意义 2. 探索自己的学习风格 3. 协助学生分享有效的学习策略和方法
	（四） 生涯规划	1. 学生能了解什么是生涯，发展对自己生涯负责的态度 2. 引导学生思考自己的生涯期待，订立自己的三年内学习等各方面的暂定目标 3. 学生能对自己进行合理分析，将高考新形势与未来生涯发展做联结

（续上表）

年级	内容体系	目标
高二年级	（五） 情绪辅导	1. 了解情绪的产生源于自己的想法 2. 探索自己的不合理信念，学习运用埃利斯的 ABC 理论①调节自己的情绪
	（六） 人际辅导	1. 学生能认识到人际关系处理能力对未来生涯发展的意义 2. 了解处理人际沟通的技巧，并学习使用几个最基本的技巧 3. 感受团队合作的魅力，学习合作的技巧
	（七） 异性交往	1. 让学生意识到异性交往的程度对其目前的生涯发展状况的影响 2. 确立异性交往的原则 3. 学会一般性异性交往的技巧
	（八） 职业了解与生涯规划	1. 让学生了解生涯规划对以后人生的意义 2. 协助学生探索职业世界，了解各种职业 3. 能认识到面临生涯困扰时可以获取帮助的资源和途径 4. 对 5 年内的学习和生涯做出生涯规划
高三年级	（九） 考前辅导	1. 学习调整面对考试的心态 2. 学习复习和应考的策略 3. 学会"放松训练"
	（十） 专业选择辅导	1. 了解高校的情况和专业的具体内涵 2. 了解专业的学习内容、具体要求、培养目标、发展前景以及毕业生就业去向 3. 认识到个人兴趣、专业选择与自己今后从事职业的相关和专业选择的重要性 4. 注意处理名牌大学与一般大学、热门专业与冷门专业、专业优势与家庭承受能力之间的关系，理性选择学校和专业

五、生涯辅导课程实施途径

1. 发挥课堂作用，加强学科渗透

各学科教材的内容是未来职业必需的基础知识，又是进行生涯规划指导的重要载体。教师在学科教学的过程中，要有意识地培养学生的理想和规划意识，让

① 埃利斯 ABC 情绪理论：由美国心理学家埃利斯于 20 世纪 50 年代提出。该理论认为，激发事件 A（activating event）只是引发情绪和行为后果 C（consequence）的间接原因，而引起 C 的直接原因则是个体对激发事件 A 的认知和评价而产生的信念 B（belief），即人的消极情绪和行为障碍结果（C），不是由于某一激发事件（A）直接引发的，而是由于经受这一事件的个体对它不正确的认知和评价所产生的错误信念（B）间接引发。治疗的主要方法是通过认知技术、情绪技术和行为技术使当事人的不合理信念得到改变，从而消除其情绪和行为问题。

学生了解社会上与此门学科相关的职业类型，有意识地发现学生在课堂中表现出来的爱好和特长、职业兴趣、气质和能力，为学生生涯规划提供准确、科学、有效的参考建议。

2. 开展实践活动，储备综合素质

开展学科读书征文、主题班会、专题讲座等多种形式的主题教育活动，组织研究性学习、参观、社会实践、志愿服务等社会实践，帮助学生在亲身体验中感悟主题、分享体会，在认识自我、分析自我的基础上规划人生发展方向，促使学生提早做好准备。

（1）社会实践：通过集体组织或自发组织学生选择自己感兴趣的职业场所，开展社会实践活动，感受职业体验，寻找愿望与现实之间的差距，为自己正确判断和选择规划之路打下基础。

（2）研究性学习，通过设定学生生涯规划教育课题，让学生在研究性学习中设计自己的人生规划。组织学生开展社会调研、了解社会的需求，感受求职的艰辛和不易；引导学生在制订规划和实现理想的过程中感受责任、生命的意义与价值，激发学生的内在动力。

（3）参观：发挥校外教育基地、实习基地的作用，组织学生走进工厂、车间、企事业单位，直观了解社会发展与工作现状，为自己做好生涯规划提供借鉴。

（4）社会调查：接触、了解社会现实，缩小理想与现实的距离，调整自己不切实际的想法，推动自己向着更加理性的目标不断迈进。

3. 开发拓展课程，加强规划指导

落实“绿色行动”校本课程实施方案，开发和建设适合不同年龄特点的学生生涯规划校本课程，编写校本教材，通过课程建设，从教育目标、教育内容、教育形式等不同方面建构完整的学生发展与生涯规划教育过程，引领学生树立信心、开阔视野、正确认识自我（包括了解自己的价值观念、性格特点、气质类型）、科学规划生涯过程和成长方向。

4. 开发家长资源，引导规划方向

（1）充分利用家长学校课程，加强对家长培训，发挥家庭教育潜移默化的作用，为学生树立榜样，引导学生树立劳动光荣、职业平等价值观念，引发学生对人生的积极向往。

（2）充分发挥家长委员会的作用，挖掘优秀家长在指导子女生涯规划指导方面的经验，邀请部分优秀家长做个人或团队报告，塑造成功典型案例，激发家长教育培养学生、帮助学生规划的信心，帮助家长正确认识子女优势、发展方向，真正能够做到基于现实、掌握自我，正确规划子女成长之路。

5. 开发网络系统，完善指导系统

充分发挥信息技术、网络系统在学生生涯规划方面的作用，组织试点学校利用现有软件、开发新软件对学生气质、性格、特长等进行测试、评价，帮助学生更好地、客观地认识自己，并对成长过程进行记录。开发学生生涯指导网络系统，建立学生与指导教师、专家的交流、沟通的平台，实现资源共享。

六、保障措施

学校要高度重视学生发展指导与生涯规划指导教育工作，从领导、机构、人员、制度、措施等方面予以充分保证，将该项工作抓实、抓细、抓牢。

(1) 加强课程评价和管理。评价采取过程性评价与终结性评价相结合的办法，注重学生过程性学习，学校制定具体考核评价办法。将学生修习“生涯辅导”课程的情况作为综合素质认定的重要依据。该课程的修习结果应以研究报告、人生或职业规划等形式呈现，并且作为学生的一项重要标志性成果记录进综合评价。制定切实可行的课程实施考核与评价办法，将学生发展与职业规划课程的开设情况及成效作为教师教育教学工作评价的重要内容。

(2) 学校利用理论学习、主题班会等多种形式，加大对学生发展与生涯规划指导教育工作的宣传力度，积极引导教师、学生转变成才观念，充分理解学生发展与生涯规划指导教育工作的重要意义。注重对家长的培训工作，通过家长课程、家长会、致家长的一封信等多种方式，转变家长的观念，向家长传授科学的学生发展与生涯规划指导方法，帮助其指导子女在未来发展方向方面做出正确的判断和选择。

（作者：许守武）

三、生态文明教育课程

生态文明是人类遵循人、自然、社会和谐发展这一客观规律而取得的物质与精神成果的总和。生态文明建设以把握自然规律、尊重和维护自然为前提，以人与人、人与自然、人与社会和谐共生为宗旨，以建立可持续的生产方式和消费方式为内涵，强调人的自觉与自律，强调人与自然环境的相互依存、相互促进、共处共融。① 文明的进化与发展，离不开教育。生态文明的兴起，需要具备生态理性，顺应生态规律，追求人、自然、社会和谐发展的“生态人”②。

生态文明校本课程立足于学生“绿色素养”发展需要，强调从学生的认知特点、兴趣和需求出发，确立尊重自然和保护自然生态，促进人与人、人与自然和谐发展的目标，创新教育模式，掌握生态文明建设知识和技能，形成生态文明价值观和道德观，养成可持续发展的绿色消费观，成为具有“绿色素养”和“绿色行动”的“生态人”。

---

① 赵永新．基于生态文明建设视角的高校环境教育［J］．中共济南市委党校学报，2010（3）．

② 杨克涛，陈敬佑．生态文明理念下的生态教育探析［J］．经济与社会发展，2010（8）．

【案例1】生态文明教育校本课程的设计和实施途径

建设生态文明，是关系人民福祉、关乎民族未来的长远大计。党的十八大报告提出“努力建设美丽中国，实现中华民族永续发展”。党的十九大报告提出“打赢蓝天保卫战”的理念，提出“坚持人与自然和谐共生”“像对待生命一样对待生态环境”“实行最严格的生态环境保护制度”等要求。保护环境人人有责，唤起公民的环保意识迫在眉睫。学校要积极开展各种活动，采取多种形式，将生态文明教育纳入学校课程体系中来。

一、课程目标

课程目标是关注自然、关爱生命、关心社会。通过自主学习、合作探究、介绍和交流等方式，借助现代信息技术手段，深化学生对生物、农业、地理、旅游、文学、药学、政治、历史各领域知识的理解，感悟其中的人生道理。通过观察、种植、培育、创作、设计等实践活动，增强学生学以致用的能力，引导学生关注自然，关爱生命，爱护环境，自觉树立环保意识，增强社会责任感，积极投身环保实践。自觉树立正确的生态价值观，做出正确的价值判断和价值选择。

二、课程内容

1. 掌握绿色技能

绿色技能是指劳动力具备的能够促进经济社会发展和环境友好的知识、技术、技能和素养。利用“绿色学校”这一得天独厚的环境因素培养学生的绿色技能。各个班级对所负责的公共区域面积进行测量，并梳理出植物的种类、数量等，对学校绿化工作任务进行网格化管理，负责该区域植物的研究、养护等，开拓学生的视野，拓展绿色教育的途径。

2. 培养绿色素养

课堂是绿色素养教育的主阵地，利用课堂教学加强绿色发展理念教育，培养引领绿色产业发展的新型人才，推动社会经济的绿色、可持续发展。要引导学生关注自然，亲近自然，自觉树立环保意识，增强社会责任感，积极投身环保实践；向学生介绍相关的人文知识，感悟人生道理，提升学生人文素养和思想道德素养，自觉树立正确的价值观。

教师应更新观念，构建方法灵活、自主学习、平等和谐的新型课堂，促进学生绿色素养的形成。

3. 开展绿色活动

通过丰富的社团、兴趣小组等校园文化活动，拓展学生的绿色素质。例如：成立环保兴趣小组，开展以环保为主题的各种宣传活动；组织开展以绿色发展为主题的辩论赛、“节能低碳、绿色发展”宣传周、绿色发展“金点子”征集、绿色发展科普讲座、绿色发展有奖征文比赛、绿色发展论坛等系列活动，并把学生参与活动的结果纳入综合素质评价体系，计入学分；利用实践平台开展践行绿色发展理念的实践活动，如暑期社会实践等。

三、生态文明校本课程实施的途径

1. 组织课程建设团队

学校领导、教师团队和学生组织是“生态文明”课程建设的主力成员，应当对绿色教育有一个崭新的认识，树立绿色教育的全新理念，在学校（规划、建设、管理和教学实践）、学生会、团委会等各个层面融入绿色发展和绿色教育的思想。

“生态文明”教育团队要把握绿色发展教育的切入点，以课堂教学为主阵地，通过课内外结合的方式，培养学生的绿色人文素养和绿色行为能力。通过参与系列活动来提高全体师生的绿色素养，一是把环境教育与绿色课堂教学结合；二是把环境教育与校内外活动相结合；三是不断提高学生家长的绿色环保意识；四是把对绿色知识的掌握、绿色素养的建构作为学校、教师、学生的重要评价内容，从而带动绿色教育的可持续发展。

2. 创建绿色校园

绿色校园建设是学校实施绿色发展教育、培养绿色人才的硬件保障。学生的行为习惯在绿色校园中受到潜移默化地熏陶。绿色校园建设主要包括两个方面：一是绿色校园环境，即在校园基础设施建设方面，要进行科学规划，合理布局，融入绿色资源，打造优美、健康、有绿色文化内涵的校园环境；二是将可持续发展思想纳入管理中，通过制定制度，开展环境教育，创设环境保护的文化氛围，促进师生乃至社会参与环保行动，全面提高师生的绿色素养，营造人人具有绿色意识的文化氛围。

3. 开展“绿色行动”实践活动

（1）开展“弯腰行动”校园护绿活动。学校彩虹志愿社于每天中午12：15至12：45到校园各个角落清理校园护绿带、草坪等处的垃圾，增强学生的环保意识、责任意识，激发学生热爱校园、净化环境的责任感，帮助学生养成主动捡拾垃圾的良好习惯，进一步美化校园环境，提高学生的文明素养，树立文明校风学风，引导全体学生从个人做起，从身边做起，以实际行动共同创造整洁、文明、美丽的学习环境，促进学生全面发展。

（2）组织“绿色心灵　阳光校园”学雷锋系列活动。团委会、学生会组织志愿者到学校和周边社区服务，开展义务劳动，用爱心传递文明，用志愿演绎和谐。并面向各班开展“捐献一日零用钱帮助贫困学生”的献爱心活动，各团支部成立学习小组，开展小组合作学习，营造团结友爱、互帮互助的良好氛围，鼓励成绩突出、有特长的同学与学困生结对帮扶，共同克服学习上的困难，提高学习成绩。

（3）开展“劳动·爱”社区绿色劳动教育。各班学生以5~8人为一组，利用寒暑假时间在家里积极做家务，到社区、敬老院、福利院等地开展社区公益志愿服务活动，传承雷锋精神，在实践中体会劳动产生价值、劳动创造美、劳动创新生活。学会爱祖国、爱家乡、爱社会、爱家庭、爱自己。

（4）组织“家国情·悦读行”生命理想教育研学活动。以澄海区爱国主义教育基地和红色革命遗址为主体，各班同学以小组为单位，根据澄海区爱国主义教育基地名单自行规划学习体验路线，聆听革命故事，学习革命精神，观城乡新貌、看身边变化，深刻领略汕头从开埠以后，特别是中华人民共和国成立以来的发展变化，增强爱国爱乡之情，为汕头加快建设省域副中心城市，打造现代化沿海经济带重要发展极和活力特区、和美侨乡、粤东明珠提供坚实的思想基础和强大的精神动力。

(5) 组建“创·技术联盟”。成立了科技创新兴趣活动小组，丰富青少年课余文化生活。在高一、高二年级各班广泛宣传，定期让学生参观科技创新制作活动室和作品展览室，开展生物观察活动、模型制作活动、组织各类科技竞赛活动，提高学生动手制作能力。组建“创·技术联盟”学生社团，招收感兴趣、有热情的学生，教研组里每位教师对标一个部门，利用中午、下午的放学时间及周末对学生进行专门指导。利用“雨课堂”学习平台和微信公众号，学生通过学习平台开展自主学习了解技术前沿，学习相关课程。

（作者：林天贤、蔡志煌）

【案例2】校园植物调查研究性学习

【研究背景】

在学校倡导的“绿色教育”办学理念指导下，小组成员决定对学校各种树木进行研究性学习。

【研究目的】

了解校园植物，以增强学生对于植物的了解，丰富见闻，陶冶情操。

【活动计划】

通过实地考察，查找资料，请指导教师指导活动，整理材料和信息，编写校园植物名录，完成研究性学习报告。

(1) 任务分工（略）。

(2) 活动步骤：分三阶段实施。

第一阶段：10～15周，主要任务：搜集资料；阶段目标：找齐所需的一切资料与实物。

第二阶段：15～16周，主要任务：资料筛选；阶段目标：对资料进行筛选，删去无用处的资料。

第三阶段：16～18周，主要任务：论文撰写；阶段目标：综合所收集的材料，完成论文的撰写。

(3) 预期成果：调查报告；表达形式：文字，图片，实物。

【活动过程】

在学校进行实地考察，记录植物名称，通过上网查阅资料，查找有关书籍，并用相机拍摄相关图片，最后整理资料，编写校园植物名录。

【小组成员】

高一学生：王敏玲、杜丹宜、陈利雄、王伊婷、许婉仪、霍凯、王泽纯

【研究成果】

《汕头市澄海实验高中校园植物调查研究性学习》研究报告

我们的校园坐落在美丽的澄海花果山麓，它犹如一座绿色公园，校内绿化达到了“点上绿化成景、线上绿化成荫、面上绿化成林”的设计特色。每当我们漫步于文化广场或站在教学楼上极目远眺整座校园时，就会感到特别幸福！但经我们初步调查，大多数同学对校园内的植物了解甚少，对如此丰富、方便的课程资源，我们应该利用起来，让学生自己去了解一下校园内的植物及其分类。同时，作为澄海实验高中学子，我们应该更加关注给大家身心带来宁静愉悦的校园。为此，在本校倡导的“绿色教育”办学理念的指导下，我组成员决定对学校各种植物进行一次研究性学习，主要对植物种类、用途、分布、习性等进行一次较详细的调查和研究，使大家更快、更容易地熟悉校园植物，并初步锻炼学生自主学习的能力。

一、调查结果

步入澄海实验高中，我们都惊讶于眼前园林式的环境，宽阔的文化广场，高大巍峨的教学楼，但更吸引我们的却是点缀在每个角落的一抹绿色。鲜艳的花朵，碧绿的香草，低矮的小草，高耸的参天大树，每个角落都被装饰得极其清雅，空气中弥漫着沁人心脾的植物的味道，我们不禁惊叹大自然的婀娜多姿、形态各异。我们明白，一个好的学校必定有着自己的校园文化，而满眼的绿色便是澄海实验高中校园文化的秘诀。为什么这些散布在角落里、扎根在大地里的绿色有这么大的魅力？我们希望可以通过实地调查研究来寻求答案。

通过调查研究性学习小组成员实地考察，查找资料，我们整理了所获得的信息，编写出一份校园植物名录（见表2－6）。

表2－6　澄海实验高中校园植物名录

名称	科别	原产地	产地分布	形态特征
紫薇	千屈菜科	亚洲南部地区及澳大利亚北部地区	中国华东、华中、华南及西南地区均有分布	枝干多扭曲，小枝略呈四棱形，常有狭翅。单叶对生或近对生，椭圆形至长椭圆形。圆锥花形，紫红色
凤凰木	豆科	马达加斯加	福建、台湾、广东等地均有栽培	树冠伞形，二回羽状复叶。花瓣五瓣，色艳红且带黄晕。花红叶绿，遍布树冠，犹如蝴蝶飞舞其上

（续上表）

名称	科别	原产地	产地分布	形态特征
绿萝	天南星科	印度尼西亚、所罗门群岛	广植亚洲各热带地区，中国广东、福建、上海多有栽培	藤长数米，节间有气根。叶互生，绿色，少数叶片也会略带黄色斑驳，全缘，心形
散尾葵	棕榈科	马达加斯加	世界各热带地区多有栽培。中国引种栽培广泛	茎丛生，有环纹，茎干金黄色。叶片羽状全裂，拱形。花金黄色，串状，较小。茎干光滑、无毛刺。叶平滑细长，羽状
一串红	唇形科	巴西	中国各地均有栽培	茎直立，光滑，有四棱。叶对生，卵形。总状花序顶生，遍被红色柔毛。花轮生，红色，花萼钟状
苏铁	苏铁科	我国南部地区、印度、日本等地	台湾、福建、广东、广西、云南及四川等省区	茎干圆柱状，不分枝。羽状复叶，小叶线形，初生时内卷，后向上斜展，微呈“V”字形。雄球花圆柱形，雌球花扁球形
肾蕨	肾蕨科	中国海南岛和台湾	主要分布于热带、亚热带地区，我国也有分布	叶簇旺，披针形，小叶无柄，于节处生叶轴。四季常青，叶形秀丽挺拔，叶色翠绿光滑
南洋参	五加科	新喀里多尼亚地区	中国各地均有引种栽培	叶互生，奇数羽状复叶，小叶卵圆形至披针形，边缘有锯齿。伞形花序成圆锥状，花小而繁，绿色
金边虎尾兰	百合科	非洲热带地区和印度	中国各地均有栽培	匍匐根状茎，褐色。叶片丛生，扁平，直立，先端尖，剑形。叶正反两面具白色和深绿色的横向如云层状条纹，状似虎皮
金边龙舌兰	石蒜科	原产美洲的沙漠地带以及墨西哥	中国华南地区及西南各省区	茎短、稍木质。叶多丛生，长椭圆形，边缘有黄白色条带镶边，有紫褐色刺状锯齿。花茎有横纹，花黄绿色

（续上表）

名称	科别	原产地	产地分布	形态特征
短叶虎尾兰	百合科	印度东部地区和斯里兰卡	亚洲热带地区、非洲	低矮丛生成簇，叶阔披针形先端尖，暗绿色而有环状银灰绿色斑纹，叶厚革质，表面光亮
蟹爪兰	仙人掌科	巴西	中国各地均有种植	叶状茎扁平多节，肥厚，卵圆形，鲜绿色，先端截形，边缘具粗锯齿。花着生于茎的顶端，花色多样
仙人球	仙人掌科	南美洲热带地区	巴西、乌拉圭分布广泛，世界各国多有栽培	幼株球形，老株圆筒状。球体暗绿色，具棱11～12。刺锥状、黑色。花生于球体侧方，喇叭状，白色
山影拳	仙人掌科	原产西印度群岛、南美洲北部及阿根廷东部	现各地广泛分布	刺座上无长毛，刺长，颜色多变化。花大型喇叭状或漏斗形，白或粉红色，夜开昼闭。果大，红色或黄色
黄毛掌	仙人掌科	墨西哥北部地区	中国引种栽培	植株直立多分枝，茎节呈较阔的椭圆形或广椭圆形。刺座密被金黄色钩毛。花淡黄色，短漏斗形
仙人柱	仙人掌科	阿根廷北部及巴西南部的干旱草原	浙江、江西、湖北等地，喜在林下潮湿处或草地中生长	茎深绿色粗壮，丛生直立，3棱或4棱。棱边缘有刺。花大型白色芳香，夜间开放
麒麟掌	大戟科	印度东部干旱、炎热、阳光充足的地区	中国广东、广西、云南等省均有栽培	具棱的肉质茎变态成鸡冠状或扁平扇形，茎干肉质、粗壮，具5棱，后变圆。茎、叶含白色乳汁，有毒
红雀珊瑚	大戟科	美洲热带地区	中国云南、广西、广东南部地区常见栽培	具有毒性的白色乳汁。叶卵形至卵状矩圆形，叶背中脉作龙骨状突起，叶面不平整。聚伞花序顶生，总苞左右对称，闭合
霸王鞭	大戟科	印度东部地区	干旱、炎热、阳光充足地区	茎干肉质、粗壮，具5棱。分枝螺旋状轮生，具黑刺。叶片倒卵形，茎、叶含白色乳汁，有毒

（续上表）

名称	科别	原产地	产地分布	形态特征
铁海棠	大戟科	原产马达加斯加（非洲热带地区）	广东、广西、福建、贵州等地	多刺直立状攀缘落叶灌木。富含乳汁，嫩茎密生褐色硬刺；叶倒卵形；聚伞花序两个着生于新枝顶端
变叶木	大戟科	马来西亚	中国华南地区多地栽，北方多盆栽	叶互生，卵圆形，全缘或分裂，扭曲或附有小叶，形状多变化，叶色绿至深绿或红紫色，有黄斑
石栗	大戟科	广东、广西、云南	亚洲及大洋洲热带、亚热带地区	树冠近似圆锥状塔形。叶卵形至心形，有时掌状三裂，叶背灰白色，被星状毛
龙凤木	天南星科	中美洲墨西哥到巴拿马一带	主要分布在中国长江以南地区	茎叶肥厚多肉，有乳汁，光滑无毛；叶互生，卵状椭圆形，叶面有斑块，常作凸凹扭曲状。花多簇集，红色
芦荟	百合科	印度	干燥的热带地区及非洲南部、地中海地区	具短茎，叶呈莲座状排列，粉绿色，近茎部有斑点，边缘有刺状小齿。总状花序，花冠筒状
大王椰子	棕榈科	古巴、牙买加与巴拿马	中国华南、东南地区及西南省区引种已久	单干，高耸挺直，羽状复叶，小叶披针形。干的环纹圈圈明显，干面灰白平滑。花白色，穗状花序
大叶合欢	豆科	非洲及亚洲的热带地区	大部分的热带国家均有种植	有广阔而开展的树冠。叶为互生的二回羽状复叶，呈阔椭圆形；开花时，树上就像挂满一个个小绒球
木棉	木棉科	印度	在中国两广地区分布很广	干和枝上有短粗的刺，枝轮生平伸。掌状复叶，互生，矩圆形至椭圆形矩圆形。花深红色
榕树	桑科	中国、越南、印度等地	日本、东南亚、澳大利亚的热带及亚热带等地	老干黑褐色，枝条节部常发生很强的气生根，垂到地面状似支柱。叶互生，椭圆形，叶脉明显

（续上表）

名称	科别	原产地	产地分布	形态特征
三角梅	紫茉莉科	南美巴西、秘鲁、阿根廷	现在世界各地都有栽植	叶片大，茎与叶有褐色细毛，腋生刺在顶端显著外弯，开花时会落叶；花多簇生成球于枝的顶端
酒瓶椰子	棕榈科	马斯加里尼岛	引种后，主要栽植于中国华南地区	单干，矮肥似酒瓶，环节显著。羽状复叶，簇生于顶，小叶线状披针形。肉穗花序，螺旋状排列
鱼尾葵	棕榈科	亚洲的热带地区、亚热带地区和大洋洲	中国的海南、广东、广西等分布广泛	茎直立，粗壮，不分枝。二回羽状复叶聚生茎顶。茎常丛生。叶形与鱼尾葵相似，淡绿色
石莲	景天科	中国	中国云南、四川、贵州、湖南等省区	茎直立。基生叶莲座状，匙状矩圆形，渐尖，干后有暗红色斑点。伞房花序，花小，粉红色
圆盖阴石蕨	骨碎补科	广布于中国华东和华南地区，越南北部地区及老挝也有分布	中国华东、华南和西南等地，越南也有分布	根状茎长而横走，密被茸状狭披针形膜质鳞片，盾状着生。叶革质，无毛，基部有鳞片。叶片阔卵状披针形
木蝴蝶	紫葳科	原产亚洲的中国、越南、老挝、泰国、柬埔寨等地	云南、广西、贵州等地	种子呈蝶形薄片状，种皮三面延长成宽大菲薄的翅。子叶2枚，蝶形，黄绿色或浅黄色

二、研究发现

在调查过程中，我们学习并了解到绿色植物对环境保护的作用，增长了相关领域的知识，而且在利用植物来净化环境方面提出建议。

（一）绿色植物对环境的保护作用

在调查过程中，我们了解到绿色植物能吸收二氧化碳，释放氧气，绿叶就是制造氧气的小工厂。另外，绿叶还能吸收有害气体，如二氧化硫、氟化氢。有些植物对有害气体非常敏感，是环境保护的“监测兵”。

绿色植物还可以阻挡灰尘，杀死细菌。空气中，飞扬的尘土中含有很多病原体，而学校的树木就像一个过滤空气的筛子一样，能阻留许多尘雾和病菌，使它们不再飞扬，并分泌抗生素，杀死细菌。

树木可以降低噪音，使人们走在绿树成荫的校园里感到很安静。这是因为树木对声波有散射和折射作用。当声波经过森林时，波及枝叶而使其产生震动，声波就减弱，并迅速消失，同时，树叶表面的气孔和粗糙的毛，就像音乐厅里的吸音板一样，能把噪音吸收掉。一条15～30米宽的林带，在夏季可以使声音减小7～9分贝，即使在秋季也可减小3～4分贝。在城市噪音日增的情况下，学校的树木对于噪音的降低，保证学习环境的安静，起着重要的作用。

（二）利用绿色植物净化空气的建议

观叶植物除了适合户外栽培外，有些其实也适用于室内观赏，这些植物常被归类为景观植物，目前已成公共环境绿美化的主角。观叶植物不但易维护而且观赏期也很长。它们耐阴的特性可以用在一些较阴暗的角落，让人眼前一亮。观叶植物还有以下的用途以及优点：

1. 洁净空气

如果想利用植物来净化室内空气的话，除了可参考一些研究数据来选择适合的植物外，植物的放置数量也是重要的学问。

以8平方米的空间为例，建议至少放置6盆室内植物。具体的摆设上无特别限制，但最好不要全都选择桌上型的小盆栽，以免净化空气的效果受限。最好能将大型植物以及桌上型植物和小型盆栽平均穿插布置于空间之中，则能达到美化及净化的双重功效。

或许有人会质疑，这些植物不断地吸收空气中的有毒气体，植物会不会因为吸收过多的有毒气体而死亡，或是反过来将这些有毒气体反弹释放回空气中？其实经过实验的证明，这些疑虑都是多余的。正如之前所说的，有毒气体的吸收、净化，主要是由植物根部的共生菌所完成。所以只要植物每一天都健康活着，就能持续为人们吸收空气中的毒物，它们是最称职的“空气净化机”。

2. 调节湿度

室内栽种植物时需要浇水，以及在叶面喷水保湿，植物的根部会吸收水分再从叶片蒸发出来。这些蒸散在空气中的水分子其实是很重要的，它对调节空气湿度有着极大的效果，而过程中所释放出的负离子，对于我们身体也有好处。

3. 调适心情

长期在建筑物内活动的人们，心里非常渴望回归大自然。有实验研究表明，在有植物分布的空间中工作或生活的人们精神状态较好，头脑较清楚，工作不易出错，且能保持愉悦的心情。

4. 修饰空间

可以运用植物来修饰办公室、营业场所等，以宜居的出发点来打造这些冷冰冰的空间，让植物在这些空间中扮演着“活家具”的角色，能营造出像家一般的舒适感。

5. 营造气氛

借由热带植物特殊的造型，让人们在空间中具有像置身于热带雨林般的悠哉、自在、休闲的感受，走进有热带植物布置的空间中，就好像到了度假胜地一般，轻松愉快。

三、研究感想

在研究过程中，我们小组得到了学校各位领导、年级主任、各班班主任及其他同学的大力支持和鼓励，在此向他们表示衷心的感谢。回想我们的研究历程，虽然付出了很多，但是研究成果能得到大家的肯定，我们感到很欣慰。其中，一位组员说："以前我们对学校里的植物一点都不了解，每天来来往往，看着那么多的绿色植物在眼前晃过，我们却无视它们。现在，通过这个调查研究活动，我们学到了很多，也懂得了很多。"

通过本次调查研究性学习，我们的收获很多，概括起来有以下几个方面：

（1）全体组员对校园内植物的种类、科属、习性与特点、分布等有了一定的了解。

（2）学生自主学习能力，收集、调查和处理资料的能力得到了提高。

（3）学生之间相互合作、协调的意识有所增强。

（4）为学校绿化建设提供了可参考的科学依据。

（5）整理出了校园植物名录。

（作者：郑婉华、蔡卓伶）

四、优秀传统文化课程

由我国各族人民创造的非物质文化遗产绚丽多姿、异彩纷呈。她植根于民间，世代传承，与生产生活息息相关，是民族的基因和文化的印记，体现了中华民族薪火相传、自强不息的民族精神。开发非物质文化遗产课程资源，深入挖掘非物质文化遗产的教育价值，对于增强高中生的民族自豪感，弘扬以爱国主义为核心的伟大民族精神，发挥着重大的作用。

从2008年起，学校承担了广东省教育科学"十一五"规划研究项目，开始了对潮汕地区非物质文化遗产引进高中课程的途径与方法的研究，在全国率先开展了"非遗"进校园的实践。项目以传承和弘扬中华优秀传统文化为目标，通过对潮汕地区非物质文化遗产的调查、整理、筛选和加工，开发了"潮剧""澄海灯谜""剪纸""大吴泥塑"等一批被列入各级"非遗"名录的"非遗"课程资源，建设"非遗"校本课程，开展传承教育活动。经过十多年的研究和实践，课题组通过分析"非遗"课程资源精神内涵，准确把握传统文化精髓，总结出"理念引领、融合共生、突出'潮味'、有效开发"的校本课程开发策略，探索出利用社区教育资源开发实施校本课程的途径与方法，因地制宜，统筹整合，面向全体，协同推进，进一步发挥语言与文学、人文与社会、艺术和综合实践活动等学习领域在传承和弘扬中华优秀传统文化方面的功能，在一定程度上实现了综合实践活动的"常态化"、参与课程学习的"全员性"。

“非遗”校本课程的开发实施，提高了学生的学习兴趣，汲取了民族优秀文化的营养，陶冶了高尚的道德情操，培养了学生的实践能力和创新意识。同时，非遗校本课程提高了教师开发课程的能力，提升了人文艺术学科的育人价值，促进了教师专业发展。在提高和推广阶段，项目整合为“绿色行动”系列校本课程，参加了澄海区特色学校评估，并荣获首批特色项目称号，被推荐参加广东省特色课程建设优秀成果评选并获得一等奖，该项目还获得广东省教育教学成果二等奖。

【延伸阅读】非物质文化遗产进校园论文两篇

非物质文化遗产校本课程的开发策略和实施途径

自2008年以来，学校把开发和利用潮汕文化资源作为校本课程建设的目标，确立“人文与自然和谐共生，传统与现代完美融合”的校本课程开发理念，开展潮汕地区非物质文化遗产课程资源引进高中课堂的研究，形成了特色课程，完善了课程体系的建设和管理。

一、明确非物质文化遗产校本课程资源开发的有效策略

在校本课程的开发初期，我们曾凭着对课程改革的一腔热情，一哄而上，一个学期就开设了十几门所谓的“校本课程”。但不到一年时间，这些课程有半数以上没有真正落到实处，究其原因，虽然存在无经验、无多余时间的实际情况，但更重要的是缺乏针对性和实效性。如何有效开发校本课程？我们冷静思考这个问题，并对有效建设校本课程的策略进行论证，形成了建构校本课程体系的比较完整的思路，概括起来就是“理念引领，依托科研；立足本土，突出‘潮味’；整合贯通，有效开发”。

1. 理念引领，依托科研

校本课程的开发建设首先应该基于学校的实际，服务于学生的发展。校本课程作为三级课程的一级，必须既要贯彻课程建设的一般原则，又要体现学校的教育宗旨和教学理念。我校在课程改革实践中提出了“有效教学，自主学习，持续发展”的教学理念和“人文与自然和谐共生，传统与现代完美融合”的校本课程开发理念，从2005年开始在基础年级开设潮汕文化选修课。其间，我们注意到了高中课程改革的一项重要任务，就是对非物质文化遗产的继承和保护。

非物质文化遗产就是指人们世代相传的、与群众生活密切相关的各种传统文化表现形式和文化传承空间。在当今全球化和现代化进程中，许多非物质文化遗产面临巨大冲击，有的甚至正在消亡。许多国家将保护和抢救国家非物质文化遗产作为维系民族文化生命、延续民族精神的工程，纳入学校课程计划中。我国也不例外，在各学段的人文学科课程标准中，对认识和了解我国非物质文化遗产做了规定。但充分开发与利用非物质文化遗产资源，在全国中小学仍处于初始阶段，并局限在某个学习领域。

我们认为，学校必须充分认识非物质文化遗产保护和传承的重要性和紧迫

性，并通过科研方法，尽可能全面系统地将非物质文化遗产资源引进课程。经过详细的论证，确定了将“非物质文化遗产引进高中课程”的实验研究作为校本课程开发建设的重点项目。

2. 立足本土，突出“潮味”

校本课程开发和建设应立足于学校的文化生态环境，从文化传承的众多因素中提炼和把握核心的本土文化密码。我们选择了开发和利用潮汕文化资源，并将其作为校本课程建设的目标。一方面，这有利于促进学校教育加强人本取向和社会取向的联系，革除学校课程脱离社会、脱离实际的弊病，完善基础教育课程结构，推动课程改革工作顺利进行。另一方面，把非物质文化遗产的传承与学校的课程设置联系起来，通过建设校本课程，实现对非物质文化遗产的保护和传承。潮汕地区种类丰富、数量庞大的非物质文化遗产是课程开发和利用的不竭源泉，人们可以从众多的非物质文化遗产中感受到一种沁人心脾的“潮味”。这种“潮味”就是潮汕地区的人文气息和文化韵味，是潮汕人在长期的社会生活和生产中形成并持有的思维、行为方式在生活习惯和文化心态上散发出来的文化韵味。潮汕地区有着漫长的农耕历史，本地的农业、手工业、海外商业活动比较发达，在长期生活、生产中形成了海纳百川、敦睦乡谊、诚实守信、吸纳创新、自强不息、精明心细的本土精神，铸就了“潮魂”。近年来，诸多散发“潮味”、凝聚“潮魂”的非物质文化遗产，如潮剧、潮州大锣鼓、潮绣、铁枝木偶戏、澄海灯谜、剪纸、大吴泥塑等优秀的民间艺术、民俗分别被收录进国家级、省级《非物质文化遗产名录》。这些都是对学生进行“潮味”“潮魂”教育的极好资源。

3. 整合贯通，有效开发

掌握了校本课程的开发和建设方向之后，我们根据联合国教科文组织《保护非物质文化遗产公约》定义的非物质文化遗产种类，即口头传统和表述，表演艺术，社会实践、礼仪、节庆活动，有关自然界和宇宙的知识和实践，传统的手工艺，与高中新课程“语言和文学”“人文科学”“艺术”“技术”四个学习领域进行整合，搭建本校特色的校本课程体系。学校以综合实践活动课程和艺术选修课程为实践实验阵地，分学科和年级开展课程开发和教学活动。在“创造条件，有效开发，开放选择，安排时空，综合实践，重在传承，过程评价”的校本课程管理思路的指引下，开展潮汕非物质文化遗产校本课程教学活动，让学生走近家乡文化，让学生自主学习家乡文化，提升综合实践能力和激发创新意识，激发其热爱本土的志趣，树立起自觉保护非物质文化遗产的意识。

二、探索潮汕非物质文化遗产校本课程实施的有效途径

我们认为，要充分发挥学校管理、教师、社区、家长、学生在校本课程开发中的积极作用，广开门路，畅通渠道，有效开发。在实践中，我们采用了以下几个步骤和途径：

1. 开展调查，掌握现状

潮汕地区种类丰富、数量庞大的非物质文化遗产是课程开发和利用的不竭源泉。要破解文化传承的密码，突出“潮味”，凝聚“潮魂”，就必须学习和掌握

非物质文化遗产的知识和分布情况，了解当前保护现状。我们通过社会调查、查阅文献和网络资料，了解了潮汕地区非物质文化遗产的名称、种类、历史渊源、发展趋势，全面掌握了潮汕地区非物质文化遗产的基本情况，通过走访非物质文化遗产传承人，收集纪实资料，探究了传承的原因，总结了传承和保护现状。

2. 去伪存真，择优引进

为了保证校本课程开发的针对性、系统性和可操作性，我们制订了《潮汕非物质文化遗产校本课程开发建设方案》，指导各学习领域对潮汕非物质文化遗产的内容进行鉴别评价，把有针对性和适应性的资源分类整理，择优汰劣。这里要特别强调的是，在开发校本课程时我们注意去伪存真，精心筛选。例如，“精细”的潮汕文化心态也有消极的一面，如因过度精审而却步不前，因过度精明而易私欲膨胀，不利于团结合作，乃至产生诚信危机。这些消极因素不是“潮味”的精华所在，因此，不仅要将精美的文化引进到教学中来，而且要将精益求精的意识、善于吸纳创新的精神和诚实守信的品德传承给学生，以提高课程内容的质量和品位。在实施过程中，应持优先性原则，突出重点，设计专题或综合课题研究。例如，“潮汕民间节日”“澄海灯谜”“潮汕民谚民谣”主要在语言文学学习领域开展专题研究，涉及历史、政治、艺术等学科内容的“潮人侨批”“潮剧”“潮汕音乐”“潮汕传统手工艺”等非物质文化遗产项目，将其整合进人文科学学习领域和艺术学习领域，并进行综合开发和建设。

3. 依靠教师，开发资源

教师是校本课程开发的建设者、实践者，他们最了解学生的知识、能力和兴趣所在，可以根据学生的需要设计相关的校本课程内容。在开发和利用“潮味”课程资源的过程中，我们始终依靠教师，发挥教师在开发、评价“潮味”课程资源过程中的决定性作用。首先，充分发挥教师开发校本课程的潜在能力，赋予教师在课程资源的识别范围、开发与利用程度等方面的主动权，组织教师深入乡村采风，搜集互联网相关信息，整理实物、照片和文本资料，形成具有校本特性的信息资源。同时，整理教学中的优秀案例，形成具有个性化的校本教学案例资源。其次，为学生创造灵活的、有助于探索研究的学习环境，开展专题讲座、小型报告会等形式多样的主题活动和研究性学习，促进学生认识、继承、保护优秀文化遗产。

4. 依托社区，构建网络

利用社区文化和人才资源，主动赢得社区的支持，鼓励家长和社会人士积极参与开发校本课程，通过与本地文化馆、博物馆、民俗民居研究基地，如陈慈黉故居、唐伯元故居和冠山书院等文博机构开展共建活动，建设多个非物质文化遗产教育基地和实践活动基地，形成校本课程多向畅通的交流渠道和民主开放的教育氛围。

5. 建设平台，交互共享

重视开发与利用网络资源，建设潮汕非物质文化遗产专题学习网站，开展信息技术理论培训，开发制作多媒体素材、课件，为师生学习和研究提供理论资料、技术支撑和交互平台，学校还给学生提供了便利的上网环境，引导学生浏览、查找、筛选、提取、整合各种信息资源，努力为学生学习非物质文化遗产创设广阔的时空。

6. 自主学习，实践传承

学生是“潮味”课程开发的主体。在开发“潮味”课程中，学生不应是接受者，而应是探究者、实践者。学以致用的机会要靠学生自己创造。非物质文化遗产课程开发很大程度是基于学生自己的直接经验和体验，学生通过综合实践活动，根据自己的专长和兴趣，自主选择切入点、实践点，组成专题小组进行研究性学习，自主探索与发现，将实践和反思相结合，提高综合运用知识的能力、实践能力、科学态度和创新精神。深入非物质文化遗产基地调查考察，组织花果文学社、学生民乐社、剧社、书法社、篪声谜社等学生社团，建立民间传统手工制作兴趣小组等，培养学生兴趣，提高活动质量，使学生的兴趣和个性特长得到发挥。

总之，校本课程要适应学生发展的需要，贴近学生的生活，才能调动学生的自主性、独立性、责任心和创造性，最终使学生合作意识、实践能力、思维品质得到提高。

三、运用非物质文化遗产促进学校特色课程建设

经过非物质文化遗产校本课程开发课题组成员近三年的倾力协作，目前立项的课题已经顺利进入结题阶段，并取得了一些成果。

（1）形成了具有本校特色的选修课程和潮汕文化研究性学习系列板块。系统建立了非物质文化遗产校本课程资源库，包括潮汕非物质文化遗产传承人访谈实录、调查报告、统计数据，教例、电子课件、研究性学习优秀作业，开发了36个研究性学习课题，建设了基于资源共享、学习咨询的交互平台，集合出版潮汕非物质文化遗产资源开发利用教学论文案例，顺利完成了非物质文化遗产引进高中课程的实验项目。

（2）构建校本课程的思想基础，促进课程管理的民主化、科学化，完善三级课程体系的建设和管理。总结校本课程开发经验，准确把握本土文化的精髓，为课程理念构建、目标和途径的确定打下基础。树立开放的意识，在不同学科师生之间建立一种和谐的协作氛围，共享资源，进一步推动课程改革工作深入开展。

（3）传承优秀民族传统文化，培养了学生的社会责任感和综合实践能力。通过课程实践，学生在“考察”“设计”“制作”等一系列动手操作的过程中去发现和解决问题，去理解和感悟生活，在探究与创造的过程中，体验动手实践的快乐，培养了学生的问题意识，合作意识，收集、处理信息的能力，动手实践能力。同时，激发了学生的责任心，为家乡的繁荣昌盛努力学习。

（4）加强了教师的课程开发意识，充分彰显专业特长。教师们参与了课程的开发，从过去的依赖书本和教参，到自主开发课程，并学会了自己编写讲义，教育教学观念得以更新。教师为学生创造了灵活的、有助于探索研究的学习环境，在开发和利用“潮味”课程资源的过程中，教师发挥了主导性和决定性作用。

（作者：许守武）

参考文献

[1] 崔允漷．校本课程开发：理论与实践［M］．北京：教育科学出版社，2000.

[2] 傅建明．校本课程开发中的教师与校长［M］．广州：广东教育出版社，2003.

[3] 王文章．非物质文化遗产概论［M］．北京：文化艺术出版社，2006.

[4] 陈莉．非物质文化遗产的保护与开发利用［J］．贵州民族研究，2007（2）．

[5] 联合国教科文组织．保护非物质文化遗产公约［R］．日内瓦：联合国教科文组织，2003.

以灯谜为依托繁荣校园文化

灯谜艺术是一项综合艺术，它和其他艺术门类有很多共通之处，其本质是一种潮汕本土文化，具有社会性、开放性和群众性等特点。灯谜要想真正融入校园文化中，就要配合其他学科门类，在课堂中加以渗透，创造开放与和谐的文化氛围，在普及中提高艺术水准，迎合学生的文化艺术需求。大力提倡灯谜进校园，以传统灯谜为依托，发展校园文化，可以倡导健康、有特色的校园文化生活，增强学生的文化归属感，提高学生的文化水平。

以灯谜为依托，促进校园文化建设，繁荣校园文化，必须有正确的发展理念作为支撑。

一、争取学校领导的重视，为其注入血液

在校园文化建设中，灯谜这一艺术形式常常被忽视，而舞蹈、音乐、书法、绘画则一直是校园文化建设的“宠儿”。诚然，在健身娱乐、协调沟通方面，灯谜能发挥的效用不及上述艺术门类，但其在宣传教育、科学益智、文化传承等方面的功能却是其他艺术形式所不能企及的。传统灯谜艺术在广大的潮汕地区具有良好的群众基础，学生从小就耳濡目染，在内心深处埋下了一粒种子，只要稍加点拨、指引，就能很快地生根发芽，开花结果。高中学生求知欲强，勤奋好学，思想敏锐，性格鲜明，他们在灯谜创作上师承传统，刻意求新，在老一辈灯谜手工艺人的言传身教中茁壮成长。广大师生在灯谜活动中陶冶情操，获得了艺术上的享受，提升了自身的艺术修养及境界，在竞赛中体现自我，在活动中主导团体，肩负继往开来的重任，是校园文化的繁荣和进步不可或缺的新生力量。

以灯谜为依托繁荣校园文化，这就需要有识之士的重视，需要学校领导的扶持。要改变灯谜作为“雕虫小技”的文人游戏的观念，发挥其在社会主义精神

文明建设的中的功能作用。有关部门如能落实灯谜文化事业的经费投入，建立健全校园灯谜文化管理机构，并将其发展经费纳入财政预算，将为校园灯谜文化的开展注入新鲜的血液。如可以在每周的学生广播站中插播一些灯谜，给猜中者一些奖励，充分调动学生学习灯谜文化的积极性；在学校定期开展灯谜知识讲座，举办灯谜会猜活动，在实战中提高学生的猜谜能力。有固定的活动场地，有固定的经费投入，才能培育好灯谜这棵幼苗。

二、坚持正确的发展模式，为其活络筋骨

校园文化是时代精神在学校的反映，是社会主义办学方向和指导思想在长期发展过程中所形成的一种群体意识的体现。它主要指校园的人文氛围和整体精神风貌。校园文化具体体现在学校的教育思想、办学理念、管理制度、历史沉淀等方面。校园文化的多姿多彩，对学生的思想观念、价值取向和行为方式有着潜移默化的影响，具有重要的育人功能，能满足大学生的身心发展需要。在校园灯谜的开展过程中，必须切实注意好学生的参与度问题。如何逐渐改变那种只有一小部分学生才能参与的传统模式，是需要我们共同思考的问题，不然猜灯谜活动就会继续成为“少数人的活动”。针对这一现象，我们试图从内容到形式来逐渐改变这一格局。

就谜作的内容及创作手法而言，一是开讲座，为学生讲述猜谜技法上的专业方法，如传统的“云从龙”“风从虎”“春属木”等，既让学生摸清了猜谜的门道，又在不知不觉中扩展了知识面。二是避免谜目及谜底用字生僻，以学生喜闻乐见的大众化事物入谜为佳。三是避免风格的艰涩难懂，佳谜在于神韵而不在于晦涩，那种在学生展猜中一点即通而又同时具备谜理和情理的作品是我们应该追求的。既要让“老妪能解”又能让“文士点头”是我们在从事校园灯谜创作中所应遵循的一个创作理念。一味地剑走偏锋，故作高深只会让学生对校园灯谜失去兴趣而日益衰亡，所以在灯谜的创作中，我们提倡走一条通俗化、平民化的路线。

在活动形式上，我们可以借鉴新加坡灯谜协会的做法，把谜台会分区，规定某区为初学者展猜专区，专业射手不得参与初学者谜区的猜射。或是在谜笺的谜号上下功夫，在灯谜展猜中写上一些以“学猜”为谜号的谜笺，以供刚入门的学生猜射之用。

以上种种做法，都是为了最大限度地提高学生的参与度，尽量照顾不同文化层次的人的需求，努力提高学生对灯谜文化的认同感。灯谜文化如果唤不起广大学生浓厚的兴趣，必然会陷入一小部分人的圈子，成为无本之木，也就谈不上发展和繁荣了。但只要方向正确，与时俱进，努力超越，必能为潮汕灯谜艺术的发扬光大，提供更多可持续发展的新路子。

三、以学科文化作为渗透，为其永葆青春

重视多元文化的发展与渗透，可以与校园文化互为补充。光是开办一些讲座，开展猜谜活动，校园灯谜文化是得不到长足发展的。只有合理、灵活地整合好学科上的其他资源，才能更好地唱好“灯谜进校园”这台戏。

灯谜艺术是以汉语言文字为载体的艺术形式，经过长期的演变，形成了有文有质、灵巧雅致、短小精悍、深入浅出的艺术特征。我们可以在学科中渗透相关的灯谜知识，嫁接新的谜种，开拓新的谜法，在谜面、谜目、谜底的采用上，不拘一格，大胆采用学科中的专有名词，贴近学生学习生活，丰富灯谜的内容，才能提高学生“入谜”的兴趣。如“少先队中队长（打一体育项目）”“盼客来（打一国名）”“魏蜀吴鼎立（打一数学名词）”等灯谜，都能在学科教学中及时穿插渗透，学科知识可与灯谜文化形成强有力的互补关系。利用灯谜“语小天下莫能破，语大天下莫能载”的信息承载功能，锻炼学生的思维，调动学生的知识储备，提高学生的表达能力，加深学生对学科知识的掌握，必能收到事半功倍的效果。澄海实验高中早在2005年就成立了篪声谜社，利用灯谜进校园活动培养新苗子，创办谜报。近年来澄海区府前广场开展“迎春灯谜一条街”活动，常常能看到澄海实验高中的学生参与其中，他们猜射热情高涨，满载而归。不难看出，学生中的佼佼者已经成为所在社区灯谜活动中的新兴力量，校园灯谜文化必将永葆青春活力。

以灯谜为依托繁荣校园文化，正是为了把校园内不同层次、不同爱好的广大学生团结和凝聚起来，用积极健康的传统灯谜形式去陶冶学生的情操，丰富学生的生活，提高学生的品位，形成“共创繁荣、共建文明”的良好氛围，把澄海实验高中的校园精神文明建设提高到一个更高的层次。

（作者：蔡式莹）

五、审美与健康教育课程

艺体特色是澄海实验高中传统的学校特色。近二十年来，学校以“绿色教育”办学理念和新课程理念为指导，将艺术教育和体育与健康教育的普及与提高有机地结合起来，构建特色教育新机制，搭建特色发展新平台，走普通高中发展艺体特色教育之路。经过十几年的实践，特色教育取得了丰硕的成果，在促进学校实现跨越式发展方面做出了贡献，取得了一定的成果。

学校从培养特色项目，逐步形成办学特色，到最终形成特色学校，生命活力越来越旺，成为本地学子争先报考的学校。学校事业进入可持续发展的阶段，这些都离不开学校初创时期确定的特色办学思路，以及师生坚持不懈的努力。实践证明，发展艺术体育特色，是提高学校办学效益，增强学校办学活力的有效措施，也是培养多层次、多类型人才的重要手段。

特色项目可以提炼出办学特色，办学特色应该进一步用于打造特色学校。我们以学校绿色教育文化为核心，以课程校本化建设为关键，以尊重学生差异、优化办学资源、培养多样化人才为指针，培养学生兴趣，发展学生个性，挖掘学生潜能，夯实生命根基，促进学生优质、多样、特色发展，办现代化示范性特色学校，这是建设绿色教育特色学校的思想策略。艺体特色项目正是这个策略的现实体现。

艺术教育案例收录了学校各个时期在建设艺体教育特色课程过程中的一些成果，侧面反映了特色学校建设的发展历程。

【案例1】普通高中发展艺术特色教育的实践和探索

近几年来，我校以新课程理念为指导，将艺术教育的普及与提高有机地结合起来，走普通高中发展艺术特色教育之路。经过短短几年的实践，学校办学初具特色，实现了三大跨越：第一个跨越是艺术类高考实现从高上线率向高质量的跨越，艺术类高考本科上线率连续两年居全区第一，位列汕头市第一名，形成“立足广东，面向全国”的态势；第二个跨越是从特长教育到特色教育的跨越，将艺术特长教育经验扩展到各学科的“扬长教育”上，提升了育人品位，焕发独有的精神风貌；第三个跨越是从发展特色教育到发挥品牌效应，顺利通过了汕头市、广东省一级学校评估。特色教育使学校生命的活力越来越旺，学校成为本地学子争先报考的学校，学校事业进入可持续发展的良性循环。

一、谋划策略，构建特色教育新机制

(1) 发挥优势，建立特色发展基础。学校原有办学条件比较优越，从师范转为普通高中之后，学校从可持续发展的观念出发，提出“发挥优势，壮大学校艺术教育事业，使艺术教育成为学校办学特色”的办学思路，从2001年开始特招艺术生，开办普通高中艺术加强班。师范时期种类齐全、数量充足的大批艺术专业教学器材派上用场，优质的师资有了用武之地，保障了教学设备的高规格，教学质量的高水平，学校的传统优势得以保留和继续发扬。

(2) 分步实施，逐步形成办学特色。在追求办学特色方面，学校确定了三步走策略，第一步“打基础”，艺术班培养方向直接与高校招生对接，让更多的学生考上大学；第二步“保质量”，培养目标将在重视数量上瞄准高端，争取有更多文化、专业双拔尖学生进入名牌大学；第三步“促提升”，走内涵发展道路，用艺术教育带动素质教育，通过扩大办学规模、完善设施设备、主动宣传等一系列行动，初步形成品牌效应。

(3) 健全组织管理系统。成立了学校艺术教育领导小组，制定了包括课程管理、课内外教学辅导、教学研究、学生学业评价等一系列管理制度，选配了专业门类齐全、老中青结合的艺术师资，组建艺术教研组，承担普通班艺术课教学和加强班专业教学，组织学校各项文艺活动，形成了由艺术教育领导小组负责规划指导监督、由艺术教研组具体实施的组织管理系统。重视目标管理和过程管理，做到教学有长期规划，学校每学期有专项计划，教研组有专门研究计划，备课组有课程教学计划，毕业班有备考计划，定期开展教学研讨活动。

二、依托课改，搭建特色发展新平台

普通高中新课程改革给高中教育注入了生机和活力，“让每位学生在现有的基础上得到发展，充满自信地走上成功之路”，我们的教育理想和新课改理念相吻合。我们依托新课改，本着“人各有才，人尽其才，人人成才”的观点，把学生的差异作为资源加以重视和开发，让人人都获得成功。

(1) 更新观念，规范艺术教育课程设置。普通高中艺术教育仍属基础教育，特长教育要建立在全面发展的基础上。一方面，根据普通高中新课程标准关于课程设置的有关要求，开齐艺术课程，开足课时，通过课堂教学主渠道完成新课程标准所规定的教学目标。另一方面，致力于地方艺术教育资源和校本艺术课程的开发，开展非物质文化遗产保护和利用的教学实验，将潮汕工艺资源引进高中课程，组织学生进行研究性学习。同时，从服务学生成长出发，开发专业课程，加强班必修科目设置和课时与普通班一样，而选修课则用于艺术专业课。通过规范艺术教育课程设置构建了学校艺术教育课程体系。

（2）将办好艺术加强班作为艺术教育的中心工作。首先，从服务学生成长的需要，设计培养目标。艺术加强班生源来自本区初中毕业生，学生素质参差不齐，基本技能和表现能力不尽如人意。关于如何全面提高学生艺术素养和文化素质，实现“低进高出”，我们提出了“培养基础扎实、身心健康、艺术见长、全面发展”的目标，确立艺术生应“文化科和专业科两条腿走路”的思想。其次，根据艺术专业要求设计教学模式。在教学原则方面，坚持因材施教、分类辅导、分层推进的原则，调动非智力因素，强化技能训练。在教学方法方面，采用“门诊”式教学法，音乐班采取分小组及逐个指导的形式，美术班采取分层讲评方法；教学示范展示法，强调教师示范和学生才艺表现；社会实践教学法，课堂训练打基础，课外活动促提高。在文化科教学管理方面，贯彻“以课堂教学为主渠道，以课余辅导为必要补充”的要求，注重基础知识的传授和基本技能的培养，根据学生的文化科成绩开展分类辅导，确保学生文化成绩得到提高。

（3）以点带面，完善特色教育结构。将艺术教育的普及与提高有机地结合起来，以艺术加强班办学带动艺术教育事业发展。这里所谓的普及，就是通过组织校园文艺活动，包括艺术课程、文艺讲座、社团活动等，调动学生广泛参与到艺术教育活动中，满足其成长需要。所谓提高，就是建一流的师资，一流的场地，以一流的教学，创一流的业绩，实现出成果、出人才的目的，并以此推动最广泛的师生的文化参与，满足最广泛的师生的文化需求。

三、彰显特色，素质教育结硕果

经过短短几年的实践，学校特色教育取得了丰硕的成果，实现了三步走策略，促进学校实现了跨越式发展。

（1）促进了学校素质教育的开展，为建构办学特色打下良好基础。艺术教育的开展丰富了校园文化，极大地促进了素质教育水平的提高。音乐班的舞蹈、声乐教学，美术班的实景作画，以及学生作品展，构成了校园一道美丽的风景，整个校园洋溢着浓浓的艺术气氛。课内课外，美妙的歌声、悠扬的琴声、轻快的舞步声、高亢的朗读声，汇成了素质教育的美妙乐章，校园文化生机勃发。艺术加强班的教学理念、经验，辐射、扩展到各学科的“扬长教育”上。各类校园文化活动及第二课堂活动丰富多彩、有声有色，学生以饱满的热情和浓厚的兴趣，踊跃参加各种兴趣小组活动。学生“读名著、听名曲、看名片、赏名画、探名胜”蔚然成风，学校成为“培养人才的摇篮，传承文化的基地，引导审美的窗口”。

（2）成功体验孕育了健康心态，培育了向上的精神。艺术加强班学生在高中以前文化科的学习上挫败感较强，存在不同程度的心理障碍，表现为自卑又敏感，意志力薄弱，容易急躁和焦虑。进入加强班学习后，他们在学校各类文体活动和才艺表演中的突出表现，赢得了全校师生的赞誉。不断的成功体验和精神激励，使他们找到了自我，逐渐克服和消除了学习上的心理障碍和自卑心理，增强了自信心，并把这种信心迁移到文化科学习中，使文化科学习得到长足进步。同时，他们的思想品德、社会交往等素质也得到较大提高。

（3）培养了一大批艺术人才。二十年来培养近两千名艺术人才，一批学生被清华大学、中央美术学院、中央音乐学院、中央戏剧学院、北京电影学院、广州美术学院、星海音乐学院、华南师范大学等重点艺术院校和著名高校艺术专业录取。艺术特色学校的创建锻炼了师资，提高了教学质量。教师在国家、省市比赛中获得金奖等多项奖项。文化科教师从教研上下功夫，摸索出一套教学经验，并撰写成为教学心得、论文，对提高教学效率起到了很好的指导作用。

四、建设艺术特色学校的思考

实践证明，发展艺术特色，是提高学校办学效益，增强学校办学活力的有效措施，也是培养多层次、多类型人才的重要手段。近年来，随着艺术高考竞争日益激烈，学校艺术教育面临更大的压力。泥沙俱下如何寻找真金？我们认为，必须直面竞争，改进方法，内外兼修，乘势而上。

（1）端正办学思想，坚持正确的办学理念，促进学校可持续发展。在实际工作中，进一步做好普及与提高的研究工作，以“特色”促“全面”，让学校艺术教育继续发挥在学校素质教育方面应有的作用。

（2）发挥自身优势和寻求外部支持相结合，合理开发和有效利用校外资源，鼓励和支持学生参加课外和系统外的各种健康的艺术实践活动，适当引导学生和家长处理课内与课外教学活动的关系。

（3）课程设置和管理方面，在坚持开齐、开足必修课程的基础上，根据学生艺术素养和艺术高考招生形势，适当调整专业课程设置比例，促进艺术综合素质平衡发展。

（4）在学生的管理上，坚持严爱结合。纪律是学习的保证，对艺术加强班学生更要严格要求，要使其持久地保持一种积极向上的状态，对他们的每一个进步要及时肯定、奖励，同时向他们提出期望。

（5）建立专业教学评价系统，健全激励机制，进一步优化师资队伍的结构，要选配有责任心、教学能力强又能理解特色教育的教师担任艺术加强班必修课程教学工作，确保文化基础学科的教学质量。

参考文献

张碧姬．探索艺术课程改革新路　全面推进学校素质教育［J］．基础教育参考，2004（12）．

（作者：侯庆生、许守武）

【案例2】《提高足球传接球的应用能力》教学设计

一、指导思想

本课程以高中新课标为依据，以学生身体练习为主要手段，坚持“健康第一、以人为本”的指导思想，课堂上注重学生的自主学练，充分调动大部分学生的主动性，培养学生的自主、探究、合作能力，发展学生的小组合作能力。

二、学情分析

本课程的教学对象是高一年级的学生。一方面，该阶段的学生身体素质和学习领悟能力较强，具有一定的技术水平，有利于开展足球综合应用能力的教学。另一方面，该阶段的学生有一定的竞争和合作意识，学习积极性高，求知欲强，喜欢挑战与超越。为了提高学生学习效率，采用了让学生有较多练习时间的教学组织模式，在教学中因材施教，采用不同程度、不同形式的分组，帮助他们获得成功的愉悦，在原有基础上进一步提高足球技术。

三、教学目标

(1) 认知目标：使学生初步了解足球传接球技术的应用。

(2) 技能目标：通过教学使70%~80%的学生足球传接球技能得到提升。

(3) 体能目标：发展学生的速度、力量和身体协调性，达到健康、增强体质的目标。

(4) 情感目标：培养良好的观察、逻辑思维能力和团队合作精神。

四、教学内容

提高足球传接球的应用能力。

五、教材重难点

重点：如何在移动和对抗中使用足球传接球技术。

难点：移动中触球点的选择和传抢对抗中的跑位意识。

六、组织与教法

根据本课程的教学目标，教学组织与教法的设计思想是：

(1) 重视体育知识和技术技能的传授，通过学习让学生有所收获。

(2) 教学过程以“教师为主导，学生为主体”，体现“双主体”有机结合的学习模式。

(3) 教学过程重视学习方式的转变，体现“主动学习、合作学习”。通过练习方式方法的改变，提高学生的运动能力。

(4) 教学组织形式采用弹性分组，组织形式多样，以丰富、有趣的活动内容，最大限度地调动学生的学习兴趣。

七、教学流程

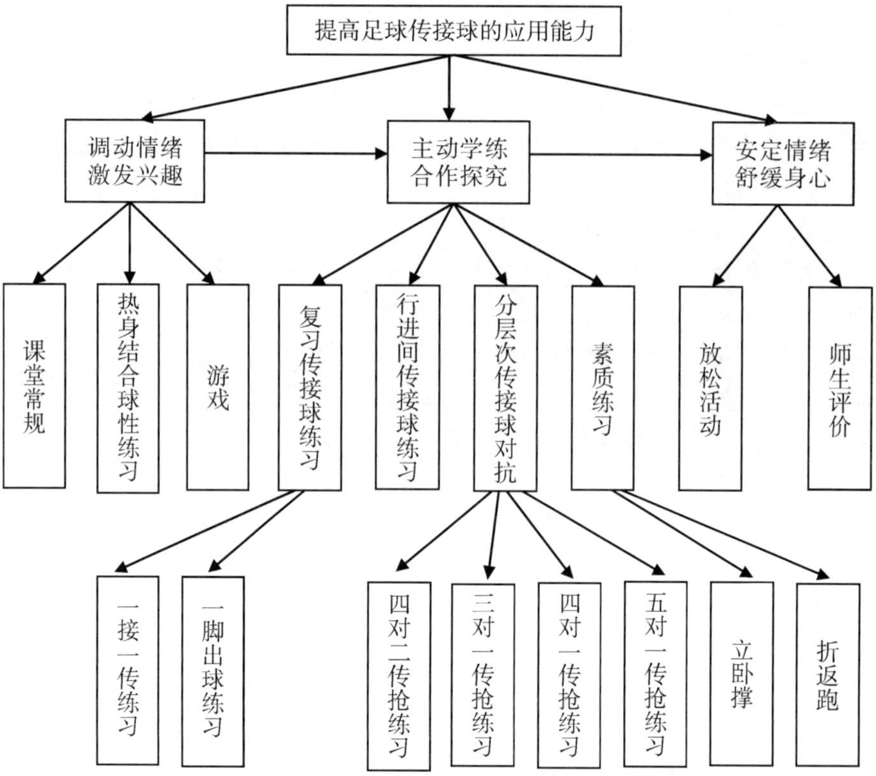

图 2－1　教学流程

八、模块计划

足球模块教学目标：

（1）通过各种足球技术练习，体验足球运动的乐趣。

（2）使 85% 以上的学生掌握足球综合运用能力。

（3）增强力量，发展灵敏和协调性，提高身体素质和运动能力。

模块教学计划如表 2－7 所示：

表 2－7　模块教学计划

课时	学习内容	教学目标	重点与难点	教学与策略
第一课	提高足球运控球能力	让 70% 以上的学生能熟练地运用各种控球技术	重点：各种运球的技术 难点：不同身体部位对球的控制	1. “抢西瓜”游戏； 2. 运控球练习； 3. 教学比赛

（续上表）

课时	学习内容	教学目标	重点与难点	教学与策略
第二课	巩固足球运控球能力	让85%以上的学生能熟练的运用各种控球技术	重点：各种运球的技术 难点：不同身体部位对球的控制	1. 球性练习； 2. 运控球练习； 3. 教学比赛
第三课	提高足球运控球的应用能力	1. 让85%以上的学生掌握运控球的应用能力 2. 发展学生的速度、力量和身体协调性，达到健康、增强体质的目标	重点：如何在对抗中使用运控球技术 难点：战术意识的培养	1. “追人”游戏； 2. 复习运球技术； 3. 对抗中的运球练习
第四课	提高足球传接球能力	让70%以上的学生能熟练地运用传接球技术	重点：传接球的技术要领 难点：触球点和接球位置的选择	1. 球性练习； 2. 传接球球练习； 3. 教学比赛
第五课	巩固足球传接球能力	让85%以上的学生能熟练地运用各种传接球技术	重点：传接球的技术要领 难点：触球点和接球位置的选择	1. 传接球练习； 2. 教学比赛
第六课	提高足球传接球的应用能力	1. 技能目标：通过教学使60%～70%的学生的足球传接球技能得到提升 2. 体能目标：发展学生的速度、力量和身体协调性，达到健康、增强体质的目标 3. 情感目标：培养良好的观察、逻辑思维能力和团队合作精神	重点：如何在移动和对抗中使用足球传接球技术 难点：移动中触球点的选择和传抢对抗中的跑位意识	1. “运传球接力”游戏； 2. 球性练习； 3. 复习传接球技术； 4. 对抗中的传接球练习； 5. 素质练习

（续上表）

课时	学习内容	教学目标	重点与难点	教学与策略
第七课	比赛课	1. 让学生将所学技术应用到比赛中去 2. 培养良好的观察、逻辑思维能力和团队合作精神	重点：合理运用各项技术 难点：战术意识的培养	组织学生进行比赛
第八课	提高足球传接球能力（长传球）	让70%以上的学生能熟练地运用长传球技术	重点：长传球的技术要领 难点：触球点和接球位置的选择	1. 球性练习； 2. 长传球练习； 3. 教学比赛
第九课	巩固足球传接球能力（长传球）	让85%以上的学生能熟练地运用长传球技术	重点：长传球的技术要领 难点：触球点和接球位置的选择	1. 长传球练习； 2. 素质练习
第十课	提高传接球的应用能力（长传球）	1. 让85%以上的学生掌握长传球的应用能力 2. 发展学生的速度、力量和身体协调性达到健康、增强体质的目标	重点：如何在对抗中使用长传球技术 难点：战术意识的培养	1. 球性练习； 2. 复习长传球技术； 3. 对抗中的长传球练习
第十一课	提高足球运球射门能力	让70%以上的学生能熟练地运用运球射门技术	重点：运球和射门的技术 难点：两项技术的合理运用	1. “溜猴”游戏； 2. 运球练习； 3. 射门练习； 4. 运球射门练习； 5. 素质练习
第十二课	巩固足球运球射门能力	让85%以上的学生能熟练的地运用运球射门技术	重点：运球和射门的技术 难点：两项技术的合理运用	1. 球性练习； 2. 运球练习； 3. 射门练习； 4. 运球射门练习； 5. 教学比赛
第十三课	提高足球运球射门的应用能力	1. 让85%以上的学生掌握运球射门的应用能力 2. 发展学生的速度、力量和身体协调性，达到健康、增强体质的目标	重点：如何在对抗中使用运球射门技术 难点：战术意识的培养	1. 球性练习； 2. 复习运球射门技术； 3. 对抗中的运球射门练习

（续上表）

课时	学习内容	教学目标	重点与难点	教学与策略
第十四课	比赛课	1. 让学生将所学技术应用到比赛中去 2. 培养良好的观察、逻辑思维能力和团队合作精神	重点：合理运用各项技术 难点：战术意识的培养	组织学生进行比赛
第十五课	提高足球头球射门能力	让70%以上的学生能熟练地运用头球射门技术	重点：头球射门的技术 难点：触球点的选择和预判能力的培养	1. 球性练习； 2. 头球射门练习； 3. 素质练习
第十六课	巩固足球头球射门能力	让85%以上的学生能熟练地运用头球射门技术	重点：头球射门的技术 难点：触球点的选择和预判能力的培养	1. “抢地盘”游戏； 2. 头球射门练习； 3. 教学比赛
第十七课	提高足球头球射门的应用能力	1. 让85%以上的学生掌握头球射门的应用能力 2. 发展学生的速度、力量和身体协调性，达到健康、增强体质的目标	重点：如何在对抗中使用头球射门技术 难点：战术意识的培养	1. 球性练习； 2. 复习头球射门技术； 3. 对抗中的头球射门练习
第十八课	比赛课	1. 让学生将所学技术应用到比赛中去 2. 培养良好的观察、逻辑思维能力和团队合作精神	重点：合理运用各项技术 难点：战术意识的培养	组织学生进行比赛

九、教学反思

从教学目标达成情况来看，本课程基本达到了课前的预期效果。关于本课程我有几点反思：

(1) 教学内容安排：根据教学目标，我将“提高足球传接球的应用能力”作为主要目标。首先利用绳梯和球性练习进行热身活动，接着将游戏（运传球接力）作为前导性练习引入，激发学生的学习兴趣，再通过原地传接球练习巩固所学技术，采用行进间传接球练习提高学生移动中的传接球能力，最后分层教学，让学生通过传抢对抗练习提高跑位意识，通过素质练习发展体能，最后进行韧带肌肉牵拉放松。

（2）教学方法和组织形式：本节课的教学打破了常规的教学方法和队形，采用自主性教学方法，学生在教师的引领下，树立自主学习和团结协作的思想并根据自身能力选择适合自己的练习方法。这样有利于学生进行适合于自身特点的学习，有利于培养学生的主体性和思维能力，提高教学效率。

（3）练习密度：为了提高练习密度，突出学生的主体性，教学过程中，尽量减少集中讲解、队伍调动，而更多地进行个别指导、纠正，确保学生练习活动的连贯，本课程练习密度基本达到预期目标。

（4）不足与改进措施：在课堂上要关注每一名学生，而我在这方面做得还不够好，在指导学生练习方面存在漏洞，这就需要在日后的备课中多加注意，做好课前预设。部分学生在练习中不够主动、积极，然而我没有及时发现、鼓励。这属于课堂生成问题，需要教师提高应变能力。

（作者：陈咏达）

第三节　“绿色行动”校本课程的实施及反思

绿色教育是践行可持续发展观的教育。“绿色行动”校本课程围绕“人文与自然和谐共生，传统和现代完美融合”的主题，开发利用绿色教育课程资源，开展绿色教育系列活动，创建绿色校园文化。“绿色行动”校本课程的实施，培养了学生的人文素养和科学精神，提高了学生的社会责任感以及参与社会实践活动的能力，促进了教师专业发展和学校内涵发展。

一、实施对学校发展的影响

第一，发挥文化引领作用，营造绿色生态环境。“绿色行动”校本课程的开发，尊重了教师与学生的生命价值，凸显了“绿色、和谐、人文、科学”为基本内涵的教育思想和“教育的本质在于激发人的生命活力，促进人的全面素质可持续发展”的教育价值观，发挥了学校理念文化领航作用，使教师与学生的学校生活富有生命意义。在此基础上，从硬件和软件两方面着力建设传统文化与现代文明相融合，自然与人文和谐相生的校园绿色生态环境。学校本着“让每一面墙壁都会说话，每一片树叶都是书签”的追求，从环境科学的角度出发，对校园做了科学规划，形成了安静的学习区、洁净的生活区、专业的运动区、幽雅的休闲区，使校园四季葱郁、生机盎然，形成了一幅包含着人文景观、园林景观、生态景观的立体绿色画卷，使校园里有形的环境文化涌动着无形的精神内涵，弥漫着学府的文化气息。学子们置身于这个自然的清新世界，潜移默化地受到绿色教育的熏陶。

第二，发挥教育品牌效应，促进办学品位提升。“绿色行动”校本课程的开发，利用学校历史和现实教育教学资源，总结和提炼办学经验，挖掘办学特色提升办学品质。

新课程改革十几年来，学校抓住发展机遇，广大师生风雨兼程，殚谋勠力，取得了众多荣誉和奖牌。多年以来，学校教育教学质量不断提升，高考成绩持续攀高。被国家级示范性学校评估专家誉为“校园美、校风正、质量高、特色显”的现代化普通高中。

二、实施对师生发展的影响

“绿色行动”校本课程充分发挥教育在促进人的生命价值方面的基础性作用，师生在行动中与课程同成长。其中，“生命教育”帮助中学生认识、理解生命的意义，提高生命质量，使学生主动、健康、全面地发展；“生态文明教育”提高学生对自然环境的情感、审美情趣和鉴赏能力，获得了保护和促进生态环境的技能；“优秀传统文化教育”的开发使学生感受到中华优秀传统文化的博大精深，增强了传承民族文化、提高道德素养的自觉性；“审美与健康”的开发促进了素质教育的开展，使校园洋溢着浓浓的艺术气氛，生机勃发；“社会参与”开阔了学生视野，陶冶了学生情操，启迪了学生思维，发展了学生个性特长，用实际行动贯彻落实志愿者服务精神，全面提高学生素质。

“绿色行动”校本课程研究和开发是一项专业性的学术工作，对于高中教师来讲是一个挑战。在课程开发过程中，教师本着“边学习边行动，在学习中行动，在行动中学习”的原则，掌握课程建设理论，开展了课程资源开发和利用的研究，不仅学会了处理和利用现有的教学资源，而且学会了挖掘、发现、整合和利用本地区现有的和潜在的教学资源，促进教育观念转变，提高科研素质，补充和丰富教学资源，为学生创造了灵活的、有助于探索研究的学习环境。在开发和利用“绿色行动”课程资源过程中，教师发挥主导性和决定性作用，在一定程度上改变了教学研究的面貌。广大教师坚持参加教育科研，形成了“应用为主、服务课改、规范操作、重在过程”的校本科研策略。一批青年教师在课程研究中磨炼和成长，积极进行教学设计、开展教学活动，撰写论文，在各级的评比中获奖或发表成果。

三、实施在社会与家长中的影响

“绿色行动”校本课程的开发引起了各级环保部门、宣传部门、教育部门和党团机关、社会慈善部门等的关注，学校承办了汕头市“绿色学校”现场会，每年的春节文化广场、送戏下乡、志愿者活动等都少不了澄海实验高中学子的身影。学校还积极发挥示范作用和辐射作用，扶持澄海区隆都中学等多所学校申报各级绿色学校，学生艺术社团和体育运动队多次代表区、市参加全省文艺体育比赛，为地方艺体事业争得荣誉。学校依托教师继续教育平台，开展地方文化资源开发专题培训活动，编写培训教材，在全区中小学做巡回讲演，参加培训的教师人数达七千人，提高了课程的影响力。“绿色行动”校本课程的开发，使学校在本地区高中教育中产生良好示范作用，使学校成为“培养人才的摇篮，传承文化的基地，引导审美的窗口”，为国家培育了更多优秀人才。近年来，学校事业突飞猛进，迎来了跨越式发展，赢得了政府的肯定和社会的广泛认可，深受家长和学生的欢迎和支持。

四、对实施过程的反思与展望

“绿色行动”校本课程开发是一项意义深远的工作。然而，目前学校只是针对绿色教育的开展做了一些初步的整理和探索，一些问题仍有待进一步研究与改进。

第一，继续完善研究，巩固课程成果。要贯彻课程开发的基本原则，进一步完善开发策略。在课程开发初期，学校曾凭着一腔热情，一哄而上，全面开花，一个学期里就增设了十几种校本课程，但不到一年时间，其中有半数以上的课程没有真正落到实处。究其原因，虽然存在无经验、无宽余时间的实际情况，但更重要的是缺乏针对性和实效性。学校总结了经验教训，遵循了课程开发的基本原则和基本策略，保障了校本课程的有效开发。本次“绿色行动”系列课程的开发建设是在以往校本课程建设的基础上形成的，要进一步总结经验，重视课程开发的实效性，不断完善课程形态、结构，充实内容，形成独具特色的校本课程体系，以课程特色彰显学校特色，不断扩大特色课程建设的影响力和覆盖面。

第二，进一步健全绿色教育校本课程评价标准。绿色教育课程资源的开发，最终目的是服务学生成长，这就需要建立校本课程资源评价机制和评价标准。首先，学生是活动的主体，如果学生不能够或不愿意参加，开发就失去了意义。其次，所谓发展性课程，就是要尊重学生的发展需要，让学生形成独立思考的精神和意识。要以学生感兴趣的事物和方式为基础，在活动中培养学生的综合能力，使学生的个性得到张扬，潜能得到开发，特长得到发展。所以，必须建立一整套切实可行的规范化、科学化的评价机制，保证课程活动的参与性和常态化。

第三，加强管理是搞好校本课程开发与实施的有利保证。校本课程一旦开设，就要抓好各个环节，如安排教师、制订计划、落实时间地点、检查教案、随堂听课、学生评教、期末考核等，这样才能保证校本课程的有序实施。建立健全定期研讨交流制度，搭建科研平台，定期开展校内研讨活动，不断完善考核制度，激励全体师生积极参与特色学校建设工作。

第四，要充分利用专业部门和家长的力量。绿色教育特色学校建设涉及当代社会热点问题。近年来，珍惜生命、保护生态、传承“非遗”成为教育、环保和文广等部门的重点工作，专家名流云集，普查不断深入，成果不断推新，学校缺乏同专业部门的密切合作，的确是一大憾事。因此，在接下来的工作中要聘请有关专家进行指导，更新观念，理清思路，打造亮点，突破难点，为特色学校建设注入更多专业含金量和发展动力。

第五，不断提高教师综合素质，是搞好校本课程开发与实施的重要工作。教师决定了绿色教育课程资源的识别范围、开发与利用的程度。校本课程要符合学生的需要、引起学生的兴趣、有利于学生的发展，其效度一定程度上取决于教师的素质。要不断强化学校和教师的课程意识，提高学校教师、领导的课程开发技术，使之具备课程改革的正确意识、课程改革的愿望和动力、开发校本课程所必需的知识与技术，这是校本课程开发的重要条件。另外，要加强学科教师之间的联系和合作，注重校本课程开发与学科教学之间的整合，使学校教学更好地为学生的发展服务。

第六，推动特色建设，争创特色学校。进一步挖掘课程资源的内涵。中共十八届五中全会提出，绿色是永续发展的必要条件和人民对美好生活追求的重要体现。从绿色教育的视角出发，可以分为人与人、人与大自然之间关系的教育，分别对应着生命教育和生态教育，以及针对人的可持续发展的教育。“绿色行动”特色校本课程超越书本，超越体系化的教材，超越封闭的课堂，面向自然、面向社会、面向学生的生活和已有经验，引导学生正确看待自然生态和人文生态中存在的实际问题，是一个“做中学”的行动课程。要牢固树立并切实贯彻创新、协调、绿色、开放、共享的“新发展理念”，在此基础上，推动特色学校建设，争创绿色教育特色学校，形成学校特色文化，提高办学品位。

用理想点燃激情，用品质承载重任，用汗水书写辉煌，“给我们一把种子，定让它花果飘香”，这是实高人教育信念和行为的真实写照。“绿色行动”校本课程开发基于学生发展需要，促进学生可持续发展，彰显了教育价值和行动力。“我们贴在地面上步行，不在云端跳舞。”随着“核心素养时代”到来，“绿色行动”校本课程将为学校重构未来教育图景提供一个广阔的天地。

第二章　绿色课堂

第一节　构建绿色教学教研文化

新课改之初，澄海实验高中还是一个蕞尔薄校，面临着生源、规模和师资之困。学校乘新课程改革之东风，用先进办学理念铸造共同愿景，通过建构教学教研文化，落实有效教学策略，大力开展教育科研，建构有效课堂，促进了教师的专业化发展，提高了教育教学质量，破解了学校发展难题，走上了规模化发展和内涵发展的康庄大道。

一、建构教学教研文化，破解内涵发展难题

绿色教学教研文化的建构与学校自身办学品质的提升密切相关，概括起来，共经历了三个阶段，即初创时期确立了办学理念，构建发展愿景；课改时期增强“校本”意识，建设教研共同体；转型时期改革管理制度，建设“强师工程”三个阶段。

（一）先进办学理念铸造师生共同愿景

学校的办学理念是学校文化的灵魂，决定了学校的内涵发展。学校于 2002 年由师范转制为普通高中后，面临生源之困、规模之困和师资之困。正当学校苦苦寻觅发展出路的时候，普通高中新课程改革开始了。这是一个崭新的起点，学校乘新课改之东风，提出了“以人为本，绿色教育，和谐发展”的办学理念，坚持“绿色、和谐、人文、科学”的教育思想和“教育的本质在于激发人的生命活力，促进人的全面素质可持续发展”的教育价值观。

“给我一把种子，定让它茁壮成长，花果飘香。”虽然学校学生起点低，基础薄弱，但学校力争让学生“赢在终点”。先进的办学理念和共同的教育信念铸造了美好愿景，成为学校内涵发展的风向标，良好教风和学风油然勃发，学校事业突飞猛进，迎来一波又一波跨越式发展。

（二）校本教研文化支撑内涵发展重心

品质是质量、信誉、文化的综合体，品牌是外在，内涵是内在。有了美好愿

景之后，搭建学校内涵发展的支架在哪里？我们苦苦寻觅，最终把眼光投放在校本教研制度的建设上。2005 年初，学校启动了“以行动研究促进校本教研制度的构建”的研究课题，重新定位教研工作职能，改过去的外控式管理为自主式管理，搭建起校本教研工作系统，增强学校制度建设的“校本”意识。同时，引导教师改进教学行为，把教师从单纯的课程被动执行者的角色中解脱出来，推动了学校教研工作的深入开展，形成以学校发展、教师成长和学生成才为本的学校制度。

校本教研制度的贯彻过程也是办学理念和教学策略的落实过程。为彻底改变教师的教学方式与学生的学习方式，学校提出“有效教学、自主学习、持续发展”的教学策略。“有效教学”不但关注教学结果，而且关注时间效率，关注学生差异，关注当下的学习对后续的学习、终身的学习有用，把追求教学效果、效率与效用统一起来。“自主学习”是主动学习、独立学习和自觉学习的混合体，是一种高品质的有效学习活动。教学活动只有充分尊重学生的主体地位，保证学生有自主学习的时间，鼓励学生主动提出问题，体现经验建构和探究学习的乐趣，教学才能有效。“持续发展”是在科学发展观的指导下，通过有效教学和自主学习的途径，实现学生个性的健康和可持续发展，实现教师的专业发展和学校的内涵发展。

校本教学研究制度和有效教学策略成为我校新课程改革背景下学校内涵发展的行动纲领，稳妥推进新课程改革，促进了教研成果转化为有效教学成果，促进了学生持续发展和教学质量的不断提高。

（三）管理和研训为转型发展保驾护航

进入 2010 年，学校招生规模迅速扩大，一下子达到了生源饱和线，管理上负重爬坡。我们认为这是发展的拐点。为适应教育转型和深化课程改革的需要，学校制订了新的发展规划，提出以“转变教育发展方式，推进学校内涵发展”为核心，以质量、队伍、特色和管理为抓手，着力开展教师培育、精致教学和特色教育等多项工程建设，努力实现“三个转变”，即变规模发展为质量发展、变粗放发展为精细发展、变同质发展为特色发展的发展目标。让学生成人、成才，让教师成长、成功，让学校成就辉煌。在学校发展过程中，坚持文化立校方针，用理想点燃激情，用品质承载重任，用汗水书写辉煌。

为实现提升办学品质“三个转变”的目标，学校依托教育科研项目，对教学教研文化进行了比较系统的探索和实践，构建了教学管理制度文化和组织行为文化，把学校文化内化为师生自觉的行动。

首先，规范做好汕头市教育科学“十二五”陶研专项课题——《借鉴陶行知教育思想，改革教学常规管理制度的研究》的工作。随着普通高中由规模化转向内涵发展，那些曾经对教育教学的稳定起过重要作用的教学常规管理制度，有的已经不再适应形势发展需要，急需改进或重建。在进行教学常规管理制度改革的过程中，学校通过学习践行陶行知教育思想，建立了教学常规扁平化的管理制度，推行有效教学课堂范式，建设“教研共同体”，克服校大、事多、管理松散的现象，提高了学校的管理效率，为内涵发展提供文化制度保障。

其次，认真开展广东省“强师工程”重点项目《普通高中教师校本研训的理论与实践研究》的研究工作。由于普及高中教育，学校青年教师剧增，寻找教师培育的有效途径和方法，促进青年教师专业发展是学校发展的关键。该项目以《中学教师专业标准（试行）》（简称《标准》）为教师教育改革的蓝图和开展教育教学活动的基本规范，运用“问题导向、课题研究、专题培训、研训一体”和“学、用、创”行动研究的有效策略，把握《标准》，用好《标准》，建立校本研训的一系列机制，通过文化引领、目标激励、制度保障的途径，开展以“教师素质提高年”为主轴的校本研训系列活动，唤醒教师的主体意识，满足教师专业发展需求，促进骨干教师拔尖发展，提高教师专业素养，实现“学用于研，研为学用，研训融合，教学创新，共同发展”的目标。

二、打磨绿色教研文化，努力提升办学品质

（1）在制度文化建设方面，改变以往重管制、监控、指示、命令的“金字塔”式管理流程，推行扁平化管理流程，把教学常规管理的职权下放到年级学科组，使教育教学业务相连，集散有度、管理有序，实现了管理流程的扁平化、信息沟通的扁平化、师生互动的扁平化，防止了因校大、事多导致管理松散现象的发生，进一步促进教学相长，整体发展。同时，修订了《关于加强基础年级教学工作的意见》和《关于高三备考工作指导意见》两个工作规范文件，进一步明确了各年级教学的基本特点、质量管理目标、教学教研重心和工作要求，形成三年一体化教学规程，建立了全程质量管理指导系统。

（2）在组织文化建设方面，坚持“科学、创新、严谨、高效”的工作指针，打造“教学研究共同体”，改变以往教研管理自上而下，忽略合作创新的刚性管理，建立对话、协商、合作机制，使校本研训真正成为提升办学品质的永恒动力。第一，开展师德教育，恪守宗旨和信念，捍卫荣誉，以良好的心态、过硬的作风、奉献的精神投入教育教学工作。第二，开展“读书与反思”活动，使教师在“学习型”组织中，共同拥有先进理论的支撑，共同使用一套教育话语体系，共同破译教育密码。第三，通过主题研讨、小组交流、案例分析、教学观摩、课题研究、师徒结对等形式，促进教师专业发展。第四，开展精修精研活动，举行“课堂同步实录”“15 分钟精讲”和解题、命题、教学设计等师能比赛，提升青年教师的专业技能。

（3）在行为文化建设方面，倡导“有效教学，自主学习，持续发展”的教学理念，实施精致教学策略，把三年一体化教学规程落到实处，让高高在上的教学理念落地。在此基础上，积极推广“以学定教，先学后教”的成功经验，落实“主题精炼、内容精当、方法精巧”三项标准，推行“重心前置、自学贯通、精讲精练”的精致教学范式。同时，探索优生辅导机制，试行“导师制”，开展分层辅导，在“细、实、活”上下功夫，在“精、巧、细”上出成绩，推动精

致教学范式的有效实施。另外，开展学涯辅导，定期地进行学习方法指导，组织学习经验交流，引领学生刻苦学习，顽强拼搏。

三、建构绿色课堂文化，落实有效教学策略

（一）基于改造课堂的“三五式”教学策略

课堂是课程改革主阵地。学校提出课堂的“三五式”教学策略，即课堂教学要实现“三个转变”和“五个要让”。“三个转变”即变注入式教学为启发式教学；变学生被动听课为主动参与；变单纯知识传授为知能并生。“五个要让”即在课堂教学中能让学生观察的要让学生观察；能让学生思考的要让学生思考；能让学生表述的要让学生表述；能让学生自己动手的要让学生自己动手；能让学生自己总结的要让学生自己推导出结论，教师不能包办代替。

“三五式”教学策略进一步明确了师生的关系，促进了教师教育观念的转变，教师以现代学生观为基础，以实现学生真实、真正的发展为依据，主动对课堂教学中不合理的行为方式和思维方式进行变革，提高学生的学习能力，促进自主合作探究，形成学科教学模式。

（二）基于教师发展的“研训一体”教研策略

教师的专业成长是学校发展的关键。新课程改革五年多来，在师资匮乏的情况下，学校依托校本教研策略，在“专业引领、自我反思、同伴互助”三个层面上构建校本培训运作方式。

第一，专业引领，为教师提供理论和实践指导。学校坚持做到“三抓”。一抓理论引领。将理论学习例会制度化，举办“读书季”、暑假读书札记比赛、青年教师有效教学论坛等活动。二抓学术引领。邀请新课标专家举办“学科行动研究的方法”讲座和“优质教育”的专题报告，组织教师观看特级教师优秀教学录像，选送优秀教师外出参加各级各类学术会议、业务培训。三抓校际交流。先后与校省内外多所学校建立互助关系，支持教师参与市、区举行的各种教学示范观摩、探索实验活动。学校每学年都举办有效教学“开放日”活动，邀请兄弟学校同级科教师参与听课评课活动。

第二，自我反思，为教师驾驭课改提供动力。在教师中大力倡导“八个一”，即围绕“一个问题、一个观点、一个案例、一些数据、一种方法、一些经验、一点教训、一些感动”，以“教学机智”“教学随笔”“教学叙事”“教后记”等形式记教学反思录。每年举行校性教育教学论文、教学反思录、教学设计及专项研究成果等征集、交流活动，部分优秀的教学反思录结集出版，并从中推选优秀反思录送区、市参评。

第三，同伴互助，为教师专业化搭建成长平台。同伴互助是教学研究的重要资源，是教师专业成长的有效途径。我们在实践中归纳出“问题教研”“论坛式教研”“结对帮带”“案例研究和交流模式”“示范和展示”五种互助模式，在实

践中加以推广落实。

校本教研和教师培训制度的实施，挖掘了教师的创造潜能，使教师获得一种生命的升华，提高了教师的素质，促进了青年教师的专业发展，壮大了师资力量，在短短几年里，许多教师成长为教学骨干。

（三）基于质量监控的“一制三抓”管理策略

策略是行动纲领，有效管理的策略就是让质量目标化解为每一位师生行动的指南，是建立在规模化基础上的内涵发展。教学管理的中心任务是促进教学过程各个环节和各种要素的整体优化。在长期的管理实践中，学校形成了“一制三抓”管理策略。

“一制”即教学质量目标责任制度，规定班主任负责班级常规管理和教学质量，教研组长负责科组教学质量，科任教师是学科成绩的直接责任人，班级和学科质量直接与班主任、科组和科任教师的绩效评比挂钩。“三抓”，即一抓教学检查，日查课、周查作业、月考测试；二抓考试规程的建设，明确考务工作流程，将命题、监考、评卷、讲评的操作规范化；三抓质量分析和反馈，进行三级质量分析，每次大型考试后，分别召开班主任、备课组和年级组三级质量分析会，及时发现问题，迅速采取措施，有效解决。“一制三抓”形成有层次、经常性、重效益的质量监控网络。

（四）基于提升内涵的“三轮六步”科研策略

学校内涵发展离不开教育科研的引领。在实践中，学校形成了“应用为主、服务课改、科学规划、制度管理、行动研究、规范操作、重在过程”的校本科研原则，推广“三轮六步”研究法。“三轮”即“学模”“用模”“创模”三个阶段。“学模”就是学习先进的教育教学理论和教学法，“用模”就是选择和运用先进的、合适的教学模式，“创模”就是原创或经过组合改造之后的教学模式。这样，“学、用、创”循环贯穿在研究过程中，每一次循环都是以上一次行动环节为基础，是对上一轮行动的回顾、诊断和提升，形成螺旋式上升。“六步”即问题预诊—收集方案—筛选模式—教学实施—效果监控—反馈与评价，把“六步”渗透在“三轮”中，按照边探索实践、边研究改进的原则，不断实践、调整、总结，进一步修改、补充、完善，螺旋式循环，最终形成有效的教学模式群。

四、彰显有效教学魅力，塑造内涵发展特质

（一）扎实课改助力备考，有效策略赢来美誉

学校坚持“扎扎实实课改就是扎扎实实备考”的方针，秉承“有效教学，师生联动，愉快备考，赢在终点”的有效备考策略，高考年年取得好成绩，体现全面性、优质性和持续性，在持续成长方面尤其突出。在十几年高考备考历程中，本科上线率从87%上升到近100%，本科上线率由转制初期的30%提高到

80%以上，高考“含金量”不断提高，一批学生考上清华大学、武汉大学、中山大学等名校，演绎了“低进高出，高进优出”的育才实力。

课改春风化雨，澄海实验高中伴随新课程改革的脚印成长，获得了国家级绿色学校、广东省国家示范性普通高中等多个称号。学校达到了“校园美、校风正、质量高、特色显”的办学目标，生源和学校软硬件资源得到了实质性改善，成为一所家长满意、广大学子争先报考的学校。

（二）擦亮特色教育品牌，彰显有效教学魅力

1. 绿色学校，碧萼扶翠

近年来，学校作为国家第四批绿色学校，积极发挥绿色教育理念的示范性和辐射作用，将有效教学策略融合到校园绿色文化中去，重建教研生态，赋予校本教研可持续发展的内涵。在课程建设方面，扩充选修课程内涵，拓展地方课程内容，选修课的设置更多地满足学生多方面、多层次的需要。绿色课堂成为师生互动、共同成长，焕发生命光彩的成长平台。

2. 音美双馨，彰显特色

学校把学生的差异作为资源加以重视和开发，让人人都获得成功的机会，将艺术教育的普及与提高作为办学特色，艺术教育成了校园一道美丽的风景，整个校园洋溢着浓浓的艺术气氛。历年来学生艺术团体在各级各类比赛中频频获奖，学校合唱队夺得广东省第九届“百歌颂中华”歌咏活动总决赛金奖和广东省第三届中小学生艺术展演比赛第一名。一大批学生被重点艺术院校和著名高校艺术专业录取。

3. 科研强教，促进发展

学校坚持以教育科研促进学校的教学管理，走内涵发展道路。自2004年实行课改以来，学校承担并已结题的各级研究课题有20多项，其中，有多项课题荣获广东省教育教学成果奖、汕头市基础教育课程建设优秀成果奖。目前，学校有各级课题40多项，分布在各教研组，形成组组有课题、人人参与教育科研的良好局面。与之相适应的是，具有鲜明学校特色的校本教材《绿色教育手册》《潮汕文化系列读本》《美术备考指导》《音乐备考指导》《运动队和高考集训队课程教学》等在教育教学活动中得到广泛使用。校本课程培养学生求真、悟善和审美的能力，确保课程建设在“共同基础与多样选择”的道路上推进。

只要用心，必然精彩。回望学校发展历程，是教育教学改革使学校走出薄弱之困，走上了规模化发展和内涵发展的康庄大道。我们坚信，未来的澄海实验高中前景将更加辉煌，学校将紧紧把握教育改革方向，在先进的办学理念引领之下，贯彻有效教学策略，打造特色品牌，走内涵发展之路，努力实现教育事业新突破。

第二节 改革教学常规管理制度

随着新课程改革的深化，普通高中由规模化发展转向内涵化发展，那些曾经对教育教学的稳定起过重要作用的常规管理制度，有的已经不适应发展需要了，那些“不绿色”的教学常规管理制度急需改进和重建。本节内容主要介绍学校通过学习借鉴陶行知教育思想，改革教学常规管理制度的一些经验做法。我国著名教育家陶行知先生创立了“生活教育”“创造教育”等教育理论，这些博大精深的远见卓识，与当今正在实施的新课程改革的理念有着惊人的相似之处，他的学校观、师生观和管理观等教育思想，成为教育改革的营养和源泉。学校通过学习践行陶行知教育思想，建立了教学常规扁平化管理制度，推行有效教学课堂范式，建设了“教研共同体”，克服了校大、事多、管理松散的现象，提高了学校管理效率，为内涵发展提供了绿色文化制度的保障。

一、推行扁平化管理，建构绿色管理模式

学习实践陶行知先生的学校观、师生观和管理观，改革传统管理那种管制、监控、指示、命令的模式，重建新的学校管理机制，推行扁平化管理，形成具有本校特色的教学常规管理模式。

陶先生对办什么样的学校，建立一种什么样的师生关系，落实怎样的学校管理制度有着真知灼见。他在教育名篇《我之学校观》中说道：“学校有死的有活的，那以学生全人、全校、全天的生活为中心的，才算是活学校”。他说：“学校是师生共同生活的处所。他们必须共甘苦。甘苦共尝才能得到精神的沟通，感情的融洽。”“办学如治水，我们必须以导河的办法把学生的精神宣导出去，使他们能在有益人生的事上去活动。倘不能因势利导，反而强事压制，那么决堤泛滥之祸不能幸免了。”陶行知先生的学校观、师生观和管理观反映了扁平化管理的理念。

扁平化管理是相对于传统的重管制、监控、指示、命令的“金字塔”式管理而言的，其要求通过减少管理层次，增加管理幅度，精减人员来建立一种紧凑的横向组织，达到管理的灵活、敏捷，富有柔性、创造性。它强调管理系统、管理层次的简化、管理幅度的增加与分权。我们借鉴陶行知先生的学校观、师生观和管理观，在组织机构、信息沟通、业务流程和师生互动四个方面设立了一系列规章制度。

第一，推行组织机构的扁平化。教学常规管理的中心是教务管理，环节众多，任务繁重，可谓千头万绪。为推进教务管理组织机构的扁平化，需要整合管理业务，调整职能，把常规管理的职权下放到年级学科组，推行级组管理制度，由教务处一名主任总负责，分点负责年级段教学指导、教学督导指挥、教学咨询

和教学服务，包括制订计划、教学设计、课堂教学、作业布置与批改、指导实验、辅导、课外活动、考试、排课调课、校本教研十个教务管理环节的督导检查，实行“走动式管理”，开展大面积“推门听课”。发现问题即时解决，级科组成为教学协调中心、督查中心、服务中心。这种短平快的组织结构，使管理释放出最优效能，达到“无缝隙”的状态。

第二，促进信息沟通的扁平化。以往推行的年级管理，主要由学校德育部门负责。实行扁平化管理之后，理顺了机构的关系，年级组长协同教务主任开展工作，使教育教学业务相连，集散有度，管理有序。年级教育教学负责人自加压力，寻找差距，全员管理，防止推诿扯皮的现象发生。另外，为进一步促进信息沟通的扁平化，进一步理清全校教学教研常规管理线条，确保教研组长的相应职权，直接指导备课组教学教研，同时，负责教学检查、公开课组织、教研论文的评选、考评教师业绩、承担新教师的培养及教学能手比赛，组织学科竞赛等。这样就整合了学校资源，共同落实阶段目标，以年级组、教研组的发展促进学校的整体发展。

第三，实施管理流程的扁平化。教学质量是学校发展的生命线。贯彻管理扁平化之后，质量管理流程实行“一制三抓”制度。“一制”即教学质量目标责任制度。班级和学科质量直接与班主任、科组和科任教师的绩效评比挂钩，班主任是班级教学质量的责任人，负责班级常规教育和管理，确保班级教学质量；教研组长是学科教学的把关人，负责科组教学质量；科任教师是学科成绩的直接责任人。“三抓”即一抓教学检查，日查课、周查作业、月考测试；二抓考试规程，明确考务工作流程，将命题、监考、评卷、讲评的操作规范化；三抓质量分析和反馈，实行三级质量分析，每次大型考试后，分别召开班主任、备课组和年级组三级质量分析会，及时发现问题，迅速采取措施，有效解决。

第四，倡导师生互动的扁平化。教师和学生是教学活动的主体，师生虽然角色不同，但其目标是一致的，师生和谐平等的关系就是一种教学扁平化的关系。为此，学校在课堂常规教学中实行“三五式”教学策略。这里的“三”指的是“三个转变”，即变注入式教学为启发式教学；变学生被动听课为主动参与；变单纯知识传授为知能并生。“五”指的是“五个要让”，即在课堂教学中能让学生观察的要让学生观察；能让学生思考的要让学生思考；能让学生表述的要让学生表述；能让学生自己动手的要让学生自己动手；能让学生自己总结的要让学生自己推导出结论，教师不能包办代替，师生平等，教学相长。

二、改革传统教学方式，形成绿色课堂范式

学习实践陶行知“教学做合一”教学观，改革传统教学方式，学校为此推行“自主、合作、探究”的教学方式，形成课堂教学范式，引领教师实施有效的教学策略，构建绿色课堂。

陶行知的“教学做合一”教学观是生活教育、创造教育思想的集中体现，

就是指“先生要照学生学的路子教，学生要照做的路子学”，实际上就是为学生的一生发展而教。他说：“教学做是一件事，不是三件事。我们要在做上教，在做上学。”他又说：“事怎样做便怎样学，怎样学便怎样教。教而不做，不能算是教；学而不做，不能算是学。教与学都以做为中心。”由此他特别强调要亲自在“做”的活动中获得知识，不只是提高人的认识能力，而是提高人的行动能力，强调了自主性、实践性和创造性。当今素质教育要培养创新意识和实践能力，新课程要实行“自主、合作、探究”，实质都是“教学做合一”教学观的反映。

陶行知的“教学做合一”教学观引领下的学校管理制度，其根本目标是使所有学生都获得充分、全面的发展，从而形成公平、高效的学校教育秩序。教学常规管理制度的制定不仅仅在于规范教学秩序，而重在营造更宽松的创造空间，发挥自主性、实践性和创造性，引领学生成长和教师发展。为此，学校根据陶行知教育教学思想，在实践中建立以“有效教学、自主学习、持续发展”的教学理念为核心的教学教研文化制度，其中包括了《课程实施纲要》《三年一体化全程教学设计规划》等教学规程和“导学式”课堂范式，也包括了《教学常规管理制度》《综合实践活动实施与管理制度》《学生学业成绩管理制度》《选课指导制度》等其他常规管理制度。在改进或重建教学常规管理制度中，突出“教学做合一”教学观的贯彻实施。

第一，牢固树立“有效教学”的教学理念，推行“以学定教”成功做法。学校在陶行知“教学做合一”的教学观引领下形成了“有效教学、自主学习、持续发展”的教学理念。这里的“有效教学”主要指通过教师在一段时间的教学之后，学生所获得具体的进步或发展。“自主学习”指学生在教师的指导下，根据自身条件和需要自由地选择学习目标、学习内容、学习方法并通过自我调控的学习活动完成具体学习目标的学习方式，其基本特征是主动学习、独立学习和自觉学习。“持续发展”是通过有效教学和自主学习的途径，实现学生个性的健康发展和可持续发展，实现教师专业发展和学校内涵发展。推广“以学定教，先学后教”的成功做法，以改革课堂教学结构带动教学方法的改革，实施“重心前置、自学贯通、精讲精练”的教学设计策略，以改革教学方法整体推动精致教学的有效实施。所谓“重心前置”是在课堂教学之前引导学生进行目标明确的自主性学习，使学生于课前先学，课上有准备地学，使教师课前充分了解学情，课上有针对性地教。所谓“自学贯通”是指在课前、课中、课后贯穿主动学习、独立学习和自觉学习，学生有自主学习的时间，能在学习中主动提出问题，体现经验建构和探究式的学习过程。所谓“精讲精练”，主要指发生在课堂上的教与学行为。不但包括了“讲什么”“怎么讲”“练什么”“怎么练”，而且要重视时间效率，围绕学习目标，按照效益最大化的要求，设计好需要重点讲和练的内容、方法和方式。在此基础上形成“重心前置、目标呈现、当堂自学、精讲精练”导学式课堂教学范式。

第二，实施课堂教学规范样式，创新导学式自主学习方法。“教学做合一”

的思想核心是自主性学习，培养学生终身学习的能力。在倡导自主性学习方面，学校继续推行和有效训练学生掌握“三先三后”（即先预习后听讲、先复习后作业、先思考后请教老师和同学）的学习方法，并在此基础上修订《高中生学习规范》，创新实施导学式自主学习方法，对课堂教学范式中“当堂自学”环节做了严格规定：要求课堂教学必须融合自学内容、自学方法和基本时间三项内容，有效设计学生课堂自学；要求课堂组织自学必须结合学习目标的呈现有层次地进行，一般一节课安排自学不超过三次，每次设置问题不超过三个，方法上可以是“问题式”“检测式”“任务式”等多种模式综合运用，以体现“主题精炼、内容精当、方法精巧”的原则。此外，设立制度保障自学指导工作常规化、专门化。教务处和级科组要利用新生入学、备考指导、阶段复习考试等时机组织开展学习方法指导。落实学科竞赛活动制度、社团活动组织管理制度，定期举办各类学习竞赛、“读书月”“读书季”活动和其他实践活动，开展中学生生涯规划辅导，做好学生选修指导和学业指导工作。要求各科任教师通过课堂教学、练习布置、考试讲评、教学小结等环节，有目的、分步骤地自学训练，培养学科自学能力，养成学科学习习惯。各班级要健全和完善学习小组活动制度，定期组织学生开展学习心得交流，指导学生科学支配早读、夜修时间，提高学习效率。

第三，重视综合实践活动常态化建设，开展生活教育和创造教育。综合实践活动课程常态化和全员性是课程建设的重点和难点。“教学做合一”是破解这个难题的良方妙药。为此，学校探索出利用社区教育资源实施综合实践活动的途径与方法，制定了《综合实践活动实施与管理制度》，充分利用各种实践活动资源，为学生开展综合实践活动创设宽松的活动时空，保证了活动规划整体化、课程资源开发生活化、活动管理课程化和经常化，体现活动常态化。在课程组织上，规定学科组负责研究性学习的组织指导和成果汇集和展示，班主任负责社区服务和社会实践指导和活动组织工作，实现全员参与、全面整合、全程管理，体现活动全员性。

三、建立教研共同体，促进学校绿色发展

借鉴陶行知“以互助合作精神相待”的思想和“民主、开放、创造”的教育观，改变以往教研自上而下，忽略合作创新的刚性管理，建立对话、协商、合作机制，形成“教学研究共同体”，促进学生个性发展、教师专业发展和学校可持续发展。

陶行知对教师之间的团结协作非常重视。他在《育才学校创造年计划大纲》中提出：“以严肃认真态度律己；以互助合作精神相待；以科学方法治事治学”，明确师德规范，反对教师之间的“知识封锁”，希望在教师之间创造起“精诚团结”“同心协力”的境界。陶行知说：“我们深信教师必须学而不厌，才能诲人不倦。”教师如果只靠几本教科书，不追求新的知识，不研究新的学问，既不能

适应日新月异的科学进步，也不能满足学生上进的要求。随着课程改革的深化和学校转型发展，更应该践行陶行知互助合作精神，建设教学研究共同体，因此，学校修订了《校本教研制度》，制订了《学科带头人培养方案》《青年教师校本培训方案》，努力建设“学习型”“研究型”教师团队。

第一，共读共享，过一种幸福完整的教育生活。秉承陶行知继续教育思想，倡导“过一种幸福完整的教育生活”，并成为每一位师生的共同愿景。在一个“学习型”组织中，共同拥有先进理论支撑，共同使用一套教育语话体系，共同破译教育密码，师生与学校共同成长。激发教师的读书热情，大力推动教师读书活动，不断提高教师的理论水平、人文素养和文化品位，使读书活动日趋常态化、制度化。学校在每年12月至第二年2月之间举办跨年度读书活动，推荐教育教学名著一百部，组织“读书与反思”征文比赛和有效教学论坛活动，共读经典名作，共享成长经历，积极组织教师参加“我的读书随笔”暑假教师读书征文大赛和专题交流活动，推动教师读书活动的深入开展。

第二，精修精研，走一条研训结合的发展道路。开展形式多样的校本研训活动，满足教师自身发展需要。修订《校本教研制度》，结合青年教师校本研修方案，引导教师深入学习，自我反思，不断提升教师教学教研水平。组织青年教师开展“课堂同步实录”“15分钟精讲”活动；开展解题、命题、教学设计等师能比赛，通过“有效教学”教学论坛，微型课题研究等活动，提高理论和科研水平，促进专业发展。另外，改革公开教学活动制度，以“推磨课”“对比课”为公开课主要组织形式，开好“新教师汇报课”“小课题研讨课”“学科带头人示范课”“组间交流课”等公开教学活动，公开课要优化课堂设计，要解决由于生源优化带来的课堂教学定位的问题，要解决课堂教学从“强调知识”向“强调知识与能力、思维与方法并重”的方向转变，从“强调讲授”向“强调教师主导下学生进行自主探究学习”的方向转变的问题，解决如何把握好课堂的思维容量与思维质量，培育和提升学生的思维品质的问题。

第三，互帮互助，建一座同伴互助的共同体平台。修订《青年教师校本培训方案》，在开展“青蓝结对”活动的基础上，落实青年教师校本研训积分制度和“教坛新秀”评选条例，通过主题研讨、小组交流、案例分析、教学观摩、课题研究、师徒结对等形式，建立“参与、互动、合作、探究”的教研共同体平台，同时，将青年教师参加校本研训活动情况纳入业绩考核。制订了《学科带头人培养方案》，推进“名师工程”建设，落实高级教师和骨干教师公开课制度，进一步发挥学科带头人的示范和辐射作用；支持教师参加区域性教研活动，鼓励教师参加各级教研交流，积极开展联校学科教研活动。

践行陶行知教育思想，改革教学常规管理制度，实现了扁平化管理，构建了有效教学课堂范式，促进“教学研究共同体”的形成，带来管理上精干高效，克服了校大、事多、管理松散的现象，提高了学校管理效率，为教学常规活动充满生命活力提供制度保障。

参考文献

［1］陶行知．陶行知文集［M］．南京：江苏教育出版社，2008.

［2］赵曙明，杜鹏程．德鲁克管理思想解读［M］．北京：机械工业出版社，2009.

［3］李帆．改造学校的“秘密”［J］．人民教育，2011（8）．

［4］唐毅．让教学常规管理成为学校发展的基石［J］．学校管理，2011（2）．

［5］赵印奖，李泽普，羿翠艳，等．新时期学校教学常规管理制度研究报告［J］．当代教育论坛，2010（15）．

［6］李学农．中学教育概论［M］．南京：南京师范大学出版社，2010.

第三节 绿色课堂教学改革案例

进入21世纪，学校刚从师范学院转制为普通高中，登上课程改革的头班车，得了天时与人和之利，却苦于教研资源匮乏，信息渠道不畅，学校发展备受“地利”之困。正在彷徨之际，学校加盟全国中小学教育科研联合体，并于2007年春天参加全国中小学教育科研联合体，承担了“十一五”教育部规划课题《提高课堂教学实效性的教学策略研究》的子课题《“探究学习”课堂教学模式实效性的研究》。从此，学校拥有了一个专家引领、同行互助的科研交流平台，开始了从2007年至2011年一千多个科研日的征程。

这一千多个日子是学校教研工作的春天。在总课题有关“有效教学”理念的引领和课题研究的带动下，几十场主题讲座、几百堂研讨课开展起来了，成千上万朵创造之花，在教研沙龙、在探究式课堂、在校园的每个角落盛开了。这一千多个日子更是学校发展的黄金时期。课题促进了师生成长，也为学校实现跨越式发展作出不可磨灭的贡献。四年间，学校从市一级学校晋升到省一级学校，处处都有着课题的华丽身影。结题前夜，学校迎来广东省高中教学水平评估和国家级示范性普通高中初期督导验收，“自主、合作、探究”课堂教学获得评估组专家们高度赞扬。

盛行于21世纪的新课程改革，经过了一阵教育理念的转变和新课标新教材实验研究之后，改革重心转向课堂教学策略的建构。长期以来，高中教育受到高考的压力和传统教学理念的影响仍然较大，课堂教学中习惯以教师为中心，学生常常处于被动状态，作为新课程改革倡导的“探究学习”远没有落实到课堂教学中来。另外，对于一所新兴学校，高考成绩的提高是办学重要任务，处理好基础年级和毕业年级课堂教学的策略，使“探究学习”在高中全程教育中落到实处，关系到广大学生的切身利益和学校的持续发展。

《“探究学习”课堂教学模式实效性的研究》通过对“探究学习”课堂教学模式实效性的研究，着眼于构建和运用“探究学习”课堂教学模式，形成教学评价体系，提炼“探究学习”课堂教学模式有效性的评价标准，最终形成探究学习课堂教学的有效策略，促进学校师生共同发展。在课题的研究过程中，我们遵循教育科研的原则和行动研究法的原理，采用“学、用、创”三轮连环的行动研究方法开展过程研究，在学习和移植先进教学模式的基础上，创新探究教学课堂模式，形成探究学习课堂教学模式和教学评价标准，建立了评价模式和检验机制，同时，总结了探究教学模式在毕业班的运用经验。

探究学习课堂有效教学模式的形成，与随后开展的“精致教学”范式、“三年一体化”整体教学的研究，一起构成了“有效教学”管理模式，以“探究学习”为核心的绿色课堂，促进了“绿色教育”文化在课堂上扎根。

本节选录了《建构探究学习课堂教学模式的实践及反思》一文和《普通高中数学学科整体化教学的实施研究》课题结题报告。

【案例1】探究学习课堂教学模式

建构探究学习课堂教学模式的实践及反思

探究学习是新课程改革核心理念之一，也是新课程改革倡导的“自主、合作、探究”学习方式的一个组成部分。我校于2007年承担了“十一五”教育部规划课题《提高课堂教学实效性的教学策略研究》的子课题《“探究学习”课堂教学模式实效性的研究》，课题组采用“学、用、创”三轮行动研究方法，创新探究教学课堂模式，建构探究学习课堂教学模式和教学评价体系，概括提炼教学的有效策略。经过四年多的实践和探索，建构了探究学习课堂教学系列模式，形成了探究学习课堂评价体系，概括提炼了教学的有效策略。探究学习课堂有效教学模式的建构和实施，提高了课程实施效益，培养了学生探究学习能力，促进教师专业化发展。本文是对研究成果的概述和反思。

一、“三轮六步”建构课堂模式

探究学习也称“探究性学习”或“探究式学习”，是相对于“接受式学习”而言的一种学习方式。它是在学习者求知欲驱使下、以问题为导向、有高度智力投入且内容和形式都十分丰富的学习活动。推行探究学习要求教师在教学策略、方法上选择探究学习课堂教学模式，促使学生从接受式学习向探究式学习转变。

新课改初期，由于探究学习课堂教学模式尚未形成，课堂上教师滥用探究，问题的提出不具探究性，出现了“满堂探究，事事探究”，课堂出现低效或无效的现象。于是，“什么模式才有效”“如何构建有效的模式”“采取什么方式验证模式的实效性”等问题进入研究视野。在此，我们采用“三轮六步”行动研究策略，着力建构探究学习课堂模式。

第一轮，“学模”——掌握模式理论，确定研究方向。

课题研究的目的在于模式具体化。我们在学习中发现，国内外探究学习的模式有很多，基本模式有三种：第一，“动手做”（hands - on）模式，强调通过做科学实验来学习科学。第二，社会探究模式，以问题为中心，以提出和求证假说为核心的课堂模式。第三，情境—探索学习（learning from situated - explore），通过一系列精心设计的情境进行探索。

我们对这三种基本模式进行了模式评价，根据不同特征，将其划分为文、理两大类，作为选择方向。比如，理科教学是培养人崇尚真理、实事求是的精神，增强人的科学精神的重要载体，以探索自然奥妙和科学技术为主旨，其基本模式主要有“动手做”学习模式和“情境—探索”学习模式这两种。文科是弘扬人的主体精神增强人的人文素养的重要载体，它重教养和规范人的言行，以提升人的精神力量为主，文科研究方法是以“社会探究模式”和“情境—探索学习模式”为主导，突出“感知—体验—觉悟—升华”的特征。

第二轮，“用模”——仿效先进模式，探索移植途径。

十几年来，随着国外各种探究教学模式的引入，国内出现一些成功的教学模式，如“整体感知—学习体验—实践运用”教学模式、“问题—合作—探索实验”教学模式、“探究—发现”教学模式等。为了使模式的创新少走弯路，我们采取了下列“用模”步骤：

第一步：确定用模目标。发挥目标的导向功能，分学习领域和学科门类确定用模目标。

第二步：选择先进模式。通过分析研究，从国内外一些成功教学模式中找到一个适当的教学模式。

第三步：概括特征。通过理论分析，概括模式的基本特征和基本步骤。

第四步：布点研究。布点调查，分析典型个案。

第五步：具体实施。在具体实施某个模式的时候，注意要体现该模式的特征，把握全程，保证研究效度。

第六步：模式评价。对所用研究模式进行评价和分析，以便在借鉴的基础上进行改进。

第七步：提炼改造。这是研究的同化过程，移植也是某种程度上的创新。

通过以上途径，我们借鉴和移植了一批成功的教学模式，为深入研究凿开了一条通道。

第三轮，“创模”——把握创模规律，形成模式体系。

1. 明确模式创新途径

模式创新可分为模式改造和模式创造两种。

第一，模式改造。指在模式借鉴和移植的基础上，以两种或两种以上的成功教学模式为参照，各取其长处，进行改装组合，形成兼具多种优点的新模式。在研究核心阶段，我们较多地采用了模式组合的方法。

第二，模式创造。就是模式的原创，这是一个长时间的艰苦实践过程，我们鼓励教师大胆探索，课题组在学科中精心挑选了12名教师开展研究，采用推磨课、对比课的方式，经过展示—筛选—总结—再实践，提炼出具体、简约的教学模式。

2. 确定课堂模式组织结构和应用类型

第一，课堂模式组织结构。明确教学中师生之间、生生之间的关系和作用。

我们把探究学习课堂模式组织结构分为四种组织类型：第一种是引导式探究，教师提出学习课题，学生提出猜想及验证的思路；第二种是自主式探究，课题由学生或教师提出，其余各环节均由学生独立完成；第三种是合作式探究，学习的课题、假设、验证用的材料或实验由教师或师生预先准备好，学生开展合作学习；第四种是综合式探究，以“互动交流—分工协作—整合迁移”为特征，综合上述三种类型的优点。

第二，课堂模式应用类型。课题研究的目的在于将模式具体化。研究中发现，每门学科的教学都应有自己的模式。针对不同的学科，同一学科中的不同内容（不同课型），不同年级的教学对象应采用不同的模式，在教学实践中应根据实际进行变换，形成系列模式群，以方便教学选择应用。以下为文、理两大类探究学习课堂教学的模式举隅：

（1）数学与自然科学各学科（理科）探究学习课堂教学的模式。

①“建模探究”教学模式，基本流程是：

创设情境—提出问题—自主探究—解决问题—构建模型。

②“问题探究”教学模式，基本流程是：

发现问题—提出问题—分析问题—解决问题—知识迁移。

③“实验探究”教学模式，基本流程是：

创设情景—互动探究—层层分析—总结评价—反馈应用—迁移发展。

（2）人文社会科学领域探究学习课堂教学的模式。

①“感知探究”教学模式，基本流程是：

导入激趣—整体感知—粗略探究—精细探究—拓展迁移。

②“合作探究”教学模式，基本流程是：

话题导入—个人探究—互动交流—协作探究—知识应用。

③“任务引探”教学模式，基本流程是：

任务激励—自主思辨—合作互动—引探释疑—迁移实践。

④“习题探究”教学模式，基本流程是：

情景设疑—训练检测—合作探究—解疑点拨—反馈评价。

“学、用、创”三轮研究策略以“学模”为基础，以“用模”为起点，以“创模”为中心，循环贯穿在研究过程中，每一次循环都是以上一次行动环节为基础，是对上一轮行动的回顾、诊断和提升，形成螺旋式上升。在研究过程中，每一轮贯彻行动研究六个基本步骤，即“问题预诊—收集方案—筛选模式—教学实施—效果监控—反馈与评价”，把“六步”渗透在“三轮”中，边学习、边实践、边反思，不断调整、总结、扩充、完善，建立了各科探究学习课堂教学模式。

二、“三有四让”增进有效教学

探究学习课堂教学模式实施之后成效如何，需要进行模式教学有效性评价。我们把有效教学理念引入到模式教学的评价中，形成“三有四让”评价标准。

“三有”包括有效果、有效率、有效用三个维度。第一，有效果：看执教者是否根据需要采取了有效的探究学习教学模式，探究教学模式实施的结果与预期教学目标的吻合程度。第二，有效率：看探究教学是否关注时间和效益，让学生体验思维过程，尝试发现的乐趣，用适当的时间取得最好的效果。第三，有效用：看实施的教学模式对后续的学习，终身学习是否有用。

“四让”即在教学设计和课堂组织当中，能让学生观察的要让学生观察发现；能让学生自己动手的要让学生自己动手体验；能让学生表述的要让学生表述感悟；能让学生探究的要让学生探究推导，教师不能包办代替。教师应坚持做到，无论课堂上选用何种探究学习模式，学生始终都必须处于认知的主体地位，动手、动口、动脑，积极主动、自主地建构知识。教师则始终是教学过程的组织者、指导者，知识意义建构的帮助者、促进者，教学资源的提供者、设计者。

在“三有四让”基础上，分别制订《教师课堂教学评价内容和标准》《学生课堂学习评价内容和标准》，规定了评价的内容和标准、方式和方法，形成了探究学习课堂教学的评价体系。

三、“四个转变”促进自主发展

探究学习的各种模式引进到课堂，实现学习方法方式的“四个转变”。

1. 变注入式教学为探究式教学

探究学习课堂为学生提供探究学习的机会，体验探究过程的乐趣。课题后期调查显示，学生在课堂上“经常有发表自己见解的机会”从19%上升到30%，愿意全由教师讲解的学生少之又少，说明学生已经习惯了探究式学习，对教师的依赖减少了，课堂上形成“自主、合作、探究”的氛围，学生基本上形成自主探究的习惯。

2. 变学生被动听课为主动参与

“探究”不仅让学生体验到学习的乐趣，更实现了从“学会”到“会学”的质的飞跃。课题后期调查显示，学生在探究兴趣和主动探究方面仍然保持着比较强的探究兴趣，“对动手实验的兴趣和喜爱程度”从原来的30%提高到54%，同时，主动探究的意识也增强了。

3. 变课堂双边交流为多边合作

探究学习课堂模式搭建互动探究的平台，学会分享与合作，在共同的探究过程中互爱互助，相互沟通。课题后期调查显示，在课堂上“经常与其他同学合作学习”从43%上升到78%，学生“善于与陌生人打交道”从47%提高到53%，学生“经常与同学交流学习体会”从50%提高到53%，69%的学生经常与同学讨论各种问题，比研究前的66%提高3个百分点，合作探究技能有所提高。

4. 变单纯知识传授为知能并生

学生通过“做中学”“实践—成功”的体验，提高了综合能力，拓宽了学习领域，开阔了视野。课题后期调查显示，探究方法技能和习惯有不同程度的提高。在实验和实践技能方面，66%学生能按照实验指导独立进行实验，“学生能边实验边记录”从44%提高到54%，“发现一些别人注意不到的现象”的学生有所增加，从20%提高到33%。“学生较好利用图书馆”从15%提高到18%，“经常从网上收集资料获取信息”从34%提高到56%。调查显示，学生有丰富的想象力，喜欢出点子和解难题的占大部分，在学习上能举一反三，灵活运用知识的比例增加，想象和思维能力、质疑和创新能力、理论联系实际的能力有不同程度的提高。

四、实施探究学习课堂教学模式的反思

研究无止境。随着研究的深入，我们对建构和实施探究学习课堂教学模式中存在的问题进行了反思，有了一些新认识和想法。

1. 要突出有效教学的特点

在研究过程中，部分课堂出现忽视基础知识的掌握或不注重引导学生把探究式学习向课外延伸，甚至是一些研讨课不重视学生在课后的后续活动，不会利用存在于教科书以外的其他学习资源的情况。对于这种情况，我们要突出教学目的教学内容的有效性和有效用。有效性表现为学以致用，解决实际问题。有效用表现为通过探究，学生原有的认知结构与新的知识进行重新组织，得到发展，对后续的学习有意义。

2. 要辅导学生掌握探究的方法

上述某些模式对于学习积极性高的学生可能适用，但对于很多基础薄弱的“后进生”可能意义不大。良好的学习方法是学好知识的保证，是有效实施探究学习模式的条件。学生由于知识储备有限，生活阅历较浅，思维发展尚未成熟，在探究学习过程中，需要教师的方法指导。教师的方法指导主要是归纳总结、规范操作、组织合作交流。在具体的课堂实践中，要突出对学生探究技能的培养和训练。另外，注意学生探究技能的培养有一个循序渐进的过程，这就要求组织探究教学实践要符合学生的学习实际，考虑学生已有的认知水平和探究能力。

3. 重构高考备考课堂模式

毕业班探究学习教学模式的建构存在重重困难，探究的内容还没有形成体系。随着新课程改革的深入，加上《国家中长期教育改革和发展规划纲要》的实施，高校的改革将使高考招生制度改革的步伐加快，我们再次面临着一场教育大变革。重构高考备考课堂模式，发挥学生的学习主动性，增加学生的探究学习体验是势在必行，只有通过科学的方法，才能使高三课堂模式改革走上有效之路。

4. 要重视探究教学的研训工作

一个好的探究学习课堂必然有一个专业熟练的教师。有人这样形容：“探究式教学中教师要有导演的谋略、编剧的睿智、演员的风采、观众的眼光，真正地把‘课堂’当作学生获取知识的海洋、培养能力的圣地、生动活泼发展的晴空，才能使学生已有的探究本能得以保持和强化。”这段话形象地描绘了教师在组织教学中的地位和作用。在探究教学中，教师是学生探究活动的组织者，学生探究活动的引领者，与学生平等的对话者和亲密的学习伙伴。教师的业务素质、专业态度和人格情操直接影响教学效果。所以，教师必须有过硬的业务素质和教学技能。

（作者：许守武）

参考文献

[1] 文喆．有效教学及其实施策略［J］．人民教育，2009（5）．

[2] 郑金洲．探究式学习：18 条原则［M］．福州：福建教育出版社，2008.

[3] 夏惠贤．当代中小学教学模式研究［M］．南宁：广西教育出版社，2001.

【案例 2】学科整体化教学研究成果

普通高中数学学科整体化教学的实施研究

新课程改革实践表明，高中三年的数学教学是一盘棋，各年级的教学不能出现各自为政或断节脱轨的情况。一方面，高中教学更应重视学生学科素养的培养，在学习过程中形成的能力、积累的经验、逻辑思维方式，对学生将来的工作和生活的影响远远超过数学知识本身；另一方面，要提高课堂教学实效性，增强高考备考后劲，就必须做好教学资源的统筹工作，贯彻“三年一体化”的教学策略，制定三年教学整体规划。2017 年 5 月，我校数学组承担的广东省教育科学“十三五”规划课题开题。三年来，课题组通过探索高中数学各年级的教学模式、教学评价、教学反思等方面的内容，制定出一套操作性强、基于有效教学策略和学生学科素养培养的高中数学教学规程，构建了数学学科的“三年一体化教学”模式。该课题既体现了新课程改革理念，有利于学生学科素养的培养，又为我校教师提供了行之有效的理论指导和切实可行的具体操作方法，确保了基础年级和毕业年级的数学教学工作相衔接，使高中各年级的数学教学工作都能够围绕新课程标准的培养目标和高校招生要求的方向持续发展。

一、依托“精准教学”平台，确定整体教学范式

整体化教学包含两个方面。一是在学科教学中整理融会各个教学环节，把培养学生核心素养的理论与实践相结合的教学作为整体考虑，构建学生素养整体培养目标体系，通过各个教学环节的落实来保证整体目标的实现。二是将高中三年视为一个整体，对学生在知识、能力、素养等方面进行通盘思考、系统规划、分段落实、逐层推进式的培养，把素质教育、常规教学、高考目标有机结合，做到“一年高考三年备，三年高中一盘棋”。我们所探索的整体化教学是以学校与师生共同发展为目标，将学生核心素养培育、教师教学能力发展和学科教学质量提升融为一体的教学模式。

（一）秉承学校教学理念，探索整体教学特点和原则

1. 整体教学的特点

（1）教学前置性。

教学前置性即“教学重心前置”。把师生过度投入到课后作业上的时间与精

力前移到课前，使学生明白课堂的学习目标，带着目标去学习，并促使教师要在课前充分了解学情，课上有针对性地进行有效的教学。课堂教学重心前置，最大的优点是使学生的问题和疑难得以提前暴露和展现，使教师的课堂教学更有针对性，更加突出学生学习的自主性和能动性，能最大限度地提高课堂效率和学生学习能力。

（2）过程连贯性。

“三年一体化教学”强调学生从高一到高三学习的连贯性、包括学习内容连贯，知识框架建构的连贯、学习习惯培养的连贯。这种连贯性在数学课中体现得特别充分。一方面，学生容易因为学习断层而产生“恶性循环”，要鼓励学生不能放弃任何一个环节，环环跟紧。另一方面，要确保三年教学的整体性，学校就必须依托教研组和备课组，组织不同年级，或同一年级备课组教师进行集体备课，实现资源共享，有效沟通。

（3）思维发散性。

在问题设置上注重引导学生发散思维，可以避免学生沿着教师预先设定的道路寻找答案，保障学生的主体地位，有利于培养学生的创造力。发散思维可以从设置问题入手，注意问题的开放性，教师在提出问题时，不能限定学生探究的思路和方法，要让学生根据其本身对题目的认知，从多种角度出发进行推理与反思。

（4）可持续性。

整体化教学模式背景下，我们着眼于师生共同发展。学生从高一到高三，我们都要考虑到学生最近发展区，不断调整教学，让学生的学习和教师的教学都符合教育教学规律和学生身心发展的规律。在完成一次循环教学之后教师对教材内容的把握、教学重难点的把握会更深刻，甚至在新的循环教学中可以实现教学上的创新。在循环教学的过程中，减少重复性的工作，增加工作的挑战性，强化教师的成功动机水平，可以激发教师的内驱力，不用学校领导施加压力，教师自己也会不断地学习。

2. 整体教学的原则

（1）变“教学目标”为“学科素养”。

传统教学要研究和制定“教学目标”，我们对这项工作有一个硬性要求，就是熟悉各个章节的内容所涉及的本学科的“核心素养”。在整体视角下确定学科素养、设计教学情境、把握课程内容、选择教学方法，以促进学生数学核心素养的发展。

（2）突出主线，三年一体，整体整合。

在全校三个年级的数学教学实践中，明确每个年级的教学目标，实现课堂教学的有效性。每个年级都应统一教学内容，统一教学进度，统一课堂教学的难度和梯度，统一课外练习的数量、梯度和难度。要将高考大纲的要求逐层下放到基础年级的课堂教学中，让学生知道应该具备什么样的能力，培养什么样的学科素养才能应对高考的挑战，所以在基础年级的教学中，我们采用以下方式：第一，教材分析，利用思维导图分析教学内容的前需知识和后续知识，对知识进行梳理，形成知识链，织成知识网，突出知识主线，重视高中数学知识的整体化教学。第二，考题呈现，利用高考重点题型呈现，将高考重心下移，强化学生的备考意识，实现高中三年一体化备考。

（二）实施有效教学策略，构建整体教学框架

实施“整体教学、重心前置、自学贯通、精讲精练、当堂落实”的教学设计策略。“整体教学”是指在“三年一体化教学设计”的基础上，开展单元整体教学，重视对知识体系的构建，重视高考重心下移。以学生对知识体系的构建为核心，以整合教材形成高中数学一体化为目标，实现“高中数学一体化”教学。“重心前置”是指在课堂教学之前引导学生进行目标明确的自主性学习，使学生于课前先学，课上有准备地学，使教师课前充分了解学情，课上有针对性地教。“自学贯通”是指在课前、课中、课后贯穿主动学习、独立学习和自觉学习。“精讲精练”是指课堂上重视教与学行为效率。“当堂落实”是指课堂教学必须结合当堂自学、当堂测验、当堂反馈，有效设计当堂自学内容、方法和基本时间，利用信息化检测工具进行课堂小测验，及时对教与学中暴露出的缺陷与不足进行反馈矫正，这样既能让学生得到教训、启示、收益，也能让教师了解学情、总结经验、调整方法。围绕学习目标，按照效益最大化的要求，设计好重点讲和练的内容、方法和方式。

（三）开展课堂教学实践，确定整体化教学范式

依托《澄海实验高中开展“精致教学”活动实施方案》和“五四三三二一”创造性学习发展策略，以推磨课、对比课等公开课的形式开展“三年一体化教学”课堂教学研究。初步确定基于核心素养的整体化教学“单元起始课范式”“新授课范式”“复习课范式”和“讲评课范式”。同时，开展单元整体教学设计的研究，形成备课操作规程。依托学校开放周活动，举办“整体教学”研讨活动，出版教学设计、读书随笔集。

二、制定“自主学习策略”，提高学生的学习力

弘扬“向上乐群，勤学力思”良好学风，制定“基于整体化教学的自主学习策略”，将自主学习融入整体教学中。

（一）形成“五四三三二一”创造性学习发展策略

坚持“学贵得法，学贵有恒”方针，利用各种教学阵地和教学环节，大力倡导自主发展学习策略，精心培育和提高自主学习品质，总结提炼出“五四三三二一”创造性学习发展策略。“五”即“五项计策置顶层”，通过生涯规划辅导活动，对人生态度、学习目标、学习计划、健康心理、锻炼身体等五个方面进行设计，提高学生情意素养、学习品质和身心修养。“四”即“四个习惯早养成”，养成珍惜时间的习惯、热爱阅读的习惯、批判性思维的习惯、与人合作共享的习惯。“三三”即“三先三后勤总结”，先预习后听课，先复习后写作业或练习，先独立思考后请教或讨论，每个专题复习结束后进行总结。“二一”即“二抄一

本常复分”，“二抄”即建立英语、语文抄写本，“一本”是建立收获本，收集包括错题、好题，“常复分”即善于拆题、反思，规范学习行为。各班级要定期组织学生开展学习方法交流活动，指导学生科学支配早读、夜修时间，提高学习效益。

（二）建立学习小组，提高学生的自主自治能力

以提升学生的学科核心素养为根本，以教师的启发、引领、点拨为主导，以整合教材形成高中数学一体化为目标，从呈现知识主线出发，到编制学习思维导图结束，实现“高中数学一体化”教学，构建“整体化教学模式”。基于核心素养的整体化教学系统的特点是“突出主线，三年一体，整体整合”。从一体化教学的高效课堂来讲，小组学习是课堂上最基本的学习形式，最基本的学习单元。教师将知识整体和联系以思维导图的形式呈现给学生，组织学生进行拆卸，细致学习研究每个知识点。学生的自主、合作、探究学习方式通常通过学习小组来组织完成，课堂教学双边活动的开展也是主要通过小组学习来开展，小组合作学习不仅可以使师生之间、学生之间更有效地进行语言交际；而且还可以培养学生的合作意识、团队精神，进而促使学生形成良好的心理品质。小组学习让学生由被动变为主动，把个人自学、小组交流、全班讨论、教师指点等有机地结合起来。特别是在分组讨论中，发挥了学生的主体作用，组内成员相互合作，小组之间合作、竞争，激发了学习热情，挖掘了个体学习潜能，增大了信息量，使学生在互补促进中共同提高。所以小组学习在高效课堂实施中显得尤为重要。核心素养若要真正落地，教师不仅要关注“三年一体化教学”内容的设计，更应该关注学生学习方式的改革，在教学中倡导小组合作的学习方式。学习小组可以采用“同组异质，异组同质”的分法，这种分法便于班级管理、小组之间公平竞争、班级的良性发展。“同组异质，异组同质”的分法要考虑的因素有：学习成绩、性别平衡、走读和住校生比例、班干部的分布、学生性格、特长等。立足小组合作的数学学习，可促进核心素养真正提升。

三、重视管理规范精细，完善整体教学评价

“基于核心素养的整体化教学模式”是在我校“精致教学”的基础上构建的，遵循“精细化”原则，重视过程规范和细节完善，倡导精细的过程观。为保障模式的实施效果，课题组积极探索“基于整体化教学的评价方案”，形成了一套适合于我校的高中数学“三年一体化教学”评价方案。

（一）依托学校管理平台，建立学科教学质量监控保障机制

依托《澄海实验高中关于加强基础年级教学管理的意见》《关于加强备课组建设的意见》和《课程改革文件与教学管理制度汇编》，通过对影响教学质量的相关因素进行精细规范地监控，不断规范教学行为，完善各项教学工作，建立起了一套行之有效教学质量监控保障机制，涵盖了教学设计、课前导学、课堂落实、课后拓展4个主要教学环节规范和引导教师的教学行为。同时，开展对作业布置与批改、指导实验、辅导、课外活动、考试制度的研究，定期开

展教学督查，形成包括成绩跟踪、教学检查、满意度调查等综合考量的教学评价体系。一方面，将班级和学科质量直接与班主任、教研组长和科任教师的绩效评比挂钩，班主任是班级教学质量的责任人，负责班级常规教育和管理，确保班级教学质量；教研组长是学科教学的把关人，负责科组教学质量；科任教师是学科成绩的直接责任人。另一方面，抓好教学检查、考试规程、质量分析和反馈三大环节。开展教学督查、教学评价活动，定期举行三个年级的教学检查，由数学科组挂钩行政和教研组长对课堂教学实行三级质量分析，每次大型考试后，分别召开班主任、备课组和年级组三级质量分析会，及时发现问题，迅速采取措施，有效解决。为全面实施基于核心素养的“整体化教学”课堂教学模式打下基础。

（二）结合学科教学特点，制订基于整体化教学的评价方案

课题组结合我校的教学实际，积极探索“基于整体化教学的评价方案”。“三年一体化教学”评价方案注重评价的全面性和综合性，既有形成性评价，又有终结性评价。教学评价项目涵盖学生的能力、知识、态度，突出能力评价，各项评价项目分值合理，比例适当。在能力评价中要体现出单项能力评价和综合能力评价，特别是综合能力的评价。要求达到的能力目标要用项目任务完成的效果来评价，评价方式易于操作，对每个学生有单独评价的内容。知识评价则以“对知识的运用”评价为主。

1. 整体化教学评价的特点

（1）对核心素养的把握与落实。

熟悉各个章节的内容涉及的本学科的“核心素养”，在整体视角下确定学科素养、设计教学情境、把握课程内容、选择教学方法，以促进学生数学核心素养的发展。

（2）对学习目标的呈现与剖析。

目的在于通过呈现刺激源培养强化师生的目标意识。我们要让学生了解该节课要学什么内容，要求达到什么目的。这是落实“先学后教”的前提。学习目标的呈现一是在课前呈现，二是在课堂中呈现。

（3）对“三年一体化教学”的设计与体现。

在全校三个年级的数学教学实践中，明确每个年级的教学目标，实现课堂教学的有效性。每个年级都应统一教学的内容，统一教学进度，统一课堂教学的难度和梯度，统一课外练习的数量、梯度和难度。要将《高考评价体系》的要求逐层下放到基础年级，在高一、高二的课堂教学中，要让学生知道应该具备什么样的能力，培养什么样的学科素养才能应对高考的挑战，所以在基础年级的教学中，我们采用两种方式：第一，教材分析，利用思维导图分析前需知识和后续知识，对知识进行梳理，形成知识链，织成知识网，突出知识主线；第二，考题呈现，利用高考重点题型呈现，强化备考意识，强化三年备考一体化的备考氛围。

2. 实施整体化教学评价的原则

基于以上三点，我们认为课堂教学应该是教师和学生相互交往、积极互动、

共同发展的过程。在这个过程中，情意交往是教学的活力，互动是教学的核心，发展是教学的目的。所以，整体化教学评价的实施要体现以下原则：

（1）整体性原则：教师需将知识整体和联系以思维导图的形式呈现给学生，组织学生进行拆卸，细致学习研究每个知识点。要对学生所学知识点、学习规律和学习方法提出要求，并形成学习导图。要根据学习目标，引领学生对知识进行梳理，形成知识链，织成知识网。通过例题讲解、小结、训练、单元监测验收、抓住知识内在规律，使学生充满的学习在一点、一例、一类上得以深入，掌握内在规律、方法，将知识盘活，使其可以灵活运用，达到举一反三、触类旁通的效果。

（2）主体性原则：教学过程是师生共同活动的过程，教师是教学活动的主导，学生是教学活动的主体，评价课堂教学的焦点也应从教师的“教”转移到学生的“学”方面。学生在课堂上的行为情绪体验、知识获得以及交流合作等方面。教学中要把学生生动活泼地发展作为出发点和归宿，一切教学内容和教学活动都要为学生的全面发展和个性张扬而设计，使学生充满激情和活力。

（3）发展性原则：在教学过程中，教师要坚持以“学生的发展为本”，要关心每一个学生的健康成长，注重每一个学生的个性特长，并不失时机地给予关照和“偏爱”，使每个学生都学有所得，各有所长。教师要注意挖掘隐含在课程中和课程实施过程中的智力和非智力资源，精心创设一些对智慧和意志有挑战性的教学情境，激发学生积极探索和大胆实践的勇气与热情。

（4）可操作性原则：课堂教学评价是评价人随着教学过程的展开，在有限的时间内，依据评价指标要素可同步做出的价值判断。评价指标体系的确定要符合当前课堂教学改革的实际，评价标准是期待实现的目标，但又必须是目标条件下能够达到的，以利于发挥评价的激励功能；评价要点必须是可观察、可感受、可确定、可测量的，便于评价者进行判断；评价办法要注重质性评价和综合判断，力求简单、易于操作。

四、修订学科教学规程，形成整体教学模式

本课题研究的初衷是制定一套适合于我校教学实际的“普通高中数学学科教学规程”，并在此基础上构建“三年一体化教学模式”。经过三年的探索与实践，课题组解决了下列三个问题。

第一，在落实我校“精致教学”课堂教学范式的基础上，进一步探索高中数学各年级的教学模式、教学评价和反思，以及各年级教学、各模块知识之间的联系，形成了一套操作性强、基于有效教学策略和学生学科素养培养的高中数学教学规程，为基础年级和毕业年级的教学衔接工作提供了行之有效的理论指导和切实可行的具体操作方法。使高中各年级教学工作都能够围绕《普通高中课程标准》的培养目标和高校招生要求的方向持续发展。

第二，以改变教师教学方式与学生学习方式为切入口，以有效性为原则，以学生主动学习，持续学习为特征，以实现教学质量的稳步提高为目标，在我校确定的“重心前置、呈现目标，当堂自学，精讲精练”课堂教学范式的基础上，围绕教学规程，构建出适合我校实际、基于学生核心素养的数学学科“三年一体化教学”模式。

第三，以改进教学管理和教学组织模式为契机，开展行动研究，从实践到反思，逐步构建数学学科整体化教学策略，开发课程资源，完善高中三个年级的一体化教学设计。在提高我校教学质量的同时，实现了教师的专业发展和学生素养的提升。

（作者：曾颖嘉）

第三章 绿色德育

第一节 办有灵魂的教育

“立德树人”是教育之本，“以德育人”是学校之基。作为绿色教育的有机组成部分，绿色德育是针对传统德育重灌输、控制等“非绿色”的弊端而创新生成的一种生长性、发展性德育，是一种充满勃勃生机的思想品德教育，是文明、健康、永续发展的有灵魂的教育。

一、铸魂育人：绿色教育是德育的灵魂

“办有灵魂的教育”是学校近二十年来孜孜追求的教育梦。如何有灵魂？关键在于教育理念的引领。“以人为本，绿色教育，和谐发展”是我校在学校文化、课程建设、教育教学、管理服务等方面所秉持的办学理念，其核心是尊重生命、尊重规律、尊重差异。绿色教育主张“人文与自然和谐共生，传统与现代完美融合”。绿色教育以实践、创新、发展为主线，坚持自然与社会、科学与人文有机联系、遵循教育规律，促进学校师生和谐、健康、可持续发展。

绿色教育理念文化导向下的绿色德育，是在总结提炼以往德育工作经验的基础上，克服传统德育工作“非绿色”的做法，创新生成的学校思想品德教育。绿色德育不仅涵盖了学校思想品德教育中理想信念教育、社会主义核心价值观教育、中华优秀传统文化教育、生态文明和心理健康教育五个方面的内容，而且更加注重师生的能力培养与个性发展，更加强调其过程性和行动性。绿色德育的灵魂在于它彰显教育的人文主义精神和社会主义核心价值观，实践和体验是绿色德育的重要途径，突出了思想品德教育的层次性、可操作性，提高了教育的实效性，克服了以往学校德育工作存在重灌输轻疏导、重说教轻实践、重管压轻交流、重形式轻实效、强制命令多而民主协作少的弊端，防止了对生命的压抑和灵魂的扭曲。

绿色教育是国家中小学德育工作指南的校本化实践方案。我们把“身心两健，德艺双馨，持续发展”定为绿色德育理念，根据学校的生源，确立了以“两思教育”为主题，打造“三雅五爱”德育品牌，“两思教育”即“饮水思

源”“见贤思齐”；“三雅五爱”即行为儒雅、语言文雅、情趣高雅；爱同学、爱老师、爱父母、爱学校、爱家乡。通过一系列的教育活动，努力实现绿色德育目标，让优秀品德润泽师生的人生旅途。

二、环境育人：发挥校园文化的教化作用

优美的校舍，洁净的环境，成行的绿树，多彩的花草，清新的空气，宁静的校园，是一本无言的教科书。它能陶冶人的情操，激发创造热情，能使置身其中的学生心旷神怡，精神得到振奋，情趣得到提高，思维得到激发。因此，学校本着“让每一面墙壁都会说话，每一片树叶都是书签”的追求，从环境科学的角度出发，对校园做出科学规划，形成了安静的学习区、洁净的生活区、标准的运动区、幽雅的休闲区。学校重视对校园进行生态化改造，对楼舍间的每一片空地都进行了精心的规划，植草种花，确保“春夏有花、秋冬有绿”，四季葱郁、生机盎然。在楼馆周围、走廊布设花圃绿篱，遮阴树、风景树合理搭配，齐整有序，建筑错落有致，绿色环抱、交相辉映，形成了一幅包含人文景观、园林景观、生态景观的立体绿色画卷。

学校在环境建设中注重体现“绿”和“情”，充分发挥这些显性物质的隐性育人作用，在绿色的校园背景之中，点缀着陶冶情感、启迪智慧、激人奋发、催人向上的文化设施。走进校门，眼前是一座大型雕塑，一位高擎着象征开启智慧的“金钥匙”的教师，引领着周围三位青年学子，凸显了学校教育“以人为本”的思想。教学楼正面，镶嵌着“办有灵魂的教育，育有底气的新人”金色大字。校道两侧视野开阔，灯饰草坪上，各有一块硕大的文化石，分别刻有“志存高远”“学无止境”的劝学良言。门厅中央“正心博学”的校训闪闪发光。操场边上的大型艺体雕塑墙，昭示着艺术、体育是学校发展的特色。

突出环境的教育性、情感熏陶的经常性。统一教室环境布置，落实保洁制度，突出校园环境的科学性、艺术性和教育性，使学生置身于“处处是教育”的环境中，在潜移默化中受到感染熏陶。结合创建绿色学校，大力传播绿色观念，倡导绿色文明。学校还利用每周升旗仪式组织学生诵读德育诗文，让学生在美的享受中得到教育。学校每年组织军训、队列广播操比赛、校运会、文化艺术节等大型活动，培养学生的集体观念，提供展示平台，激发学生的创造火花。通过兴办法治讲座提高学生的法律意识，通过开展助困捐款活动培养学生的责任感。通过活动，努力培养学生的创造能力，提高人文素养，让学生思考、理解、感悟，使德育工作深入到学生的精神世界。

校园里，有形的环境文化中涌动着无形的精神内涵，弥漫着学府的文化气息，学子们置身于这个自然的清新世界，在庄重文明的知识殿堂中，潜移默化地受到教育。

三、课程育人：德育课程建设全面绿色化

校园生活应是学生生命意识的觉醒过程、人生质量的优化过程、精神资源的开发过程、生命品位的提升过程。学校以正确的价值观为核心，以绿色教育课程为内容，以正面引导为方法基点，以熏陶内化为形式基点，积极拓展空间，开展丰富多彩的文化活动，营造浓郁的文化氛围，开发学生潜能，发展学生素质，有效地提高学生的校园生活质量。

（一）校本课程常态化

育人活动化、活动课程化是学校德育工作创新的经验。在长期的德育实践中，学校形成了包括“生命教育”“生态文明教育”“优秀传统文化教育”“审美与健康教育”“社会参与教育”五个方面的系列课程，常态化开展学科活动、竞技活动和艺术体育活动，构建了绿色教育的课程体系，充分发挥课程育人、文化育人、活动育人、实践育人的价值。为了保证学生活动课的时间，发挥活动课程的培养特长、开发潜能的功能，学校保证每天下午放学后开设一个小时的活动课，开设了篮球、田径、声乐、舞蹈、文学、猜谜、计算机、绘画、电声音乐、英语角等十多个活动项目。学生根据自己的爱好和特长选择参加各自喜欢的活动。学生在这些活动课中，尽情地发展自己的个性，展示自己的特长。这些活动课都做到了定时开放，安排固定场地，指定专业人员指导，制订指导计划，记录活动情况。

（二）国学教育系列化

“国学”即中华民族的优秀传统文化，是磨砺意志、涵养智慧、提高人文素养的重要载体。在总结了兄弟学校开展“国学”教育的经验的基础上，学校推陈出新，设计了“国学”系列活动，使其成为学校常规活动的一部分，充分体现出其在提高学生国学修养和道德教化中的独特效用，使之成为学校的特色教育活动之一。第一，以班级为单位举办诗词曲赋的经典诵读活动，各班每周安排三个早读时间集体咏诵古诗文名篇名段。第二，锻铸班级精神，创设班级和谐人文氛围。第三，学校开设“中华诗词每周一帖”专栏，每周展示古诗文中名言警句。第四，各班开辟励志劝学修身正行的道德古训专栏，每周定期更新内容。第五，每学期举行大型古诗文吟诵比赛。第六，不定期举办书法艺术鉴赏、地方音乐欣赏、民族建筑艺术等讲座。第七，组织学生开展“潮汕民俗文化”“非物质文化遗产”调研活动。通过一系列的国学教育，让学生受到优秀传统文化的熏陶，提高了学校德育的品位，增厚了学校的文化氛围。

（三）社区活动规范化

校园文化的建设，离不开社区环境。良好的社区环境是校园文化的宝贵资源。为了营造学校、家庭、社会“三结合”的社区环境，学校与区公安局、驻澄部队、街道办、学校所在地管理区、区关心青少年成长委员会、学校附近企业

等部门机构，建立了长期的共建文明单位的合作关系。各部门的领导都是学校德育领导小组的成员，家长委员会急学校之所急，为学校排忧解难；公安局的同志坚持每学期到校开展法治、安全教育活动；驻澄部队每学年开学前都为新生们上军训课；学校通过开展一系列“亲情进社区”活动，让同学们利用周末时间到社区中演出节目或做好事。这些社会活动，不仅活跃了社区氛围，密切了学校教育、家庭教育和社区教育的联系，而且使校园文化更加充实。

四、管理育人，形成有特色的管理新格局

（一）创建全方位德育工作网络，提高德育工作实效

德育工作是一项长期、潜移默化的系统工程，要让学生在求学过程中获得较高层次的身心培养，必须依靠高效有序的德育网络的合理运作。为此，学校努力构建全方位德育工作网络，形成“一个核心、两条主线、三支队伍、四位一体、五个途径”的德育网络工作体系。

“一个核心”就是以德育领导小组为核心。学校成立了德育工作领导小组，形成以校长室统筹，德育处主管，充分发挥年级组长、班主任、共青团、学生会的骨干作用，为德育工作的开展提供了可靠的保证。

“两条主线”就是将政治思想品德教育和行为养成教育作为教育内容。坚持德育为首，以“人文养德、爱心育人、知行合一、全面发展”为宗旨，把道德品质教育、行为规范教育作为德育重点，大力弘扬和培育民族传统美德，深化法制安全教育，开展校园文化建设，开发德育课程资源，构建多层次、多方位的德育工作体系，建设绿色环保校园、安全文明校园、书香校园。

“三支队伍”就是以德育行政领导、年级组长和班主任，以及卫生室、心理咨询室、内宿组负责人组成的德育管理干部队伍，提高德育队伍专业化程度；以科组长、专任教师组成全员育人导师团队，提高德育课程的教育实效性，科学开发研究德育课程；以团委、学生会干部为主的学生自我管理队伍，提高德育管理的针对性。其中，班主任是学校教育工作的最终落实者，其工作水平和工作态度直接影响教育的成效。学校着力培养班主任的岗位荣誉感，让班主任参加日常校风管理，激发班主任的工作热情。认真抓好班主任的理论和技能培训，定期召开学习务虚会和工作实务例会，学习德育理论和工作规程，学习先进工作经验，指导开展阶段教育活动，交流班风建设心得，组织班会观摩课，编发辅导材料，有效地提高了班主任工作的针对性和实效性。从2019年起，学校在选课走班的背景下，积极推动全员育人导师制落地。按照“思想上引导、学业上辅导、心理上疏导、生活上指导、成长上向导”的要求，全体教师共同履行教书育人的“一岗双责”，更好地贯彻全员育人、全过程育人、全方位育人的现代教育理念。

“四位一体”就是学校、家庭、社会、学生四位一体的德育网络。学校教育是主渠道、主阵地，家庭教育是基础，社区教育是动力，自我教育是前提。在家

庭方面，办好家长学校，交流家教经验。通过电访、家访等多种形式与学生家长沟通、交流，使学校教育得到家长的理解、支持、配合，使学生得到更多的关爱。在社会方面，积极配合公安、交警、文化等部门，治理学校周边环境，创设一个有利于学生身心健康发展的社会环境。聘请法治校长，定期到学校为学生上法治课，利用了社会的教育资源，使学生受到更好地教育。组织学生参加社会义务劳动和公益活动，培养学生奉献爱心、服务社会的精神。校内校外互动，双管齐下。

“五条途径”就是从课程育人、教书育人、管理育人、服务育人、环境育人的多层次、多方位的德育工作体系，学校坚持面向社会，加强与家庭、社会的联系，形成合力，全方位构建德育工作体系。在长期的德育实践中，德育工作在“五条途径”上进行了一系列有益的探索和尝试，致力于学校办学内涵的提升，取得了令人欣慰的成果，打造了绿色德育特色品牌。学校德育工作在有效规范的基础上充满智慧和创新，在德育科研上取得了较好成绩，教师的德育论文在各级评比中获奖或发表，并培养出一批市、区、校级优秀班主任。

（二）构建实效性德育工作格局，优化德育管理机制

以实效性原则统领德育管理，提高德育工作的现实性、针对性，努力创设德育特色，形成“目标管理科学化，常规教育规范化，学生工作自治化，情感熏陶经常化，心理辅导专业化，基地建设正规化，教育活动系列化”的工作格局。

1. 完善德育管理机制，目标管理科学化

学校德育管理坚持实效性原则，以学生为本，加强爱国主义、集体主义和社会主义教育，弘扬和培育民族精神教育、理想前途教育、法治教育、诚信教育、日常行为规范的养成教育，加强学生的安全教育。在此基础上，结合学生的实际，引入竞争机制，健全《班级工作量化评估方案》，并把它作为一个相对完整的目标管理体系，努力使班级工作的“硬指标”有量化标准，“软任务”有具体要求，将班级工作分解为具体的指标要求和相应的执行标准，做到定性与定量相结合，在文明班级量化评比中培养学生的集体观念和健康的竞争意识。

2. 建立健全规章制度，常规教育制度化

学校建立健全了值周班制度、学生自治制度、德育系统例会制度、班级量化考评制度、文明生达标方案、内宿检查制度、考勤管理制度和学生交往礼仪常规等一系列规章制度，同时狠抓责任到岗、责任到人，由两操、卫生、早读夜修、课堂、食堂宿舍等组成的整个校园生活的管理规范严格，学生认知水平迅速提高，杜绝了不文明行为。

3. 建立学生自治机构，学生工作自治化

学校确立了让每一名学生都拥有成功的机会的理念，充分发挥学生自我教育作用。团委会和学生会每年换届选举采取公开竞选方式，一大批工作能力强、威信高的同学成为“两会”干部，参与学校日常管理工作。校长室重视学

生先进分子的培养工作，德育处、年级组、班主任认真做好三级培训，引导学生从不断成长的角度去培植工作热情的生长点，善于把指令变成目标和启发，坚持正面教育和正面引导的原则，唤醒其成长意识，通过设置“文明礼貌示范岗”“校园风纪监督组”、年级值勤队，自查内省，启发善心，取得了较好的效果。

4. 挖掘周边德育资源，基地建设正规化

基地建设是对德育资源的整合提升，学校在这方面做了大量的工作，比如，和公安局共建法治教育基地，和驻汕空军、汕头市人民武装部共建国防教育基地，和许包野烈士陵园共建革命传统主义教育基地，和冠山书院共建地方文化教育基地，和骅威公司共建劳动实践基地。学校和社会的有机结合形成了开放型德育格局，丰富了德育的形式和内涵。

5. 重视心理减压疏导，心理辅导专业化

心理辅导室积极探索为学生开展心理素质教育的方法。一方面组织开展心理健康教育，另一方面重视个体的心理辅导。组织“成长的烦恼”“人际策略”“有效的学习心理”等心理教育讲座。辅导室全天候开放，辅导教师善于营造良好的谈话气氛，对学生深切关怀又坚持主流立场，有效地排解学生情感、人际关系、学习等方面的困惑和郁结。

6. 开展德育序列教育，教育活动系列化

高一年级着重抓常规的落实，抓良好学习、生活习惯的养成，以文体活动带动班级正确舆论的形成，培养良好的班风。高二年级重点抓行为偏差生和学业滞后生的转化工作，激发学生的荣誉感和责任感，强化学习氛围，开阔视野，形成正确的人生观。高三年级引导学生树立正确的人生信念，引导学生正确认识社会，培养健康的竞争意识，形成勤于钻研、勇于探索的学风。各年级的教育内容有所侧重，又衔接连贯，形成三个主题五个板块。三个主题就是开展“以‘国学’为师，做堂堂正正的中国人”教育活动；以“绿色、生命、环保”为主题的教育活动，培养学生崇尚绿色健康理念，实施绿色行动；“明礼守法，知行合一”教育活动，加强学生的法治教育，防止违法犯罪行为的发生。五个板块就是升旗献词、主题班会、节日仪式、学生家长会、社会实践活动，保证教育过程的连续性。

（作者：林天贤）

第二节　绿色德育建设案例

【案例1】探讨高三学生德育途径的创新与实践

新时代背景下核心素养的培育
——探讨高三学生德育途径的创新与实践

培养学生核心素养，以科学性、时代性和民族性为基本原则，以培养“全面发展的人”为核心，分为文化基础、自主发展、社会参与三个方面，综合表现为人文底蕴、科学精神、学会学习、健康生活、责任担当、实践创新六大素养，具体细化为人文积淀等十八个基本要求。六大素养之间相互联系、相互补充、相互促进。核心素养是对素质教育的内涵的具体阐述，在新时代的背景下使得教育目标更加清晰，内容更加丰富，实践操作更加具体。

作为一所省级示范性高中，我校一贯以来非常重视学生核心素养的培养，三年一盘棋，通过设置科学的德育课程，开展丰富多彩的德育活动，以有效的德育手段来培养学生的核心素养。本文以高三学生的高考备考历程为例，探讨如何利用德育新模式、新媒体、多途径、多方式开展学生核心素养的培育。

一、创设班级文化，培育人文底蕴

人文是学生立足社会的根基和灵魂。作为德育工作者，必须重视引导学生学习人文、科学不同领域的知识与技能，激发学生探索新知的欲望。

1. 厚实人文积淀，提升审美情趣

班级精神文化建设是为了提高班集体的凝聚力，同时鼓舞同学们保持高昂的斗志和积极进取精神的教育活动。高三年级开学之际，学校就在完成班级建设和学生教育工作的基础上，努力创设班级文化，确保高三学生在一个温馨、宁静又充满浓浓文化气息的和谐环境里学习备考。学校在8月份开展“高考倒计时三百日誓师活动”，进行班级文化的集中展示，动员各班级的全体学生构思、创作属于本班独一无二的班级备考口号、班徽、班旗和班歌。誓师活动时，班长挥动着代表本班同学奋发图强、不离不弃的旗帜，带领本班同学怀着慷慨激昂的心情，在全级师生面前，展示着将鞭策自己一整年的冲刺高考的口号、班徽、班旗。

例如，高三（4）班的备考口号为“四班四班，百炼成钢；决战高三，成就四方”，其班歌是《海阔天空》，班徽的创意：清新淡远的山水，自由翱翔的小鸟，平静辽阔的湖面，象征心静似水的学习心态、志存高远的博大胸怀。一笔一画都象征努力，由此勾勒出一条腾跃苍天的巨龙，寓意在高三的学习生活中脚踏实地，迎难而上，最终金榜题名！正如其班歌所唱“海阔天空，在勇敢以后，要用执着，将命运的锁打破……”高三（4）班的同学们正在用自己不懈的努力改变自己的命运！他们坚信，在经历暴风雨的洗礼之后，终会找到属于自己的那片海阔天空！

高三（10）班的备考口号为“鹰隼试翼，风尘翕张；高三（10）班，远扬高帆”，其班歌是《我为自己代言》，班徽的创意：从整体来看，班徽以绿色和红色构成其主色调，绿色寓意着高三（10）班的学子的朝气蓬勃，红色寓意着高三（10）班的学子的活力四射。从局部来看，班徽由绿色羊头构成象形数字“10”，与一条飘扬的鲜红色领带穿过的绿色英语“Ten”，寓意着步入高三的（10）班学子，抱有成为领头羊的决心，在备战高考的过程中，脚踏实地，努力拼搏，做师弟师妹们的榜样；两旁绿叶寓意着高三（10）班的学子们的青春活力生生不息，也象征着高三（10）班的学子们如同绿叶般，为着光明未来而奋战到底！

高考倒计时三百日誓师活动的最后，全体高三学生在校旗前庄严地许下“昼夜三百，争分夺秒；坚定目标，全力以赴；播下汗水，决战高考”的誓言。通过班级文化的展示，点燃了高三学子学习的热情，也使得高三各班在浓浓文化底蕴的熏陶下，互帮互助，积极备考，勇创佳绩。高三（4）班和高三（10）班在整个高三备考的过程中，学习热情高涨，综合素质全面发展，在2019年的高考中也取得了辉煌的成绩。

教育的真谛是促使学生们在人文底蕴与科学精神两方面收获深层的积淀。“水原无华，相荡乃成涟漪；石本无火，相击而发灵光！”在我看来，德育工作者不就是那个“荡水”“击石”之人吗？我们努力创造条件去唤醒学生心中沉睡的激情与梦想，引领他们在最美的时间绽放属于自己的青春。

整个誓师活动从筹划到落实，从预演到展示，学生和教师都倾情投入，学生思考着自己的特点，找寻符合自身特色的口号和班级精神，设计了具有灵韵和动感的班徽和班旗，在活动的过程中凝聚了班集体的力量与才智。我们通过创设班级文化，营造浓烈的班级备考氛围，厚实了学生的人文积淀，提升了他们的审美情趣，以此来培育学生的人文底蕴。

2. 鼓励探索创新，培养科学精神

邀请院士进校园，开展科普讲座。2018年“院士科学家走进校园讲科学”主题教育活动中，我校邀请中国科学院地质与地球物理研究所研究员白武明教授为学生们做了题为“地球的地壳运动”的科学讲座，白武明教授图文并茂地讲述了地球内部物质活动的过程及地球表面地震、火山等各种自然现象的影响，还和学生一起演示了火山爆发的原理，现场的科学探究气氛十分浓厚，同学们互动热烈，表现出强烈的求知欲。学生们在生动有趣的科学展示中大开眼界，认识了地壳运动的原理，探索了科学的奇妙，激发了投身科学的志趣。

学校也开展了多种多样的科技创新活动，如：计算机编程比赛、创客比赛、机器人比赛……既锻炼了学生的能力也开拓了学生的视野。科学素质决定公民的思维方式和行为方式，是实现美好生活的前提，科学精神的培养是实施创新驱动发展战略的基础。

二、推行智体双飞，培育健康生活

学校的职能不只是传授知识，学校教育的目标是教会学生拥有自主发展的能力。引导学生认识和发现自身价值，挖掘自身潜力，成为一个能有效管理自己学习，懂得健康生活的人，这是新时期德育的方向。

1. 倡导自主学习，养成乐学善学

子曰：“知之者不如好之者，好之者不如乐之者。”高三学生在学习上不能一味靠教师推着走，被动学习的效果比较差，也无法持久。对于学习而言，知道怎么学习的人，不如爱好学习的人；爱好学习的人，又不如以学习为乐趣的人。

学校为了引导学生积极开展自主学习，学会自我管理，印制了每日常规安排表，让学生将一天中24小时的上课时间、课余时间、自学时间进行个性化、科学合理的规划与管理，并督促落实。努力引导学生从“要我学”过渡到“我要学”，最终转变为“我乐学”的状态。学校通过举办学法指导讲座，向学生传授如何做到乐学善学的方法。举办优秀学生经验交流会，展示学习心得与学习规划，让学生之间取长补短，互相激励、共同进步。

在信息技术高速发展的时代，对学生学习方法的指导可以通过多种多样的方式进行。每个班级都有学生和科任教师的微信群、钉钉群，周末和假期，教师通过微信群、钉钉群将一些好的学习方法进行推介；在微信群、钉钉群上利用自己制作的教学微课课件进行授课、答疑。这种交流的方式既能打破时空的限制，又能提高学生学习的效率，也提升了学生的学习兴趣。同时班主任将学生在校生活和学习的场景记录下来制作成电子相册或小视频进行分享，使学生感受到学校的温馨、教师的关爱和学习的快乐。

乐学善学的重点是学生能够正确认识和理解学习的价值。成功的教育就是让学生具备积极的学习态度和浓厚的学习兴趣；能养成良好的学习习惯，掌握适合自己的学习方法；能自主学习，具有终身学习的意识和能力。

因此，要多渠道、多方式培养学生乐学善学的素养。只有学生乐学善学了，他们才会主动地去学习，去掌握学习方法，具备自主学习的能力，才能去适应不断发展的未来，而不是落后于时代、被时代淘汰。

2. 开展多维体育，练就健康体魄

高三学生因为备考的压力大，学习任务繁重而经常熬夜，其体质令人担忧。针对高三学生“沉迷学习，无法自拔”的普遍现象，我校开展了多种形式的文体休闲活动，每天的早操锻炼、小课间的休闲活动、篮球赛、足球赛等体育活动充实着学生的课余，尽量让学生挤出体育锻炼时间，放松身心，强身健体。在每周五下午的第八节课，全年级16个班级的学生，分成16个方阵，在操场上进行跑操活动，既能锻炼身体，又能磨炼学生意志，撼动山河的呐喊声又提振着学生的士气。新的学年，高三的跑操活动已经推广为全校三个年级的集体活动，大家一起跑起来，挥洒着汗水，在操场上跳动青春的音符。

素质教育不是单纯以分数为王，而培养具有健康体魄、健全人格的学生才是我们教育的目的。教学上我们培育乐学善学的学生，同时我们更应该重视培养健康活泼的学子，智体双飞，我们的孩子才能赢得未来。

三、理想前程教育，培育责任担当

新时代的优秀人才应是有理想、有担当，能主动参与社会实践，关注人类命运，具有大视野和大格局的人。因此，学校必须对学生的社会适应能力、家国情怀和责任担当进行有目的的培养。

1. 指导生涯规划，做有梦想之人

“以梦为马，诗酒趁年华；韶华易逝，追梦不负初心”。有位作家曾说：我们要有最朴素的生活与最遥远的梦想。梦想是一个人对自己的承诺，是一辈子的坚持，而青春是实现梦想最好的时机。

各班通过主题班会，开展形式多样的理想前途教育，对高三学生的生涯规划进行指导。其中以优秀师兄师姐的视频寄语最为特别，俗话说“眼见为实，耳听为虚”。通过已经毕业的师兄师姐，介绍他们现在的大学生活和求学过程的体验，让学生真真切切去感受通过高三一年的拼搏，梦想并不会遥不可及。而已经大学毕业参加工作的师兄师姐的视频寄语，更能让学生直观地了解到选择专业与个人爱好和社会需求结合的重要性。社会责任与家国情怀，也是我们教育的重中之重，我校不少学生有立志投身教育，向往科技强国之理想，这是教育之幸。

学校在高考倒计时100天时开展了“我要上理想大学”签名活动，各班高喊班级备考口号，在校歌《激扬青春》的引领下，全体高三学生在百米红布写下自己理想中的大学，并签下自己的名字，活动热烈而庄严。新时代的学生需要仪式感，通过生涯规划指导和“我要上理想大学”签名活动让学生清晰自己的发展方向，做有梦想之人。

2. 倡导关爱他人，勇于实践创新

学校每年都利用假期组织学生进入社区，开展“关爱老人”“帮助病弱人群”“爱国卫生大清扫”等社会实践和公益活动。学校高三毕业生利用假期开展“义教”活动，无偿给中小学生进行学业辅导和生活指导，社会反响非常好。也有不少高三毕业生参加社会实践工作，积累工作经验，体验劳动过程。在发挥才智和挥洒汗水之余既有收入，又能体会父母的辛劳，更能懂得感恩和珍惜。

青年人总能站在时代的前沿，在毕业庆典上，16个班级播放了学生自己利用新媒体软件制作的富有怀旧色彩、感念师恩、怀念友情的视频，深深地感动了在场的每一位师生。他们利用动感的音乐，绚丽的色彩，新颖的构思为自己三年的高中生涯画上了完美的句号。但这并不是终点，只是他们人生扬帆起航的另一个起点。

在新时代背景下探讨高三学生核心素养的培育，有极其重要的意义。因为高三一年既是中小学生素质教育的收官之年，也是高三学生接受高考洗礼，迎接大学或社会的分流之际，更是学校检验教育成功与否，反思教育过程的重要之时。通过这一学年德育途径的创新实践，收获良多、硕果累累。学生的综合素质有了明显的提升，有了扎实的文化基础、具备自主发展的能力，社会参与的积极性也有很大的提高。学生的高考成绩也突飞猛进，2019年学校的高考本科上线率高达率84.1%，比2018年提高了7.9个百分点，还有一大批学生被优质院校录取。例如：江子琳被暨南大学录取、邱舒琪被中国刑事警察学院录取、杜晨涵被中国音乐学院录取等。学校也涌现出获得“宋庆龄奖学金”的林玺虹、获得“潮汕星河奖”的黄冰、获评为“省级优秀学生干部”的陈煊梓等优秀学生，培育出越来越多的高素质人才，也肯定了我们德育途径的创新与实践方向的正确性。

新时代背景下核心素养的培育将秉承我校“身心两健，德艺双馨，持续发展”的德育理念，拓宽德育思路，从学生的文化基础、自主发展、社会参与3个方面入手，结合学校的办学理念，积极尝试、勇于创新。在新时代、新媒体的背景下，继续努力探索中学生发展核心素养培育的新模式，努力培育学生人文底蕴、科学精神、学会学习、健康生活、责任担当、实践创新的六大素养，使其成为全面发展的人。

（作者：陈曦怀）

参考文献

[1] 林崇德. 中国学生发展核心素养：深入回答“立什么德、树什么人”[J]. 人民教育，2016（9）.

[2] 朱永新. 中国著名班主任德育思想录［M］. 上海：华东师范大学出版社，2017.

【案例2】高二学生励志教育主题班会

以梦为马，不负韶华

——高二学生励志教育主题班会

【活动背景】

高二是学生成长的重要阶段，是学生成绩分化的分水岭。成，则扶摇直上；不成，将每况愈下。高二学生，既缺失了高一入学时的新鲜感，又没有高三升学的压力。高二学生容易出现学习兴趣丧失，学习热情缺乏的状况。究其原因，是理想和信念的缺失。学生要对自己的未来有梦想，要内心有成才的渴望，才会激发学习动力。因此，带着梦想、奋发向上，对以后的人生走向将起着举足轻重的作用。

【活动目标】

（1）帮助学生明确梦想之于人生的重要性，形成积极健康的人生价值观。

（2）引导学生认识自己，确立目标，提高学生的学习热情。

【活动方法】

小品剧表演、讨论会、故事分享、目标交流。

【活动前期准备】

（1）查找相关资料，准备相应的材料。

（2）编写剧本并组织学生排演小品。

（3）创作班歌。

（4）制作PPT。

【活动实施过程】（见表2－8）

表2－8　活动实验过程

活动环节	教师活动	学生活动	设计意图
活动开场	教师主持：俱怀逸兴壮思飞，欲上青天揽明月。我们在《宣州谢眺楼饯别校书叔云》里读到了李白的美好梦想，看到了诗仙奋发向上的情怀，悟到了古人予以后人最宝贵的精神教育。如果说每个人的生命都是一只小船，那么梦想就是小船的风帆。那么，何为梦想呢？大概，梦是一种欲望，想是一种行动。梦想是梦与想的结晶。越是能够坚持自己的梦想，越是会感觉到自己的与众不同。于是，在座的每位同学，你们扪心自问，现在的你们，有梦想吗？你们为梦想付出实际行动了吗？在座的每位同学，你们是否想过，十年后的你们，会在你们的生活中扮演什么角色	在教师的指引下进入活动课堂	创设氛围，引导学生进入主题班会活动
《趁一切都还来得及》情景剧表演	教师提出讨论问题：你如何看待高中时候的燕子、小媛、阿烘、小琦的行为	相关学生表演情景剧《趁一切都还来得及》。其他学生观看情景剧，并思考教师提出的问题	让学生观看情景剧表演，可以激发学生参与活动的热情，活跃班会活动的氛围，并且有助于引导学生进行讨论和交流
情景剧内容交流讨论	教师寄语："明日复明日，明日何其多，我生待明日，万事成蹉跎。"古人的谆谆教诲告诉我们，珍惜时光多么重要。趁一切还来得及，少年的你们，何不怀着对未来美好的憧憬，奋发向上，不辜负美好的青春！以梦为马，觅回学习的热情；不负韶华，彰显青春的魅力	学生讨论并回答问题	通过对情景剧问题的讨论和交流，引导学生进行更加深刻的思考，帮助学生认识到梦想对人生的重要性，促进学生积极健康的人生价值观的形成

（续上表）

活动环节	教师活动	学生活动	设计意图
故事分享会	教师聆听学生分享的小故事，并根据学生分享的小故事对学生进行引导	学生分享自己熟知的梦想与励志小故事	故事分享，调动学生参与活动的热情，并且能让学生从梦想与励志的小故事中感受到正能量，感受到梦想的重要性，感受到树立目标的重要性，促进学生积极健康的人生价值观的形成
分享交流	1. 教师提出交流的主题——十年之后的我 2. 学生交流后，教师寄语：既然你们已经预设了十年之后的自己在生活中的角色，那么就请每位同学于此时此刻起只争朝夕。每位同学都应该至少拥有一个可以坚持的梦想，可以解析成很多小情结的梦想，这样你才知道何为坚持。人们都说，此心安处是吾乡。何为安定？大概，找到目标并且付诸努力的同学，都能为自己的心找到一个落脚点。趁一切都还来得及，愿每位同学都能以梦为马，不负韶华	学生预设自己十年之后的角色，畅谈自己的梦想和目标	分享和交流自己的目标，有利于引导学生树立目标，并帮助学生领悟到为实现梦想而努力和付出行动的重要性，有利于激发学生的学习热情，促进学生积极健康的人生价值观的形成
班歌《闪耀》弹唱	教师观看学生弹唱班歌	学生弹唱自己创作的班歌《闪耀》	班歌歌词与理想教育主题息息相关。班歌弹唱，再次活跃氛围，让学生从歌词中汲取正能量，让学生感悟到于高中时候为梦想付出努力的重要性

（续上表）

活动环节	教师活动	学生活动	设计意图
活动结束	教师寄语：班歌里面唱道："少年的你，一路追寻心中所想；乘风破浪，无比庆幸此刻年少。"愿每位同学都能以梦为马，奋发进取。满载星辉，不负韶华	学生聆听教师寄语	再次明确本次活动的主题，激发学生的学习热情

【活动总结】

以励志为主题的班会课其实并不是最新颖的主题，但是励志教育仍是高二德育工作中的重要部分。高二作为高中的一个组成部分，有着举足轻重的作用。然而高二学生经历高一一年的学习后，部分学生或因为缺乏新鲜感，或因为学习落下太多而开始懈怠。于是，如何让学生重新燃起学习的热情，便迫在眉睫了。于是，针对高二学生的特点，我再次选择以励志为主题的班会课，帮助学生明确树立目标，心怀梦想的重要性。

在主题班会中，我设计了让学生当堂表演情景剧这一环节，可以有效地调动学生参与活动的积极性，并且锻炼学生的组织能力，同时现场表演能给学生留下更加深刻的印象，能够同时借助教师的点拨展开更加深刻的思考和讨论。

为了培养学生树立目标的意识，我设计了"梦想的交流分享"这一环节，让积极性强的同学带动积极性较弱的同学，激发学生的学习热情。

听歌娱乐大概是很多学生课余生活的重要环节。选择让学生自己创作班歌并现场弹唱，可以调动学生的积极性，让学生于励志的歌词中受到感染。

一次班会课并不能解决所有问题，但它能够给学生带来实际的影响。在本次主题班会中，针对学生目前的特点，让大部分学生都参与其中，让积极性强的同学带动积极性较弱的同学，让每位同学都能从班会课中汲取正能量，唤起心中的学习热情。

第四章　绿色 IT

IT 是信息技术（Information Technology）的英文缩写。信息时代，互联网、物联网、云计算、大数据、人工智能技术高度发达，信息的获取渠道和传输速度不断拓展和提高，各种应用软件的开发，人们的生活和学习方式不断改变。降低能耗、简化管理已经成为行业信息系统基础架构的核心问题，当信息技术和绿色结合起来，一场信息革命将使世界焕然一新。所谓“绿色 IT”，是指信息产品、信息技术及信息化应用朝向高效、集约、简化、安全、可靠、节能、环保、高性能的方向发展。“绿色 IT”包括的三个层面含义，即“绿色 IT”产品、技术和应用，其中应用是关键，技术和产品是基础。绿色 IT 的特征就是：节能、低污染、低辐射、易回收，所以绿色 IT 产品认证指标包含了这四个部分。

学校于 2018 年被确定为首批省级信息化中心学校。在信息化中心学校建设过程中，提出了“互联网 + 绿色教育：高起点、信息化、节约型”建设目标，积极开展绿色智慧校园建设，通过“绿色 IT”，打造一个高效、节能、环保、安全的绿色智慧校园，并取得了一定成效。本章收集了创建信息化中心校部分成果，包括绿色智慧校园建设基本情况、科研项目、论文、课例等。

第一节　绿色智慧校园的建设

近年来，学校依托信息化中心学校智慧环境建设，在“以人为本，绿色教育，和谐发展”办学理念引领下，改变重基础设施建设、轻教育教学应用的状况，以绿色 IT 为建设方向，探索建立政府支持、校企合作、相互补充、相互协调、相互促进的建设新机制，学校与企业和高校合作，采用项目带动、目标管理、问题导向、培育种子、推广示范的模式，建设了智慧学习环境和知识共享服务体系，开展了以模式创新为核心的智慧应用。

一、绿色智慧校园建设目标

我们提倡的校园绿色 IT，就是将生态文明、可持续发展和环境保护的理念贯穿信息化中心学校建设的全过程。以节能、环保、高效、安全、可靠为指针，以

“创新机制，深度融合；整体设计，重点突破；彰显特色，示范辐射”的理念为引领，以智慧校园建设为抓手，以信息技术与教育教学深度融合创新为核心，实现教育信息化的深入应用，发挥“种子学校”的作用，带动区域内基础教育教学改革，促进基础教育优质均衡发展。

（1）基础环境建设方面：按广东省中小学智慧校园建设指南建设智能泛在、安全可靠、覆盖全校的智慧学习环境，具备满足智慧学习、教学、教研和教学管理需要的信息化应用支撑环境。以感知、识别、联结为主要特征，以“云网端”为核心，形成智慧校园的新技术形态；以智能工具、知识库和社交网络为要素，构建智慧校园的虚拟空间，实现虚拟空间和物理空间的融合，形成“可感知、可分析、可干预、可自愈”的新型学习环境。

（2）共享服务体系建设方面：采取汇聚、自建、共建、引进、购买等形式，建设具有区域特色、校本特色的体系化数字教育教学资源，实现区域内学校优质资源共建共享。

（3）智慧应用建设方面：在课程、教学、评价、管理等领域推广智慧应用，推动改革创新，实现信息技术与教育教学的深度融合。

（4）特色培育项目建设方面：建设基于大数据、云计算和人工智能的精准教学操作模型。包括智能学习系统（精准提分系统）、精准教学范式和建设教学改革创新示范团队三个种子项目。

（5）示范辐射方面：结合区域和学校特点和发展需求，培育教育教学改革创新种子项目，在区域内辐射推广。特色创新项目积极组织申报教育信息化融合创新改革项目或科研课题；参与粤东教师发展中心及信息化企业合作的前沿教育信息化实验项目；在智慧教学智慧学习环境建设等方面开展研究和实践创新，形成改革创新成果，培育形成教学应用创新团队，成果在校内广泛应用，在校外形成示范辐射；承担本区域学校教师培训和教学改革示范工作。

二、绿色智慧校园建设情况

1. 智慧学习环境的建设

（1）建设移动物联的校园网。

学校依托广东省基础教育信息资源中心，无线网络覆盖教学楼区、办公楼区、教师宿舍楼区等主要功能区，支持移动教学、移动办公、移动学习等应用。

（2）建设智慧教室。

学校依托汕头教育云平台、智能学科辅助工具、在线学习社区（如：UMU互动学习平台、101教育PPT官网、雨课堂在线教学平台、希沃教学平台等智慧教学工具等）以及第三方服务，基本实现了课堂教学云端一体化。学校在每个教室配备了多媒体设备的基础上，分步骤升级改造多媒体平台为交互式智能设备；面向学校、教师和学生提供全方位学情分析及教学改进服务，解决学情数据采集、智能批改、学情动态诊断与个性化补救等关键问题，形成课前、课中、课后一体化教学及评价体系，努力全面实现互动教学常态化。学校还建设了一间科大讯飞智慧课堂录播室，开展智慧课堂研究。

（3）构筑智能安防校园。

学校建有智能校园安防系统，通过上网行为管理系统、上网行为审计系统等工具实现对师生上网行为的管理，实现网络应用的“可管、可控、可用”，保障网络与信息安全。

2. 知识共享服务体系的建设

（1）搭建个性化网络学习空间。学校依托粤教翔云数字教材应用平台和汕头教育云平台，全面实现“网络学习空间人人通”，各类信息化平台和资源全方位渗透进教师、学生、家长的生活，提供了课程选修、在线学习、学习分析、资源推送、协作交流、成果展示等功能，并尝试利用钉钉智慧校园平台的直播系统开展远程互动教学，探索个性化学习、翻转式学习、深度学习等新型教学模式；建设了一个校内云盘，方便教师在线储存教学资料，开展常规教学。学校还鼓励家长跟进网络学习平台，及时了解学生的成长，与教师、学校进行即时沟通，并通过网络学习平台获得更丰富的家庭教育服务。

（2）提供体系化优质数字教育资源服务。采用“共享、购买、自建”策略，实现省、市、县（区）教育资源的互联互通，通过省、市教育资源云平台或公共服务平台，获得基础性数字教育资源服务。学校建设一批数字教育资源库，内容涵盖学校全学科、全学段，确保所有学科都能为学生提供相应的课程资源，满足信息化教学的常态化需要和学生的多样化发展需求。

（3）构建协作学习社群。依托网络学习平台，结合教学需要，利用慕课、雨课堂在线教学平台、UMU 互动学习平台、101 教育 PPT 官网、12xue 等学习平台构建虚实结合的教学、学习、教研社群等。学校还聘请外部专家、专业人员为教师和学生的发展提供专业指导。

3. 开展以模式创新为核心的智慧应用

教育信息化的目标是促进学校教育内容、教学手段和方法现代化，创新人才培养、管理和服务模式，促进教育质量全面提高。智慧校园的作用与功能要体现在学校的各项业务之中，要基于信息技术创新学校教育教学模式和管理模式，充分展现智慧校园的整体效能。

（1）开展智慧教学应用。基于智慧校园，变革教学方式，实现个性化教学、探究式学习和创造性学习。利用科大讯飞智慧课堂等基于用户特征的推荐式学习交流系统，对课程设置、实施、评价进行全周期的数字化管理和“伴随式”数据收集，实现个性化学习。运用各种网络学习平台，综合运用平台上的各种学科教学工具等开展智慧教学，将课堂延展为课前、课中、课后和线上、线下一体化设计的混合式学习，探索信息技术支持下的翻转式课堂、探究式学习、泛在学习等。

（2）开展智慧教研应用。尝试使用 UMU 互动学习平台，实现教师教情、学生学情的及时精准反馈，开展反思性教研。构建基于项目、兴趣的教研协作社群，促进教师群体成长。

（3）开展教育治理应用。学校利用汕头教育云平台的办公管理系统、钉钉未来校园 App、教务管理系统、课程管理系统、图书管理系统、选课管理系统、学生成长档案系统、教师评价系统、后勤管理系统、智能决策系统等，建立实名制管理网络机制。

（4）开展智慧服务。学校使用官方微信公众号实现智能手机免费接收信息，进行有效的家校互通，利用新媒体，即时向校内外发布学校开展的科学、文化、艺术、课外活动、社会实践等。开设家长学校，利用钉钉家校群，拓展教育渠道，实现社会共育、家校共治。

三、绿色智慧校园建设初步成果

学校在智慧教学、智慧教研、智慧管理、学校网络文化建设、智慧学习环境建设等方面开展了广泛的研究和实践创新，取得了初步成果。

（1）建设“好分数考试分析与学业诊断系统”。通过收集学生的考试成绩、错题等信息建立学生成长档案，自动归纳和整理学生考试和作业中的错题，利用专业分析精确定位知识漏洞，辅助教师为学生定制个性化提分方案，有效提升学生成绩。

（2）建设澄海实高“未来校园”数字化平台，注重在组织在线、沟通在线、协同在线、业务在线、生态在线等方面实现学校全面数字化转型，让校园管理变得更加简单、更高效、更温暖。

（3）依托教育科研，开展融合创新课题研究。学校积极承担各级教育信息化融合创新科研课题，一年多来共承担各级课题 8 项，其中，林晗和姚锐鹏老师分别承担汕头市级课题《面向高中信息技术的学习任务单设计与实践研究》和《基于信息技术的数学教学实践研究》，杜永明老师承担广东省信息化课题（青年专项）《基于智慧学习环境的精准教学模式研究》，许守武校长承担的课题《信息化背景下精准教学策略的研究》于 2019 年 5 月批准为广东省教育科研“十三五”规划 2019 年度教育科研重点项目。目前，学校还承担了广东省基础教育信息化融合创新示范培育推广项目（子项目）《交互式微课的设计与开发》。各课题组通过专题培训和研讨、提升教师信息素养素质，积极推动课题研究。

（4）依托在线教研平台，广泛应用于教师研训。2018—2019 学年度利用在线教研平台共组织市级以内的公开课约 100 节，得到相关教育部门和兄弟学校的认可并推广，在校外形成辐射，持续发挥效应。教师以创新融合理念为引领，在各级各类教研活动和教学技能比赛中获得好成绩。学校组织教师参加粤东微课大赛，连续四届获得优秀组织奖，教师成绩优异，累计获得一等奖的有 7 人，二等奖 30 人，三等奖 30 人。蔡晓琳、沈晓娴老师参加第二十一届全国教育教学信息化大奖赛分别获得一、二等奖。教师参加“一师一优课”和网上“晒课”活动，成绩突出，获得部级优课 2 项、省级优课 12 项、市级优课 24 项、区级优课 42 项；学生参加广东省教育“双融双创”行动暨第二十届广东省中小学电脑制作活动获得省级一等奖 3 人，二等奖 5 人；市级一等奖 3 人，二等奖 5 人，三等奖 1 人；区级一等奖 5 人，二等奖 3 人，三等奖 2 人。教师参加广东省教育“双融双创”行动暨 2019 年教师教育教学信息化交流活动获得省级一等奖 1 人，二等奖 4 人；市级一等奖 2 人，二等奖 2 人，三等奖 2 人；区级一等奖 3 人，二等奖 2 人，三等奖 1 人。

（5）建设创新示范团队，发挥“种子教师”的作用。为推动信息技术与教育教学深度融合，积极探索信息化背景下教育教学新策略，建设共享、共创、共生教学改革创新示范团队，发挥中心校的作用，以信息化带动学校教育现代化，根据学年计划，2019 年 11 月，成功承办了“澄海区信息技术与教育教学深度融合交流研讨系列活动”，公开课活动在汕头教育云平台进行网络直播，发挥了中心学校示范辐射作用。

第二节　绿色智慧教学的实施

近年来，信息技术的发展促使教学数据海量增长，一个应用大数据、云计算、人工智能推进教育理念、教学方法、教学模式变革的时代已经悄然降临。为建构“广东新时代新教育体系”，广东省在 2018 年起开展为期三年的中小学信息化中心学校建设工作。澄海实验高中被确定为首批省级信息化中心学校，承担“基于学习分析的掌握式教学”实施项目，开展了“信息化背景下精准教学策略的研究”课题。

精准教学是一种通过记录、分析学习者的学习行为、学习表现等方面的数据及其变化，从而精准调整教学活动，提高学习绩效的新型教学方式。依托大数据技术，以精准化教学、个性化学习、智能助教为特征的精准教学改变了课堂原貌，能够让教师与学生全程互动，激发学生学习的主动性，实现教学方式的变革，实现了绿色智慧教学的目标。

下面介绍在信息化背景下开展精准教学策略的研究、构建精准教学模型、实施绿色智慧教学的一些做法。

一、走向数据驱动的精准教学

（一）研究现状

精准教学在 20 世纪 60 年代发端于美国，首先由奥格登·林斯利基于斯金纳的行为学习理论提出，并在实验中形成了教学方法评估的有效性框架，由于理论的局限性及技术限制，没有得到推广。20 世纪 80 年代中期，有西方学者预测精准教学是一种高效的知识与技能的教学方法，可促使不同发展水平的学习者取得进步。近年来，在教育信息化浪潮中，由数字化、网络化、智能化和多媒体化支持下的精准教学，在后发国家得到应用和推广。在中国知网以“精准教学”为关键词进行检索，2016 年 12 月 31 日之前仅有 13 篇文献，至 2019 年 1 月 1 日已经有 304 篇，诸多学者在文章中阐述各自观点和研究成果，指出大数据背景下的精准教学将会是未来教学革新的发展方向，东北师范大学李士平等老师运用 SSAS 等学习分析工具验证了数据驱动下的学习支持能够影响学生学习决策，进而提升学生元认知水平、学习成绩与流畅度。华东师范大学祝智庭、彭红超老师设计了一种信息技术支持的精准教学模式，以实现人机合理分工，功能优势兼收。① 中国人民公安大学任红杰指出：基于大数据的精准教学不同于早期的精准教学，需要从精准的“学生画像”、精准的教学目标以及精准研讨、精准辅导等方面加以生成，它的实现条件包括建构专业化的校园大数据收集与处理中心，制定大数据收集、处理、使用和共享的基本规则，大力提升教师的核心素养。② 东莞市松山湖实验中学万飞老师以试卷讲评课为例，阐述在信息技术支持下通过对学习数据的有效挖掘，精确判定学习者当前存在的问题及潜在问题，并针对判定的问题，提出了进行精准的优化和干预的教学策略。③

在政策方面，2018 年 4 月教育部印发《教育信息化 2.0 行动计划》，指出要实现“三全两高一大”的发展目标，应用信息技术积极推进“互联网 + 教育”。在“南方教育高地”广东省，正建构“广东新时代新教育体系”，开展理念重塑、结构重组、流程再造、内容重构、模式重建，改革创新人才培养模式、教育服务模式、教育治理模式。在市场方面，教育领域大数据分析工具应运而生，特别是针对学习分析的软件，有的技术已经相当成熟，如科大讯飞智慧课堂和知心慧学等产品。

通过学术和应用层面的梳理，以及对政策的学习，我们得到如下启发：精准教学已经在信息化发达地区得到应用并广泛推广。关于数据驱动下的精准教学，专家学者基本有了一个共识：这是一种以大数据、云计算和人工智能为特征的学习支持系统，是一种基于学习分析、教学评测与行为矫正的教学模型，是一种基于学生为中心的个性化教学方式。

经过多年实践，学校的信息化建设有了进步，信息技术应用到教学、管理与服务之中，成为师生获取知识、交流学习的重要渠道，在促进思想交流、提升精神境界等方面发挥积极作用。近三年学校使用大数据技术如金佰汇、方向标、全通、誉丰等公司的软件，其中，风向标教育科技有限公司知心慧学产品就是一个大数据精准教学系统，是一个集互联网 + 学科能力素养评、学、教、管一体化的平台，专门提供数学单科教学设计和提分方案。实践证明，这种依托数据驱动实现的教学的精

---

① 祝智庭，彭红超．技术赋能智慧教育之实践路径［J］．中国教育学刊，2020（10）．

② 任红杰．基于大数据的精准教学：生成路径与实现条件［J］．黑龙江高教研究，2017（9）．

③ 万飞．信息技术支持下精准教学的实施策略——以试卷讲评课为例［J］．教育信息技术，2018（3）．

准支持，提升了学习效率。在应用中也出现了一些问题，如：信息化基础设施不完备，适切性资源缺乏，共享、共创、共生机制尚未建立，阻碍了教学方式和学习方式变革。鉴于此，学校期望依托省级信息化中心学校建设项目，通过教育科研，高起点规划、实效性建设、规范化及科学化完成项目建设任务。

（二）研究的价值

（1）基于数据驱动的精准教学促进了信息技术与教育教学深度融合。建设集评、学、教、管于一体于校园大数据收集与处理中心，记录、储存、使用和共享教学数据，提供精准教学资源与服务，结合现代化技术提高学习分析的效率，助推学校个性化精准教学改革，实现教学质量的全面提升，对科学决策、提升教学效益具有直接作用。

（2）基于数据驱动的精准教学促进了学生学习品质和学习成绩的提高。精准教学促进了以学习者为中心的教学。数据驱动下精准教学实现了智能学习全覆盖，为学习者提供适合的教学，通过数据诊断，自我纠偏，发现优势与不足，提升学习兴趣和动力及自学能力。依托智能学习系统整合线上和线下资源，为具有差异的学习者提供适合的教学和适配的补救资源，满足学习者需要，使绝大部分学生达到教学目标。

（3）基于数据驱动的精准教学促进教师专业化发展。依托本项目建设共享、共创、共生的教学改革创新示范团队，营造教师专业发展的良好环境，探索基于互联网思维的教师校本研训模式，造就一批基础理论扎实、教学实践能力突出的“种子教师”，形成教学改革创新示范团队，充分发挥技术的优势促进教师共享、共创、共生，实现个性发展、群体发展，引领教学改革、模式创新，顺利完成示范辐射任务。

二、研究的总体框架和基本内容

信息化中心学校围绕智慧校园建设目标，以优质教育资源全覆盖为基础，以推进信息技术与教育教学深度融合创新为核心，以智慧校园建设为抓手，通过建设大数据精准教学系统和个性化智能学习系统，建设教育信息化骨干队伍，培养“种子教师”，带动区域内教育发展，提高教育教学质量，消除“数字鸿沟”“智能鸿沟”，实现理念重塑、结构重组、流程再造、内容重构、模式重建。

（一）数据驱动应用研究

（1）环境建设：建设智能泛在、安全可靠、覆盖全校的智慧学习环境，具备满足智慧学习、教学、教研和教学管理需要的信息化应用支撑环境，实现虚拟空间和物理空间的融合，形成新型学习环境。

（2）智慧应用：建设智慧校园办公、数据采集系统、大数据精准教学应用服务、个性化学习系统，在课程、教学、评价、管理等领域开展智慧应用，推动改革创新，实现信息技术与教育教学的深度融合。

（3）服务体系：采取汇聚、自建、共建、引进、购买等形式，建设具有区域特色、校本特色的体系化数字教育教学资源和在线课程，实现区域内学校优质资源共建共享。

（二）精准教学操作模型研究

（1）教学理论：以掌握学习理论、行为修正理论、教学最优化理论等有效教学理论为指导，开展基于大数据、云计算和人工智能的精准教学操作模型研究。

（2）建设智能学习系统。开发基于“三年一体化”教学策略的覆盖全学科的题库资源，建构完整的高中各学科知识图谱和动态智能题库；利用组卷阅卷系统，开展基于测评大数据分析技术和学生的个人答题数据分析，在数据驱动下开展精准教学，量身定制个性化学习方案。智能学习系统由线上和线下两部分组成。

（3）探索精准教学范式。利用交互技术，实现流程再造和模式重建。由“定标、诊断、决策、精讲、自主、评价”六个步骤组成精准教学范式，为具有差异的学习者提供适合的教学，满足学习者需要。

（三）种子项目示范辐射

在智慧教学、智慧学习环境建设等方面，与高校及信息化校企合作开展研究和实践创新，形成改革创新成果；培育形成教学应用创新团队，承担本区域学校教师培训和教学改革示范，建设社区研训协作社群，交流推广研究成果，充分发挥技术的优势促进教师共享、共创、共生，实现个性发展、群体发展，促进教师群体成长。

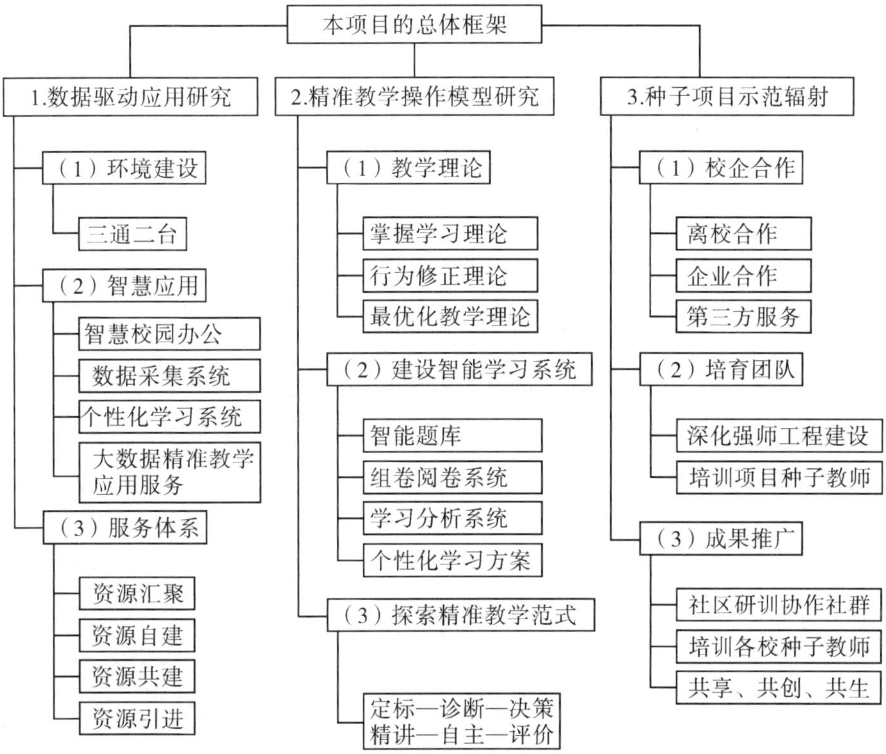

图 2-2　精准教学总体框架图

三、精准教学模型建构和实施的关键点

精准教学模型建构是在“理念重塑、结构重组、流程再造、内容重构、模式重建”方针指导下，利用新技术、新手段建构起来的基于大数据的精准教学个性化学习支持系统和操作模型。从教学管理和教学研究层面上看，其关键点在于优化教学设计范式，再造学科教学流程，重建校本研训模式，形成集评、学、教、研、管于一体的个性化学习支持系统和新型校本研训体系。

（一）优化教学设计范式

要坚持“以学定教，先学后教”的理念，利用信息化手段改良已经实施多年的“整体化”教学设计范式。随着数字时代的来临，数字化服务迎来前所未有的机遇，以校企合作、购买服务、校际联盟等形式，推动教学资源的结构重组和内容重构。“整体化”教学设计是国家课程校本化的总设计，要求在教学目标分类理论的指导下，做到模块单元教学、章节教学、微课教学设计“三年一盘棋”。“整体化”教学设计是一个“矫正—反馈”系统。首先，打好校企合作这张牌，拆除“信息壁垒”，选准、选好合作对象，用好网络资源库，将“三年一盘棋”全面激活。目前一些优质的第三方服务平台，如好教育云平台、学科网、高考备考资源网等网站的资源框架分类精细，基本按照整体化设计理念，属性标注明确精准。其次，开发校本智能化教学资源库。整体设计的最基本元素是章节教学设计，是将以往“重心前置、自学贯通”设计策略贯穿到校本化资源库中。“重心前置”是指教师课前充分了解学情，课上有针对性地教，引导学生进行目标明确的自主性学习，使学生于课前先学，课上有准备地学。“自学贯通”是指学生在课前、课中、课后贯穿主动学习、独立学习和自觉学习。应用大数据技术的采集、分析及挖掘、预处理、展现和应用功能，不但可以将模块与模块、单元章节关联起来，更能够将学情、教情联系起来，将过往学习与最近发展区连接起来。每章每节，一案在手，目标内容尽收眼底，教情学情一目了然，校本化资源库配置知识点和重点难点讲解的微课，为教师精准教学提供了方便，也便于针对性地推送给学生进行自主学习。

（二）再造学科教学流程

“三年一体化”整体教学范式落实到备课、上课、课后辅导与教学督导检查当中，形成了“呈现目标，精讲精练，自学自纠，当堂完成”的课堂教学流程，大数据、云计算、人工智能的应用，促使精准教学操作模型建立，进一步促进了教学流程的优化，使教学目标更加精准、内容更加精炼、方法更加精巧。

精准教学操作模型可以分为定标、诊断、决策、精讲、自主、评价六个步骤。第一步是定标，即确定学科目标、学段目标、单元目标、课时目标，将整体化教学设计范式贯穿始终。第二步是诊断，备课组组织检测或考查，通过平台阅卷进行分析。第三步是决策，将检测分析的结果作为进一步教学的参考，对“教

什么、怎么教、练什么、怎么练、考什么、怎么考”进行决策。第四步是精讲，精选资源、精深备课、精准讲课。第五步是自主，学生在教师指导下或利用平台推送的资源开展纠错、自学、再练。第六步是评价，进一步进行达标检测，针对评价报告开展个别辅导等。

基于大数据精准教学的“六步精准教学模型”，伴随导学资源推送和交互技术应用，优化了“目标导向，精讲精练，自学自纠”的教学流程，使教学精准化、个性化，提高了单位时间内的教学效益，增进学科教学与信息技术进行深度融合。

（三）重建校本研训模式

在教育信息化2.0时代来临之际，有的教师倾情拥抱、跃跃欲试，有的却感到应接不暇、无所适从。如何让教师主动接受新理念与新技术的洗礼？就专业发展而言，再造和重建教师专业发展渠道势在必行。学校要改造和重组适合教师专业发展的架构，利用慕课、微课、移动公开课等形式扩大研训渠道，创造条件，支持教师参与共进、共创、共享校本研训活动。

第一，搭建网络互动平台，促进共同发展。互联网时代对教师校本研训模式提出了更多的挑战，同时也给予了更大的发展空间。一方面，学校要开放共享、共建、共创的窗口，增加信息化设备设施的投入，内引外连，采取汇聚、自建、共建、引进、购买等形式，搭建研训互动平台；另一方面，赋予“专家引领、同伴互助、自我反思”校本教研新内涵和新手段，引导教师善用移动工具、服务平台和社交工具，建设基于网络互动的教研共同体。

第二，要设计好研训内容，建设教学资源和在线课程。整合学校与高校、校企、学校之间和教师之间的资源，开发精准教学的理论方法学习课程，开展信息技术与学科教学深度融合的理论与实践研讨交流活动，利用线上线下“混合式学习”，促使教师在原有先进理念、教学特色基础上，进一步掌握基于大数据的精准教学模式建构策略与学习行为、学习成效分析方法。

第三，通过信息化中心学校种子项目培育“种子教师”，在课题研究、课题进程、课题总结等环节给予指导，组织课题研究的先进经验和典型案例交流活动，搭建成果发布和发表平台，担任种子项目辅助指导，开观摩课，撰写论文和课例。

参考文献

[1] 王创．以“育时代新人”为导向，建构“广东新时代新教育体系”[J]．广东教育，2018（12）．

[2] 闫维纲．数据驱动背景下的精准教学实践探索［J］．课程教育研究，2018（43）．

[3] 万飞．信息技术支持下精准教学的实施策略——以试卷讲评课为例［J］．教育信息技术，2018（3）．

[4] 李士平，赵蔚，刘红霞．数据驱动下的学习支持设计与实践［J］．电化教育研究，2018（3）．

[5] 郁晓华，黄沁．学习分析视角下的数字化课堂互动优化研究［J］．中

国电化教育，2018（2）.

［6］杨现民，骆娇娇，刘雅馨，等．数据驱动教学：大数据时代教学范式的新走向[J]．电化教育研究，2017（12）.

［7］任红杰．基于大数据的精准教学：生成路径与实现条件［J］．黑龙江高教研究，2017（9）.

［8］付达杰，唐琳．基于大数据的精准教学模式探究［J］．现代教育技术，2017（7）.

［9］王军．大数据视角下学习分析探究［J］．科技经济导刊，2017（5）.

［10］李青，任一姝．国外教师数据素养教育研究与实践现状述评［J］．电化教育研究，2016（5）.

第三节　绿色智慧教学的案例

【案例1】信息技术与教育教学深度融合教学交流活动

为积极推动信息技术与教育教学深度融合，探索教育信息化背景下的教学新策略，建构有效教学新秩序，提高教学效率，发挥“种子学校”的作用，2019年12月，学校承办了澄海区信息技术与教育教学深度融合专题研讨会，并于6—14日举行以“创新机制，深度融合，共享共生，提升内涵”为主题的教学开放周。学校举行了信息技术在高考一轮复习课中的应用、基础年级“精准教学”等研讨课9次，“绿色教育”班会课2次，举办“精准教学”主题讲座3次，聘请粤东教师发展联盟专家讲课，活动期间举行种子教师“思”享沙龙，全区共有14所高中和辐射学校领导和教师参加活动。以下是本次活动公开课的教学设计案例。

教学设计1

《高一数学必修1模块薄弱点精准诊断纠错》教学设计

一、教材分析

必修1包括“集合与函数概念”“基本初等函数（I）”“函数的应用”三章内容，其中集合教会学生简洁、准确地表达数学内容；函数是概括客观世界变化规律的重要数学模型，它的思想方法贯穿了高中数学课程的始终。但函数的抽象、严谨对于初上高中的同学来说，确实有着很大的难度。

二、学情分析

必修1中比较抽象的还是函数的概念及性质，学生还未从初中的感性思维中走出来，很难用理性思维进行思考。在几次诊断考试中，通过考试明细分析，准确地定位了学生的薄弱点。

三、教学目标

（1）通过数据分析，精准定位学生的知识薄弱点。

(2) 通过例题评讲，使学生对薄弱点有更加深刻的理解。

(3) 通过课堂练习、小组讨论，提高学生的分析问题、解决问题的能力，提高逻辑推理、数学运算的能力；通过书写过程提高学生数据分析、数学抽象的能力。

(4) 探索信息技术与学科的深度融合，用信息技术手段促进学科的专业发展。

四、教学重难点

教学重点：通过数据分析，精准定位学生的知识薄弱点。通过例题精讲可以帮助学生巩固知识薄弱点。

教学难点：函数综合类问题综合性强，学生理解较困难。

五、教学平台

智慧教室平台、好分数系统。

六、教学过程

表2-9 教学流程表

教学环节	教师活动	学生活动	技术使用
第一板块：数据精准定位	课前做好数据分析，制作图表及雷达图	跟教师一起分析数据，从图表中准确定位薄弱点	折线图及雷达图；利用好分数系统在线检索学生答题信息
第二板块(1)：薄弱点诊断纠错1	教师先精讲例题1、通过教师终端推送练习1给学生终端，进行即时作答。通过平台统计作答情况，了解错因	认真学习教师对典型例题的讲评 通过学生终端，及时对练习1进行作答	发布练习1，全班作答
第二板块(2)：薄弱点诊断纠错2	教师和学生共同完成例题2；学生提出解决方案，教师使用白板功能画出三个函数图像。老师引导学生分析图像	学生分析例题结构，提出解决方案，观看教师利用平板作图	利用白板画图，屏幕广播
第二板块(3)：薄弱点诊断纠错3	教师精讲例题3，小组讨论	学生现场分组，各组进行讨论，现场分析点评	分组讨论、拍照答题
第三板块	课堂小结	学生自述本节课的收获	
第四板块	课后点对点练习		发送课后习题到学生终端

七、教学反思

本节课是一节以信息技术为支撑的示范课，目的是探索和展示信息技术和数学学科的深度融合。结合省级青年专项课题《基于智慧学习环境的精准教学模式研究》和目前高一的教学实际，将课题定为《高一数学必修1模块薄弱点精准诊断纠错》，通过信息技术手段在智慧学习环境下进行精准教学，也是对课题的积极探索。

在课堂教学中，智慧平台的使用让课堂更加的丰富、更加灵动，主要使用以下几个功能：

（1）画笔功能。在数据分析过程中，可以运用平板的画笔功能对存在明显差异的数据进行标记；在例题讲评过程中，对题眼和典型的解答步骤进行批注，这样可以让学生对题目的理解更加深刻，对过程书写更加明确。

（2）函数作图功能。在第二个板块中，需要借助平板绘制函数图像，从而判断零点的大小。使用平板函数作图功能，做出的图像既准确又美观，学生看到之后印象非常深刻，这是传统课无法替代的。

（3）全班互动功能。在讲解习题时选择题，我想统计同学的正确率，也想知道哪些同学答错，因此，使用互动功能，将题目发送到学生终端，学生答题完成后，屏幕马上会显示出正确率和错误率，也可以看到哪些同学错误。

（4）分组互动功能。在综合题的训练中需要进行现场点评，我把全班分成了9组，每一组选一位同学的答题情况进行上传，并利用画笔功能进行批注，在现场教学中，这个环节让学生近距离感受阅卷现场，对于书写中的不规范问题，通过批注讲评，学生对易错点的辨析更加清晰。

（5）屏幕广播功能。在例题的讲解过程中，学生需要专注于板书来规范作答，所以启用屏幕广播功能，让学生听课更专注，

本节课中，智慧教室教学的使用、信息技术的深度融合，使课堂环节丰富起来，不同题型通过不同的方式呈现，让课堂更加多变，学生的参与度明显提高。

教学设计2

《意识的作用》教学设计

一、政治核心素养目标

科学精神：承认物质决定意识，坚定唯物主义信念；正确理解意识的能动作用，即人能够能动地认识世界和改造世界。

公共参与：在意识的指导下，通过实践活动改造世界。

二、教学内容分析

本节课是人教版必修4《生活与哲学》第二单元第五课第二框《意识的作用》，在这之前学生已经学习了《意识的本质》这一命题，这与前一课共同构成了物质与意识的辩证关系。我们知道物质与意识的关系问题是哲学的基本问题，

所以学好本命题内容是理解马克思主义哲学的基础。同时，本课还提出了方法论的要求，即一切从实际出发，这也是整个第五课的落脚点。

三、学情分析

本班是艺术班，学生基础知识比较薄弱，探究分析能力也不强，在这节课中，学生将学习到意识的能动作用相关内容，这一内容理解起来较为抽象，在学习、理解与掌握的过程中可能会感到一定的困难。但本节内容在实际生活中有众多的反映与体现，因此，作为新授课既要注重知识点的讲解，同时又要注重指导学生学会从生活中去发现与体会。

四、教学目标

（1）识记意识活动的特点。

（2）理解意识是怎样指导人们认识世界、改造世界的。·

（3）通过学习树立一切从实际出发的观点。

五、教学重难点

教学重点：意识的能动作用；一切从实际出发，实事求是的含义和具体要求。

教学难点：意识的主动创造性；意识对于改造客观世界的指导作用。

六、教学过程

1. 课前准备：录制微课，设计导学案

学生活动：观看微课，完成导学案，绘制思维导图。

教师活动：引导学生课前自主预习，掌握基础知识要点。

多媒体使用：利用新媒体技术录制微课视频。

2. 导入环节：展示汕头申办亚青会的背景资料

过渡：汕头申办亚洲青年运动会（简称亚青会）为何强调“决心”“理念”？意识究竟有何作用呢？这一节课我们将通过“聚焦亚青”这一主题探究这一问题。

3. 讲授新课

（1）整体感知，构建知识体系。

学生活动：使用平板电脑拍下自己绘制的思维导图上传，被选成优秀范例的学生上台介绍本节知识要点。

教师活动：展示学生思维导图，选取优秀范例；调动学生学习的积极性，引导学生掌握基础知识要点。

多媒体使用：利用畅言智慧课堂进行互动。

（2）“聚焦亚青”振兴汕头共谋略。

展示亚青会背景材料。

提出问题：针对2021年汕头亚青会的筹备，你比较关注哪些问题？有何建议？

学生活动：小组讨论，用平板电脑在教师发起的讨论中发言。

教师活动：利用平板电脑发起讨论，引导学生思考和讨论上面问题的，让学生在这一过程中感受意识活动的特点。

多媒体使用：利用畅言智慧课堂进行互动。

议题 1：我们对这些问题的思考和讨论是如何体现意识活动的特点的？——引导学生思考意识的 3 个特点。

师生互动：通过平板电脑发起互动，随机回答或抢答。

题目一：人能够能动地认识世界

a. 意识活动具有目的性。

人们在反映客观世界的时候，总是抱有一定的目的，在行动之前还要确定目标、行动方式和行动步骤等。

b. 意识活动具有自觉选择性和主动创造性。

①自觉选择性：主动的、有选择的。

②主动创造性：追溯过去、推测未来，创造理想的或幻想的世界。

意识活动的主动创造性，是人能够认识世界的重要条件。

世界上只有尚未被认识之物，没有不可认识之物（可知论）。

【对点训练】：通过平板发起互动，全班作答，通过查看报告有针对性评讲。

多媒体使用：利用畅言智慧课堂进行互动，并查看答题报告进行针对性评价。

(3)“聚焦亚青”筑梦汕头促发展。

展示材料：亚青会主场馆项目规划图、开闭幕式主场馆“飞舞的浪花”效果图。

议题 2：如何把这些图纸上的东西变为现实的存在？——引导学生思考意识对于人们改造客观世界的作用。

师生互动：通过平板电脑发起互动，随机回答或抢答。

多媒体使用：利用畅言智慧课堂进行互动。

展示两种观点：

观点一：亚青会不仅仅是一项赛事，更是汕头史上难得一遇的城市发展契机。

观点二：搞这种运动会注定是劳民伤财，赔钱还赚不到吆喝。

思考：这两种观点分别会对亚青会的筹办产生怎样的影响？这说明什么道理？

学生活动：思考讨论，积极发言，谈谈自己的看法。

题目二：人能够能动地改造世界

a. 意识对改造客观世界具有指导作用。

在意识的指导下→通过实践→把观念的东西变成现实的东西

正确的意识→指导实践→促进作用

错误的意识→指导实践→阻碍作用

展示材料：为营造汕头市各界群众喜迎亚青会的浓厚氛围，2019 年 7 月 30 日，汕头市荧光徒步活动在汕头市东海岸新城举行，近百支队伍，上千名徒步爱好者参加了活动。本次徒步活动选择沿海观光路为徒步线路，全程约 8.8 公里。

议题 3：在晚上徒步 8.8 公里，为何人们仍然神采奕奕，精神饱满？——引导学生思考意识对于生理活动的作用。

师生互动：通过平板电脑发起互动，随机回答或抢答。

多媒体使用：利用畅言智慧课堂进行互动。

b. 意识对于人体生理活动具有调节和控制作用。

高昂的精神→催人向上、使人奋进

萎靡的精神→悲观、消沉、丧失斗志

【对点训练】：通过平板发起互动，全班作答，通过查看报告针对性评讲。

教师活动：知识小结。

(4) “聚焦亚青”全面推进迎盛事。

播放视频《“一场两馆”施工进展顺利》。

议题 4：针对地质条件，按照场馆位置和工期安排，施工单位采取的措施体现了什么哲学道理？——引导学生思考“一切从实际出发，实事求是”。

师生互动：通过平板电脑发起互动，随机回答或抢答。

多媒体使用：利用畅言智慧课堂进行互动。

题目三：一切从实际出发，实际求是

a. 含义。

b. 具体要求。

(5) 学以致用。

发挥意识的作用，设计一份“汕头两日游”的旅游攻略。

学生活动：展示自己设计的旅游攻略。

(6) 课堂小结。

展示思维导图，梳理基础知识并总结。

七、教学反思

活动型学科课程是《普通高中思想政治课程标准（2017 年版）》修订的一个亮点和创新，而随着信息技术在教学中的应用越来越广泛，信息技术与教育教学的融合已经成为必然的发展趋势，信息技术具有的资源丰富、信息更新快、传播方式便捷的特点，使它可以有机地与活动型课堂相结合，使得课堂中的活动设计更加丰富多彩。

在这一次学校的教育教学开放活动中，我准备的公开课《意识的作用》中就借用了科大讯飞畅言智慧课堂这一平台及微课、PPT 等其他信息技术手段，尝试将信息技术与高中政治活动型课堂进行深度融合。通过这次公开课，我对信息技术在活动型课堂中的应用有了新的体会和思考。

首先，微课的运用大大提高了学生课前预习的有效性。以往的课前预习都是学生自觉自主地预习，教师没有进行干预，无法事先了解学生预习的效果，甚至无法知道学生到底有没有预习。这次公开课，我在课前录制了微课，并设计了导学案，让学生在课前观看微课并完成导学案，通过导学案了解学生课前预习的情况，更加有针对性地进行教学设计，从而提高课堂的效率。

其次，智慧课堂的使用更有利于学生主体作用的发挥。传统的授课模式中，教师是主体，学生是客体，学生多是被灌输者。活动型学科课程的实施最重要的是发挥学生的主体作用，通过活动设计充分调动学生在活动中的主动性、积极性和创造性。在《意识的作用》一课中，我围绕“聚焦亚青”一主题，设计了“振兴汕头共谋略”“筑梦汕头促发展”“全面推进迎盛事”这三个环节，并针对汕头亚青会的筹办设计了四个议题，让学生分小组进行讨论和思考。以往的小组讨论学生都表现得不是特别积极，回答也大都被动，要等教师提问才愿意回答。而在此次公开课中，我们借畅言智慧课堂这一平台，采取线上讨论、抢答、随机回答等形式，学生人手一台平板电脑参与活动，大大调动了他们学习的主动性和积极性，对议题的讨论非常充分，特别是对抢答问题非常积极，整个课堂气氛非常活跃。

最后，智慧课堂的使用增强了课堂的交互性。在此次公开课中，我在课前让学生在观看微课和完成导学案后，自主绘制《意识的作用》的思维导图。在课堂上，我利用智慧课堂的互动功能，让学生将自己绘制的思维导图拍照提交，并针对学生提交的思维导图做简单点评，还让一位同学上台介绍自己绘制的思维导图，从而使得学生对本课内容有初步的了解。在每一个知识点的讲解后，我利用智慧课堂的互动功能发布习题，在全班同学提交答案后，通过查看答题报告来了解学生答题情况，更有针对性地评讲，大大提高了课堂的效率。

总之，此次公开课的尝试，让我深刻感受到了信息技术和活动型课堂融合的魅力，信息技术的应用不仅能够激发政治课堂的活力，拓宽课堂的广度和深度，还能激发学生的潜力，使我们看到课堂和学生更多的可能性。但是，由于初次尝试将智慧课堂这一平台运用到活动型课堂中，我也发现了一些值得思考的问题。例如，在教学设计时，如何将活动设计和信息技术深度融合，而不仅仅是为了使用技术而使用技术？此外，活动型课堂最重要的就是学生活动的开展，而学生讨论、学生回答或发言这些部分的时间都较难把握，而与此同时还要兼顾信息技术的应用，这给我们对于课堂的把控提出了更高的要求。关于信息技术与高中政治活动型课堂的融合，这个教学案例的开展只是探索的一小步，未来还需要更多的思考和实践。

【案例2】基于在线学习行为分析的教学设计策略研究

一、引言

近年来，在4G网络高速发展和智能手机的普及下，在线学习受到越来越多的关注。为积极推进“互联网+教育”发展，教育部发布了《教育部关于加强网络学习空间建设与应用的指导意见》（简称《指导意见》）。《指导意见》指出，到2022年，综合运用信息技术解决教育教学实际问题，实现基于空间的教与学应用、教学管理、教育治理的常态化，加快推进人人皆学、处处能学、时时可学的学习型社会建设。在线学习的广泛应用，推动着教育信息化变革与发展。

2020 年，突如其来的新冠肺炎疫情迫使教育教学模式进行变革。为解决学生居家学习问题，从教育行政部门、学校、到学生，纷纷利用网络开展了大规模的“停课不停教、不停学”活动。不同于传统课堂的“即视、即感、即评”，在线教学的实施更依赖于对在线学习行为数据的分析。研究学生的在线学习行为来指导线上教学设计，既可以掌握线上教学中学生的学习成效，也可为推进“线上 + 线下”的教学模式提供参考。

二、在线学习行为研究

汕头市澄海实验高级中学使用钉钉在线学习平台开展在线课堂教学，在新冠肺炎疫情期间帮助学生梳理学科知识、充实居家生活。我采用线下调查和线上分析相结合的方式，使用网络问卷进行新冠肺炎疫情期间线上学习情况调研。对学生“在开展在线学习时遇到最大的困难是什么”这一问题进行数据分析后发现，“自律性”“自主性”“主动性”是影响在线学习效果的三大因素，而软硬件或环境带来的影响则较小。

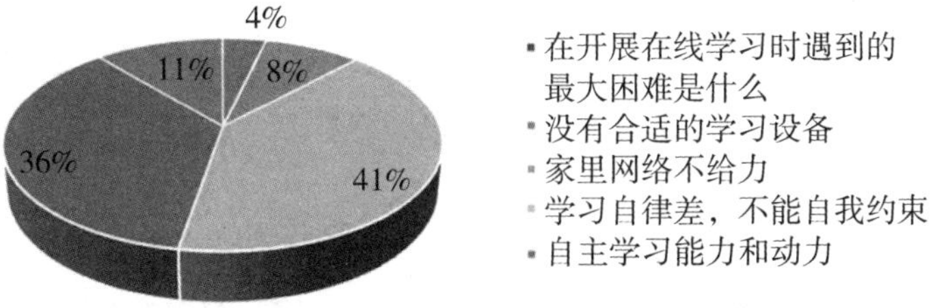

图 2-3　“在开展在线学习时遇到的最大困难是什么”调查情况示意图

从课前预习的调查数据来看，学生能做到课前预习的只有 17% 左右。从上课学习状态（认真听课、参与互动、做好笔记）的调查数据来分析，大部分学生能做到在线学习时认真听讲，其中五级量表中 3～5 等级总占比超过 90%；参与线上课堂互动的情况也较乐观，有 40% 以上学生表示能积极参与互动，有 36% 的学生表示基本能参与互动；而在线学习过程中做笔记的情况相对一般，46% 的学生表示在线学习过程中没有做好笔记。从课后表现（完成作业、课后复习）方面的调查数据来看，大部分学生能认真或按要求完成在线作业，但只有少部分（23%）的学生能自觉做到课后复习。

表 2-10　疫情期间在家学习表现调查分析

题目	5	4	3	2	1
做好预习	71（7.7%）	85（9.2%）	256（27.6%）	431（46.5%）	84（9.1%）
认真听课	85（9.2%）	368（39.7%）	423（45.6%）	48（5.2%）	3（0.3%）
参与互动	103（11.1%）	271（29.2%）	340（36.7%）	197（21.3%）	16（1.7%）
做好笔记	66（7.1%）	181（19.5%）	248（26.8%）	328（35.4%）	104（11.2%）

（续上表）

题目	5	4	3	2	1
完成作业	541（58.4%）	166（17.9%）	127（13.7%）	49（5.3%）	44（4.7%）
课后复习	45（4.9%）	175（18.9%）	268（28.9%）	370（39.9%）	69（7.4%）

注：采用五级自评量表，选项从“完全符合”到“完全不符合”分别记5到1分，数值越高，对问题的认可程度越高。

为进一步客观分析学生在线学习情况，我对钉钉在线直播课堂的数据进行深度挖掘。以物理学科在线直播课（时长49分钟）为例，从图2－4、图2－5可以明显看到，有学生观看时长29分钟，而有的只有1分钟；未及时参与直播课堂的学生在观看回播时，有学生只观看了18秒、4秒、6分钟。从直播报告中的观看时长来看，我们不难发现部分学生自律能力较差，甚至是对课程学习抱着应付的态度。

图2－4　学生观看直播报告（总时长）

图2－5　学生观看回播报告（总时长）

在线学习不同于传统课堂学习方式，教师对学生的学习参与状态、学习效果很难直观掌握。我综合对比问卷调查和在线学习数据，了解了学生的在线学习轨迹、学习资源使用情况等信息，为线上教学开展提供参考。就目前现有的分析结果，我总结出以下几点：

（一）学习主动性较差

学习主动性受学习目标和学习任务引导。导致学生在线学习主动性差的原因，一是学生没有制订明确的在线学习计划，学习动机不强烈，被动接受教师提供的在线学习任务。大多数时候，学生只有在进入直播课堂时，才会去了解当天的学习任务，主动预习的缺失导致学习效果不佳。二是多数教师未发布课前预习资料，这也是影响学生学习主动性养成的一个因素。

（二）自控力较弱

自律能力体现在环境的变化对学生造成的影响上。所谓“慎独”这一原则，用于学生开展在线学习再适合不过。学生在无人监督的在线学习中，需要较强的自控力。但现实中，往往是学生容易被其他人或事影响，从而导致学习效率低下。

（三）自主学习能力较弱

文中自主学习能力是指学习者具备自我学习的意识和能力，促使个人在在线学习过程中能主动借助数字化工具或资源获取相关知识。学生的学习经验、知识水平、时间管理、学习环境等因素都是影响自主学习活动的重要因素。教师可在线上教学中提供相应的学习支持、评价活动和学习资源，以培养和支持学生掌握自主学习技能。

三、线上教学活动设计与实施

随着在线教育的普及和在线学习需求的不断增长，教师在教学设计和教学组织上必然要充分考虑其课程设计是否能满足教学对象的需求。如：学习者时间投入与传统课堂的区别、教学方法的适用性、学习者对学习内容是否持续感兴趣、学习过程是否会受到一些外部因素干扰等。在经历一轮的线上教学实践之后，我对线上教学活动设计与实施有了更深刻的认识。通过动态关注学生的在线学习行为，分析影响学习的各种因素，根据需要不断调整线上教学思路，对线上教学活动的设计和实施进行优化。

（一）线上教学活动设计

1. 知识重组与融合

线上教学要考虑学生关注力、持续力、视觉疲劳等因素影响，每节课的线上学习时间少于传统课堂。面对课时“缩水”的限制，“课程重组”是重中之重。线上教学，不能简单地把传统课堂搬到网上，而是结合课程重新设计教学目标和学习内容，形成教育新供给。教师以学科大概念、大单元、项目组的基本理念进行整合，改变以往按教材章节教学的模式，以专题形式对教材进行组织梳理，确保学科教学目标的完成。

以粤教版《信息技术》必修1《数据与计算》中第三、第四章的学习内容为例。教材中第三章“算法基础”与第四章“程序设计基础”同属程序设计模块，若按课本章节内容来教，则需要课时数较多，且内容枯燥不易理解、运用。将两章中相关内容进行知识重组，整合成三大专题，引入项目式学习，以项目活动的形式开展教学，在学习理论知识的同时，能兼顾知识应用。

知识的重组和融合，突出了基础、主干和核心课程内容，是从“处处都讲”到“讲关键点”的飞跃，也是线上教学大形势所需，这样既能满足学生对在线学习时长、知识内容的要求，又丰富了在线学习的形式，使在线学习更加充实。

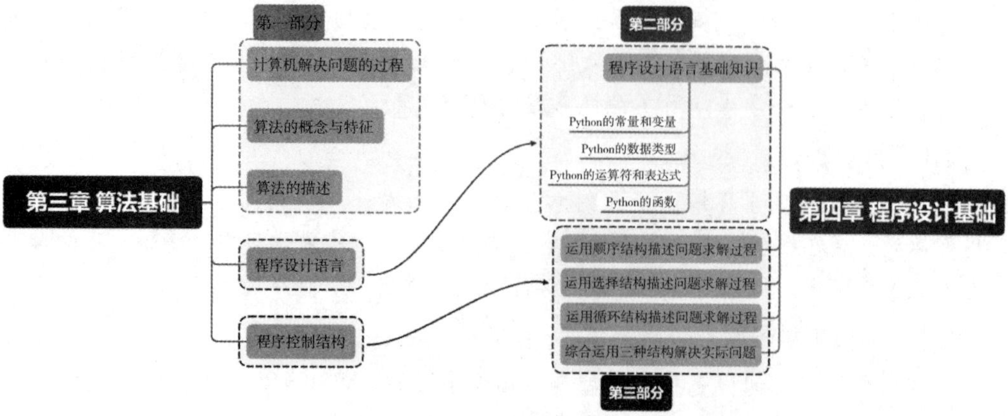

图2－6 《数据与计算》第三、第四章知识重组导图

2. 资源建设与获取

线上教学资源包含学习主体资源、学习辅助资源、学习检测资源等。其中，学习主体资源有教师的线上直播视频、录播视频、授课课件等；学习辅助资源包含学习任务清单、辅助网站（如在线编程工具、在线协作工具、在线思维导图工具等）；学习检测资源包含在线随堂小测、课后作业上传、单元测试卷等。

（1）学习主体资源——视频资源。

优质的学习视频资源可以吸引学习者的注意力，提高学习兴趣，优化学习效果。本文重点研究学习视频资源中的录播视频制作，从环境与设备、视频内容、学习支持三个方面进行设计，梳理了录播视频制作过程中需要注意的细节问题。

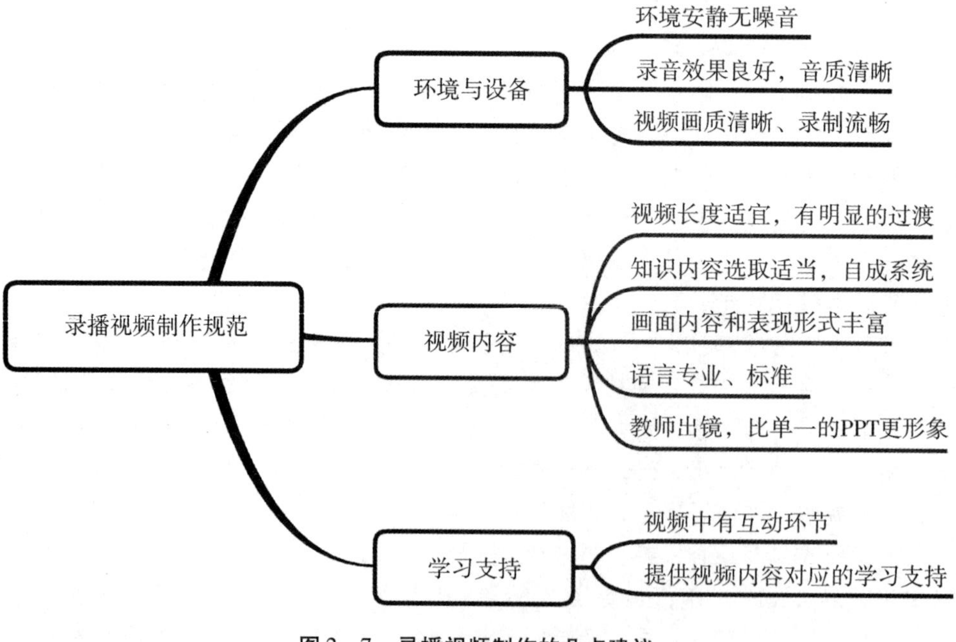

图2－7 录播视频制作的几点建议

(2) 学习辅助资源——任务清单。

任务清单是教师依据线上教学内容和学情，设计并提供给学生开展自主学习的辅助资源，它主要用于告诉学生“做什么”“怎么做”，是有效的学习指导工具。教师可在每节课课前，或每周给学生设计一份任务清单，抛出学生感兴趣的问题，引导学生学会知识的自我构建。

(3) 学习检测资源。

以钉钉在线教学课堂为例，列举几种学习检测资源的设计与应用。

使用钉钉班级群的“填表”功能设计“随堂小测试”，随堂小测试主要用于简单的选择题或填空题，学生在直播课堂中完成随堂测试，教师可立即获得测试数据。

使用钉钉班级群的“在线课堂”中的“布置作业”功能，可用于传统课堂的课后作业完成。学生完成作业后，将答案拍照上传，教师进行批改，可将优秀作业展示给全班同学观看。

使用钉钉“云课堂”的“考试管理”功能，创建考试，将考试任务发布给学生，学生按考试时间要求进入考试界面完成。

(二) 线上教学活动实施

1. 多形式授课

直播+互动：使用线上直播教学，可以在课前以抢答或“连麦”形式回顾上节课的知识点，温故知新；然后以直播形式引入新课内容；课中能随时提问或关注学生的学习动态，根据学生提出的问题调整讲课内容。其优点是互动性好，能即时解答学生疑问，提高学生学习积极性。

录播+答疑：将提前录制好的教学视频和教学资源上传到钉钉“云课堂”或钉钉班级群，学生自主观看或按规定时间观看；及时在线上和学生交流沟通，了解学生的学习状况，并进行答疑解惑。其优点是学习灵活性高，学生自主学习能力得到了提升。

为了保障线上教学质量，充分考虑学生分布式学习的特点，在实际授课时教师将多种授课形式融合到一起，巧妙应用，确保线上教学质量和学生在线学习质量。

2. 多角度评价

坚持多层次、多角度的多元评价方式，包含诊断性评价、形成性评价、总结性评价，评价主体有学生自主评价、学生之间互评、教师评价、师生共同评价。通过收集、分析课堂互动情况、学生作业情况、考试质量分析、与学生交流等数据和资料，对学生的学习态度、自主学习能力、学科知识掌握水平等方面进行全面的检测，从而客观评价线上教学课程的教学质量和学习效果。

3. 使用一定的督促机制

通过对学生的在线学习分析发现，单靠学生自身的内驱力不足以激发学生的学习积极性，还需教师创设的“外引力”作为支点，这种“外引力”实际上是任务、交互等督促机制的生成。通过设置多种形式的、不同环节的、可达成目标的督促机制，有助于促使学生进行有效的学习，确保课标得到巩固和落实。

（1）发起课程签到，确保学生准时进入直播间参与在线学习；及时反馈未签到人员名单，使用钉钉提醒功能再次通知其进入课程学习。

（2）课中随机抽查，确保学生参与直播课堂时全程在线，且注意力集中，处于认真听讲的状态。任课教师可使用钉钉在线课堂，邀请学生“连麦”回答问题。

（3）建立学习小组，设置合作学习任务，将教师监督逐步转化为学生之间的相互监督、再到自我管理。通过合作探究、交流问题，培养学生的自主学习意识。

教育归根结底是人与人之间的活动，在线学习给予了学生极大的灵活性和自主性，但单纯的线上教学可能让学生长期处于“隐形”的状态，使部分学生在学习上更加懈怠。因此，教师开展线上教学，要时刻关注学生的线上学习动态，根据实际情况调整教学内容安排和线上教学技术的运用。从教育研究的角度认真研究线上教学的设计与实施，网络技术和现代教育技术才能发挥真正的辅助作用。

（作者：蔡晓环、林　晓）

参考文献

［1］中华人民共和国教育部．教育部关于加强网络学习空间建设与应用的指导意见［S］．中华人民共和国教育部，2019.

［2］陈武元，贾文军．大学生在线学习体验的影响因素探究［J］．华东师范大学学报（教育科学版），2020（7）．

［3］邓先春，周青政，杨永艳．从网络学习行为看高职计算机多媒体专业网络教学资源建设——以四川华新现代职业学院为例［J］．软件导刊·教育技术，2016（1）．

［4］吕志江．民众终身学习动力系统探源［J］．中国远程教育，2011（1）．

第三编　成就师生美好的教育愿景

引言 绿色科研强师筑梦

高中新课程改革初期，学校承担了广东省基础教育课程改革项目——《以行动研究促进校本教研制度的构建》课题的研究任务。课题组按照“整体规划、行动研究、逐步完善”的工作思路构建校本教研制度体系，先后建立了包括“校本教研组织管理系统”“教学研究”“合作交流”“课题研究管理”等制度，形成了适应新课程改革和学校实际的教学研究工作系统，促进教研新模式的形成，为学校教研工作注入了活力。同时，将教研和培训结合起来，在“专业引领、自我反思、同伴互助”三个层面构建教研新模式，为新课改护航，学校自此走上“科研强教”之路。此后十几年间，每逢面临教育教学改革创新难题，我们都将其当作研究课题加以攻破，成为澄海实验高中教育教学管理的一种习惯思维和教育方式。

随着广东省“强师工程”建设的深入开展，2013 年，学校成功申报了广东省“强师工程”重点项目《普通高中教师校本研训的理论与实践研究》。该项目以《中学教师专业标准（试行）》为教师教育改革的蓝图和开展教育教学活动的基本规范，运用“问题导向、课题研究、专题培训、研训一体”和“学、用、创”行动研究的有效策略，建立教师专业发展保障机制，开展以“教师素质提高年”为主轴的校本研训系列活动，通过文化引领、目标激励、制度保障等途径，强化教师的主体意识，带动了学校“强师工程”建设。校本研训活动引发了教师科研热情，再度掀起了申报课题的高潮。“名师”成长平台搭建起来了，一批骨干教师在校本研训活动中成长为区域业务精英，教师专业成长步伐更加稳健，“强师工程”硕果累累，实现了“学用于研，研为学用，研训融合，教学创新，共同发展”的目标。2017 年 12 月，经广东省教育科学规划领导小组办公室审核，该项目顺利结题。

在教师专业化程度得到提高、实现跨越式发展的同时，学校办学质量稳步提升。本编将重点介绍“教师校本研训”和核心素养导向下学生发展指导项目的研究成果。本编还将展示师生参加“我与学校特色培育同成长”征文比赛中的部分获奖作品，作为持续开展特色学校建设的一个阶段性总结。

第一章　教师专业发展

第一节　开展教师校本研训行动研究

一、行动研究的背景

随着高中教育的普及，学校青年教师人数陡增。2012 年全校 35 周岁以下青年教师占总数的 80%，全校教师平均年龄 31 岁。他们是学校教育教学工作的主力军，更是学校发展的动力。青年教师虚心好学、期望拥有高超的教学专业技能、渴求社会尊重，渴望事业成功。尽管青年教师有强烈的求知欲，但是他们普遍实践经验不足，问题意识、专业发展意识不强，职业敏感性不强，对新课程教育理念缺乏深刻的理解。另外，多数青年教师教学科研意识淡薄，研究能力欠缺，拔尖教师少，人才队伍显得后劲不足。近年来，虽然学校在青年教师培训工作上花工夫、下力气，取得了一些成效，但由于学校校本研训工作的开展还比较泛化，研究的针对性、目的性不强，表面功夫多，内容深入的少，缺乏对校本研训的整体思考，校本研训工作缺乏应有的系统性，存在比较明显的随意性和盲目性，学校对校本研训的专业引领不够，骨干团队尚未形成，导致研训效果不尽如人意。所以，寻找针对青年教师有效的培训方法，促进青年教师尽快成长显得尤为重要。

为了寻找教师教育有效途径和方法，2012 年 2 月教育部颁发了《中学教师专业标准（试行）》（简称《专业标准》），从专业领域对教师教育改革和教师发展指引了方向，反映了教师专业发展的时代诉求，成为教师教育改革蓝图和组织教育教学活动的规范。2013 年，学校承担了广东省教育科学“十二五”规划重点课题（“强师工程”重点项目）《普通高中教师校本研训的理论与实践研究》。

二、研究的目的和意义

（一）研究目的

本课题以《专业标准》为指导，运用“学、用、创”行动研究策略，制定了加强校本研训的具体措施，建立校本研训机制，使校本研训工作科学化、规范化、系列化。努力探索促进青年教师专业发展的途径和方法，提高青年教师专业素养，增强专业发展意识，促进教师的专业发展。课题研究总目标分为三个子目标。

第一，研究教师校本研训的基本理念、目标及内容体系。根据《专业标准》制订教师专业发展规划、教师培养方案，编写教师培训材料。

第二，开展以“教师素质提升年”为主轴的校本研训系列活动。举行“读书与反思”、师能比赛、“青蓝结对”、微型课题研究等一系列实践活动。

第三，将《专业标准》作为教师考核的重要依据，细化考核的内容和指标。形成“评价—培训—再评价—再培养”的运作机制。实现“学用于研，研为学用，研学并重，教学创新，专业发展”的目标。

（二）研究内容

第一，学习研究《专业标准》，在实践中探索教师专业发展的规律，寻觅促进教师专业发展的途径和方法，丰富教师专业发展的理论和实践策略。

第二，探索教师校本研训的基本理念、目标及内容体系。在调查分析教师专业发展的需求和当前教师教育现状的基础上，制订教师专业发展规划、教师培养方案，编写教师培训材料等。落实校本研训具体措施，开展以“教师素质提升年”为系列活动。举行“读书与反思”、师能比赛、“青蓝结对”、微型课题研究等一系列实践活动。

第三，建立校本研训机制，将《专业标准》作为教师考核的重要依据，细化考核的内容和指标。形成“评价—培训—再评价—再培养”的运作机制，使校本研训工作科学化、规范化、系列化。

（三）研究意义

第一，发挥《专业标准》的引领作用，建立校本研训机制，制定校本研训制度，构建互助团体，形成集培训、教研为一体的新格局，有利于规范管理，创设氛围，充分调动教师专业发展的内驱力，使校本研训工作科学化、规范化。

第二，促进教学研究、课题研究和校本培训三者有机结合，形成以教学为中心、研究为主线、“学、用、创”为模式的多样化实践活动，有利于贯彻落实《专业标准》，增强教师的专业发展意识，强化科研学术氛围，满足不同层次教师的专业发展需要，帮助教师进入状态，进一步更新教育观念，转变教学行为，提高教师专业素养，促进教师专业发展。

第三，教师专业发展是学校发展的根本保障。通过对校本研训理论和实践的研究，解决教师专业化问题和学校可持续发展问题，有利于促进学校发展目标的实现。

第四，通过课题研究，提炼教师专业化理论，总结校本研训活动经验，通过区域联校互助机制，推广研究成果，辐射带动本地相关研究，更好地发挥国家级示范性普通高中的带头作用。

第五，教师专业发展过程是客观条件与主观努力的共同作用，有其独特的规律。学习研究《专业标准》对普通高中转型发展具有积极意义，有利于指导实践探索，丰富教师专业发展理论，完善校本教研文化。

三、行动研究取得成果

教师专业标准校本化就是探索以校为本的教师专业化。教师专业化需要“专业标准”引导和规范，校本研训就必须以“专业标准”为参照目标，以专业规格为架构，以基本要求为考核评价依据，通过具体测验行为结果，直接作出解释并进行反思修正。从这个意义上看，“专业标准”校本化的进程和途径有赖于校本研训的实效性。本课题立足于解决学校当前亟待解决的问题，根据《专业标准》制定教师培养基本框架，研究“如何将国家标准校本化”的问题，提出用“学、用、创”开展行动研究，并结合教师素质提高，将之融入到校本研训中，增强了教师的自主发展意识，扩大了教师专业发展的空间，具有独到之处和实效性。

（一）构建研训一体模型，铸造共同发展愿景

教师专业发展阶段理论认为，教师专业发展过程是由新手到专家的发展过程。我们在分析名师成功经验中发现，当教师具备了一定的知识宽度、教龄的长度和行动研究的深度之后，专业发展“底座”已经打好，决定高度的是教师的专业发展愿景。教师专业发展愿景是教师生命价值的映射，是个人的职业生涯目标，反映了个人的价值观和追求

我们还发现，教师发展愿景与学校组织环境密切相关。化解来自学校、学生、教学等组织环境的压力几乎是每一位教师的需求。如果教师善于将组织环境压力转化为个体专业发展的动力，进行“反思性教学实践”，这样的教师个体成长比较快。校本研训体现了优秀教师“反思性教学实践”的特征，把教师教学行动与学校教育教学管理结合起来，建立“研训一体”的学校组织。这种组织既体现学校对教师成长的期望，又充分考虑每个教师专业发展的需要。依据“知难行易”和“先知后行”“知行合一”的知行理论，建设“学习与反思型”组织，在组织系统中学会学习，学会运用，学会创新，边学习边实践，边实践边研究，不断促进理论与实践之间有效转换。校本研训就是一种“学习型与反思型”组织，是铸造教师和学校共同发展的愿景模型。

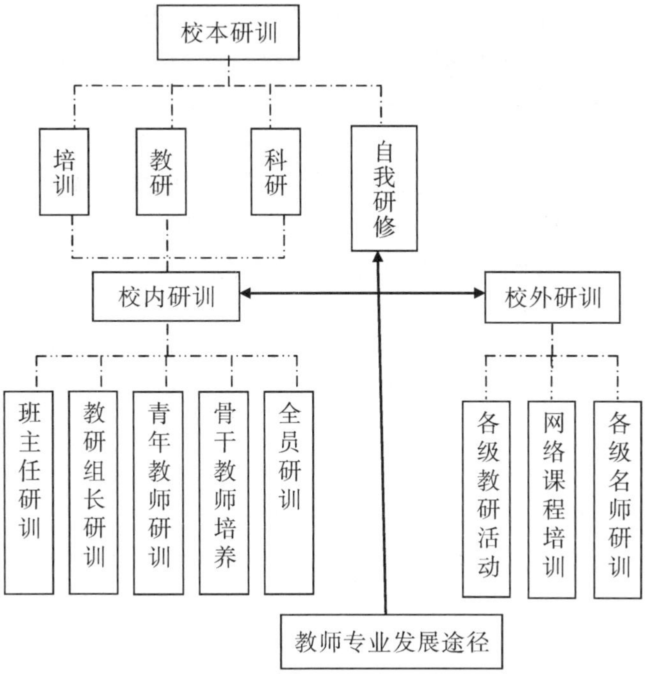

图 3－1　校本研训与教师专业发展途径关系图

（二）探索校本研训特点，提炼校本研训原则

校本研训以学校与师生共同发展为目标，将教研、科研、培训融为一体，作为校本化的教师教育实践活动，其特点可归纳为，目标具体性、对象实践性、方式整合性和过程反思性。校本研训具有多方面的功能，其在内容上表现为研训互补。“研”是从问题出发，以解答问题为目的；“训”是从教师主体发展出发，通过多种形式促进专业发展，研讨、交流、观摩、辅导、说评课等活动，都体现了研训的特点。课题组探索并整理了校本研训基本原则，主要有：导向性与发展性相结合、自主性与全员性相结合、系统性与层次性相结合、一体化和常态化相结合、过程性与实效性相结合的原则。

从校本研训的特点和若干原则的阐述，可以认识到校本研训不只是教学研究和教师培训的简单叠加，而是教研、科研、培训三者的高度融合，在解决项目关键问题过程中，教师们重视分析各种变量之间的相互作用，处理好校本研训与行动研究、教师专业发展和落实专业标准的关系，进一步为《专业标准》校本化打好基础。

（三）形成教育行动策略，破解专业发展难题

通过对校本研训理论与实践的研究，在总结以往研究成果的基础上，形成“学模”“用模”“创模”校本研训工作方法，构建了“学、用、创”教师专业发展途径，破解教师专业发展难题。

行动研究法是学校教育科研项目中惯用的研究方法，也是贯穿于本课题研究

过程的基本方法。我们在项目研究过程中，采用了“学模”“用模”“创模”工作策略。“学模”就是学习成功经验和教育理论。广集学习资料，落实学习制度，建立课程改革理论学习书单、名师成长经验和教学案例专题资料库。“用模”就是借鉴先进模式，贯彻“应用为主、服务教师、重在实效”的原则，推广科研课题研究成果，借鉴成功模式开展研训工作。“创模”就是原创或经过组合改造之后的校本研训模式，选取成功的模式，改装后为我所用。在此基础上，提炼出“全员参与、统筹规划、制度保障、分段促进、重在过程”的操作规程，努力促使研训方式推陈出新。

要改变过去教学研究和教师培训存在的重维持、重控制的旧机制，必须从转变研训工作职能出发，通过对传统研训制度进行系统的筛选、整合、拓展和优化，形成适应本校教学改革与教师专业发展新要求的新机制。根据课题总体框架的设计，在“学、用、创”行动研究策略的指导下，我们设计了六个步骤：第一步：诊断问题，分析原因；第二步：探索问题的解决方案；第三步：改革旧制度，推行新机制；第四步：实施教师素质提高年方案；第五步：效果监控；第六步：反馈与评价。在提出总体构想后，按照边探索实践、边研究改进的原则，不断实践、调整、总结，进一步修改、补充、完善原有的研训制度，形成螺旋式良性循环。

（四）创新教师教育方式，提升教育科研水平

本课题研究期间，学校将研究方向设定在“自主探究学习”“三年一体化教学”“核心素养进课堂”三个方面，教师在课题的选择能力、课题的论证能力、课题实验方案的制订能力、课题实验的操作能力、实验资料的收集、整理和分析能力、教学研究能力、科研论文、报告的撰写能力等方面得到了提高。比如，《微学习在高中信息技术课程中的应用研究》课题以微学习为理论基础，研究微博、微课程等信息技术微学习模式，探讨实施过程中存在的问题与对策。《新课程历史学科自主性学习模式的探究》课题通过分组合作学习，提升了学生感悟历史的能力，发展和活跃了思维，拓宽了学生视野。《普通高中物理学科一体化教学研究》课题构建普通高中物理学科一体化教学的模式，追踪年轻教师在“三年一体化教学”中的成长，客观评价教师的教学能力和专业素质。《普通高中数学学科整体化教学的实施研究》课题通过探索高中数学各年级的教学模式、教学评价、教学反思等方面的内容，制定了一套操作性强、基于有效教学策略和学生学科素养培养的高中数学教学规程。《基于核心素养发展的高中英语阅读教学研究》课题优化了阅读教学设计，引导学生学会学习，培养学生的核心素养。《高中语文教学中生命教育的实践策略研究》课题着重研究在高中语文课堂教学中融入生命教育教学方式，汇集生命教学的典型案例，填补了当前中学教育中生命教育的空白。

第二节　建设教师专业发展有效机制

所谓有效机制，即能有效保证制度正常运转并发挥预期功能的制度体系。它有两个基本条件：一是要有比较规范、稳定、配套的制度体系；二是要有推动制度正常运行的“动力源”，即要有出于自身所需而积极推动和监督制度运行的组织和个体。有效机制必须随着时间、条件的变化而不断丰富、发展和完善。教师专业发展有效机制应该包括约束、运行和动力三大系统。在“强师工程”重点项目的建设过程中，结合学校实际，建立健全师德建设、校本研训、专业发展保障三个机制，为打造一支绿色师资队伍提供动力促进机制和制度保障。

一、师德建设长效机制的建设

师德建设的长效机制是校本研训的动力和约束系统。在项目研究期间，分别建立了师德宣传教育、规划实施、考核评价和监督惩治等相关制度，形成了师德建设长效机制。

（一）设计师德建设主题教育，开展学习教育宣传活动

学校确定了每年 9 月为师德建设主题教育月，根据活动月主题，结合教师素质提高年，制订师德教育活动月实施方案，明确年度师德建设工作目标和任务，学校领导亲自提要求、抓落实，把立德树人作为教育的根本任务，办好人民满意的教育。活动月期间，组织教师学习教育课程和《专业标准》等内容，突出提高教师思想政治素质和职业道德水准的主题，深入开展师德师风教育，配合上级组织开展先进事迹宣传展示、巡回报告、演讲征文等活动。

（二）制订师德建设工作方案，促使师德建设落到实处

学校成立了由校长室、各处室、党团工妇代表参加的、有广泛代表性的师德建设领导小组和工作办公室，负责师德建设工作的规划、实施和保障。明确师德建设工作的指导思想、工作目标，将师德教育摆在教师培养首位，引导广大教师修身立德，铸造师魂。将师德修养融入教师专业发展，把师德建设与教育教学、民主治校、教师培育结合起来，切实增强师德教育效果，提高教职工职业道德素养，促进教职工认真履行岗位职责。

（三）建立健全考核评价制度，引导教师提升师德素养

学校组织教师对自身在教育教学过程中的师德师风问题进行检查、反思，每学年组织教职工交流自评材料，开展批评与自我批评，找准存在的问题，分析存在问题的原因，明确今后努力的方向。在每位教职工自我评价材料的基础上，采用个人自评、小组评议、学校考评相结合的方式，对教职工的师德作出优秀、合格、基本合格、不合格四个等次的评价，将师德师风表现作为教师年度考核、职

务聘任和评优奖励的重要依据。

（四）建立健全监督惩处制度，防止产生师德失范行为

学校将师德建设作为教育质量监评的重要内容，出台了《澄海实验高中教师从教行为“十禁止”》，建立健全师德建设年度评议、师德状况调研、师德重大问题报告制度，及时研究加强和改进师德建设的政策措施，及时纠正不良倾向和问题。构建教师、学生、家长和社会多方参与的师德监督体系。召开学生代表座谈会，开展学生满意度调查活动，借助家长会，开展家长满意度调查活动，自觉接受学生、家长的监督。开设意见箱，征求对教师教育、教学的意见建议，将征集到的意见如实反馈给被评议的教师，发现问题及时处理。建立师德师风责任追究制度，加大师德民主评议在考核中的权重，对师德问题做到有诉必查，有查必果，有果必复。

二、校本研训运行机制的建设

校本研训运行机制是校本研训主体机制，是引导和制约校本研训各项活动的基本准则。建立一套比较规范、稳定、灵活的运行机制，包括了校本研训理念文化、制度体系和运行模式，协调教研、培训、科研三者内外关系和相互作用，是本课题的核心工作。

（一）构建校本教科研系统，形成教科研制度体系

在课题研究过程中，课题组按照“整体规划，行动研究，逐步完善”的工作思路，先后建立了包括“校本教研组织管理系统”“教学研究”“合作交流”等制度。具体内容如下：

第一，校本教研组织管理系统。包括“校本教研领导制度”“教研组织管理制度”“教研组管理制度”三项制度。该系统确立了校本教研三级管理机制，即明确校长是学校建立以校为本教研制度的第一责任人；确立学校教务处是校本教研工作的管理部门，教务主任是主要责任人；确定教研组是校本教研制度的执行单位，是工作成效体现的主体；明确教研组组长、备课组组长直接负责教研组、备课组教研工作；形成“校长—教务处—学科教研组和年级备课组”的管理框架，确保校本教研责任落到实处。

第二，教师开展教学研究的工作条例。教师是校本教研的主体，建立和完善教师个体教学研究工作条例，形成教研活动制度，是构建校本研训制度的基础工程。教师教研工作条例包括“理论学习制度”“教学反思制度”“备课和上课”三个方面。在理论学习方面，做到有计划、有形式、有时间保证、有检查落实；在教学反思方面，引导教师从“教学观念、教学行为、教学效果”三个层面综合思考，结合教学前、教学中、教学后开展自我反思；在备课、上课等教学常规制度方面，贯彻“教学即研究”的理念，把教师日常教学和教学研究结合起来，由此而对备、讲、批、辅等教学常规进行修改完善，增加了新理念，取消不符合

新课程标准要求的条文，赋予教师自主权，增强管理的弹性和开放性，使教师的教学过程真正成为研究的过程和专业提高的过程。

第三，互助式校本研训体系。建立和完善包括合作交流、示范展示、传帮带等互助式研训制度。教研制度和集体备课制度主要是发挥教研组织协调作用，在团体中交流合作、共享成果。“一帮一”制度倡导以老带青，以结对子的形式开展传帮带活动。观课议课制度将交流活动作为教师相互学习、共同提高的重要途径。教学示范和展示制度规划各类公开课系列活动，有骨干教师示范课、教改探索课、备课组内交流课、青年教师汇报课、校际交流课等形式。教学经验交流制度将“教学经验交流会”和“教学论坛”制度化，通过定期举办教学经验交流活动，编印教学经验材料等形式，促进教师之间的经验交流和共享，促进教师共同提高和进步。

第四，完善教育科研课题管理制度。普通高中教师开展的课题研究主要是应用型研究，目的在于寻求实施新课程标准中遇到问题的解决途径。我们制定了包括课题规划、立项、开题、研究、过程管理、结题、验收、档案管理等内容管理制度，增强了课题研究的科学性和规范性。

（二）制订专业发展规划，建立校本培训体系

课题研究前期，学校进入规模化发展阶段，教师队伍急剧壮大，针对新教师上岗及其他发展阶段教师的培养研修问题，课题组认真分析了教师队伍基本结构，建立了教师专业发展模型，制订了《澄海实验高中校本培训方案》。课题项目开展以后，在教师专业发展模型和共同愿景建设的引领下，制订了《澄海实验高中教师专业发展规划（2013—2017）》，形成了教师专业发展规划目标系统，并修订了校本培训方案。

第一，设计课程结构内容。课题组在进行教师培训需求、调研的基础上，根据《教师教育课程标准》和《专业标准》，设计了包括师德教育、新理念、新知识、新方法、新技能——“一德四新”的教师教育课程，严格课程修习管理。

第二，严格的研训学分管理制度。教师在 5 年内须修满规定学分（学时）的培训课程。拟用 5 年时间对全校教师进行每人不少于 360 学时、均年不低于 45 学时的培训。其中，师德教育不少于 20 学时，按照分类、分层、分岗、分科组织实施的培训不少于 200 学时。在总学时中，组织教师参加区级及以上集中培训不得少于 100 学时。

第三，改善研训课程学习方式。采取集中培训、远程培训、校本研修、名师跟岗研修等多种有效途径进行教师培训。重点鼓励 45 岁以下教师通过在职学习、远程教育等多种学习途径提高学历水平。

第四，保障学习时间。利用每周半天的教师教研活动时间，开展分学科培训；利用每两周 1 ~2 课时的全校教工大会开展理论学习；利用暑期开展一周左右的集中培训；利用教师的课余时间开展自学阅读、思考交流、撰写论文或学习体会。教师参加学历提高培训，参加校外观摩展示活动，参加教育系统的各级岗位培训、专业内容培训研讨，学校予以保证时间。

第五，落实组织保障措施。学校每年工作计划的制订包含了教师专业化发展内容和具体措施，落实了各部门的职责要求。根据教师的培训安排，课题组负责教育教学的组织与评估，组织考察、教育教学观摩等活动。为实施培训提供物质保障，负责落实场地、设施、软件资源、资金等。建立教师培训管理档案，逐步实现教师培训管理信息化、制度化。

三、专业发展保障机制的建设

教师教育质量保障体系是“强师工程”质量的生命线。对于本课题来说，教师教育质量保障体系就是教师专业发展的保障机制，是教师积极开展校本研训的“动力源”，包括教师专业发展评价和激励机制。

（一）建立教师专业发展评价机制

教师专业发展评价注重学校组织及教师个体发展各个阶段的目标，以目标为导向，是连接专业发展规划、教师教育课程建设、教师专业发展激励机制的关键纽带，是项目研究的重点。传统的教师评价多采用业绩考核评价，评价标准、评价主体单一，评价工具缺乏科学性，评价过程形式化，考核结果往往不切实际。这种虎头蛇尾的评价缺乏期望性和引导性，不利于激励教师专业发展。本课题试图改变这种传统评价机制，创新评价内容和方式方法，建设以教师专业化评价为核心的教师专业发展保障机制，形成学习力、行动力、反思力三个方面的评价指标，对处于“教学适应期”“教学胜任期”“教学成熟期”的青年教师进行评估，依据结果给予奖励。

（二）建立研训激励机制

制定校本研训激励机制，创设和谐、民主、舒适、积极向上的研训氛围，采用物质激励与精神激励相结合的方法，给教师创造发挥积极性、主动性、创造性的空间。

第一，研训“菜单式”量化积分制度。利用“菜单式”评价，对教师参加校本研训活动的表现进行量化计分，达成指标计一分，未达成指标不予奖励。（见表 3－1）

表 3－1　研训菜单式量化积分表

项目	内容	奖罚规定
师德师风	是否违反从教行为“六查”“十禁止”	积 5 分；违者一票否决
阅读共享	至少阅读一本专著，认真做好阅读笔记，撰写一篇阅读心得	积 3 分；增加一篇以上心得加 2 分

（续上表）

项目	内容	奖罚规定
教学能力培训	认真参加教研组活动，有教学交流课、公开课；及时、认真参加观课议课；认真参加教学比武；认真参加外出听课活动，认真做好听课记录并评课，写好听课心得，并在教研组里进行交流；认真参加校本培训；公需课、网络培训合格	积5分；减少一项扣1分，扣完为止
科研能力培训	参加课题研究；有自己的研究专题；研究规范；勤写教学随笔、反思、论文，并在教研组交流	积5分；减少一项扣1分

第二，完善奖教奖学制度。制定《澄海实验高级中学学科带头人选拔制度》《教育教学先进集体、先进个人评选条例》，设立名贤奖奖教基金，每个年度结合年度师德考评、专业技术人员年度考核，评选表彰教育教学先进集体、先进个人，选拔学科骨干和名师培养对象，推荐其参加各类先进人物评选。

经过加工提炼，构建以学校文化和教育理念为引领，以《教师教育课程标准》和《专业标准》为依据，以教师专业发展规划为蓝图，集师德建设长效机制、校本研训运行方式、专业发展保障机制为一体的学校制度文化，形成研训一体化、主体层次化、活动常态化、内容具体化的校本研训模型，开辟了教师专业发展途径，进一步丰富学、用、创教师专业发展行动研究策略，为进一步探索“平等协商、对话交流、互助合作、反思提高、开放共享”的师本研训文化特质奠定基础。

第三节　形成教师专业发展有效途径

教研制度的创新为学校教研工作注入了活力，促进了新的教研模式的形成。校本教研制度的构建过程，同时也是校本教研模式的形成过程。学校依托校本教研制度，将教研和培训结合起来，在“学、用、创”教师教育工作策略引导下，形成了“专业引领、自我反思、同伴互助”的校本研训模式。

探索教师专业发展途径是课题研究的关键任务。在以往科研成果的基础上，课题组对学、用、创行动策略进行多次检验，从中提炼出了以“读书与反思”为先导，以“课堂改造”为中心，以“教学创新”为动力的教师专业发展途径。

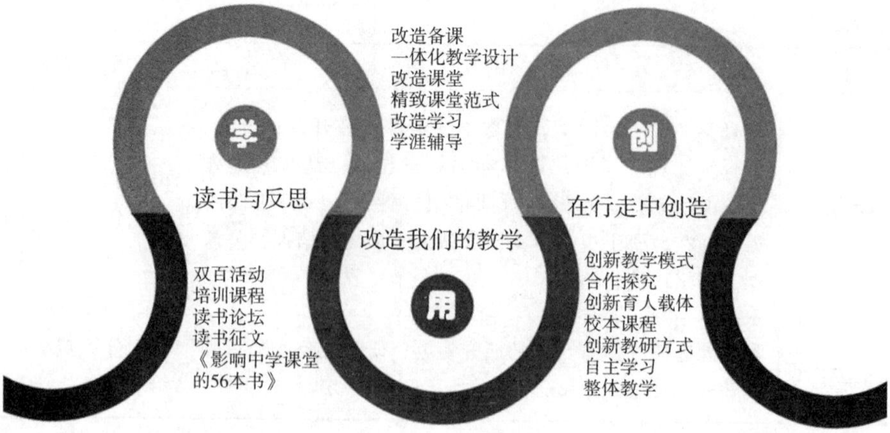

图 3－2　“学、用、创”教师专业发展途径

一、“学”的途径——“读书与反思”

“读书与反思”是先导。为师之道，在厚学养德，厚积薄发。学校师生读书活动具有悠久的历史。学校为每年的“共读共享”活动设置了不同的主题和活动方式，自 2014 年开始，学校每年还拨款 10 万元为师生购买教育教学图书杂志。此外，学校还开设了“一德四新”校本化教师教育课程，在结题阶段，项目组将近年教师专业培训内容整理成册并予以出版，资料分为“教师专业标准解读”“有效教学理念与策略”“精致课堂范式与教学技能”“校本研训模式与观课议课”“课程资源开发与利用”五个专题。教师在“双十双百”活动和全区“教师暑假读书征文活动”中都获得优秀成绩，四年共收到教师读书随笔 600 多篇，有 100 多篇优秀读书随笔或札记获奖和发表，课题主持人还代表学校在区教师读书表彰大会上做经验介绍。从近年辑录的“读书与反思”系列文章中可以感受到每位教师都在努力寻找新课程改革的大道通途，正确表达对理想教育的理解和追求。“共读共享”促进了“读书与反思”活动的有效开展，推动了对话、协商、合作的研训机制的建立，促进了以精研精修为核心的教研文化的形成。2017 年 2 月，由课题主持人主编的《影响中学课堂的 56 本书》由暨南大学出版社出版发行。

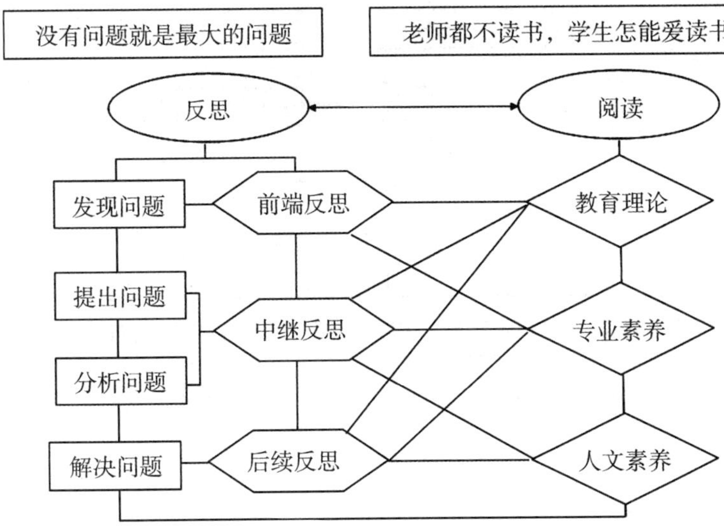

图 3－3　“读书与反思”行动学习

二、“用”的途径——“改造我们的教学”

“用”的途径简单来讲就是学以致用，教师专业发展最终必须落到课堂上。通过审视、改造我们的教学，课题组将“课堂改造”作为学以致用的中心。在学习和反思的基础上，落实有效教学理念，开展有效备课、有效指导、有效调控、有效评价、有效参与的课堂改造活动。

第一，改造备课：借鉴“三年一体化”管理经验，开展整体教学设计。研究期间，课题组开展了教学设计问卷调查，提出“三年一体化”的整体教学构想，设计了“三年一体化”的整体教学设计研究路线，各学科以教研组为团队，研究形成了学科整体教学设计方案。

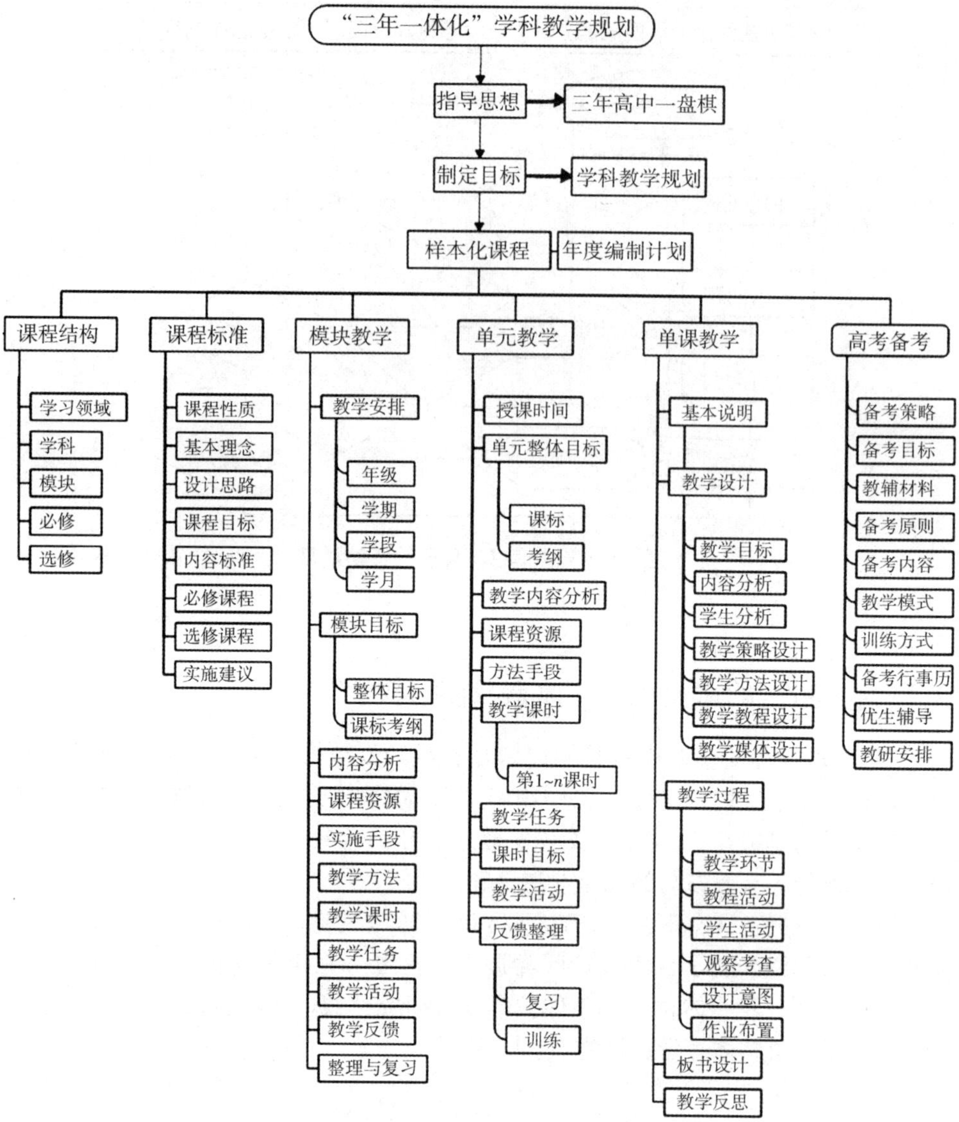

图 3－4　"三年一体化"整体教学设计研究路线图

第二，改造课堂：借鉴学案导学成功经验，推广精致课堂范式。"精致课堂"建设是在改造备课的基础上，围绕"建设理想课堂"的目标，突出"主题精练、内容精当、方法精巧"三项标准。三项标准是一个有机整体，使课堂教学主题突出，教学内容和方法方式适合学生发展需求。围绕三项标准，构建了"呈现目标，当堂自学，精讲精练"的课堂范式，提高了教学流程和教学环节的设计与操作的精致程度。

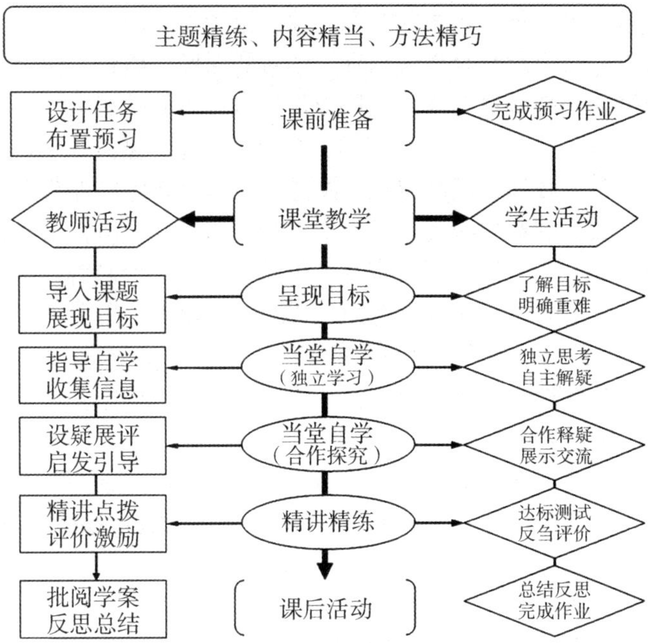

图3-5 “精致课堂”流程图

第三，改造学习：借鉴生涯规划理论，开展学涯辅导研究。教师掌握《专业标准》中关于学生思想教育、学习方法、生活态度、身心锻炼、人际关系等要求，依托“高中生生涯规划”校本课程，大力倡导自主学习策略，提高学生学习品质。课题组总结提炼出高中生学习发展策略，确定高中三个年级生涯辅导的基本内容：高一以生涯觉察为主，包括自我认识、学习辅导和休闲辅导；高二以生涯探索和规划为主，包括专业辅导、人际辅导、职业了解和未来规划；高三以生涯决策为主，包括考前辅导、志愿填报辅导和求职辅导。通过上述行动，建立了包括学习策略和成长规划的辅导制度。

三、“创”的途径——“在行走中创造”

科研兴教之路也是教育创新之路。让科研为专业发展导航，让行走促使教师成长，让创新促使教师绽放生命的光彩。学校以科研课题研究为平台，在课堂模式的创新、课程建设的创新、教学方式的创新上开展教育科研，提高科研水平，一批在教育教学改革中勇于创新并取得丰硕成果的教师开始涌现出来。

第一，创新教学模式，提高理论应用能力。教师在学习培训中掌握了运用创新模式规律的技巧，在模式借鉴和移植的基础上，以两种或两种以上成功的教学模式为参照，各取其长，进行改装整合，形成兼具多种优点的新模式，采用推磨课、对比课的方式，经过展示—筛选—总结—再实践，提炼出抽象、简约的教学模式。如在开展“探究学习”课堂模式研究中，把“探究学习”课堂模式组织结构分为四种组织类型：第一种是引导式探究，教师提出学习课题，学生提出猜想及验证的思路；第二种是自主式探究，课题由学生或教师提出，其余各环节均由学生独立完成；第三种是合作式探究，学习的课题、假设、验证用的材料或实验由教师或师生预先准备好，学生开展合作学习；第四种是综合式探究，以“互动交流—分工协作—整合迁移”为特征，综合了上述类型的优点。

第二，创新育人载体，提高课程开发能力。提升教师的课程开发能力，提升学生生命状态是教育创新的必经之路。学校在十几年办学历程中，着力创建“绿色”校园文化，积累了丰厚的课程资源，创造了多个教育品牌，为学校优质多元特色发展打下牢固基础。课题开展期间，课题组遵循人本主义教育理论和陶行知“做中学”的教育思想，围绕“人文与自然和谐共生，传统和现代完美融合”的主题，组织教师开发校本课程，形成由“生命教育”“生态文明教育”“优秀传统文化教育”“审美与健康教育”“社会参与教育”五部分组成的“绿色·行动”校本系列课程。该校本课程参加了广东省2017年中小学特色课程建设展示暨优秀成果评选活动并获特色课程建设方案一等奖，研究课题还进入广东省首批基础教育研究实验基地遴选。

第三，创新教研方式，提升教育科研水平。在项目研究期间，研究方向设定在“自主探究学习”“三年一体化教学”“核心素养进课堂”三个方面，教师在课题的选择能力，课题的论证能力，课题实验方案的制订能力，课题实验的操作能力，实验资料的收集、整理和分析能力，教学研究能力，科研论文、报告的撰写能力等方面得到了提高。如《微学习在高中信息技术课程中的应用研究》课题以微学习为理论基础，研究微博、微课程等支持下的信息技术微学习模式，探讨实施过程中存在的问题与对策。《新课程历史学科自主性学习模式的探究》课题通过分组合作学习，提升学生感悟历史能力，发展和活跃思维，拓宽学生视野。《普通高中物理学科一体化教学研究》课题构建普通高中物理学科一体化教学的模式，追踪年轻教师在三年一体化教学中的成长，教师的教学能力和专业素质的提升。《普通高中数学学科整体化教学的实施研究》课题通过探索高中数学各年级的教学模式、教学评价、教学反思等方面的内容，制定一套操作性强、基于有效教学策略和学生学科素养培养的高中数学教学规程。《基于核心素养发展的高中英语阅读教学研究》课题优化阅读教学设计，引导学生学会学习，培养学生核心素养。《高中语文教学中生命教育的实践策略研究》课题着重研究在高中语文课堂教学中融入生命教育教学方式，汇集生命教学的典型案例，填补当前中学教育中生命教育的空白。

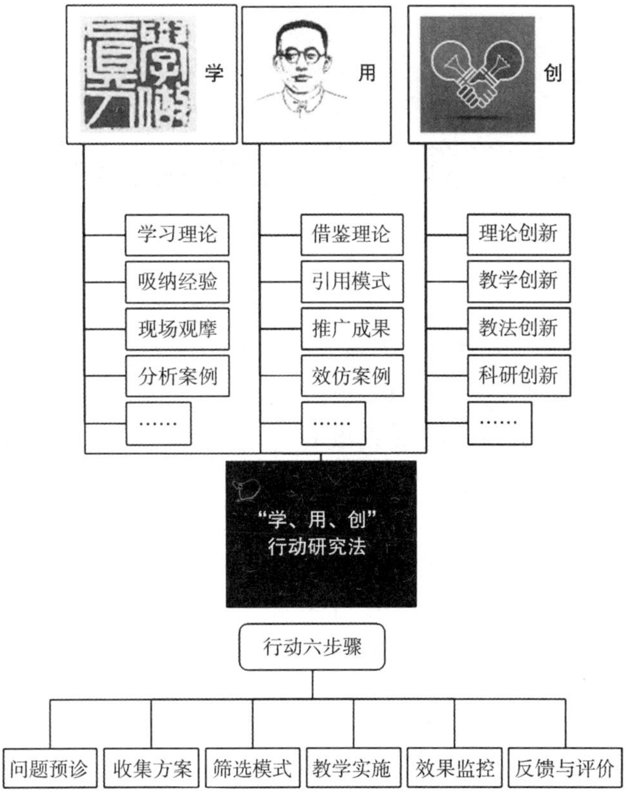

图3－6 “学、用、创”教育行动策略

参考文献

［1］陶行知．陶行知文集［M］．南京：江苏教育出版社，2008.

［2］叶澜．教师角色与教师发展新探［M］．北京：教育科学出版社，2001.

［3］李帆．潍坊市广文中学：改造学校的“秘密”［J］．人民教育，2011（8）．

［4］许守武，李静．中小学教师教学设计状况调查研究——以广东省汕头市澄海区为例［J］．教师教育论坛，2016（9）．

［5］李学农．中学教育概论［M］．南京：南京师范大学出版社，2010.

［6］许岗强．浅谈开展教育科研，促进教师专业化发展［J］．发现（教育版），2016（2）．

［7］李小平．农村高中学校开展“主题式”校本教研存在的问题与对策研究［J］．贵州教育，2014（9）．

［8］范莉钧，等．2017年地平线报告基础教育版前瞻［J］．中国信息技术教育，2017（13）．

［9］燕学敏，李铁安．教师专业标准解读（中学教师）［M］．天津：天津教育出版社，2012.

第二章　学生成长指导

学校从2018年秋季开始实施普通高中新课程标准。修订后的新课程标准对高中教育教学管理、学校办学条件等提出了新要求。新课程标准以学科核心素养为主线，细化各学科的育人目标，提出学业质量要求，建立了新的质量观，进一步强化了学科的育人功能。

同年，广东省启动了高考综合改革，该年度入学的新生是参加“新高考”的第一届学生。高中教育自此进入了深度改革时期。

新课程标准和新高考方案的共同特征是突出“选择性”。为了适应教育发展新形势，满足不同潜质学生的发展需求，促进学生全面有个性地发展，学校把握好深化考试招生制度改革的契机，在学习改革先行区经验的基础上，以“绿色教育”理念为引领，尊重学生个性差异，扩大学生学习自主选择权，研制学科核心素养和学习指导，制订《选课走班实施方案》，建立“全员育人导师制”，开展“着眼明天，把握今天”生涯辅导活动，开好《生涯规划》必修课，将综合实践活动和丰富的社团活动相结合，组织开展职业体验活动。在“新教学”背景下，学生能够学习适合自己的学科，因材施教原则得到深入贯彻，一定程度上实现了“为学生发展增值”的目标，“绿色教育”的内涵得到新的发展。

第一节　核心素养与课程育人

我国在经历了十几年的课程改革之后进入新时代，核心素养成为教育改革的“热词”。凝练了学科核心素养的新高考方案和新课程标准，是新时代基础教育的“中国方案”。中国学生发展核心素养体系的制定和新课程标准的实施是深化教育领域改革的重要举措，对未来教育发展具有重要的导向作用，将深刻改变学校教育教学面貌，长期影响学校发展。

一、核心素养，21世纪育人的最强音

21世纪以来，受到日新月异的社会与经济变革的影响，人们越来越多地开始思考如何更好地适应未来的工作与生活，教育如何培养人、培养什么样的人的问题，许多国家、地区和国际组织开始制定相应的教育政策，开展教育改革，积

极回应追问，纷纷提出了培养学生核心素养。如美国提出的“21 世纪技能”，经济合作与发展组织提出的“关键素养”，澳大利亚提出的“综合能力”，其核心都指向于未来的公民到底应该是什么样子、应该具备什么样的素质这个问题。

“把立德树人作为教育的根本任务，培养德智体美全面发展的社会主义建设者和接班人。”这是党的十八大报告指出的我国教育工作的根本任务，也是教育现代化的方向和目标。教育部 2014 年印发的《关于全面深化课程改革落实立德树人根本任务的意见》，首次提出“核心素养体系”概念。2016 年 9 月，《中国学生发展核心素养》研究成果在北京发布，其总体框架为文化基础、自主发展、社会参与三个方面，综合表现为人文底蕴、科学精神、学会学习、健康生活、责任担当、实践创新六大素养，具体细化为国家认同等 18 个基本要点。核心素养在深化课程改革和落实立德树人的目标中占有基础性地位，是社会发展、国家发展和个人发展的必然要求。

二、新课程标准，新时代教育的“中国方案”

教育部于 2013 年启动了普通高中课程方案和课程标准修订工作，于 2017 年底正式发布，于 2018 年秋季开始执行。新课标是为了更好地落实立德树人根本任务的要求，在 2003 年普通高中课程方案和课程标准试验稿的基础上进行修订完善的。

新课程方案对中国学生发展核心素养作出明确的指示。核心素养是党的教育方针的具体化、细化，目的是“为建立核心素养与课程教学的内在联系，充分挖掘各学科课程教学对全面贯彻党的教育方针、落实立德树人根本任务、发展素质教育的独特育人价值”。为此，各学科基于学科本质凝练了本学科的核心素养，明确了学生学习该学科课程后应达成的正确价值观、必备品格和关键能力。

围绕核心素养的落实，各学科课程标准在整合了知识与技能、过程与方法、情感态度价值观三维目标的基础上，精选、重组课程内容，明确教学要求，指导教学设计。值得重视的是，在促进学科核心素养的落实方面，课程内容融入了社会主义核心价值观，中华优秀传统文化、革命文化和社会主义先进文化教育等内容，呈现各领域发展的新成就、新成果，充实丰富了有关培养学生社会责任感、创新精神、实践能力的内容。

与旧课程方案相比，新课程方案细化了各学科的育人目标，建立了新的质量观，增加了学业质量标准，提出了学业质量要求，明确了课程学生完成各学科学习任务后，应该达到的学科核心素养水平，促进教、学、考的有机衔接，形成育人合力。新课程标准修订与高考改革进行衔接，统筹课程改革和高考综合改革，改变过去只看重知识、技能的掌握程度的局面，引导教学更加关注育人目的，把立德树人任务落到实处。

修订后的课程标准体现了鲜明的育人导向，思想性、科学性、时代性、整体性等明显增强，对高中教育教学管理、学校办学条件等提出了新要求。随着新的课程方案和课程标准的正式实施，一个以立德树人为内核，以发展中国学生核心素养为中心，以培育核心价值、必备知识、关键能力为主线，以构建“新学校、新课程、新课堂、新教师、新学生、新家长、新评价、新治理”为抓手的新时代教育体系正在形成。

三、课程育人，构建新时代教育的新生态

2018 年秋季，国家开始实施普通高中课程修订方案和深化考试招生制度改革实施方案，该年度入学的新生将是广东省“新高考”的第一届学生。随着两个方案的实施，普通高中教育教学进入了一个深度改革时期。

“课程”这个概念是英国哲学家斯宾塞在《教育论》一书中提出的。他说：“教育是为完满的生活做准备”，“课程是组织起来的教育内容”。教育的核心是育人，是将学生培养成为一个有理想、有本领、有担当，努力奋斗、充满幸福、对社会有用的人，教育不应该只是把升学质量作为唯一目标。教育是“绿色”的，“课程育人”就是让学生走上绿色教育的康庄大道。学校要强化课程育人目标，落实课程建设要求，深化改革，构建新时代教育的新生态。

（一）强化课程育人目标

高中阶段是学生成人前最活跃的时期，是一个人青年期的开始。这个阶段的高中生身体发育趋向成熟，心理逐渐独立，身心发展处在一个重要的变化阶段，也是人生的一个重要发展阶段，是人生观、价值观形成的关键时期。在学业上，高中生又面临着综合素质进一步提升、课业负担日益加重的情况。学校教育要真正发挥课程育人的功能，首先必须强化课程育人的目标任务，着力发展学生核心素养，打造适合学生发展的课程。

普通高中课程育人目标任务是清晰的。教育部在 2020 年 5 月公布的《普通高中课程方案（2017 年版 2020 年修订）》中（简称《方案》）明确了普通高中教育的任务是促进学生全面而有个性地发展，为学生适应社会生活、高等教育和职业发展做准备，为学生的终身发展奠定基础。在培养目标方面，《方案》提出，普通高中课程要在义务教育的基础上，进一步提升学生综合素质，着力发展学生核心素养，培养学生“具有理想信念和社会责任感、具有科学文化素养和终身学习能力、具有自主发展能力和沟通合作能力”，使学生成为有理想、有本领、有担当的时代新人。《方案》对三个“具有”的目标做了进一步阐述，为《方案》的贯彻执行提供了具体操作规程。

（二）落实课程建设要求

《方案》明确了课程建设的要求，指出要坚持全面贯彻党的教育方针，落实立德树人的根本任务，发展素质教育，推进教育公平，努力构建具有中国特色、体现国际发展趋势、充满活力的课程体系。强调学生学习与生活世界的连接，强调学生为未来的生活做好准备。

1. 优化课程内容结构，加强课程实施管理

新课程标准中各学科课标凸显了思想性、时代性和整体性，强化指导性和可操作性。新课标的一个显著特点就是强化了社会主义核心价值观教育，中华优秀传统文化、革命文化和社会主义先进文化教育等内容；充分反映了马克思主义中国化最新成果以及经济社会发展、科技进步新成就；更加关注学科内在联系及学科间的相互配合，克服碎片化及彼此间的脱节现象等。

学校在实施新课标过程中，应依据国家课程设置要求，结合办学目标、学生特点和实际条件，制订满足学生发展需要的课程实施计划。开齐开足国家规定的各类课程，特别是综合实践活动、劳动、技术、艺术、体育与健康等课程。认真开好心理健康教育课，切实保障课时，并将心理健康教育贯穿于教育教学全过程，不断提高学生心理素质和心理健康水平。落实国家关于课程实施监测的工作安排，制订省级课程实施监测方案，加强课程实施监管，加强教学组织管理。坚持实事求是、因地制宜的原则，有序推进选课走班。学校要统筹考虑师资队伍、设施设备、学生发展需要，以及高校专业录取要求，科学合理地开设选课组合，尽力满足学生多样化选择需求。开好生涯规划指导课程，加强学生发展指导，编制学生选课指南，引导学生科学选课。充分利用信息技术手段，加强对教师配置、班级编排、学生管理、设施配备等方面的统筹力度，逐步形成行政班和教学班并行、科学规范、高效有序的教学组织运行机制。

2. 深化课堂教学改革，建立教育教学评价机制

新课程标准对改革教学方式方法进行具体指导，指出要坚持立德树人，树立科学的课堂教学质量观，积极探索基于情境、问题导向的互动式、启发式、探究式、体验式等课堂教学，注重加强课题研究、项目设计、研究性学习等跨学科综合性教学。提高作业设计质量，精心设计基础性作业，适当增加探究性、实践性、综合性作业。认真开展验证性教学和探究性实验教学，培养学生的创新精神和实践能力。加大课程资源整合力度，将心理健康教育、生涯规划、研学实践、广东地方综合课程等课程资源优化整合。

积极应对教育评价改革，强化过程评价，建立多元评价、过程性评价、发展性评价与终结性评价相结合的评价机制，健全学分认定与管理制度，探索增值评价，健全综合评价。落实综合素质评价制度，用好普通高中学生综合素质评价信息管理平台，认真作好学生综合素质评价工作。

（三）深化校本课程开发

“绿色行动”校本课程的深度开发，必须在深入理解核心素养内涵的基础上，根据育人新要求，按照“规定动作做好做准，自选动作做出特色”的思路，重新对学校课程进行规划，促进核心素养“落地”。校本课程建设坚持以核心素养为导向，落实立德树人的根本任务，以高质量的教育科研引领、支撑校本课程深度开发的指导方针，突出课程育人的整体性和一贯性，以学校育人目标为“魂”，统领校本课程体系的构建。加强对学生社会主义核心价值观的培养，落实立德树人的根本任务；加强课程育人功能，强调在教学过程中有效渗透道德教

育。根据育人目标、课程目标，对课程结构、课程设置、课程实施、课程管理与评价等方面进行再规划和再设计，优化课程资源，保证育人质量。

校本课程深度开发要凸显校本课程实施的灵活性和开放性，打通国家课程、地方课程、校本课程，实现全科育人和全员育人。

优化课程深度开发策略，围绕“人文与自然和谐共生，传统和现代完美融会”的绿色教育主题，在“学生发展核心素养”引导下，选择适合学生“自主学习、合作学习、探究学习”的绿色教育内容，综合多个学科内容，统筹劳动技术、信息技术、通用技术、研究性学习、社区服务和社会实践活动，采用多样的学习方式，加强体验、合作和实践类的学习，从而满足学生发展需要，促进教师专业发展，推动学校特色发展。

绿色教育与核心素养培育异曲同工，其价值和意义将展现在行动中，“绿色行动”校本课程深度开发强化了学生发展关键能力、必备品格和正确价值观念的任务，为建设优质、多样、特色发展的现代化学校提供动力。

【案例】

高中历史学科核心素养与学习指导

一、历史学科核心素养

学科核心素养是在特定学科或某一领域的知识学习过程中形成的，体现学科思维特征及态度，能够适应终身发展和社会发展需要的必备品格和关键能力。换言之，它是学科课程目标、教育理想、育人价值的集中体现；是核心素养在特定学科的具体化、操作化表述；是学生在接受特定学科教育过程中形成的知识与技能、过程与方法、情感态度与价值观等方面的综合表现。

历史学科的核心素养包括唯物史观、时空观念、史料实证、历史解释、家国情怀五个方面。唯物史观是历史学科核心素养中的灵魂，是核心素养得以达成的理论保证；时空观念是其学科本质的体现，是历史学科特有的特征；史料实证是历史学科的达成途径；历史解释是学科素养中对历史思维与表达能力的要求；家国情怀则体现了学科素养中的价值目标，旨在通过学科素养的培育，达到立德树人的目标。

历史课程要将培养和提高学生的历史学科核心素养作为目标，使学生通过历史课程的学习逐步形成具有历史学科特征的正确价值观念、必备品格与关键能力。课程结构的设计、课程内容的选择、课程的实施等，都要始终贯穿发展学生历史学科核心素养这一任务。在结构设计上，要在体现基础性的同时，构建多视角、多类型、多层次的课程体系。在内容选择上，要精选基本的、重要的史实。在课程实施上，要进一步改进教学方式、学习方式和评价机制，将教、学、评有机结合，促进学生自主学习、合作学习和探究学习，提高其实践能力，培养其创新精神。

一名历史教师在传授历史知识的同时，必须贯穿学科核心素养。核心素养的概念指向的是对“教育应培养什么样的人”这一问题的回答，与《国家中长期教育改革和发展规划纲要（2010—2020年)》提出的“促进人的全面发展、适应社会需要”的教育质量标准一致，有利于在实际教育教学工作中培养德智体美劳全面发展的社会主义建设者和接班人，完成“立德树人”的根本教育任务。

二、新高考、新课标下历史学科考什么

1. 考试的内容和范围

普通高中历史课程由必修、选择性必修、选修三类课程构成，采用通史和专题史结合的方式。历史必修课程是全体高中学生必修的课程，是普通高中学生发展的共同基础课程，设有《中外历史纲要》模块。必修课程采用通史方式，旨在让学生掌握中外历史进程；历史选择性必修课程和选修课程采取专题史方式，旨在让学生从多角度认识历史的发展与变迁。历史选择性必修课程是学生根据个人兴趣、升学需求而选择修习的课程，设有《国家制度与社会治理》《经济与社会生活》和《文化交流与传播》三个模块。选修课程是学生自主选择修习的课程，《史学入门》和《史料研读》两个模块可作为选修课程的参考，学校对课程内容可选用、改编或新编。

历史学科的考试分为两种：一是合格性考试（类似于以前的学业水平考试)，考试的内容和范围是《中外历史纲要》上下两册，主要是考察通史；二是等级性考试（也可称为选择性考试)，就是针对选择了历史学科的学生进行的考试，考试的内容和范围是《中外历史纲要》上下两册和选择性必修课程，包括《国家制度与社会治理》《经济与社会生活》和《文化交流与传播》三个模块。

2021年和2022年广东省使用的是旧教材和新高考方案，这两年的合格性考试的内容是三本必修，即必修一《政治文明历程》、必修二《经济成长历程》和必修三《文明发展历程》；选择性考试的内容是三本必修和三本选修，即选修一《历史上重大改革回眸》、选修三《20世纪战争与和平》和选修四《中外历史人物评说》。

2. 考试的题型和时间

每位学生可以参加合格性考试两次，2020年广东省已经进行了两次历史学科的合格性考试。题型是20道选择题，每题3分，共60分；2道主观题，共40分，总分值是100分。考试时间要求是60分钟。具体考试时间是一年安排两次，时间是1月和6月，2020年因新冠肺炎疫情而推迟了一个月，第二次考试推迟到了7月。具体是高三高考后，高二接着进行合格性考试。

选择性考试的时间定在高三年级的语、数、英高考之后，就是6月8日，只有一次考试机会。考试时间是75分钟；题型目前没有正式通报，一般认为是16道选择题，每题3分，共48分；主观题4道，共52分。

3. 历史学科的选课指导

新高考下实行“3+1+2”模式，语、数、英是“3”，物理和历史设为必考，即“1”，以原始分计入总分，分值100分，教育部对比的权威解释是：

历史是社会科学的基础，告诉我们过去从哪里来？

物理是自然科学的基础，告诉我们未来到哪里去！

那么，具体选课应该遵循哪些原则呢？

第一，选择自己最擅长的。这是最重要的一点，如果选了自己不擅长的学科，那分数肯定低。历史与物理学科都是看原始分的，学生首先要区分的是自己是历史还是物理可以拿到更高的分数。

第二，是以后想要学习或者从事的工作。很多学生年纪小，对未来择业的倾向模糊，很容易忽略这一点，但这却是非常重要的，是影响你一生的重要选择。很多学生不知道大学课程的设置，到了报考时，部分学生就会后悔。

第三，选择竞争小的。历史物理科以外是等级赋分，不仅要选自己的优势，还要选对手，因为选对了对手，你就是胜利者。哪些学科竞争小呢？选择人多的学科！人越多，基数越大，赋分越容易。假如前1%赋分成100分，如果选择的人数是1 000人，那么将有10人赋分成100分，但是如果选择人数为10 000人，就会有100人赋分成100分，考入前100名当然比考入前10名容易，下面各个档次赋分也都是如此。

第四，选择澄海实验高级中学优势大的。每个学校都有优势学科，比如重点高中一般理、化、生比较强，普通高中政、史、地相对更好一些，师资配备更齐全。同一个学校、不同的学科、同一个学科、不同教师的差距都很大，高中教师的作用非常大，所以选择一个有优势的学科，可以帮助你考取更高的分数。一些学校的冷门组合一定要慎选，因为一旦选择，如果学校开设的也是走班的模式，这种模式对学生的学习成绩会有一定的影响。

三、新高考、新课标下学生应该怎么学

历史必修、选择性必修、选修三类课程，构成高中历史课程的整体结构。历史必修课程是共同基础，学生通过学习，掌握中国史和世界史的重要史事和发展脉络，基本形成对历史的整体认识；历史选择性必修课程是必修课程的递进与拓展，从三个主要领域呈现更为丰富多彩的历史内容，提高学生的学习兴趣，引领学生从多角度认识历史的发展与变迁；历史选修课程是在必修课程和选择性必修课程基础上的进一步延伸，通过专业理论和专业技能的学习，强化学生的史学专业基础。通过这三类历史课程的学习，学生的历史学科核心素养不断得到提高。

历史必修课程是共同基础课，4学分，全体高中学生必须修习，基本安排在高一年级完成。历史选择性必修课程，每个模块2学分，在修完必修课后，由学生根据个人兴趣和升学需求选择修习，基本安排在高二年级完成。历史选修课程是供学校、学生自主选择的课程。基本安排在高三年级完成。

我们建议高一学生应该努力学好各科，才能知道自己擅长学什么，不擅长学什么，不要一开始就放弃某些学科，这样的选择是不科学的。高二学生要努力建构学科核心素养，关键是要走出“知识理解”的框架，由“知识理解”向“知识迁移”过渡，再向“知识创新”提升。“知识迁移”的核心是“联系拓展”，“知识创新”的核心是学科思维和核心素养。

要想学好历史，提高成绩，首先是兴趣的培养。没有兴趣的学习是非常痛苦的，建立在趣味之上的学习容易轻松掌握。比如有很多学生都喜欢看古装剧，建议学生们每次看的时候都注意搜索里面历史人物的原型、事迹、历史背景等，这样可以扩大知识储备，形成知识体系。其次是学习方法的培养。历史是记忆科目，必须死记加巧记才能巩固知识，适合自己的就是最好的学习方法。最后是做题技巧的培养。历史学科也需要像数学学科一样做题训练，做题的关键是找出主要信息，比如定时空、明主旨，审题正确就成功了一半。

（作者：杨淑华）

第二节　“选课走班”中的绿色基因

一、新高考方案与“选课走班”新常态

自 2018 年秋季入学的高一学生开始，本科和专科高校考试招生分为了夏季高考和春季高考两类，其中，夏季高考采用“3 +1 +2”模式。“3 +1 +2”模式中，“3”是指语文、数学、外语三门必考科目，“1”是指在物理、历史两门科目中必选一门，“2”是指在化学、生物、政治、地理以及除了必选一门以外的科目中任意选择 2 门。新高考方案于 2021 年实行，夏季高考按照“院校专业组”方式实行平行志愿投档，按照物理、历史科目，分别编制专业招生计划，分开划线、分开投档、分开录取。考生以院校专业组为单位填报志愿，一个院校专业组即为一个独立的志愿。

2021 年实行新高考方案，录取实行“两依据、一参考”制度。“两依据”一是依据语文、数学、外语三科高考成绩，二是依据学业水平考试（即合格性考试）和等级性考试（即 6 选 1 +2）①。“一参考”指参考综合素质评价，包括思想品德、学业水平考试、身心健康、艺术素养、社会实践五部分。高等院校录取新生时，综合考量考生高考成绩、高校考核结论、高中学业水平测试成绩、综合素质评价以及高校自身培养特色要求这五个维度的内容，对高考成绩达到本科线的考生进行综合评价，择优录取。

① 新高考考生高考总成绩由统一高考成绩和等级性考试成绩构成，总分 750 分，即“3 +1 +2”模式。其中“3”就是语文、数学、英语三科统一考试科目；“1”就是从物理和历史这两门学科中选 1 门作为选考科目，“2”是从化学、生物、地理、政治这四门中选 2 门作为选考科目，即 6 选 1 +2。

表 3－2 “选课走班”新常态下“3＋1＋2”选课模式

夏季高考 3 个科目	组合序号	选考类别	科目 1	科目 2	组合序号	选考类别	科目 1	科目 2
语文、数学、外语	S1	历史	地理	政治	W1	物理	化学	生物
语文、数学、外语	S2	历史	地理	生物	W2	物理	化学	地理
语文、数学、外语	S3	历史	政治	生物	W3	物理	化学	政治
语文、数学、外语	S4	历史	化学	地理	W4	物理	生物	地理
语文、数学、外语	S5	历史	化学	政治	W5	物理	生物	政治
语文、数学、外语	S6	历史	化学	生物	W6	物理	地理	政治

二、选择学科组合，增进个性发展

在新高考方案下，“选课走班”成为教学新常态。“选课走班”有助于打破传统的“程式化”教育，创建新型的育人模式，体现了学生的主体性，为学生的个性化发展提供充分的机会，从而帮助学生接受适合自己的教育，使课程与教学最大可能地适合学生成长，从而增强了“立德树人”的实效性。“选课走班”与“绿色教育”所主张的尊重个性、尊重差异、尊重规律的理念吻合，新高考方案出台后，学校就积极响应，采取积极稳妥的措施，边推进、边总结、边优化，进行“选课走班”模式的探索与实践。

（一）成立管理机构，有序组织选课

坚持立德为本、育人为重，个性选择、分层教学，综合发展、多元评价，循序渐进、稳步实施的原则，制订选课走班实施方案，设计选课组合，根据选课组合配置教育资源，保障“选课走班”工作顺利开展。

（二）推行“导师制”，提供发展指导

“导师制”是新课标背景下为指导学生选课和落实全员育人而建立的一种师徒式的管理制度，采取全员参与、“双向选择”方式，覆盖全体学生，为每位学生配备导师。导师结合学习兴趣、性格类型、专业趋向和学习成绩指导学生，帮助其选择适合的学科组合。学生在导师、家长的帮助下确定选课方向，正式组班上课。在走班教学过程中，导师要发挥“思想引导、学业辅导、心理疏导、生活指导、成长向导”的作用，坚持以学生为本，注重实效原则，对学生的学习生活、心理健康、生涯规划等进行全面指导。导师在了解学生的基础上，要与受导学生建立相互理解、相互信任的关系，对学生进行全面的发展指导，做好相关档案记录，积累素材，撰写育人案例。受导学生要尊敬导师，在约见的时间应当按时到位，实事求是反映问题，坦诚地与导师交流，制订成长计划，如实书写阶段成长总结，提供成长过程中的各种纪实素材。

（三）实施走班教学，提高教学效率

走班教学实行行政班和教学班相结合的模式。课堂教学从促进学生发展的角

度出发，面向全体学生，关注学生的个体差异，促进学生自主学习、合作学习、探究学习能力的形成。为激发学生学习潜能，满足个性化学习和发展的需要，组建学习小组，为不同的学生提供发展的平台。

走班教学加大了学生日常管理的难度，将给学校及年级组的管理机制带来挑战，教师团队建设和学生自主管理模式是有效实施的重要保障。聚焦课堂教学，实施整体化教学策略，加强教学管理，落实“精致课堂”教学范式，提高课堂教学的有效性；坚持备课组集体备课制度，组织教师相互听课观摩，一起解决教学中遇到的问题，取长补短、集思广益、共同提高。积极开展教研科研活动，推广研究成果，促进教师的专业发展。

三、开展生涯规划，创设共育局面

（一）开设生涯教育课程，创造实践体验机会

对学生发展进行系统的规划指导，由教师在课堂上进行系统教学。采取课堂教学、讲座、职业体验活动等方式开展课程教学，构建理论和实践相结合的生涯教育课程体系。坚持专门课程、活动课程与学科融合课程相结合，将生涯教育理念渗透到各学科，通过对本学科核心素养、发展趋势和职业对应等内容的教学，充分发挥学科育人功能。

各学科教材的内容是未来职业必需的基础知识，又是进行生涯规划指导的重要载体。要树立理想和规划意识，了解社会上与此门学科相关的职业类型，有意识地发现学生的爱好和特长、职业兴趣、气质和能力，积极参与实践活动，储备综合素质。学校每学期开展学科读书征文、专题讲座和研究性学习、参观、志愿服务等社会实践，帮助学生在亲身体验中感悟主题、分享体会，在认识自我、分析自我的基础上规划人生发展方向，促使学生提前做好素质储备。

落实“绿色行动”校本课程实施方案，开发和建设适合不同年龄段的学生生涯规划校本课程，编写校本教材，通过课程建设，从教育目标、教育内容、教育形式等不同方面建构完整的学生发展与生涯规划教育过程，引领学生通过树立信心、开阔视野、正确认识自我、科学规划生涯过程和成长方向。

（二）开发家长资源，引导规划方向

大力推进家校共育，充分利用家长学校课程，加强对家长的培训，丰富学生发展指导服务内容，指导家长了解生涯教育的理念与方法，引导家长遵循教育教学规律和人才成长规律，尊重学生的个性特长和发展需求。发挥家庭教育潜移默化的作用，为学生树立榜样，发挥模范作用，引导学生树立劳动光荣、职业平等的价值观念，引发学生对人生的积极向往。充分发挥家长委员会的作用，挖掘家长在指导子女生涯规划指导方面的优秀经验，邀请部分优秀家长作个人或团队报告，塑造成功典型案例，提升家长教育培养学生、帮助学生规划的信心，帮助家长正确认识子女优势、发展方向，真正做到基于现实、掌握自我，正确规划学生

的成长之路。

（三）搭建发展平台，促进社会共育

积极争取社会、高校共同参与普通高中学生发展指导工作，营造人人皆可成才的良好社会氛围。加强与共青团、妇联、关工委、家庭教育协会等部门和组织沟通，建立联动机制，实现资源共享共建，搭建学生发展社会共育平台，助力高中生健康成长。深入推进与高校联合育人工作，通过高等学校和普通高中合作共建，拓宽学生学习空间，培养高中生的职业意识与专业兴趣；邀请知名高校专家、教授定期为高中生讲学授课或指导学生发展，讲座活动计入学时。

四、健全综评体系，呈现绿色风姿

普通高中学生综合素质评价是高校录取新生的重要参考。综合素质评价包括思想品德、学业水平考试、身心健康、艺术素养、社会实践五部分。招生院校按照招生章程，依据考生综合成绩择优录取，综合素质评价的最终评价权在录取院校。

对于一所个性鲜明、具有自身发展特色的学校来说，学生的综合素质应该也有着鲜明特色。为全面客观、科学规范地施行学生综合素质的评估工作，学校成立了专项工作小组，出台了《学生综合素质评价方案》，遵循引导性、可操作性、有利于学生全面发展和公开透明的原则，建立科学合理的评估机制。综合素质评价包括模块修习记录、基本素质评价、实验操作考查和信息技术等级考试四个方面内容，《学生综合素质评价方案》结合学校特色，统筹安排学生在校三年的绿色行动计划，体现“绿色教育”在育人方面的特色，如：在“思想品德”评价板块，学生需要参加社会公益及志愿服务，还要撰写活动材料等。学校应该统筹组织，或指导学生自主参加社会公益及志愿服务，做好记录、撰写体会、上传至电子平台；又如：“学业水平”板块中有“研究性学习”栏目，需要在教师的指导下进行选题、设计研究方案、进行研究、形成报告、得出结论，学校“绿色教育”校本课程给学生提供广泛的选题和研究空间。“绿色行动”校本课程如同学生成长的脚手架，帮助学生全面而有个性地发展。

【案例】学生综合素质评价记录

一、思想品德

表 3－3　思想品德评价登记表

活动类型	活动主题	主办单位	活动地点	开始时间	结束时间	次数（次）	持续累计时间（小时）	审核人
校内	“阳光体育进活力，斗志昂扬显青春”阳光体育节活动	体艺室、德育处	操场	2018 年 10 月 9 日	2018 年 11 月 20 日	3	30	
校内	“诵中华经典诗文，做文明高雅学生”诗文吟诵比赛	德育处、团委会	礼堂	2018 年 11 月 21 日	2018 年 12 月 28 日	12	12	
校内	“百花齐放青春活力，风格别具校园特色”社团展示活动	团委会、学生会	操场、体育馆、文化广场	2018 年 10 月 18 日	2018 年 11 月 2 日	8	16	
校内	“丹青庆元旦，翰墨挥校园”学生书画比赛	体艺室	各班教室	2018 年 12 月 1 日	2019 年 1 月 5 日	4	8	
校外	“共树文明新风，共创美丽家园”志愿服务活动	德育处、团委会	澄海各社区	2018 年 9 月 1 日	2018 年 12 月 31 日	10	40	
校外	“欢度国庆，喜迎中秋”巩卫创文志愿活动	德育处、团委会	校园周边	2019 年 9 月 21 日	2018 年 10 月 31 日	5	10	

二、学业水平

（1）学科成绩由科任教师按照期末成绩占比30%、期中成绩占比30%、过程评价成绩占比40%计算后，报送备课组长，再召开备课组会议，确认各班学生综合成绩。语文、数学、英语等学科90分及以上认定为“合格”、89分及以下认定为“不合格”，其他学科60分及以上认定为“合格”、59分及以下认定为“不合格”，最后由科任教师上网完成学生成绩填报工作

（2）综合实践活动：模块填“社会实践”和“军训”，学分3分，教师为班主任。

（3）优势学科学习情况：记录学生的学科竞赛获奖、拓展课程情况、成绩拔尖说明、相关学科应用成果等，不含体育、艺术等。每学期末，由学生以描述性语言记录个人优势学科的学习情况。具体记录内容包括：优势学科的学习情况、佐证材料。

（4）研究性学习与创新成果：记录学生在研究性学习与创新方面取得的论文发表、重大活动参与、专利获取、成果被相关机构采取或获颁荣誉证明等成果。具体记录内容包括：所在教学班级、指导教师、课题名称、课题类型、理论学习情况、成果展示形式、组织形式、承担任务、合作人、研究内容、成果概述、佐证材料。

三、身心健康

主要考查学生身体健康状况、心理健康状况和安全素养等。

（1）体能素质：重点记录《国家学生体质健康标准》测试结果。

（2）健康生活方式：坚持每天锻炼一小时，（经常利用放学时间进行体育锻炼的同学如实增加填写内容）运动强度适中，饮食习惯健康、营养搭配合理。

（3）体育竞赛活动：本学期学校组织的体育比赛有：拔河比赛、体育艺术节、班际广播操比赛、三人篮球赛，主办单位为澄海实验高级中学。

（4）心理健康：参考模板：本人性格活泼开朗，热爱篮球，沟通能力突出，思考能力较为薄弱。进入高一学习阶段以来，本人及时调整自己的生活作息，能够较好地适应学校的内宿生活，虽然科目较多，学习压力大，但本人能够探寻适合自己的学习方法，平衡各科的学习时间，成绩进步明显。本人孝顺父母、尊敬师长、团结同学，平时注重沟通与交流，人际关系和谐。但是本人自制力差，上课容易走神，因此被教师多次提醒和批评，为了克服困难，本人让身边的同学监督和提醒自己，与同学共同进步。

（5）安全素养：参考模板：本人本学期于军训期间参加了学校组织的教学楼应急疏散演练，于11月参加了宿舍楼应急疏散演练，提高了自己应对突发事件的自救、互救能力。同时，本人积极参与学校开展的禁毒宣传教育、“三防四不一做”安全教育、文明交通安全教育等活动，增强了自身安全意识，用自己的一言一行守护自己和他人的生命安全。

四、艺术素养：

艺术审美：学生根据实际情况填写参观艺术场馆、参加艺术学习、观看艺术

演出展览、参与艺术活动的情况。可选填音乐鉴赏、美术鉴赏、观看迎元旦学生书画展、观看十佳歌手赛。

艺术兴趣与特长：学生根据实际情况填写参加校内外艺术兴趣小组或社团和各类艺术活动、掌握某一艺术项目特长情况。

艺术创作与成果：学生根据实际情况填写参加展演、比赛的情况，同时必须上传奖状等佐证材料。

五、社会实践

学生要根据实际情况如实填写，下表内容仅供参考。

表3－4　社会实践活动登记表

活动内容项目分类	活动主题	起止时间	主办单位	次数（次）	累计小时	实践成果	证明人	审核人
生活技能锻炼	内宿生活技能培训与评比	2018年8月19日—2019年1月26日	澄海实验高中德育处	21	21	文明示范床位		
	班级卫生劳动轮值	2018年8月19日—2019年1月26日	澄海实验高中德育处	42	42	文明礼仪之星、文明班集体		
	食堂风纪小组	2018年9月1日—2019年1月26日	澄海实验高中团委会	21	21	校园纪检之星		
生产劳动	“爱学习、爱劳动、爱祖国”主题教育活动	2018年10月1日—2018年10月31日	澄海实验高中德育处、团委会	4	8	征文		
职业体验	寒暑假、假期打工等							
研学旅行	如实填写							
专题调研	“追寻名人足迹，树立远大理想”社会调查活动	2019年1月27日—2019年2月22日	澄海实验高中德育处、团委会	20	80	调查报告、心得体会		

（续上表）

活动内容项目分类	活动主题	起止时间	主办单位	次数（次）	累计小时	实践成果	证明人	审核人
参观学习	参观澄海中学、苏北中学或华侨中学等社团活动（如实填写）		澄海中学、苏北中学或华侨中学团委、学生会					
社会考察	“垃圾袋装化”情况社区考察活动	2018 年 10 月 31 日—2018 年 11 月 30 日	澄海实验高中德育处、团委会	5	10	心得体会		
设计制作	电脑作品设计	2018 年 9 月 1 日—2019 年 1 月 26 日	澄海实验高中电教组	20	20	电脑作品		
	科技创作小组可以写自己的设计作品；参加书画比赛的同学可以写自己的书画作品							
军训	“新生入学教育及军训”教育活动	2018 年 8 月 19 日—2018 年 8 月 25 日	澄海实验高中德育处、团委会	10	56	先进班集体		
其他社会实践活动								

第三节　共读共享，培育素养

培育学生发展核心素养是落实立德树人根本任务的一项重要举措，是学校教育教学的中心工作，也是学生自身发展的基本任务。构建课外阅读科学体系，引导学生博览群书，增长见识，扎实文化基础，增进自主学习、学科阅读和社会参与，是新时代培育学生发展核心素养的必由之路。

学校有着“共读共享”的优良传统。在国家发布关于学生发展核心素养总体框架之后，“共读共享”活动增加了新内涵，由各学科推荐首批基于核心素养培育的阅读书籍，开展基于学科核心素养培育的读书指导活动。本节内容主要记录了学校若干年来开展读书活动的情况，并对创建“书香校园”提出一些构想。

一、传递书香，弘扬热爱读写优良传统

学校在师范时期就有阅读明志的风气。学校师生读书氛围浓郁，有各种读书社团，其中，以倡导读书和写作的花果文学社会员众多，长期保持在几百人的较大规模。花果文学社常年举行读书笔会活动，与兄弟学校和文化出版部门保持联系。学校在师范时期培养了不少作家和写作能手，学生到各地学校任教期间，也把读书写作这一良好习惯和爱好带到工作单位，大力倡导专业阅读、专业写作、专业发展，这个行动犹如一把种子，播种在各个校园、各个教室、各个学子心田，生根发芽，发展壮大。这个传统犹如奇楠沉香，历经艰辛磨炼，沉淀凝聚，被一批批师生发扬传承，二十年来，读书活动生生不息，美丽校园沐浴在浓郁的书香当中，熏染灵性，永续飘香。

学校转制为普通高中之后，注重抓好组织设计及实施环节，在时间规划上尽量覆盖年度所有学段。在活动组织方面，采用推荐阅读和互荐好书、共享共读的方式，开展书香校园建设。

二、精心经营，共读共享成果硕硕

（一）共读共享活动组织设计

第一阶段：每年 4 月 23 日—10 月 10 日开展活动，在世界读书日举行“让阅读成为习惯，让思考伴随人生”主题活动启动仪式，让更多的人了解“世界读书日”，培养阅读兴趣，倡导终身热爱阅读。师生组织开展“读书与反思”和“花果悦读”活动，加强阅读交流，共建“学习型”“研究型”组织。

第二阶段：12 月全民读书月开始至第二学期开学初，活动主题为“有效教学，改造学习”，倡导通过阅读，提高学习效率。侧重于教育教学理论的学习和运用，学会理性地思考教学问题，并指向实践中发生的真实问题。形式上以个人自学为主，集中学习为辅。

（二）共读共享活动实施方式

学生方面，开展“花果悦读”活动。包括好书推介与书评，“暖冬悦读”答辩活动，举行学生读书讲座，出版优秀读书随笔，开展花果文学社年度纪念活动。培养良好的读书习惯，提升学生的审美情趣和人文底蕴，营造书香校园的氛围，在学生中开展社团读书活动。在读书月期间，各班级开展“多读书，好读书，会读书，读好书”活动，通过举行名篇朗诵会，利用板报进行宣传，营造书香班级的氛围。学生社团积极配合读书活动，举行“我荐一本好书”“读经典，品人生”读书征文比赛，并鼓励征文比赛优秀作品出版。好书大家读，文学社读书会开展“向同学推荐书目 10 本活动”，学校图书馆根据书单购书，保证学生有充足的书籍阅读。

教师方面，开展“读书与反思”活动。包括教师开通新浪读书博客，推荐年度教育教学好书榜，组织教师参加“读书与反思”论坛、暑假读书征文活动等。“读书与反思”优秀作品交流会。我们为每位教师配置10册教师学习专用书籍。每学年举行“双十双百”活动，即一百天读书活动，和推荐教育教学名著一百部活动。每年4月份学校还举行“读书与反思”教学论坛，并出资支持出版“读书与反思”活动系列优秀作品集。教师在共读共享活动中进行专业阅读和专业写作，共同学习先进理论支撑，共同使用一套教育话语体系，共同破译教育密码。2017年，本校教师撰写的共读共享图书《影响中学课堂的56本书》由暨南大学出版社出版发行。

（三）共读共享活动收获师生共同成长

1.“读书与反思”成就教师专业发展

“读书与反思”是学校教师为解决课程改革中遇到的困惑而举行的研训活动，打造“好读书、读好书”的共同体，汲取成长的营养，破解成功密码，在共读共享中共同成长。从近年辑录的“读书与反思”系列文章中可以感受到每位教师都在努力寻找新课程改革的大道通途，正确表达对理想教育的理解和追求，而不是成为新课程改革中的失语者。正如朱永新教授所说：“阅读最大的意义和价值就是改变，通过阅读能够改变我们的一切。”“读书与反思”活动经历一系列的探索与尝试后如今渐渐步入正轨。“读书与反思”活动的有效开展，推动了对话、协商、合作的研训机制的建立，促进了以精研精修为核心的教研文化的形成，“课堂同步实录”“15分钟精讲”和解题、命题、教学设计等师能比赛有声有色地开展起来，教师的专业技能得以不断提升，教师们转变观念，追求创新，积极推广“以学定教，先学后教”的成功做法，落实精致教学范式，把“粗放型课堂”转为“精致型课堂”，教学质量稳步提升，高考成绩持续攀高，学校实现跨越式发展，办学品质得到提升。

2. 全科阅读提升学生核心素养

加强学生课外阅读的指导是一项培育核心素养的系统工程。学科阅读是一项学科教学新方式，学校将其作为新形势下的一项常规教学活动，教师发挥主导作用，印发“学科素养书单”，开展全科阅读指导，要求学生在推荐书单中至少选一本书，利用假期和课余时间阅读，并撰写读书随笔。通过推荐学科专业书籍、上好阅读指导课、撰写读书随笔、举办读书交流活动等形式，创造良好的阅读环境。

从2017年1月开始，学校共推荐了三批学科素养阅读书籍。各学科组织“基于学生发展核心素养培育”读书活动，开展阅读情况调查，举办读书辩论会，组织优秀读书交流和比赛活动。为提高学生的阅读自觉性，学校注重活动实效，将学科阅读作为学业要求，并规定将评定学分计入学生档案。学校通过一系列举措，争取让读书学习成为学生的一种习惯、一种生活方式，为学生一生的成长奠基。

3. 阅读助力绿色教育行动研究

在新课程“有效教学”理念的引领和教育科研热潮的带动下，学校承担了国家级和省、市级各类科研项目，包括教学管理制度、校本课程开发和教学方式的转变三个课改的关键领域。为完成好科研项目，学校购置了上千种图书，开展了几十场主题讲座、几百个研讨课，成千上万朵创造之花在教研沙龙、探究式课堂、校园的每个角落盛开。近十年来，学校从市一级学校晋升为省一级学校、国家级示范性普通高中，此间，处处都闪耀着教育科研的华丽身影。教育科研营造了可持续发展的状态，促进了师生成长，为学校实现跨越式发展攒足底气，走上了专业的备课和授课之路。

三、重新出发，深化“书香校园”建设

“书香校园”建设是促进学生健康成长和全面发展的有益载体。作为全民阅读活动的重要组成部分，广东省每年组织年度“书香校园”评选活动。近年，为适应信息化时代的发展需要，评选活动在传统书香型校园建设基础上提出了新要求，增加了“智慧阅读”指标。学校必须高度重视这些变化，将其纳入重要议程。下文是对深化“书香校园”建设的一些构想。

（一）明确目标定位，优化发展战略

“书香校园”建设要坚持绿色教育办学理念，以立德树人、尊重科学、符合学校办学实际、着眼学校未来发展为原则，着力以内容丰富、形式多样的线上线下系列活动为载体，开发“智慧阅读”资源，建立线上管理和评价机制，打造师生、亲子阅读交流平台。根据《广东省“书香校园”对标创建方案》，学校在对标创建具体目标有下列五个方面：

（1）提升学校育人品位。营造书香型校园文化，彰显学校绿色教育文化特质，健全书香型管理制度，完善书香型校本研训，激发师生读写热情，提升学校绿色教育文化品位。

（2）培育学生核心素养。推动“全科阅读”，培养读写习惯，开拓视野，活跃逻辑思维，陶冶道德情操，促进学生全面而有个性地发展。

（3）提高教师专业素养。倡导专业阅读，树立终身学习观念，搭建交流平台，锻造精湛业务，通过“专业阅读”“专业写作”实现“专业成长”。

（4）推进书香家庭建设。构建学习型家庭，开展亲子共读活动，让学生把书香带进家庭，带动家长和更多人参与读书，崇尚读书，实现辐射，促进书香社会的形成。

（5）建设书香校园智慧阅读平台，开发线上线下资源，书本和屏幕相结合，线上管理和评价为主要方式的“智慧阅读”，开展针对师生和家长的特色阅读活动。

（二）加强组织管理，加大建设投入

1. 组织保障

成立由校长负责的“书香校园”建设领导小组，设立“书香校园”建设工作小组和校园阅读实施工作组，构成管理机制和组织机构，开展创建工作。

领导小组根据《广东省“书香校园”对标创建方案》，进一步完善对标创建方案，将“书香校园”建设纳入学校文化建设中，做好“书香校园”智慧化建设的中短期规划，订立规章制度，明确分工，落实责任，组织指导实施，及时总结、认真反思、适时调整，促进“书香校园”建设工作向高水平、深层次方向发展。

“书香校园”建设领导小组负责落实“书香校园”实施方案。围绕“书香校园”建设目标，详细分解测评指标内容，组织师生对标创建。发动师生、家长和专家学者推荐书目和篇目，积极购买书刊，开展读书交流和展示活动。认真总结，将“书香校园”建设与培育学科核心素养有机结合，渗透到教育教学活动全过程，实现促进育人和突出学校办学特色的目的。

成立包含各科教师在内的阅读实施工作组。阅读实施工作组根据“书香校园”对标创建方案操作说明，利用学科课堂和读书活动，开展学科价值、班级特色、学生个性阅读活动，动员学生积极参加主题读书征文活动，指导学生社团读书活动，推荐研究性学习课题阅读书目。定期总结、评价，保障进度和质量，做好与阅读工作相关的学科和年级学年计划和总结。

2. 物质保障

根据学校目前的情况，在书香校园硬件建设方面尚有很大的发展空间，必须加大经费投入，加强阅读基础设施建设，建设好学校图书馆、年级阅读区、班级图书角等，不断拓展阅览空间，持续充实教师、学生的读物，保证学校各项读书活动正常有序地开展。

学校要为书香校园的提质升级提供组织保障和资金支持。设立“书香校园”建设专项经费，将建设预算和学年生均购书经费支出预算纳入年度预算，保障藏书量及每年更新率达到“教育创强”标准。

建设智慧校园，配备一定数量的电子阅读器、有声图书等阅读工具设备。借助网络共享资源，建设智慧阅读空间，利用平板电脑等电子设备实现视听学习和电子阅读，打造适合学生的视听平台。引进阅读大数据平台，利用互联网、电脑、移动网络设备等现代化技术，收集学生阅读大数据，分析并掌握学生的阅读现状、阅读兴趣和阅读能力。

（三）优化书香环境，增进共读共享

1. 提升文化品位，浓化阅读氛围

趁校园文化升级提质之机，创设浓郁书香氛围，让校园处处充满书香。以经典名言命名校道、楼宇，在长廊、过道、宣传栏张贴名人名言、师生作品；在花园草地布置标语，让学生沉浸在书香氛围中。在班级布置图书角，墙壁张贴学生

作品、共读荐书栏，让教室充满书香。

精心构建多元化的读书网络。充分利用信息化、数字化、有声听书等阅读方式和手段，改造学校图书室，充实个人书橱、班级读书角。开辟“书香校园”微信公众号、创建钉钉“花果书香”读写空间，构建读写交流平台；利用“智慧教室”“智慧办公”信息配备，推送荐书读写信息。在教学区、学生宿舍配置阅读区等特色阅读空间，设有电子阅读器等数字阅读移动设备，由学生参与管理。让校园书影随处可见，驻足可读，人人参与，处处书香。

2. 倡导“读写一体”，深化师生共读

明确具体要求，采取有力措施，积极开展丰富多样的读书写作活动，使“书香校园”建设活动有的放矢。为此，必须对师生读书作出具体要求，对活动进行全面规划和设计。

（1）学生方面，鼓励学生在开展经典古诗文、优秀传统文化和社会主义核心价值观等主题阅读活动的基础上，积极参加“全科阅读”活动。

第一，要认真做好规划。在选课走班之前，各科推荐基于学科研读兴趣的推荐书目。选课走班后，着力在培育学科核心素养上下功夫，组织学生开展“全科阅读”活动，推荐学科修习必备品格和关键能力的阅读书目，有计划、分层次指导学生阅读必读书目。

第二，开辟读书交流平台，加强读书交流。在坚持“一诵三读”基础上，加强对学生读书活动的指导，增设学科阅读课或读书指导课。同时，要继续办好班级图书角，共荐共读优秀图书。

第三，要做好、做足宣传、展示等激励措施，利用黑板报开设“读书专栏”，宣传和展示“全科阅读”成果。定期将学生优秀作品搜集整理，在黑板报、学校的橱窗、校园广播、学校网络空间等渠道展示，推荐学生参加各级各类征文比赛，或向各类报刊推荐投稿。要建立相应的管理与奖励办法，规范和激励学生的读书活动。要树立一批“阅读之星”读书榜样，形成良好氛围。

（2）教师方面，“专业阅读”和“专业写作”是教师专业发展的必由之路，是校本研训的一个重要组成部分。开展“书香校园”建设，教师要发挥主体作用。

第一，在开展教师专业读写活动中，学校要服务教师，依靠教师，发动教师，组织教师，首先要提供阅读条件，为教师订阅教育教学报刊，购置教育教学书籍，加强学校图书室建设。

第二，继续深入开展教师校本研训，办好读书沙龙，组织教师读书交流会，同时开展读书征文活动。每学期举行一次“教师读书笔记”的评比，对获奖教师给予精神、物质上的奖励。同时，做好教师读书笔记推荐工作，并确保每年有一定数量的教育随笔、教学论文在省、市级杂志上发表，做好每位教师的教学随笔、教学论文的统计工作。

第三，加强教师网络读书论坛建设，建立理论学习、教育创新、行思随笔、“思享”沙龙、研究报告厅等网络栏目，开放网络阅读交流空间，鼓励教师随笔在教育网站上发布，交流课改心得，发表课题研究成果，在学习讨论中交流思想，丰富经验，提高素质教育的实施能力。

第四，进一步完善考评制度。将教师参加读写活动、课改讨论、学科核心素养读物阅读指导列入工作绩效进行考核。

（3）组织丰富多样的活动，扎实书香型校园基础。活动能点燃兴趣的火花，学校应该成为学生展示风采的大舞台，开展一系列阅读实践活动，给学生创造更多教育和展示的机会。如：举行“花果书香”活动启动仪式，开展“捐书、献书”活动，举办互荐互换图书集市，办好“暖冬悦读”“暑假读写”“世界读书日”等读书节活动，开展各类报告会、讲座和读书展评活动，以丰富多彩的读写活动，让读书走向生活，走向实践，充分激发学生爱祖国、爱家乡、爱生活、爱校园的感情，促进“书香校园”特色建设向纵深发展。

3. 利用云端资源，共享云端阅读

随着信息技术的发展，新技术条件下的阅读场景发生变化，云端阅读成为常态，个性化阅读越来越突出，交互式学习方式越来越普遍。要加强对学校内外网络资源的整合，促进信息技术与全科阅读教学的深度融合，利用人工智能、云技术建设数字阅读系统，提高师生进行网络学习、交流的能力。

第一，建设师生互动的网络生活环境。及时更新学校公众号阅读栏目，及时发布师生学习成果（特别是教师教育随笔与学生读书随笔）。加强学校论坛建设，建立教师、学生交流板块，促进师师、师生、生生之间的网络互动。鼓励教师参与网络教育讨论。

第二，加强学科教育与现代远程技术的融合。积极开展“数字化平台”的研究，各科目要设计阅读活动方案，制定阅读指导课教学设计。在推进教师备课“无纸化”改革，建设电子教案库、多媒体课件库、试题库的同时，鼓励教师利用各种软件制作和共享基于阅读指导的多媒体课件、微课课件，提高阅读教学效率，定期开展电子备课、课件、微课制作比赛。

第三，创新阅读方式和手段，建立共读共享平台。制定“书香校园”智慧化建设的中短期规划和规章制度，配备电子阅读器等移动阅读设备，增加电子、有声图书等阅读资源，创新信息化、电子化、有声听书的阅读方式和手段。同时，通过建立数据分析模型，采用大数据手段进行阅读效果测评，第一时间分析并掌握学生的阅读现状、阅读兴趣和阅读能力并形成分析报告。

4. 倡导亲子共读，促进家校共育

提升学校、家庭的阅读指导能力，形成良好的家校阅读氛围和家校共育机制，促进学生阅读水平的整体提高。

围绕读书活动，充实家长会、家长学校的活动内容。学校将读书活动延伸到家庭，搭建亲子共读平台，开展“亲子共读”、征集勤廉家训、小故事和“最美家庭”故事等特色活动，积极开展亲子共读，将家庭引入到热爱图书、享受阅读的行动中来，带动父母阅读，营造浓厚的全民阅读氛围。

5. 建立激励机制，促进活动升级

为了更好地促进书香行动的推广，学校要继续开展“书香班级”“书香家庭”“阅读之星”等的评选活动。

第一，营造书香教室：在学校开展“书香班级”评比活动，通过对班级书香氛围的创设、班级图书角的建设与使用、学生参加活动的成果等方面进行综合评比，分年级对优秀班级进行表彰。

第二，评选读写明星：根据学生的读书写作情况，通过共读共享平台对学生读书写作和平台影响力进行星级评比，评出“阅读之星”“写作之星”“花果之星”。

第三，走进书香家庭：让学生把书香带进家庭，征集有关“书香家庭”的图片和文字，通过共读共享平台向学生展示家庭读书氛围，开展“书香家庭”的评比活动。

6. 走向“书香社会”，发挥辐射作用

让读书活动走向社会，为“学习型社会”作贡献。发挥学生“花果读书会”作用，组织“社区读书会”，在假日期间开展读书活动，交流读书体会；与新华书店、区图书馆等单位共建图书流通站，及时更换图书，给师生阅读提供更多选择；与兄弟学校开展形式多样的读书交流竞赛活动，探讨“书香校园”建设的经验；建设好学校广播站和社刊，开设专栏，播放学生读书学习心得体会；建设好“激流小记者站”，通过小记者采访活动，报道学校学生阅读、写作事例和先进经验，提高“书香校园”建设影响度，同时锻炼学生的综合能力。

“书香校园”是学校德育工作的重要抓手，也是培育核心素养的直接媒介，更是立德树人的重要阵地。扎实开展“书香校园”建设，形成培育和践行社会主义核心价值观长效机制，引导学生读经典、勤思考、动笔墨、提素养，凝练办学特色，打造学校品牌文化，不仅仅是实高人的共同愿景，更是一代代实高人的使命。“取乎其上，得乎其中”，二十年来，为了实现教育之梦，学校点亮阅读之灯，营造共读共享氛围，促进了内涵发展，提升了办学品质。实高未来的建设和发展，需要积淀更加深厚的文化底蕴，阅读是站在大师的肩膀上前行，写作是站在自己的肩膀上攀升，“书香校园”建设所倡导的读写活动是一种有益的载体。最是书香能致远，我们期待在新一轮“书香校园”创建活动中，共读共享更加深化扩展，让书香永恒洋溢在美丽的实高校园。

第三章　我与学校特色培育同成长

第一节　教师篇

蔡晓琳：我的三年“互联网＋传统文化教育”之旅

“亲爱的同学们，欢迎来到澄海实验高中的政治微课堂！请跟随蔡老师一起传承优秀传统文化，做时代有底气的新人！”这是我人生中第一堂微课的开课导语。从此，我便开启了三年的“互联网＋传统文化教育”之旅。

一、始于初心

2016年夏天，黄俊生教授带领“粤东微课联盟”来我校进行教师微课制作培训。培训开始前，黄教授抛出一个问题：“在座的有哪位老师敢说自己一个人的教学能够震动全世界？如果有，请举手。”当时，没有一位老师举起手。黄教授接着问：“老师们是不是都觉得这事儿简直不可思议？”好多老师频频点头。“但你们知道吗，早在2007年，微课的开山鼻祖——可汗学院就已经实现了这事儿，大大颠覆了传统教学。‘互联网＋’时代，我们教师真的可以大有作为！”教授斩钉截铁地说。在座的教师们都备受鼓舞。

培训结束后，我虽然熟练掌握了微课的制作技巧，但陷入了困惑：“什么样的微课才是好微课呢？是融合多元技术的微课吗？”不，好的微课应该是有深度、有温度、有灵魂的。那么我的微课作品应该以何为灵魂呢？

当时恰逢学校围绕“传统和现代完美融会”主题开展传统文化教育，打造充满生命质感的“绿色教育”之时，正好为迷途中的我指明了方向。利用微课活化博大精深的中华传统文化，不正好赋予了作品以灵魂吗？明确方向之后，我决定选择潮剧为素材来制作微课“继承传统　推陈出新”。微课以“追忆经典片段《柴房会》—潮剧面临发展困境—动画版潮剧《柴房会》勇闯新路”为线索展开，通过层层设问来引导学生归纳出对待传统文化的正确态度：批判继承、推陈出新。再引用习近平总书记关于继承和发展中华优秀传统文化的重要讲话精神，引导学生自觉反对守旧主义和历史虚无主义，增强文化自觉和文化自信，为建设社会主义文化强国而奋斗。最后我给学生布置课后思考题“如何理性传承传统家风”，培育学生的科学精神和公共参与等核心素养。

微课制作完成之后，我将其上传到优芽网，既可供所有同行和学生上网观看、下载、交流和评论，又可以报名参加首届粤东微课大赛。最终，我的作品荣获首届粤东微课大赛一等奖。当我登上领奖台时，我更加坚定了要在“互联网+传统文化教育”这条路上继续走下去。

二、突破自我

2017年冬天，我通过制作微课作品“唯心主义”来诠释中国古典哲学思想之“五辩”的内涵意义，该作品获得第二届粤东微课大赛一等奖。由此，我自以为在微课制作方面已渐入佳境。

一年后，当我接到第三届粤东微课大赛的通知时，却感到茫然失措。这一次，比赛主办方要求参赛作品更加优质、系列化和规范。如果作品不能从技术含量和思想深度两方面加以提升，那等待它的便是被淘汰。与其坐等淘汰，不如行动起来，寻求自我突破。我主动学习用Focusky（多媒体演示制作大师）来制作“矛盾观”系列微课，提升作品的技术含量，力求让微课的呈现形式别开生面。但内容方面，矛盾观抽象难懂，是唯物辩证法的一大难点。对此，我再次站在中国古代哲人的肩膀上，借成语“塞翁失马，焉知非福”解析矛盾的同一性；以“讳疾忌医”的典故佐证必须承认矛盾的普遍性；用“白马非马”的逻辑问题阐释矛盾的特殊性；凭孔子“君子和而不同，小人同而不和”的名句道出矛盾双方既对立又统一……用中华经典生动地阐释唯物辩证法的矛盾观，既有助于学生全面领悟矛盾的哲理，又别具一格，大大增添了微课的趣味性，使得微课更加立体、充实、有灵气。

功夫不负有心人，“矛盾观”系列微课获得了第三届粤东微课大赛一等奖。这一次的自我突破使我终于明白了一个道理：绵延五千年的中华文明早已成为融入中国人血脉的文化基因，其思想内核今天依旧深深影响着中国人的思维方式。只要我们借助科技和传媒激活学生的传统文化基因，便可为传统文化教育插上腾飞的翅膀。但我清醒地告诉自己，微课并不是“互联网+传统文化教育”的“最后一公里”，只有当广大学生自觉投入到传承传统文化的实践当中去，“互联网+传统文化教育”才能真正落地生根。

三、落地生根

2018年国庆节期间，我的家乡程洋冈掀起一股“全民文创之风”，当地政府在微信公众号发起了“共享古村，文明同行”骑行公益活动的公告。恰好节后我将讲授“文化在继承中发展”这一课。借此良机，我主动担任领队，倡议学生以自愿报名的方式参与本次骑行公益活动。在活动中，学生们体验了潮汕传统糕点的制作，并将这份甜蜜温馨的礼物分享给村里的老人；在古村落的书塾中体验了不同的课堂和系列雅集活动，感悟“网络＋文化”所带来的文化生机；践行了低碳绿色出行的环保交通理念，领略了“共享经济”对当今生活方式的引领和改造……丰富多彩的实践体验活动促使学生用自己的眼睛去观察、发现身边的传统文化，增进了他们对潮汕传统文化的了解，弘扬了潮人精神，培养了高尚品德，塑造了健全人格，增强了建设社会主义新农村的责任感和使命感。节后，在课堂上，参与本次活动的学生派出代表围绕“千年古村落如何在文创背景下焕发生机”的话题展开汇报。其他学生在点评的基础上，归纳出应如何作出正确的文化选择、做自觉的文化传承者和享用者。在此过程中，学生们碰撞出超越传统课堂的思想火花，而这些思想火花的交流与探讨开阔了彼此的视野，又进一步推动他们去进行新的探索和研究，形成了远比书本知识更为宽广而深刻的认识。这种认识一旦形成，必然有助于提升他们公共参与的实践水平、自觉自律地延续城市文明，让“互联网＋传统文化教育”最终落地生根。

曾颖嘉：课题研究，永远在路上

华东师范大学叶澜教授认为："没有教师的生命质量的提升，就很难有高的教育质量；没有教师的精神解放，就没有学生的精神解放；没有教师的主动发展，就很难有学生的主动发展；没有教师的教育创造，就很难有学生的创造精神。"而课题研究，正是引导教师自我解决教育中遇到的问题、难题，促进教师专业化成长最有效的途径之一。2003年，刚刚大学毕业的我，幸运地走进了澄海实验高级中学这样一所秉承"绿色"教育理念，专注于教师专业化发展的学校。从教十五载，我见证了学校的快速发展，也深切体会到"让教师成为研究者"的重要性。我能与学校共成长，是幸福的。

课题研究，领我走上学习之路

我第一次做课题是在2012年。在当时学校掀起的"精致教学"小课题研究热潮中，我和备课组的教师们一起承担了校级课题《"先学后教"在数学教学中的应用》的研究任务。刚开始，对课题还一知半解的我根本不知从何做起，总觉得课题研究是那样的"高深莫测"，撰写结题报告更让我倍感压力。但为了完成任务，我只能硬着头皮试一试。不会写开题报告，不会制订实施方案，怎么办？那就从学习开始吧。我认真阅读了学校分发的课题资料，上网查阅了大量研究案例，以"学习+模仿"的方式开启了我的研究之旅。慢慢地，我发现，课题研究需要大量的理论支撑，尤其要掌握最前沿的理论来指导课题研究，而我的理论知识远远不够。这时我意识到，必须站在巨人的肩膀上才能看得更远。为此，我又进一步加强了针对课题研究的理论学习，通过网上下载，到图书馆查阅文献，翻看杂志，聆听讲座，听课交流等多种形式，从多方面、多渠道去获取与课题相关的资料。一年后，该课题顺利结题，同时还获得了学校"精致教学"小课题研究优秀奖，我也被评为小课题研究先进个人。虽然我在此次研究过程中比较被动，成果也比较单薄，但我懂得了学习在研究中的重要性。学习能让我们在研究过程中少走弯路；学习还能让我们的研究理论更扎实，视野更开阔，成果更有说服力。

课题研究，领我走上实践之路

一开始做课题，难免会走弯路。研究之初，我也经常犯一些错误。比如只重视"方案"和"报告"的撰写，而忽视了实施过程；或者等到要交阶段小结或结题报告时才匆忙整理资料，导致很多教学实践活动的时间、过程和感悟都已忘记，也导致结题报告无从写起。经过几次磕磕碰碰之后，我深刻认识到课题研究必须有“实践”意识。

课题研究并不只是为了发表论文、展示成果、获得奖项，而是为了积累经验、形成反思，从而提升理念，提炼出对教育教学有用的结论，并加以推广、应用。所以，在研究的过程中，不能只是引用一些教育教学理论，简单总结教育教学经验，更不能模仿抄袭。必须把开展课题研究和教育教学实践紧密结合起来，着眼于解决教育教学中的实际问题。对此，我要求每位课题组成员在准备公开课的时候，都要结合课题研究内容做好教学设计，并在课后及时反思，总结经验，甚至撰写论文。抓住每一次实践的机会，才能出真知。

研究课题还要有“积累”意识，要边实践边整理。现在每参加完一项活动，我都会及时做好“大事记”，注重对日常教学中各种资料的收集和整理。例如，每次举行课题组研讨课活动时，我都会指派一位教师负责记录开课的时间、地点、参加人员、基本情况和评价意见，同时要求上课教师上交课件、教案、录像、现场照片和课后反思。教师们外出学习或者聆听讲座，也要及时做好参会记录，并上交学习体会。这些在研究过程中记录下来的点点滴滴，都是提炼成果的宝贵资料。

课题研究，领我走上成长之路

2013 年，学校申报了“强师工程”重点项目《普通高中教师校本研训的理论与实践研究》，我很荣幸地成为核心研究小组的一员。经过 4 年多的理论学习、实践和研究，我对校本研训及教师专业发展有了更全面的认识，也使我对课题研究的意义有了更深刻的理解。回顾研究之路，我感到既充实又有实效。在研究中发现问题，在问题中研究，在研究中成长就是我最大的体会。

怀着探索青年教师专业化发展的特殊规律和成长途径的初衷，学校组织教师参加了大量理论学习和实践活动。每年特地拨出经费为每位教师购买教育教学类图书杂志，并多次邀请专家到校召开讲座。学校还组织举行教学设计、15 分钟教学精讲比赛、解题比赛、粉笔字现场比赛和教师读书随笔等系列活动。学校先后推荐了 32 位“名师”培养对象参加省、市级骨干教师培训。其中，参加省级骨干教师培训 17 人。学校还积极组织教师申报各级课题，2013 年以来，全校共有 36 个课题获得立项，目前已有 7 个课题结题。开展研究期间，学校举办了 4 次公开教学研讨活动，开放周活动期间全部课堂对外开放，重点组织了 61 节公开课，汕头市、澄海区近 2 500 人次参加活动。从 2013 到 2017 年，项目组共组织组内对比课、推磨课 800 多节，校级公开课近 50 节，协助上级教研部门在我校举办公开课近 40 节。

用心，必然会有所收获。经过近 5 年的实践探索、提炼理论、总结经验，我们开辟了一条促进青年教师专业化发展的新路径，学校教师的综合素质也明显提升。教师参加汕头市教学基本功比赛，成绩突出。高三英语、历史、数学备课组荣获“汕头市高考备考示范备课组”称号。教师在制作教育课件、信息技术技能、教学设计竞赛中频频获奖。在“一师一优课、一课一名师”优课评选中，积极参加“晒课”活动，共上传上千个教学设计，录制近百节课，有 82 节课获得各级奖励，其中，省级有 12 节，市级有 29 节。2013 年至 2017 年，教师论文在省级刊物上发表 12 篇，获省级奖项的有 36 篇；获市级奖项的有 16 篇；获区级奖项有 73 篇。5 年过去了，项目成就了教师的成才愿景，学校走上持续发展的道路。

用心，也让我得到了成长。课题研究让我的观念得到更新，教育教学水平得到提高，科研能力得到提升。时光飞逝，斗移星转，我也从一个在课题工作中只能“打酱油”的助手，慢慢成长为市级课题、省级课题的项目负责人、学校课题工作的组织者，并被评为汕头市教学改革先进教师。2016 年，我申报的课题《普通高中数学学科教学规程的构建与实施研究》荣获汕头市“十三五”规划 2016 年度重点课题。2017 年，我又继续申报了广东省“十三五”规划 2017 年度教育科研项目《普通高中数学学科整体化教学的实施研究》，并于同年获得立项。目前，除了开展自己的两项课题研究外，我还协助校长室开展学校的课题研究工作，积极组织教师们申报各级各类课题。

路漫漫其修远兮。课题研究永远在路上。正如许守武校长所说的一样：“结项并不等于研究的结束，新的一轮研究又开始了。我们将再接再厉，继续做好研究成果的推广和其他后续工作。”我也将继续把我之前在研究中学到的东西带到新的项目中，边实践、边学习、边提高，在课题研究的道路上一步一个脚印地走下去。

黄碧君：成长一路伴随

时光飞逝，今年已是我从教的第九年。回首过去的时光，感慨良多。犹记得我第一次踏进澄海实验高级中学时，心情非常激动，第一次踏上讲台，面对学生时的紧张心情还历历在目。九年过去了，在此期间虽然磕磕碰碰，却也让我成长和提升了许多。如今的我在讲台上能够自如地、熟练地、专业地给学生传授知识，能够毫不慌乱地处理教学问题，能够积极地自我学习和提升。如今的澄海实验高级中学也高楼林立、枝繁叶茂，校园充满了浓郁的学习气息，时刻保持先进的教学理念和管理策略，带领全校师生勇往直前。毋庸置疑，从我踏进澄海实验高级中学第一天开始，从我正式踏上讲台的那一天开始，我的锻炼、成长和进步就与学校紧紧地联系在一起。

作为一个在教学方面有过系统专业学习的英语老师，通过大学四年对理论知识的学习和实践的积累，在刚开始工作的时候，我对自己充满了信心，相信自己一定能够发挥专业知识，很快站稳讲台。然而在实践中我才发现，英语学习对于很多学生来讲较为困难，好多学生因为英语基础不扎实等原因对英语学习的兴趣不大，这也极大地拔高了英语的教学难度。一开始，我还没有正确定位，以致我在备课和上课过程中会有迷茫和困惑：怎样才能提高学生学习英语的兴趣，怎样才能真正掌控课堂，怎样在课堂教学中吸引学生，怎样把知识点讲透让学生接受，怎样在英语的教学中渗透对学生的素质教育，怎样才能做到更快地自我提升等。这些都是我需要更加努力，更认真地钻研和自我提升的方面。

于是，我注重在教学过程中跟随学校的教学理念不断地完善自己，学习新的教育教学理论，虚心学习他人的教学经验，逐渐摸索出了自己的教学风格。英语课堂一大重要理念就是要让课堂生动有趣，让学生能够在轻松的气氛中去感受英语、学习英语、运用英语，着重培养学生学习英语的兴趣。我提升课堂的第一步就是实践这一理念，为了更好地实施，我充分研究教材，认真备课，在各个教学环节中以不同的形式和情景（歌曲、图片、游戏等）增加趣味性。由易到难、逐步深入，同时考虑到对学生学习兴趣的激发，使学生的思想始终处于集中状态，逐步提升他们的兴趣。当然，教学仅仅有趣是不够的，在充分学习和实践澄海实验高级中学主张和实施的“绿色教育”理念下，我在英语课堂中也渗透对学生的素质教育，通过文化和情感教育帮助学生发展个性，开阔思维，从而提高个人素养，也使得学生在英语课堂中能够得到不同层次的锻炼和提高。在长期的教学实践中，我也形成了鲜明的教学风格，课堂效果好，深受各层次学生的欢迎。我的课堂因教学思路清晰、教学语言生动活泼、教学方法灵活、课堂气氛活跃而得到同行的高度评价。

另外，为了能在课堂上做到旁征博引，能让自己积累的知识运用得更加自如，使课堂更加丰富，在学校教育理念的指引下，我积极了解学科教学和科研动态，订阅了《中小学外语教学》《中小学英语教学与研究》等教学杂志，长期坚持学习理论，重视学习研究新的教育理论和英语教学新理念、新成果，不断吸纳现代教学理念，并贯彻使用于教育教学实践中。我积极参加学校组织的教学读书活动，从长期教学实践中总结经验，积极撰写教学论文，力求记录自己的教学心得和感悟。同时，我也认真参加各级各类岗位培训，提高自己的业务水平和综合素质。

自从工作以来，我跟随学校的脚步加强学习，坚持教书育人，用自己的智慧、感情、魄力，创造性地开展教育教学工作，通过不懈努力，逐步解决自己的疑惑，真正站稳讲台，为学校增添了光彩，也为自己赢得了许多荣誉：我荣获广东省中小学教师发展中心举办的首届粤东微课大赛奖项，承担的区级公开课项目获得了教学优胜奖，荣获“优秀青年教师”“优秀班主任”等称号。这是我跟随学校的发展和前进的努力结果，也是自我提升和进步的证明。

成长是持续不断的过程，我需要学习和提升的地方还有很多。今后，我将一如既往地紧跟学校的发展理念，与学校同前进、共成长，更好地履行教师的职责，认真学习现代教育教学理论，不断提高自己的教育教学水平和教学管理能力，积极投身教育教学改革，不断完善自己，为教育事业贡献自己的智慧。期待自己取得更大的突破！

蔡建炼：成长在实高

2006年，怀揣着教育理想和对未来的憧憬，我告别了学生时代，来到澄海实验高级中学成为一名数学教师。那时的澄海实验高中还是一所普通的公立学校，在这个偏远的海边城市，以她的办学历史来看，她或许还很年轻。在办学初期，她还是一所没有受到众人瞩目的学校。但如今，当你踏进校园那一刻，总免不了被校园的一切所吸引，学校绿树成荫，早晨文化广场书声琅琅，教室窗明几净，走廊文化氛围浓厚。平坦的操场上看不见一张废纸或一个塑料袋，各个功能教室井然有序，设备先进，这就是我工作的学校。时间过得真快，眨眼间，我已在澄海实验高中工作学习、生活了十二年。我对这里的一草一木都充满了感情，这里的每一个角落都留下了我快乐美好的回忆。十二年来，我有幸见证了学校巨大的变迁，自己也随学校特色教育一起成长，由一名教学新手成为一名岗位能手。

入职初期，学校制订的针对新教师的帮扶计划让我受益匪浅。刚开始，我自以为凭着自己从前积累的经验能够胜任工作，但是我在第一次讲公开课的时候就出现了许多问题。我这才发现有些知识点，有些教学技巧我并没有把握好，学校在这时开启了“一带一”的新教师五年成长计划，让一位经验丰富的老教师帮扶一位新教师，结成师徒。当我遇到工作问题的时候，教研组的老师们和我的师傅肖老师非常尽心地帮助我解决问题，从选课、备课、上课等环节给予指点。每次听完我的课，老师们都积极地给我评课，指出我的不足，让我在每次的讲课中都有所提高。我也非常积极地参与学校组织的听课评课活动，学习其他老师们的长处，看他们在实际教学中是如何上课，如何处理课堂中会出现的问题，如何和学生交流。在一次次的讲课、评课、磨课的过程中，我也逐步成长起来。

记得教育家李镇西的《做个好老师并不难》一书里收录的文章《写给年轻教师》中写道：第一个五年，你通过努力，可以让学科组长放心地将你放在毕业班的讲台上；第二个五年，你可以勇挑重担，成为专业内的行家里手；第三个五年，你可以成为学科内的名师——这是你专业成长的表现。李镇西对年轻教师的千叮咛万嘱咐不过是“好自为之”，是呀！好自为之，不要浮躁，不要急于求成，而要严格要求，不断充实完善自我。记得刚任教时，我的状态是压力与烦躁并存，这种状态反映在工作上就是不积极、不热情、不敢面对现实，现在想来确实是自己没有摆正位置。在不断的失败与摸索中，我认识到了：教育工作是一个过程，是教师和学生共同成长、不断充实的过程，少一点抱怨，多一点学习。

感谢学校给我们年轻教师提供一个成长的舞台，学校的领导和同事都在积极地帮助促进每位青年教师不断成长。为带领学校教师成长，学校在绿色教育过程中，推动“强师工程”顺利发展，开展“教师素质提高年”活动，在各种形式的教研活动中，我有机会和有经验的老师们切磋交流，每周定期在一起讨论教育教学问题，教学教研氛围非常浓厚。我积极参与教育教学科学研究，提高自身素质，参与组织省级课题和市级课题的研究工作，积极进行教学反思，积极撰写教学论文，有 10 多篇论文分别在省、市、区各级教学论文比赛中获奖，并在教学期刊上发表，也在区里和学校组织的各项教学技能比赛中获奖。2020 年，我有幸加入澄海区高中数学工作室，成为区高中数学教研中心组的成员，我时时刻刻提醒自己关注教学、关注课堂、关注学生的学科素养，不断提升自己的专业水平。

一路走来，我不断迎接新的机会与挑战，经历欢笑与泪水，和学校一起成长。作为教师，在专业成长的道路上，快乐或悲伤都是必不可少的，我相信只要我们学会享受生活的阳光，感悟生命的力量，努力拼搏奋斗，就能继往开来，与学校共同发展，共创辉煌。

许春梅：关乎灵魂的教育

澄海实验高中是我的母校，2002—2005 年我在这里以愉悦而充实的方式度过了大多数人觉得枯燥乏味的高中阶段。在这里我明白了人生应该有理想，并且要为之奋斗不息的道理。我高三成绩时高时低，每次大考之后，学校都会在礼堂召开成绩分析大会，老师们都会鼓励我们，而我每一次都会做记录，然后把那些励志的言语夹在日记本里，觉得难过的时候就拿出来看看。班主任李瑾老师对我们严而有爱，有时候犯了一点小错误，她也不会苛责我，依然对我充满信心与期待。高三第一学期我的期末成绩不理想，考试后上课的第一天，我在家里纠结了很久，要不要在高考这条路上继续走下去，最后我还是背起书包去学校，虽然迟到了，但李老师什么都没说，甚至连问都没问。作为一名连早上值日都从来不缺席的学生，李老师料到我迟到肯定是有原因的。有些心路必须自己走完，后来我才知道，这就是教育机智。

最后我考上了东北师范大学，在零下二十几度的春城，我从未觉得寒冷，也从未觉得孤单，虽然，离家三千多公里，我却觉得离家很近很近，因为我离成为一名人民教师的日子也越来越近，那就是我的人生理想。我的母校在我念高中时还不出名，可是老师们对学生是无微不至的关心，耐心解答学生的所有困惑，他们一直是靠着一种内驱力在工作。那个时候学校还没有老师坐班的规定，可是我总会在需要的时候找到老师。数学老师卢锐雄对我这种数学“学渣”很有耐心，高一英语老师燕芳对我的每一次进步都及时予以肯定，这奠定了我现在还坚持学英语的信心，高二英语老师天育会给我们讲很多社会见闻，多年以后我听到 *Yesterday Once More* 这首歌就会想起当时天育老师给我们播放过……当我成为老师之后才明白，这就是教育的真谛，用灵魂影响灵魂！

毕业以后，我努力像我的老师们一样工作，脚踏实地，任劳任怨，用心做好每一件小事。用做大事的心态做小事，因为教育无小事，我们每天都在影响每一个学生的成长，可能自己的一个小动作就会影响一个人的一生，进而影响其背后的家庭。我感恩我的母校对我的培养，从学生时代到成为一名合格的人民教师，我的母校都给予了我很多心灵的滋养，让我茁壮成长。我也希望我能为我的母校培养出更多人才，哪怕他们以后走上的是平凡的岗位。我们的国家、我们的民族正需要很多螺丝钉，哪怕是一颗平凡的螺丝钉也会对社会做出不平凡的贡献。

2018 年，在我工作的第十年，我有幸成为广东省陈岸春名师工作室的学员。11 月，我在广东省实验中学跟岗学习十天，第一次深刻地了解一位名师、一所名校。在这十天里，我和来自省内外各个学校的同仁交流学习，聆听高校专家、省内各个地区的教研员的讲座，开阔了眼界，收获了成长。工作室学员和专家老师进行同课异构，课题是《甲午战争》，开课的六位老师都从不同角度对课程资源进行整合，一个课题，开出了六种不同风格，这让我想起东北师大的校训——

勤奋创新。我们的工作性质决定了我们很多时候都在做重复的事情，但是这种重复不应该是机械、简单地重复，重复中也应该做出新的尝试。每一堂课对我们来说是重复的，可是对于学生来说却是新鲜的，我们面对的是鲜活的个体。

我在广东省实验中学的跟岗学习中深刻感受到了名校的师生们的灵魂——内驱力。他们不需要坐班，可是他们基本上都自觉坐班，学生不需要参加各种统考，没有学业上的压力，但是老师和学生却用另一种方式更快地成长。老师的教育科研超出了应试的范围，他们没有教育科研任务，但他们都积极主动参与教育科研，重视对学生思维能力的培养。学生管理方面，也不需要太多条条框框，学生放假回家前，自觉把行李箱整齐地摆放教学楼下，不需要任何监督，全靠自觉。从高一开始，学生开始主动约谈老师，课代表会给科任老师排好时间。老师的教和学生的学都是靠内驱力来激发的，这让我深刻意识到培养学生主动性的重要意义。在工作中，我总是想为学生做更多，总觉得他们时间有限。可是我忘记了，为他们做更多，就意味着他们会有更多的依赖性，缺乏前进的内驱力。学生一旦缺乏内驱力，他们在学习上就很难有突破性进步。而且如果他们把学习上的依赖性带到生活中，那是一件很可怕的事情。所以培养学生的独立性应该放在日常教学的第一位。

我高二的时候，学校提出了办学宗旨“办有灵魂教育，育有底气新人”，当时的我很受鼓舞，却无法理解其中深刻的内涵。工作十年后我领悟到了其中深意。教师应当有思想、有涵养、有教育情怀，坚持以学生为本，用灵魂影响灵魂。学生应当夯实知识基础，为人务实、低调且有内涵，自信且大气！

一个学校的文化应该根植学生心中，滋养学生一生，能够影响学生的思维方式、生活方式，学生以后走到哪里，就会把母校的文化带到哪里。“三度木棉春，一生实高人”，在澄海实验高中的三年，学校文化在我身上打下了深深的烙印。“勤学力思，乐群向上；崇德敬业，勤研善教；书山迈步，脚比路长”这是我们的校歌，每一位实高人时刻都在践行着学校文化，学校文化伴随每一位实高人传播出去。实高文化以朴素的方式存在于学校的每一个角落。真正的学校文化不是喊口号，而是体现在学校的一草一木，渗透在每位师生的一言一行中，根植于灵魂深处。

不管毕业多少年，我都记得我们的校歌《激扬青春》，每当校歌想起的时候我都热泪盈眶，在实高读书的那一千多个日夜马上闪现在脑海里，在实高这片热土上，我挥洒的不只是青春和汗水。我要把学校的精神文化一届一届地传播下去，在花果山下做一个辛勤的园丁，见证花果山桃李芬芳，与实高共成长，做一名合格的实高人！

陈昱如：那一节课

题记：为什么我的眼里常含泪水？因为我对这土地爱得深沉……

诗人艾青对土地的这份爱，让人敬畏。爱本已经很难得，然而还要爱得深沉。

七年了，日子如白驹过隙。我不敢说，我如同诗人艾青一样，对这校园爱得深沉。但是我相信，如若有一天，我回望在学校走过的青春岁月，我必然会肃然起敬。因为正是在实高的校园里，我感悟到“绿色、和谐、人文、科学”办学思想的弥足珍贵。

七年了，于清幽雅致的澄海实验高级中学里，我和成百上千的领导们、同事们、学生们铭记“正心博学”校训，共同培育学校特色，一起打造实高精神。我们因循但不守旧，循规而不蹈矩，核心素养的发展成为我们前行的指明灯。

七年了，我作为一名语文老师，在语文教育中目睹了学校语文教育的成长和发展。

过去因为高考竞争激烈，我们在语文教育中容易忽视语文学科的育人功能，而过分注重语文的应试教育。于是，我们容易把每一篇文章切割成人物形象分析、表达技巧分析等考点解剖。这个过程中，我们授予了学生若干解题技巧，似乎真的做到了“授人以鱼，不如授人以渔”。事实上，后来我们却捉襟见肘了。而核心素养和绿色教育理念的提出，让我们渐渐寻回语文教育的精髓，重新拾起语文学科的育人功能。

那天，我于那一节课上讲授老舍先生的《我的母亲》，我忽然领会到何为生命教育，懂得了人文情怀的培养对于语文课的重要性。

父爱如山沉稳，母爱似水柔情。老舍先生说：“人，即使活到八九十岁，有母亲便可以多少还有点孩子气。失了慈母便像花插在瓶子里，虽然还有色有香，却失去了根。有母亲的人，心里是安定的。”于家信中惊闻母亲去世，老舍先生用饱含血泪的感情写下了此文。假如，将此文的教学过程定格在应试教育模式下，那么文中那份拳拳深情，应该会支离破碎。

课堂上，学生纷纷谈起了文中母亲的形象。“我的记忆中，她的手终年是鲜红微肿的。白天，她洗衣服，洗一两大绿瓦盆。她做事永远丝毫也不敷衍，就是屠户们送来的黑如铁的布袜，她也给洗得雪白。”有的学生说，他于文字中看到了一位勤劳、辛苦、认真的母亲。有的学生说，这让他想到了自己的妈妈。妈妈冬天帮助他把校服洗得干干净净，然而妈妈的手在冰凉的水中冻得鲜红。“母亲做了半个月的活，筹到钱，而后含泪把我送出门去。她不辞劳苦，只要儿子有出息。当我由师范学校毕业，而被派为小学校长，母亲与我都一夜不曾合眼。我只说了句：‘以后，您可以歇一歇了！’她的回答只有一串串的眼泪。”学生说，他于字里行间，感受到了母子情深。母亲没有用文字回答，而是代之以“一串串的眼泪”，此时无声胜有声。“生命是母亲给我的。我之所以能长大成人，是母亲的血汗灌养的。我之所以能成为一个不十分坏的人，是母亲感化的。”学生说，每每读这个句子时，就仿佛看到了这些年妈妈对她满怀爱的教育。她的妈妈也没什么文化，但也如同书里这位母亲，教会她爱清洁和爱种花。“唉！还说什么呢？心痛！心痛！”学生说，文章结尾处，老舍将所有的感情汇聚一起喷发而出。寥寥几字，胜过千言万语，强烈地抒发了老舍内心的悲痛。

那一节课，正如柳暗花明又一村，我于其中发现了语文学科的魅力。学生联系自己的生活经历来鉴赏此文，于其中感受到母爱的伟大，认识到母爱的美，理解了母爱的珍贵。当不拘束于考点解析的框架时，语文学科竟然也能焕发出如此的生命力。核心素养要求语文学科要充分发挥育人功能，帮助学生感受中华文化的博大精深，培育学生表达美的能力。这一要求和目标，让语文课堂重拾生命活力。

在高考竞争激烈的情况下，语文教育更应该重拾本色。当然，我们应当不偏不倚地将语文的人文性和考点解析结合起来。核心素养要求，学生要于语文课程中培养自己的思维品质，要于语文课堂中学会审美和鉴赏，要于语文课堂中懂得美的表达和创造。语文，工具性和人文性应兼而有之。在核心素养的指引下，我们将会在语文教学方式的发展和改革中不断探索和前行。路漫漫，其修远。

七年了，在这所学校里，我经历了高一至高三两轮循环教学。当我重新来到高一讲台上，我忽然发现语文的魅力正在于帮助学生培养人文情怀。而人文情怀，也深深契合了绿色发展教育理念。我校坚持“绿色、和谐、人文、科学”的办学理念，在教育中不断寻找和探索新的支点，促进学生的全面发展。而语文课，当重视学生“人文情怀”的培育，满足学生个性发展需求。

那一节课于我教学上的启发，应该会留下铭心的记忆。它助我在教学中得到了新的领悟，也让我真正感受到绿色教育与核心素养教育给语文课堂注入的生命力。

来日方长，在学校绿色发展教育的和核心素养教育的路上，我会继续和可敬可爱的师生们砥砺前行。

王绮霞：让哲学智慧内化于心，外化于行

——我与学生共成长教育故事

当前，核心素养被置于深化课程改革、落实立德树人目标的基础地位。核心素养的培育关乎学生能否具备适应终身发展和社会发展需要的必要品格和关键能力。它指向的不仅仅是知识技能，更重要的是情感、态度、知识、技能的综合表现，突出表现在个人修养、社会关爱、家国情怀、自我发展、合作参与、创新实践等方面。

培育学生核心素养，要从生命教育抓起。高中哲学课蕴含了丰富的生命教育信息，是开展生命教育的最好阵地。然而，抽象而枯燥的哲学理论对于许多学生来说无异于“天书”，常常听课听得云里雾里。久而久之，学生表示再也不爱哲学课了，高中哲学课快要失去它本该承担的德育功能了。但就在那年，就在那个“怪癖”女孩的身上，我意外地找到了发挥哲学课德育功能的另类途径。

小倩是我所带的毕业班的一名学生。在一个有着55名女生的文科班里，小倩并不起眼，却引起了我的注意。每次上政治课，她常常睁大着眼睛，但眼神空洞地神游到九霄云外去了；批改她的作业、试卷时，我发现她常常是完全答不知所云，写得毫无逻辑；查看她的档案时，发现她有尖子生的入学成绩，如今却处于班级的下游位置。平时她我行我素、独来独往，一个人在校园里晃荡，没有同伴，显得不合群；与老师的关系也很冷淡，每次碰面都是我先微笑打招呼，然而她总神情冷冷地一闪而过。在第一次阶段考试时她因为监考老师要求按时交卷而闹别扭，更是试图抢试卷，随即离开考场后不知所踪。等我焦急万分地找到了她，她情绪激动，一直哭，说监考老师大声呵斥她，没有人情味，她要请假，要回家，想弃考，想弃学，并说已征得家长的同意。我尝试用哲学思维与她客观地分析：要坚持实事求是的态度，考试结束钟声响了应该交卷，这是规则，监考老师没有做错，每个人都应有规则意识；要善于分清主流与支流，不能因为一点小情绪就要放弃后面的考试与学习，这不是一名高三学子应有的行为表现。最后，她勉强接受了我苦口婆心的开导，留了下来。

然而，作为政治课老师兼班主任的我惦记着这个“怪癖”女孩。考后，作为班主任，我与她进行常规谈话。一谈起成绩她就很沮丧，只流泪，不吭声。后来在我温柔、耐心的引导下，她终于说出了心里话：她很怕人多的地方，只要有人在，她就想逃离，不敢与他人交心，不敢有朋友，课堂上总是不知老师在讲什么，每天都在过着“逃避”的日子。原来，这一切都源于初中经历过的一次“伤害”：亲密无间的好友突然与她形同陌路，一份纯洁的友情无疾而终，令她很怀疑人生的价值和意义。我试问：“或许当时你的好友是因为初三学习紧张而只想专注于读书?”她否定。“或许你看到的并非真相？并非她不理睬你，而是

你误会了她？你是不是可以尝试去联系她，找回友情？”她拒绝。我笑笑，“我们学过一个哲理：矛盾具有普遍性，要敢于承认矛盾、勇于分析矛盾，寻找正确的方法解决矛盾，解铃还须系铃人，对不对？”两周后的一天，面带笑容的小倩跑来办公室告诉我，她与初中好友和好了，几年来一直束缚着自己的“心结”解开了！

这个“怪癖”女孩的心终于“解冻”了，但仍欠“催化剂”。校运会的时候，我鼓励有短跑特长的她参加比赛，她“不辱使命”勇夺200米短跑比赛第二名，为班争光，这增强了她的“团队合作意识与社会参与和贡献的能力”；在人际交往方面，我鼓励她先尝试融入宿舍群体，并嘱托几位在她眼里比较“和善”的女同学，积极主动与她交往、相伴，让她在“沟通与交流能力”“情绪管理能力”方面有所见长；我鼓励她“回归”课堂学习，勇敢面对不足，鼓励她多听多问多思考，把学习成绩追回来，培养她的“学习素养”、增强她的“自信心”。每天一有机会就与她聊几句，聊生活、聊学习、聊心情：当遇到挫折时我会提示她“前途是光明的，道路是曲折的”；当成绩止步不前时我会提示她“量变是质变的必然准备，质变是量变的必然结果”；当她遭遇瓶颈想放弃的时候我提示她“人生价值的实现需要在砥砺自我中走向成功，需要发挥主观能动性、顽强拼搏、自强不息”……大概一个月后，小倩的价值观与行为举止都发生了明显的变化：课堂听课的神情专注了，课下请教他人积极了，与宿舍室友相处融洽了，班级卫生大扫除主动了，学习成绩慢慢地提上来了。某天，站岗的我远远地望着小倩扶着扭伤脚的室友，脸上的神情温和而有爱，慢慢地向教学楼这边走来。那一幕，那么美。

当我再一次与这个曾经的“怪癖”女孩长谈时，已是高考结束后。渐渐开朗的她顺利考上了本科，她是回来向我答谢的。当我们聊起了过去的点点滴滴，我笑问她在自己的“蜕变”过程中有没有感受到哲学的智慧？她居然非常肯定！表示早就知道了老师的良苦用心，说很想去跟师弟师妹们分享：学好哲学，终身受用！在她熠熠生辉的眼神里，我读懂了她对生命的珍爱，对生命价值与意义的理解，对自我提升和自我完善的追求，我由衷地感到欣慰。

这一个案例颠覆了我以往的观念，打破了我的思维定式。培养学生的核心素养，开展生命教育，既可以是作为主阵地的课堂，也可以是课堂外的另一片天地——生活。尤其是哲学课，理论联系实际是哲学课的意义所在。英国教育哲学家怀特海说：“教育是训练对于生活的探险，教育是引导个体去领悟生活的艺术。”书本知识是可以直接“教授”的，但书本之外的智慧、个性等则是不可以直接教授的，需要学生的自主观察、感受、体验、发现和领悟。当我把抽象的哲理真正地融入学生的实际生活中，与学生开展生命的对话，引起了学生的共鸣，真正地使学生做到把哲学智慧内化于心、外化于行，提升了学生的生活质量和生命意义。这样的教育效果是传统课堂那种单一的知识讲解、简单的理论灌输、机械的说教方式无法比拟的。

总之，教育的真谛在于将知识转化为智慧，使文明积淀成人格。我们的学生是有着鲜活生命的人，是“知识世界”与“生活世界”中的人。将哲学智慧拉下课堂，走进生活，彰显着生活的色彩，这是核心素养的召唤，也是学生鲜活灵动的生命对智慧的诉求！正如我国教育家陶行知所说的：“生活即教育。”生活化的教学，确实是一个值得推广的教育方法。

周素芸：我在实高成长的那些日子

一、学生时代，我眼中的实高——浓厚的人文关怀与绿色教育

每当听到广播播放着“韩江水悠，泽被四方，传承文明是我们共同的理想，花果山秀，沐浴阳光，报效祖国是我们美好的愿望……”我就想起了我的语文老师程老师，因为这是他为实高校歌填的词，也让我想起了在实高求学成长的日子。

澄海实验高中从办学以来一直在“以人为本，绿色教育，和谐发展”办学理念的引领下，坚持以“绿色、和谐、人文、科学”为基本内涵的办学思想。当我还只是一名实高学生的时候，我已经深有体会。也许作为一名学生，那时的我并无法真正了解校训“正心博学”的深刻内涵。2000 年 8 月，当我踏进这所学校之后，我就知道我已经深深地爱上了她：遍地的绿色植物，大大的绿色操场，奔跑挥洒汗水的运动健儿，干净的校园环境，清新的空气，多姿多彩的校园活动，和蔼可亲并认真负责的老师们几乎每天都与我们共同进步，一起学习成长，一起玩乐谈心，亦师亦友。那时候的我们每天听着校歌起床，到操场晨读、开启新的一天，就是我们最大的幸福，这也成为实高一道最靓丽的风景线。

与我同届的学生里只有寥寥两三名艺术生。她们在学校老师的悉心栽培下，成绩都特别突出，一个考上了华南师范大学；一个考上了星海音乐学院。后来，实高历任校领导都一直致力于发展艺术教育，才能让实高从转型第一年只有两三名艺术生，发展到四十多名艺术生，到后来的一百多名艺术生，逐渐让艺术教育成为实高的特色。也许由于学校的前身是澄海师范学校，所以传承了师范学校对艺术特色教育重视的历史传统。那时候，学校会定期组织开展文艺汇演、诗歌朗诵等艺术活动；体锻方面，老师会亲自带领学生进行晨跑、晨练，甚至还组织登山比赛。

虽说那个时候我还只是个孩子，对于什么是“以人为本，绿色教育，和谐发展”的办学理念的理解还不深刻。然而，我们体会到了学校对我们的人文关怀，也感谢学校给我们提供了一个最优美的自然环境，让我们的身心得到健康发展。这也许就是对绿色教育真正地践行落实，并在无声无息中已经深入到每一个学子的心里，真正做到了“绿色 · 行动”。

二、教学生涯，我与实高共成长——激发教师的生命活力

作为一名教师，大学毕业后我就一直在实高工作。十二年了，我从一名青涩的教师成长为一名不再青涩但仍然不起眼的教师。这么多年来，经常有人问在实

高工作有什么好？事情那么多，永远那么忙。实高，也许发展到现在给很多外校人员的感觉就是辛苦，但是这里的同事们和领导们都很负责认真，这种工作态度一直影响着我。因此每每说起，我总是跟年轻的同事们说：“也恰恰因为这样，我们才能有更多锻炼的机会和更快地成长。”所以我最感谢的就是实高的同事和领导给了我很多教育教学上的指导以及锻炼的机会，这样我才能不断成长，站稳三尺讲台给学生们讲课。

学校除了注重学生的发展，也很注重教师的成长。这些年实高开展的关于提升教师的教育教学水平的大大小小的活动，实在是不计其数，比如：教学方面有青年教师的“五个一”成长规划、“一帮一”的帮扶指导制度、教师技能比赛、推磨课和对比课、微课设计、课题、粉笔字比赛、读书征文活动等等；德育方面有主题班会课的观摩、班会课教案的设计、班主任技能比赛等。这些都有利于“崇德敬业，勤研善教”的教风形成。在这些活动中，我印象比较深的有几件事。一是刚刚毕业那会儿，我因为缺乏自信和教学功底不够扎实，人生的第一堂课就把它上得乱七八糟，也因此失去了信心。我很感谢学校并没有因此而放弃了我这位年轻新教师，而是给予了我更多锻炼和成长的机会，科组的老师给予了我很多的帮助，让我能够顺利地完成公开课。特别是许守武校长的鼓励和帮助，我才逐渐建立起作为一个教师应该具备的自信。二是学校每个学期给老师们定的科组杂志报纸和阅读本，让我深深地感受到学校对老师的关怀和重视。三是实验高中刚刚开始进行课题研究时，虽然我没有对课题做出多大的贡献，但是我很庆幸学校给予了我参与课题研究的机会。我们进行的课题研究是关于非物质文化遗产的，我们不同科组联合进行研究，甚至到潮州进行了实地考察和研究，我特别佩服的就是许守武校长作为一名老教师和行政领导，他一直保持着对教育科研的一股热情和态度，对很多新的事物有强烈的好奇心与包容力，这么多年一直没有改变过。也许实验高中就是因为有这样一群态度认真的教师和行政领导班子，他们一直以自己的行为准则和态度影响着实高人的教育教学态度。所以，作为青年教师的我们，若是拒绝进步，对教育教学失去热情，那就真的太惭愧了。四是我作为班主任，除了实验高中一直传承开展文体活动的传统之外，我最大的感受就是“师生联动，共创文明校园”。活动刚开始的时候，很多教师都会有一些意见，德智体美劳不应该是对学生的要求吗？怎么变成了教师的责任和义务呢？但是如果换个角度去想一想，把它变成一场师生一起参与的活动，也可以变成很美好的事情。校园不仅是学生的，也是教师的。活动多次展开之后，我觉得最大的好处就是大家有共同的意识一起维护我们共同的家园——“美丽实高”。

从实高开展的活动中，不管是学生还是老师，我们都能体会到绿色教育的效果，这不仅激发了学生的生命活动力，也激发了教师的生命活动力。希望我们都能与实高继续一起成长，坚持“绿色·行动”，创造出更具特色更美丽的实高。

林雪念：学无止境，达者为先

时光如逝，转眼间，距离我初次来到澄海实验高级中学任教已经是第四个年头了，思绪回到四年前，一个剪着齐肩短发，爱笑的女孩子浮现在眼前……

学海十六年第一次踏出社会，我来到自己梦寐以求的教师岗位，怀揣着激情，想要在“教书育人”这片天地好好大干一番。能来到澄海实验高级中学读书的学生大部分都是很优秀的，更何况高一阶段的学生正值天真活泼，青春奋进的如花年华。课间课后总是能感受到学生对物理学习的认真，对我的喜爱。第一年工作，我每天都忙着备课忙着上课，感觉生活是那么美好充实。

第一学期期中考试之后，很多学生的物理考试成绩不理想，觉得自己花了很多时间学习物理，却还是考不好，信心逐渐被打击。而物理课的教学内容也更加深入、更加晦涩，许多学生开始抱怨越来越听不懂物理课了，课堂上学生跟我的互动也越来越少，课后练习难、试卷难导致了学生作业完成情况糟糕，我的工作激情被现实泼了一盆凉水，感觉整个世界都灰暗了。

随着物理知识点难度加深，我的课堂如同一个人的独角戏，我卖力地演出却换不来台下的欣赏与喝彩，只有一片冷寂与听不懂的无奈。每一次上完课，心里就更受伤，无力感渐渐侵蚀我的心……出于逃避，我那段时间回家变勤快了。不久父亲就察觉出异样，问我怎么了。我倒了一番苦水之后，父亲笑了，这是小事！我挚爱的教书育人事业做不好，怎么是小事呢，于我而言可是天大的事啊！父亲说：“教书育人可不是一蹴而就的事，你才第一年工作，遇到阻滞很正常，还需要慢慢学习进步。教书我也不懂，但是你可以向懂教书的人学习！”父亲的这番话让我幡然醒悟。虽然过去我在学校学习了物理知识和师范技能，但终归是纸上谈兵，踏上讲堂实践，遇到困难了，就需要继续学习，实践出真知！学无止境，达者为先，永远不能停止学习的步伐！

一番思索后，我决定求助跟我同在高一年级的丹丹师姐，她大我两三岁，平时一直都很照顾我。她带的 4 个班级成绩名列前茅，学生对她都很喜爱，她的物理课应该别有一番风味啊。有了这道“彩虹”，我就像打了鸡血一样精神抖擞，我觉得原本暗淡的教书育人生活有了星星之火！从那之后我经常向丹丹师姐请教关于如何讲授物理知识点的问题，丹丹师姐还邀请我去听她的课。在跟她学习的过程中，我经常反思自己的教学，改进讲授方法，也学会了一些与学生交流互动的方式。

物理组的大组长也热心地给我支着儿：“不只是丹丹师姐的课可以去学习，其他老师的课也可以去学习。听课学习对青年教师的成长非常重要，而公开课通过其他教师的指导点评，也能更好地促进你的成长！”真是一语惊醒梦中人！我们物理组每个学期都会安排教师上公开课，起初我不太在意，去听公开课的时候没有什么目的。而现在，我有意识地在听课之前先思考这节课如果是我，会如何安排。听课过程中我十分留意讲课教师的讲授方法和技巧，观察他们与学生的互动交流，然后与自己对比，在听到精彩的地方重点做好笔记。科组评课的时候留心其他老师对这节课的点评，对比自己的看法，有时候会发现有些精彩的地方自己还不懂……我自己讲公开课也会认真准备，备完课先找两三个教师帮我把关，并邀请他们去听我的试讲课堂，经过多次修改之后才形成公开课的最终版本。经过这样的过程，我真的受益匪浅!

眨眼间已经是我教书的第四个年头，我还是名青年教师，还在不断地学习求教。我希望不管是十年后还是二十年后，我都能保持这种学习的态度。学无止境，达者为先。学习不分年龄辈分，不管是资深教师还是年轻教师，身上都有其独特的闪光点，我要多去发掘这些闪光点，并且学习融合为自己所用。只有保持不断学习的心态，才能不断地提高自己的专业技能和专业素养，让自己教书育人的事业熠熠生辉。

陈佳明：一起走过的日子

遥想当年，兜里揣着一张新单位报到书，坐上至今依然在运营的2路公交车，我来到了她的身边，她很年轻，我也是。一栋教学楼，两栋宿舍楼，一个食堂一座山，还有一个大礼堂。当时还僻静的澄江路，把我们一群小年轻和城里的灯红酒绿隔绝了，除了周末，我们日日夜夜与校为伴。一天天地看着它旧貌换新颜：教学楼、新食堂、新综合楼、文化园、亲子园……十五年那么长又那么短，当初的一群小年轻如今已到不惑之年，有的人去了新环境，我却把青春留在这里，她成长我也成长！你若问我，当了十五年的教书匠，有什么收获？别的不说，就是故事多！一年又一年，送走一届又迎来一批，飞走的是学会飞翔的小鸟，留下的是“守巢”的老师傅和老故事。现在容我打开记忆的闸门，讲讲发生在这片热土上的故事。

我们一起来背书

作为一名英语老师，我深知背单词、句型和课文是不少学生“心中永远的痛”。那年我第一次接手两个高二理科班，班里学生是典型的理强文弱，英语课的常态是老师说得热火朝天，学生依然云里雾里，学生脑子里英语的存货太少，语感极差。英语学科的学习第一素养就是语言能力的培养，指在社会情景中，以听、说、读、写等方式理解和表达意义的能力，以及在学习和使用语言的过程中形成语言意识和语感。没有语感何来灵感？必须改变！

如何改变？一次偶然的机会我看到我的小孩正牙牙学语，每天摇头晃脑地背唐诗，我突然有了灵感：背书！背诵是学语言的一个好方法，我们小时候不也是这样过来的吗？当我郑重其事地向学生强调背诵对语感培养的巨大作用时，许多学生露出不屑一顾的表情。那天下课后有几个男生议论起来：“背书又不考，我还不如去算数学题！”“句子这么长，她（老师）自己会不会背？”当时我心里不禁一怔：是啊，学生时代整段整段地背课文对我来说是小菜一碟，可随着年龄的增长，我的记忆力大不如前，高中英语课本经常有许多难句长句，在要求学生背诵时我是否可以尝试先自己背下来。冲着同学那句话，我给自己下了死任务，每次要求学生背诵之前，自己一定要先背个滚瓜烂熟，然后流利地在学生面前背一次，一定要让他们心悦诚服地跟着我一起背。

说到做到，接下来几个单元的背诵任务我都和学生一起背下来了，学生从开始的明显抵触，冷漠回应，到慢慢习惯，从“要我背！”变成“我要背！”记得那次我把一篇课文一字不差背下来，班里响起心悦诚服的掌声，更有自告奋勇者对我发起“挑战”，我知道我的计划收效了。

杜甫说：“读书破万卷，下笔如有神”，背诵是知识输入积累的一种有效途径，特别是语言科目。但背诵毕竟是比较枯燥的学习方法，有些脑子特别聪明的同学不屑于这种原始的知识积累，但是年轻人本能的好奇、好胜心，使他们特别渴望“挑战”一下老师。老师能做到“身教”，其意义往往大于“言传”，慢慢地我发现部分同学上课的眼神变得专注了。故事讲完，想问一问今天的年轻老师们：“今天，你也背书了吗?”

我们一起来唱歌

老师当久了可能会遇到各种各样的学生，那一年，我们班来了一位“学优生”小林，高二分班时，她的成绩是年级组第一名，据说是“文理无死角”的小才女。因此有同事戏称我这个班主任可捡到一个宝了。

可这样一个“宝”在她妈妈的眼中却是大烦恼：每次考试前，小林会废寝忘食地学习，家里一旦有一点响声让她听到，她就冲妈妈大发雷霆；考完试，只要某个科目成绩未达到她的预期，她就会抱怨因为自己脑子比别人笨才没有第一名，在她看来就是失败透顶、世界末日……原来，小林小时候是随奶奶在农村度过的童年，她只有通过优秀的学习成绩才能引起忙碌的双亲的一点关注，她已经习惯了通过学习成绩好坏来感受自我价值和自我存在，一旦没有得到“第一名”，她就会失去安全感。据同宿舍的同学反映：“问问题，找小林，搞活动，请别提。”同学说如果是问学习方面的问题，小林会热情、耐心地讲解，但如果是请她参加班级活动，她就会拉下脸说没时间。

搜集了一些心理学资料之后，我隐隐觉得这样的同学是有心理障碍的，这是一块难啃的骨头，不能用平时对待一般问题学生的那一套，我得给小林“找找碴”！由于她性格内向，不敢开口说英语，英语笔试成绩不错但听说能力偏弱，于是，课堂上我故意“刁难”她，逼她开口。课外，我开始“强迫性”地把她拉入各种与学习无关的事情中去：参与主题班会课的设计和准备活动；三八妇女节女生插花比赛，我让她写作品的文字介绍；校运会我让她采访班里参赛选手……这对于视学习为生命第一要务的小林来说很困难，但是，“好学生”的标签却让她不敢拒绝老师的要求。但随着在活动中得到同学的肯定，她渐渐尝到了课外活动的“甜头”，变得没有刚开始那么抗拒。我心里暗喜，但仍不动声色，因为我知道和她的“过招”还远远没有结束，我等待时机再激一激她。

临近第二学期期末考试，由于学习压力增大，小林妈妈说小林的“老毛病”又犯了。在一次周日晚修第二节课时，我把小林叫出教室，先让她陪着我在操场散步，很明显她的作业还没做完，因此急着知道我让她出来的原因。我只是拿出手机，播放了一首《隐形的翅膀》，让她安静地听。这是一首当时在学生中比较流行的歌曲，对小林来说并不陌生。“每一次都在孤单徘徊中坚强，每一次就算很受伤也不闪泪光，我知道我拥有一双隐形的翅膀，带我飞，飞过绝望……”看她专心听完歌后依然一头雾水，我开始了话题：“小林，这几年你的名次基本没有跌出年级前 5 名之外，老师喜欢你，同学羡慕你，但你似乎还是不快乐，是不是忘了你还有一双隐形的翅膀？你这段时间的工作能力让我看到了除了成绩以外你还有别的东西在闪光。所以今晚我建议你不必再专注学习，一起来听这首歌。”接下来我将手机单曲循环，不记得我们两人绕着操场走了多少圈，也不记得那晚我们彼此谈了多少与学习无关的“无聊事”。三天后，我的办公桌上有了一张小纸条：“老师，有几次我没有拿到第一名，天也没塌下来。那天晚上作业没做完，也不会影响我期末的发挥，暑假我要学会《隐形的翅膀》！相信我！”放暑假那一天，小林妈妈打来电话说，这个期末是小林上高中以来过得最平静的期末！至此，我和我班的“学优生”小林的“过招”算是告一段落了。

我们一起在成长

讲了这么多发生在这片热土上的师生故事，又怎么可以少了我和她的故事。整整十五年，从大学校门跨出迈进这个高中的大门，我就不曾离开过。记得当年新宿舍楼旁边那片空地上栽了一棵木棉树，那片地因为尚未开发，土地贫瘠，土壤少而石块多，不少同事经过那里都怀疑木棉树是否能扎根。十几年过去了，如今大家看到校道斜坡旁那棵大木棉了吗？已经枝繁叶茂！这不就是她的写照吗？论历史，在几所兄弟学校中她是小妹妹，我来时她只是一所有点僻静、有点偏远的，刚从师范学校转制而来的新高中。十五年，我见证她飞速成长为在区、市均能居一席之地的学府，广东省一级、国家级绿色学校、国家级示范性普通高中，一步步稳步迈进。我见证了她的成长，她也见证了我的成熟，还记得工作最初那几年，每天手提一台录音机，夹着几张油性笔书写的投影片，就是英语老师的形象。后来她拥有了多媒体，几乎是电脑盲的我逐渐学会了制作 PPT、Focusky、微课……这些年，她迎接各级各类的评估评定，我一直和她并肩作战，为她添砖加瓦……请原谅我不会用什么溢美之词赞颂她，我仅将我的青春汗水挥洒在她的这片热土上。当生活的压力、工作的烦恼袭来时，当人们在谈起付出与收获是否对等时，我不是不曾动摇过，只是那三尺讲台似乎自带魔力一般，你只要站上去，所有的困、累瞬间灰飞烟灭，你又激情四射、豪情万丈！只因习惯了不辜负那一双双求知的眼睛！

故事讲到这里似乎还意犹未尽，岁月如流水，我从当初刚迈出校门的小姑娘，已快进入不惑之年，而她如今正当壮年，庆幸我没有错过她的成长，庆幸她的故事中有我。和她一起走过的日子，有一些值得纪念的东西沉淀下来，就有了这篇故事汇。

曾映丹：“磨课”的魔力

在澄海实验高级中学从教的六年里，我碰到了很多友好热情、乐于施教的同事，他们对我的帮助让我得以从一个青涩的教师成长为能够较全面掌控课堂的合格教师。学校、区、市、省举办的各项活动如公开课、讲座、比赛等都能在无形中督促我不断学习，提高教学技能。

自工作以来我每学期至少承担一次公开课，对于提高教学技能来说，承担公开课就是最好的方式之一。每一次通过备课，研究教学目标、教学重难点，探索最可能提高学生学习效率和学习效果的方法。在备课过程中，经过不断的思考、修正、创新，热心向同科组教师请教，寻求教学方面更多的灵感，追求教学上的精益求精，通过思维碰撞产生新的火花的过程就是我们所说的“磨课”，让一堂课在不断推敲的过程中变得越来越“圆满”。试讲环节通过邀请备课组长及同科组其他教师进行听课、评课，对于提升课堂质量有很大的作用，我对细节的科学性、环节连贯性、知识点的取舍等通过试讲后进一步进行取舍，以更好地完善该节课的教学。而承担一次公开课的作用，远远不只是提升该节课的教学效果，更多的收获在于，我通过这个过程，能够很好地感受到真正备好一节课要建立在分析学生学情的基础上，处理好课堂导入的技巧，知识点的衔接过渡，讲练结合的合理调控等。只有将各个细节处理好，才能保证一节课的严谨性、连贯性。而上好一节课，除了把重点知识传授给学生这个基本要求外，还要不断开拓自己的思维，进行创新，与时俱进，比如适当设计物理模型、物理实验，提高课堂的趣味性、科学性。

2015 年 10 月，我承担区级公开课“匀变速直线运动的位移与时间的关系”，这节课最基本的教学方法是利用微元法进行推导得到位移与时间的关系。为了使学生能够更深刻地理解位移与时间的关系，我设计了一个探究实验，实验的运动过程是简单的匀加速直线运动，但对于实际操作的可行性以及实验结果的可观察性等要求还需验证，在现有器材的条件下，需要进行不断尝试、不断改善，使实验尽可能简单而实效性高。这节课花费最多时间的恰恰是实验的设计及反复尝试。最后，我利用基础实验装置气垫导轨、运动小车、光电门计时器，并让学生进行操作，课堂中实验现象清晰，结果明了，可操作性强。本节课的创新设计得到听课教师的高度评价和认可，过程流畅，逻辑缜密，课堂气氛活跃，学生学习效果良好。通过本次公开课，我深刻感受到教学设计创新的可能性和重要性，在以后的备课中都会努力开拓思维，思考更具趣味性、探究性、科学性的上课方法，使知识更容易被学生接受，提高课堂效率和学生的学习效果。

2017 年 6 月，我的课程“法拉第电磁感应定律的应用”在广东省“一师一优课，一课一名师”活动中被评为省级优课。该比赛的评选标准包括教学设计、授课视频、教学课件等，这节课的重点是法拉第电磁感应定律的应用，核心是要培养学生习得物理问题的基本分析思路、逻辑思维习惯、变通能力，学会认真审题抓住关键信息，找到解决问题的突破口，利用解决问题的核心表达式，一一找到相关的知识点表达式，进而解决问题。本节课在备课过程中最重要的是对题目的合理选取和设计。题目的选取和设计必须围绕本节课的重点，基于学生的学力基础来进行，根据学生解决问题过程中可能存在的问题和障碍进行引导，逐渐让学生获得解决问题的能力，熟练解题的基本套路。在上课过程中，我非常注重讲练结合，学生一定要有自己独立解决问题的时间，解题过程中便能进行自我检测，课堂反馈才比较及时。对这节课的反复琢磨及反思，结合课堂的实际执行效果，对我以后上习题课、复习课都起着很大的作用，我相信这就是我们所讲的学生与教师共同成长。

除此之外，学校举办的各种培训、讲座等活动对于提升我的教学技能都有很大的促进作用。学校提供的各种锻炼机会让我不断磨掉教学上的棱角，不断取得进步。我将时刻秉持虚心向学的态度，不断学习研修专业知识及专业技能，与时俱进，与学生一起进步，与学校共同成长。

蔡卓伶：做合格的生物老师

2014年8月，我光荣地成为一名高中生物老师，踏进了澄海实验高中的校园。十多年的寒窗苦读，我终于实现儿时的梦想，站上了教育岗位。怀着满满的自豪感和一腔热血，我坚信自己可以做一名合格的生物教师，做一名学生喜爱的教师。

于是，我开始每天忙碌于听课备课上课的无限轮回中，日子虽忙，但也过得充实。学生对于我这个大学刚毕业的生物教师，个个充满好奇，课余时间总有人喜欢来办公室找我聊两句："老师，大学到底是什么样子的啊？""大学啊，一定会是大家一生里最美好的回忆！"我知道，我自己也沉浸在那个美好的学生时代不想走出来。

就这样，我以一名新教师的身份，糊糊涂涂度过两个月，终于，到了学生要进行研究性学习的时候了。小博是一名一直以来都喜欢围在我身边问问题的学生，有一天他跑过来对我说："老师，我想请您当我们研究性学习小组的指导老师。"我一口就答应了下来。我心想，这是一个与学生近距离接触的好机会。"但是我们不想做学校给我们的参考课题，老师您有别的建议吗？"这一问，真的问倒我了。我脑海里迅速搜索了大学四年所有的专业课程，但这些对高中的学生而言是不是太高深？我心想，如果给不出好建议，生物教师在他们心中的形象岂不是崩塌了？我按捺住了焦虑的心情，对小博说："你先回去，老师今晚想想，明天我们来讨论讨论，你们也去想想对什么题目感兴趣。"

那天晚上，我完全备不了课，心里只想着到底要给学生什么样的建议。其实我更担心的是以我的知识储备无法有效地指导学生。

后来，我给出了我的建议："你们可以对校园的植物进行一次调查。"小博眼睛里闪过一丝感兴趣的眼神，马上他又眉头深锁："老师，我们怎么知道那些树是什么树，你能带我们去认吗？"

认种！没错，这就是植物学中的认种呀！想当初，我也是需要同学的帮助才能勉强将校园里的植物记下来，现在我需要带着学生去认识一个陌生环境里的植物了。

我理了一下思路，对小博说："你们要先对校园进行区域划分，然后分工对负责区域内的植物拍照记录，有挂牌的植物，我们就直接记下，没有挂牌的植物，老师再帮你们认。"

学习小组的工作如火如荼地展开了，每天，他们兴冲冲地拿着一堆照片向我报告今天的成果。于是，我回家找出了专业书，根据照片中每一种植物特点找线索，还在大学QQ群里请教认种比较厉害的同学，煎熬了许多个日夜后，我终于带着小博一组将学校的植物进行了初步的认定分类。

但是我的心还在继续煎熬着……我无数次地问自己，没有金刚钻，为什么要揽瓷器活？明明知道自己这方面的专业知识不够精深，为什么要硬着头皮坚持这个课题？虽然学生完成了一个生物方面的研究性学习，但是准确性有多高呢？如果其中有一些鉴定错误的结论，我这个生物教师还算合格吗？

我开始怀疑自己，我，是不是一个合格的生物教师？仅仅会教几本生物教材中的内容，这就合格了吗？我已经无数次地听了指导教师的课，为什么有经验的教师的课堂上，除了课内的知识，还能穿插许多其他有关的实例和话题，引人入胜，而课本上所给的材料，就是我仅能利用的素材吗？在我这里，生物就没办法得到课外延伸吗？

不，绝对不是的。假如是这样，我相信我已经不是一名“合格”的生物教师了。俗话说，要给学生一碗水，自己就要有一桶水。教师所有的知识储备，绝对不只是会教课本中的内容就行了！

这件事给了我很大的触动，从那以后，做一名“合格”的生物教师，便成了我的前进方向。偶然的机会，我得知周云龙老师出版了一本书《华南常见园林植物图鉴》，我第一时间就购买了。收到书之后，我组织了小博的学习小组成员一起进行学习，告诉他们当初我们的鉴定有一些差错，我们都需要继续学习这方面的知识。

从那以后，我开始特别关注生活中有关生物的点点滴滴，看到微信上一些有关生命科学教育的公众号，我学习之后也会推荐给学生。我慢慢发现，我在生物课堂中可用的素材不再只有书本上的资料了。

在学校的艾滋病预防宣传教育中，我可以利用生物学知识向学生介绍一些基本的病理知识。其他学习小组开展“广告中的生物学知识辨析”的课题研究，我可以引导他们举出许多现实案例。我甚至可以将我的课堂与信息技术联系起来，使用多媒体技术上一节校级公开课。我用录屏软件将课堂制作成微课，在首届粤东微课大赛中获得三等奖。

转眼间，这已是我成为一名生物教师的第五个年头了，我相信，要想成为一名合格的生物教师，我还有很长的路要走，我还要继续成长。

胡亚伟：与“绿色教育”共进，提升自我教学能力

绿色是自然万物生机之色，我用绿色铺染着漫漫教学路上进步的苔痕。

依稀记得十年前自己曾经带着传统教学方法的稚嫩初涉教坛，当时对于语文课堂只是停留在所谓知识的传授层面，完全放不开手脚，面对网络上铺天盖地的备课资源完全不知所措。所以，当我在一味地“抛售”自己的“知识资源”时，课堂氛围变得沉闷不已，学生没有参与的兴趣，课堂充斥着不耐烦与枯燥乏味。到了2010年，学校开始全面配套了多媒体教学设备后，问题更加突出，自己内心也倍感焦虑与无奈，敢问突破口在何方？

焦灼的土壤需要甘泉的滋润，焦虑的内心需要一片盎然的绿意。那制约着我的教学困境的瓶颈在哪呢？是源于教师自身素质不够高？还是学生偷懒思想作祟？还是师生关系尴尬所致？表象的原因纷至沓来引人反思，但我还是百思不得其解。古人云：“问渠那得清如许，为有源头活水来”，是的，当我借助读书月活动，拜读了几本学校推荐的关于教育教学的书籍后，方才恍然大悟，原来制约自己教育教学的“桎梏”在于教学思想和理念！

“绿色教育”其核心是“创新、协调、绿色、开放、共享”五大发展理念，根据此来指导和推进学校教育教学更加长远而深刻。于是，我紧跟学校近年来与“绿色教育”相关的教学改革的步伐，不断反思、调整、学习与共享。“自主合作探究”教学模式，倡导了学生主体、教师主导的教学角色科学定位与教学模式的改革，我觉得这恰如其分地反映出“绿色教育”的理念，这种创新的教学模式极大调动了学生的积极主动性，变被动接纳为主动学习探究，实现了学生“人性化”学习的回归，让我的教学发生了彻底变化，我的教学再也不是盲目的“推销”和“硬塞”，而是真正回归到指导和服务的角色定位。如此，课堂就“活”了起来，生动了起来！值得庆幸的是，学校接下来又推广了“先学后教，以学定教”和“有效教学，教学精讲”的新型改革，我觉得这又是从课堂整体目标和重难点突破出发而提出的创新型高效课堂模式，当它与“自主合作探究”模式相结合，我觉得这就是新时期高中语文课堂应该打造的模式！

此外，“绿色教育”也倡导尊重生命价值，赋予生命意义，激发生命活力，促进永续发展。在具体的教育教学中，学校每学期进行的研究性学习便是很好的传承。研究性学习积极推进了学生实践能力训练，体现了开放性、本土化、校本化相结合的特征，而且重在挖掘家乡历史文化资源，促进了社会资源有效服务学校教育。再有，近年提出的学科核心素养的凝聚与提炼，全面而又从根本上指导了新课标之下新课程改革的思路和方向，具体而有效地指导了教学目标和重难点的设定、教学模式的定位定格、学生层面所要达到的知识和思维能力要求，还有在价值观层面所要实现的文化传承与理解。这些都深层次地指导着我的教育教学，而且不断创新实践，提升了我的教学能力，我心里甚感欣慰。

当然，对于一个教师来说，其“绿色教育”的教学理念也体现在自我素质能力的提升上。近年来，我先后参加了学校“强师工程”，“教师素质提高年”活动，“一师一优课”，网上“晒课”活动，微课大赛，以及读书活动等各项竞赛。在此期间，我认真投入参加，也先后荣获一些荣誉，如在2017—2018学年度澄海区教学技能比赛中荣获语文科高中组一等奖；在汕头市高二年级新闻阅读教学专题研讨活动中执教的市级公开课获得好评；2016年报送的课例“拣麦穗”被评为“一师一优课、一课一名师”活动区级优课。

不可否认，绿色的深意在于生机与活力，也在于它长远的生命力。在学校“绿色教育”理念的指引下，进一步推进教育教学深度改革和发展，也应是我奋斗和钻研的目标和方向，提升自我教学能力，让教与学，学生成长与教师发展绿意盎然，唯愿四季常绿、日日常春！

谢海燕：绿色在行动，成长在进行

——记我在学校“绿色教育”中的成长故事

我校“绿色行动”校本课程是澄海区教育局认定的特色学校项目。在“绿色教育”过程中，学校推动“强师工程”建设，不断提升教师的专业素养。这期间，我有幸参加了广东省骨干教师培训华师生物研修班的学习和苏红工作室的跟岗学习活动，这些活动让我重拾初心，不断前行。

工作多年后，我感觉自己开始进入倦怠期，对教学过程中出现的一些问题没有及时进行反思和研究，整天被忙忙碌碌的生活琐事缠身，教学方法陈旧，教学效果不佳。华师生物研修班的学习，如春风拂面，让我有机会重新审视自己，找准定位，学到了教师需要发展自身的专业素养，明白了不能只当一名整天迷迷糊糊的普通教师，要有所追求，要有成为专家或大师型教师的目标，这就要在平时的教学工作和生活中多学习、多阅读教育类名著，并对自己的教学过程多反思。同时，我学习了很多关于如何开展生物教育教学研究的方法，对我今后在教学过程中如何进行课题申报有很大的指导意义。当时，我正在主持一个市级“十二五”规划课题《生物教学中探究式教学的现状和策略的研究》，在学习归来之后，我重新整理思路，确定了研究方向和对策，组织课题组内骨干教师开展研究，指导教师撰写论文，最终在2017年7月顺利结题。在创建“绿色教育”特色学校的过程中，我作为其中一分子，身上也覆盖了“绿色”，这抹绿色给了我前进的方向，照亮了前方的道路，让一个到了教学倦怠期的中年教师再次找到了最初的教学热情，让我不忘初心，继续前行。

我参加苏红工作室的学习活动过程的感受是：痛并快乐着。让我印象最深刻的是同课异构。从说课、磨课到上课、评课，每一个环节我们都投入大量精力。苏红老师在这个过程中表现出来的严谨治学的工作态度，让我们不敢有一丝一毫的放松。每位跟岗的教师都想尽办法，各显神通。大家来自不同的地方和学校，每个人都有自己鲜明的个性，也有自己的优点和特长，特别是对“伴性遗传”这节课的见解都有自己的独特见解。在说课磨课的过程中，学员之间相互学习、相互指导，苏红老师更是给我们提出了不少的宝贵意见。通过上课，每个学员展现出自己的风采，通过评课，我们对每堂课都有了深刻的剖析。苏红老师除了肯定每个老师的闪光点之外，也对每堂课都提出一些改进意见，这些意见和建议对我们回校后的教学工作也起到长远的指导作用。我个人认为，同课异构这种教研形式在跟岗学习中得到了很好的落实，从一开始苏红老师的同课异构的讲座，就让我们了解到这种教研形式对提高教师教学能力方面有很大的作用，再加上上课、磨课，更让我们学会了如何在操作层面上进行同课异构。跟岗学习结束之后，我在教研组内也组织了本校教师学习苏红老师的同课异构讲座尽量将教研活动落到实处。我仿佛看到学校四处散落着点点绿色，不断渲染、扩大、相连，扩大成一片绿色的海洋，我们的“绿色行动”正在发展着。

在“绿色教育”过程中，学校开展了“教师素质提高年”活动，倡导教师读书，推动专业阅读和专业写作。而我有幸拜读了特级教师王椿的《身为教师——一个特级教师的反思》一书。王椿老师将其从教20年的点滴体会汇聚成精华，书写了60余篇文章。从王老师的文章中，我能深刻地感受到一位基层教师20年教育生涯中的酸甜苦辣、喜怒哀乐，以及他对教师职业的深刻反思和透彻感悟。在这本书中，我似乎也看到了自己从教历程中的点点滴滴，泪水与欢笑，困惑与迷茫，质疑与希望，王椿老师的心路历程中有那么多能引起我共鸣的地方。我迫不及待地将我读书的所思所想写成读后感，并投稿参加了2016年澄海区中小学教师暑假读书征文比赛，荣获高中组一等奖。书中虽然是王椿老师的个人反思，却更像是每位教师教育生涯中的一面镜子，每位教师都可以从中找到自己的影子，触碰到自己内心最柔软的部分，让我们在教育事业道路上艰苦前行的同时，也看到教师身上肩负的职责。我突然明白了一个道理：无论生活和教育如何变迁，只有看准方向，日日用心用力，我们都有希望成为争气的教师，成为快乐的教书人。

学校在成长，特色在培育，教师在发展，素养在形成。学校发展与教师成长息息相关，相辅相成。作为学校创建“绿色教育”特色学校过程中的一个受益者，我的成长离不开学校的支持，我也希望我的成长能反哺学校，为推动学校的“绿色教育”作出自己的贡献。

第二节　学生篇

陈泳宇：一生四季千寻瀑

故事在梦中飘摇，绿水青山，满江的歌唱承载在文人墨客的诗上。春，用绿色沐浴，才有希望；夏，用绿色渲染，才有力量；秋用绿色打基础，才有收获；冬，用绿色孕育，才有新生。绿色，是山的颜色，是书声琅琅的校园里的颜色，是国防屹立在边疆战士身上的颜色，是我校秉承的教育的特色。

春·育人之希冀

高一那年，带着青涩和单纯，我们朗读着屈原《离骚》的“制芰荷以为衣兮，集芙蓉以为裳”。这是大自然的绿寄托着这位伟大诗人的脱俗情趣，那时我就在想：“绿，是什么?”

直到，我站在学校操场上参加广播操比赛，伸开双手把每个动作做到规范。那一个个到位的动作告诉我，绿色是土壤里嫩芽破土而出的希冀。直到，我成为一名校园运动会的志愿者，看着明媚的阳光洒满每一条跑道，看着健儿们尽情挥洒着汗水，看着志愿者们奔波在各个项目间，为健儿们在终点时送上解渴的水。我知道了，绿色，是嫩芽沐浴在阳光下的那份享受。直到，我站在学校礼堂的舞台上，沉浸在李白的人格魅力中，用真切的情感，低沉而又坚定的嗓音爆发出那一句诗句：“天生我材必有用，千金散尽还复来。”我体会到了，绿色，是嫩芽在风雨中屹立的坚韧。

春天的风，清爽舒畅。我们化身为校园清洁小卫士，拿起扫把和簸箕，拿起拖把和抹布，穿梭在校园的每个角落里，清洁我们学习生活的环境，为我们自己创建一个舒适洁净的氛围。我踊跃参与，和班里的同学一起负责清扫学校的垃圾桶。我们带齐所需用具，把垃圾桶里的垃圾细致地挑拣分类。“大家一起来，人多力量才大。你看看，粗心大意的孩子，这些是纸类垃圾，应该放这里，这些是……”我抬头一看，原来是班主任黄老师，她脸上绽放着甜美的微笑，手里提着几个垃圾袋和工具夹。看着杂乱无章的垃圾被整整齐齐地分类装袋，看着老师和同学们布满汗珠的脸，我明白了，绿色更是嫩芽在艰苦环境下借以成长的力量。

春天的雨，润物无声。高一的课程与初中的大不相同，很多科目的学习方法更需要优化，当我为考砸的化学阶段考试忧心忡忡时，我觉得我需要找老师细致入微地交谈一番。“老师，我初中化学成绩挺好的，但这次化学成绩却如此糟糕，我明明很认真地在学习了……我该怎么办呢?”我迫切地追着老师问。“别着急，来坐下，升上高中，此时的学习应更加注重思维的培养，而不是初中那种一成不变的套路，你看这道题……”老师慢慢为我答疑解惑，为我的学习提出一些值得一试的建议，并给予我鼓励。临走时，我瞥见老师桌子上刚发芽的多肉植物，我明白了，原来绿色就是润物细无声的培育。我们就像这颗嫩芽一样，伴着老师们的悉心教诲，成为社会和祖国的希望。

夏·训人之宁静

夏日，酷热的暑气，烦躁的蝉鸣，给人们带来些许躁动不安的情绪。当我升入高二，已经熟悉了学校各个方面，与此同时，也因叛逆心作祟，心里开始萌生出一些挑战规则的想法。

有一次，我在晚自修时，不顾学校规章制度，与同学到操场上嬉戏打闹，不偏不倚就被抓个正着，被学校领导严格批评“你看你们，还像个学生的样子吗?别的同学在教室认真学习，钻研问题，你们却在操场打闹，成何体统!”我们唯唯诺诺地点头，“孩子啊，你们的父母送你们到学校，是让你们成才，而不是让你们虚度……”我们深刻认识到自己的错误，把学校领导的批评教导记在心里，为了证明自己能够改过自新，我们决定付诸行动。我更加认真地拼搏在学海中，以自强不息的动力，以精益求精的态度，扬着自律的船帆，向着未来的康庄大道启航。

抬起头，看见窗外的柳树，不再青翠透彻，而是绿得沉稳，像是经历了四季更替的坎坷。原来，嫩芽成长为树苗，需要有人鞭策，需要有人为他们指明方向，让这棵树苗在和谐平静的氛围里茁壮成长。

秋·成人之和平

高二阶段，我们有着特殊的仪式——成人礼，这象征着我们将跃升为祖国栋梁之材。我们告别童稚时期的天真，青涩年华的迷茫，我们在此丰满我们的羽翼，像涅槃的凤凰，展现着雄姿。

告别了春，挥散了夏，树苗成长为小树；告别了无拘无束，告别了任性自由，迎来了十八岁。是的，十八岁的年华是最美好的，是勇往直前的奋斗，是不怕曲折的毅力。“志之所趋，无远弗届，穷山距海，不能限也”那远大的志向，有所期待，就没有不能达到的地方，即使是山海的尽头，也不受限制。

在学校“绿色教育”的熏陶浸润下，我们充分认识、理解到生命的意义，丰富了学识、开阔了视野，情操得到陶冶、生命质量得到提高、“德智体美劳”得到全面发展，为我们的“成人”奠定物质的基础；思想教育的健康规范，积极向上，以伟人为榜样，认真学习社会主义核心价值观，明确自己的三观，提高自己的思想道德自觉性，为我们的“成人”奠定思想基础；用实际行动为实现中国梦努力奋斗，铭记历史，立志成才，了解传统文化，继承并弘扬传统文化，提高自身素养，提高民族文化自豪感与认同感，为我们的“成人”奠定发展方向。

冬·为人之贡献

十年寒窗苦读，只为高三金榜题名时。高三究竟是怎样的，我们十分期待。我们都希望将来荣归故里时，不辜负亲人的期望、朋友的祝福、老师的教诲。如今的我，羽翼渐渐丰满，就等着一飞冲天的时刻到来。小树长成参天大树，需要的不仅是春的滋养，夏的鞭策，秋的储备，更需要熬过冬的孤寂和严寒。

我认为我准备好了！我时刻准备着！荆棘，我挥剑斩断；泥泞，我阔步昂首；风雨，我勇往直前。我明白我身上的使命——为和谐社会、美好社会作出贡献；我明白我身上的使命——为中国特色社会主义作出自己的贡献；我明白我身上的使命——为走上大国之路作出自己的贡献。

瑰丽的诗篇道出漫漫探索的人生长路，我们因不懈努力而成长成熟成才。新绿的诞生，墨绿的茂盛，秋黄的收获，寒冬的沉寂。参天大树，庇佑了一方学子，这都是我们的福分！

许妙冰：青春记录

青春，是生命中最美好的盛宴：在七彩光盘上，轮转着最隐秘的变化；在美食的咀嚼中，享受着最微妙的创造；在清幽的香茗中，吸吮了最瑰丽的气息……触摸着青春的弦，敏感而激越；触摸青春的脉搏，高亢而细腻！

这便是我们的青春，我们或许娇嫩却不畏艰险！而这份青春，全然概括在那一场美好的校园生活中——那是我们短暂青春中最重要、最美好的记忆。

而此时的我，则正记录着一场名为“实高生活”的青春舞曲。

记录一：玲珑小笔出乾坤

2018 年 12 月 3 日下午，天气晴朗，阳光明媚。一节短暂的英语课后，学生们脸上神采奕奕，迫不及待地迎来期待已久的艺术课——这是可以真正展现身为艺术生的我们的才华与本领的时刻。而此刻，我们早已按捺不住心中飞跃的灵感与跃跃欲试的双手，一副副“抄起家伙使劲干”的神情，让人忍俊不禁。

随后，老师们组织我们各就各位、开始作画，有时安排写生，有时安排临摹，我们就算在画室待上几个小时也不会觉得枯燥。画室里的同学们仿佛都沉浸在自己的艺术世界里自由漫步，畅快飞翔，感受万物灵气。手下的画笔不断发出沙沙的声响，在灵感的指引下，笔尖如天上的行云、江中的流水，一笔一画勾勒出或是各种人物，或是唯美意境。就作品而言，不敢直言是栩栩如生、跃然纸上，倒也是融入了我们的一番情感，神形皆具。

生活亦如作画，在遇到有趣之事时，也应当如此沉浸其中而乐此不疲，就如《桃花源记》中所写到的那句“仿佛若有光”一样。人生在世一辈子，忙忙碌碌的人不计其数，但能将自身真正融入所乐之事中专心学习、静心享受的人却屈指可数，而这点所乐之事，便是那山中小口处若隐若现的光，只是，光不在山口，而在心头。

在“绿色”的学校中，我们艺术生不仅在“艺术”上实现多方面发展，审美情趣和鉴赏能力也有所提高，使得校园洋溢着浓浓的艺术气氛，生机勃发。

记录二：书海无涯任遨游

2018 年 12 月 25 日下午，窗外大雨如注，劈劈啪啪地打在枝叶上、玻璃上，无意中奏响了一曲落雨奏鸣曲。伴着雨声，在图书馆的一处角落里，我倚窗而坐，嗅着淡雅的墨香，阅读一行行优美动人的文字，心绪随之起伏激荡……

在校园里的阅读时光总是意犹未尽，因此，不管是校内的图书馆或是校外的图书馆都成了我又一处“栖身之地”。书中的世界总是精彩的、动人的，让人可以得到启发的。正如此时我手中的一本《红楼梦》，便让我不由得身临其境，深切地感受到封建社会贾宝玉与林黛玉爱情的无果、悲情以及贾府落魄潦倒的无奈凄惨。为书中人而哭，为书中人而笑，为书中情所动……这份静心阅读，更是让我身处于那“闲看庭前花开花落，漫随天外云卷云舒”的境界之中，在书海中遨游畅快。

忽想起学校即将举办的诗词朗诵比赛，借助比赛的形式传播文学诗词，让学生们真正感受文学诗词的魅力，这也不失为一种弘扬文学，培育“绿色教育”特色学校的好方法。而届时，学生们也将以自己对诗词的理解朗诵出对于诗词的情感，不辜负大家挤出时间精心排练的付出，想来也是对文学诗词有着一份热爱与理解。

记录三：绽放激情之花朵

2018 年 12 月 28 日下午，湛蓝的晴空仿佛用清水洗刷过一样，没有一丝云彩，深邃而透明。几个学生兴奋地跑出教室，冲向大礼堂，只为在社团联谊开始前抢到座位，好观看这一场各学校社团悉心准备的联谊表演。

舞台上，戏剧社的成员们为大家表演的一场精彩绝伦的《吕氏春秋》，惹得台下观众频频发笑，报以热烈的掌声。而后，文学社、动漫社、吉他社等社团，都拿出了自己的绝活，生怕不够精彩。一场接着一场精彩的表演过后，又到了每年最期待的压轴——街舞表演。街舞社成员们将青春的热情展现得淋漓尽致，在舞台上挥舞着热情的手臂，舞动出最令人激昂的舞姿，动作或轻柔有度，或强劲有力，让观众情不自禁跟着音乐律动。

学校除了在日常的学习中做到有规划、有目标，在促进学生全面发展的道路上也在积极完善，让我们在实高校园里，经历阴晴雨雾、春夏秋冬，感受悲伤、哭泣、开心、欢笑。因为实高，因为学校的“绿色”教育，我们能拥有更多彩、更有质量的生活，不负青春一场。感谢学校对每一位学生的辛勤付出与努力，感谢自己对于青春的不懈努力。

也许多年后的某一天，我会淡忘了意气风发的少年，指点江山的青春，但忘不了这座校园里灿烂美丽的晚霞、春日和煦的阳光、夏日淅沥的小雨，更忘不了那漫天星光的校园生活里关于青春的所有“绿色”的记忆。

林梓琳：实高学子的骄傲

初冬的早晨，天还没有亮，落地灯散发着柔光。响亮的哨声，是宿管老师在催促大家起床。他站在灯下，半张脸隐在暗处，半张脸被暖色的灯光照着。走在前往操场的校道上，我环顾四周，发现路上并无同学在说笑，他们只是迈着匆忙的步伐走向操场。天还没亮，是什么支撑着同学们起床呢？这么冷的天气，又是什么让同学们匆忙赶向操场？突然，教学楼下面醒目的社会主义核心价值观映入我的眼帘。我知道了，可能就是这二十四个字对我们实高学子潜移默化的影响，让我们在这个美丽的校园里，积极进取，展现自己的风采。

天空渐渐明朗，地平线的淡红越来越深，很快，太阳露出了一角，起初缓缓上升，最后猛地一下跃上了地平线，金光闪闪。“升旗仪式开始，奏乐！”只见广播站成员一声令下，从远处便走来一支气势昂扬的仪仗队。他们手中擎着鲜艳的五星红旗，步伐坚定，意气风发，目光炯炯，英姿飒爽。他们在全校师生的目光聚焦下，走上主席台，凛凛振雄风。“升国旗，奏国歌。”庄严的国歌冉冉升起，我的脑海中不禁涌现出革命烈士为我们抛头颅、洒热血的场面。我环视周围的同学，他们的眼中似乎燃烧着激情，那便是炽热的爱国之情啊！“升旗仪式结束，请退场。”同学们有序退场，但仍有同学的目光流连在国旗上。我看着他们的眼神，似乎能感受到他们汹涌澎湃的爱国之心。

记得那个下午，微云，无风，悠长的蝉鸣揉碎在树叶间。宽敞的体育馆内，正进行着一场刺激的三人篮球赛。篮球像个顽皮的孩子，绕着篮筐跑了一圈，又掉了出来。我们班的球员似乎有点紧张，但他们并不气馁，互相击掌后接着战斗。“唰！”一声，球进了！我们班的啦啦队队员雀跃着，“十一班加油！十一班加油！”我站在人群中，感受着这种拼搏向上、团结的力量。咦？忽然瞥见本班阵营上聚集了不少同学，有递水的、有拿药酒的……大家都神色慌张，到底怎么了？带着疑问我挤进了人群中，原来是主力队员受伤了！只听大伙儿都异口同声地劝他不要再上场了，他像是答应了，可眼睛却一直追踪着赛场上“战友们”的身影，看着双方分数的差距越来越大，他焦急万分，终于还是坐不住了，趁大家一不留神又溜进赛场中，我们都为他捏了一把汗，同时也忍不住打从心底为他点赞……篮球赛结束了，我们班取得了第四名的优异成绩！这是我们实验高中的特色体育活动，它既为同学们展示自我风采提供了平台，又促进了班级成员之间的团结，书写着实高校园的和谐友爱。

看完球赛出来，已是黄昏。傍晚的霞光，挂上山间树木，仿佛温柔地抚摸着大地万物。我与好友手牵手散步在操场上，她看向我，我清楚地看见她那双眸子里透着真诚。“小琳，我唱歌给你听吧。”我点点头，她嘴巴微微张开，睫毛像蝴蝶的翅膀抖动。“烟花落尽你挑灯回看……”我安静地聆听，感觉那些缠绕的曲调好似春风拂柳融化了碎冰，荡漾在我的心上。她是我年少最好的朋友，也是她，带着我领略“友善”这个词的美妙。我忽地又想起了球场上那温馨和谐的一幕！人家说“考场如战场”，同为学子的我们似乎就这样被无意识地定义为彼此的对手，可在实高，我觉得我们一直都是战友！

天色渐沉，一颗颗碎钻似的星子镶嵌在墨蓝色的夜幕中，我的心情也如同这夜幕一般沉重，学习难度的提升让我慌乱不已。“报告！”“请进。”老师细细帮我分析每道错题，我边听边点头。我抬起头看着老师，白炽灯散发着柔光，暖色的灯光落到老师温和的面容上，让我安心了些许。“小琳，你错的这些题都是简单的题，下次好好考，不要粗心，你一定会取得很大的进步，加油！”老师的声音像清风掠过耳边，老师给予的肯定，让我内心对考试的失落一扫而空。老师尽她的所能帮我分析错题，解答疑问，这是老师对职业的尽职尽责，这体现的难道不正是“敬业”这个社会主义核心价值观吗？

社会主义核心价值观潜移默化地影响我们实高学子，促使我们更好地在实验高中这个大舞台上展现自己的风采，丰富着我们在实验高中的校园生活。身为实高学子，我感觉无比骄傲！

黄曼琳：绿色教育改变了我

初到实验高中，我有些忐忑，也有些期待，但更多的是迷茫。因为考上的高中并不是我理想的高中，我也似乎还不能尽快适应高中的生活，而且我对自己没有一个清楚的定位，我不知道在实验高中这座校园中，我可以干些什么。总之，我浑浑噩噩地过了几个星期。

到了各大社团招新的日子，迷茫的我竟有了要试一试的念头，于是报名并参加了多场面试。我在众多竞争者中脱颖而出，幸运地加入了花果文学社、篪声谜社和唯爱乐社。既然是正式社员，接踵而来的就是各大社团活动。不忙时，自然是乐在其中，但只要一忙起来，便会感到力不从心，会疲惫，会厌倦，渐渐地觉得烦了。

变化，似乎是与我同宿舍的小A带给我的。小A是个喜欢跳舞的女孩子，一心想加入学校的街舞社，每天都坚持练舞，极少有休息的时间，但从她的眉间我看不到一丝愁绪，反而是每天越来越灿烂的微笑和举手投足间不经意的自信。我不禁问她："每天都坚持练舞，不累吗?"她笑着回答我说："不会啊，我每天都过得很充实!"我忽然醒悟：是啊，充实，不是忙碌。而我一直自认为自己的充实，却是一种行不由心的忙碌。

我清醒了。渐渐地，我积极参加学校的各项活动，才真正感受到充实而非忙碌的快乐。拔河比赛中，我们齐心协力，拼尽全力，虽败犹荣！校运会上，我们奋勇拼搏，挥洒汗水，不留遗憾！而给我最多感触的，是三人篮球决赛那晚。那一夜的暮云、星影，灯光和风，一切都那么鲜明可爱。球员们在球场上大展身手，这时的他们，是散发着光芒的，像夏天的阳光，灿烂、灼热；又像春天的树，蓬勃、茁壮，有种拔节向上的力量。而场下的我们，加油声气势恢宏，仿佛我们也是赛场中的一员。就在那个时候，我才深切地感受到我也是班级中不可或缺的一分子，我和大家一样，为班级发光发热!

一直以来，我并不是一个出色的孩子，从小到大，外界总会有数不清的声音告诉我：你太弱、你不行，你做不到……但来到实验高中后，我才发现，原来我也能焕发出无限的生机活力，我也有自己的特长，我也可以自信地去做一些我喜欢做的事，和同学们站在一起展现我的能力与风采!

直到最近，我才知道我们学校以"绿色教育"为特色，"优秀传统文化教育""审美与健康教育"促进了各类活动的蓬勃发展。原来，我的充满生机，我的快乐，甚至我的改变，都源于学校的"绿色教育"！我突然很庆幸自己来到了实验高中！我既欣喜于校园的美丽，更欣喜于校园活动的丰富多彩。我相信，在绿色教育理念的引领之下，三年后的我，会成为更好的我!

陈佩微：文化风采在实高

我，慢悠悠地在这条路上走着。月，挂在湛蓝的天空中，周身悠闲地飘着几缕白云，朦朦胧胧。云，在天上行，我，在地上走。云悠悠，我也悠悠，我走在这校园里宛如历游梦境一般。

撑起雨伞，听着小曲，嗅着芳香，掠过小草。不觉间，来到了实高的大操场。右脚似乎踩到了一个什么软绵绵的东西，这使我感觉踩在天空中棉花糖般的云朵上。低头一看，哦！原来是早已胀起，如今因被雨水浸润过而愈发柔软的塑胶跑道。一脚踩下，那舒适柔软却又不失稳重的感觉好舒服、好亲切。不禁想起，不久前学校举办的“文化体育节”活动。我仍记得，在那短短的两天时间里，塑胶跑道上是运动员奔跑的身影。他们身姿飒爽，步伐铿锵有力，他们顶着烈日，挥汗如雨，脸上写满了坚毅，咬牙坚持，脑海里只有一个信念，那便是——为班级争光。场外是啦啦队的呐喊声，加油声。终点是热心送水，搀扶运动员的志愿者……如此和谐、温馨、激扬的画面，展现的不正是我们实高学子互帮互助、团结友爱的精神吗？田径场上的运动员用尽全力，拼命奔跑的身影，不正是我们实高人顽强拼搏、积极进取之精神的最好诠释吗？

就这样想着，不觉已来到了礼堂前。今晚的礼堂，灯火通明，书声琅琅，掌声雷鸣！我又禁不住沉醉其中了，驻足，倾听——掷地有声、豪气冲天如“中华少年，顶天立地当自强……”；矢志不移、忧国忧民如“长太息以掩涕兮，哀民生之多艰……伏清白以死直兮，固前圣之所厚……”；壮志豪情、悲愤爱国如“……靖康耻，犹未雪；臣子恨，何时灭……待从头，收拾旧山河，朝天阙……”此时此刻，礼堂里正举行着一年一度的诗词朗诵比赛，诗词朗诵比赛也是我校特色活动之一，它不仅培养了学生对诗词的热爱之情，更传达出我们实高人高度的社会责任感与勃发的爱国热情。听着一段又一段整齐、押韵、富有情感的诗词，伴随着一曲又一曲激荡人心的伴奏，我心潮澎湃，感动不已，我为身为实高人而骄傲，更为身为中国人而自豪！

揉着已经有些濡湿的眼睛，我迈步来到了体育馆。耳边传来一声“好球！”进去一看，是辛苦了一整天的老师们在忙中偷闲呢！蓦然想起几周前举办的异常激烈的三人篮球赛。运动健儿在篮球场上拼命奔跑、传球、转身、投篮……他们矫健敏捷的动作仍在脑海清晰可现；他们为了班级荣誉即使受了伤依然奋力拿分的拼劲仍旧深深地激励着我；他们因为误传而让对手轻松得分的愧疚表情、无助呐喊至今还回荡在我的脑海里……周围同学们的呐喊声、鼓掌声也源源不断地响彻整个体育馆。不用说，三人篮球赛也是学校的特色活动之一，不仅为学生提供了展示自我的平台，也使学生变得更加阳光、活泼、团结，使我们的实高校园在充满活力与生机的同时，也增强了大家的凝聚力。正如校歌所唱的“……努力拼搏换来满园花香……百炼成钢”。

从体育馆里走出来，发现雨渐渐小了。微雨潇潇，淅淅沥沥地打在雨伞上。空气中似乎弥漫着一股不知名的气味，格外清香，格外好闻，是校园里的花香。旁边的花圃里不知名的花开得正好，美得令人陶醉。这时我收起雨伞，听着几首小曲，心中已十分畅快。

在这里，我可以自由自在、轻松自如地漫步在校道上；在这里，我可以积极参加各种各样的活动，展示自我；在这里，我可以和同学肩并肩努力、奋斗、成长。因为，这里是我们美丽的澄海实验高级中学！

林本奕：香樟

香樟蔓蔓，绿色不灭。青春匆匆，时光流转。

弥足珍贵的三年已过去了大半，最深刻的印象是这里的香樟。记忆中，这座校园总是一大片的青绿，与它所处的偏僻也算是相符的。

香樟最繁盛的时候，正值开学季。虽是八月天，这里却不像是酷暑，反而有几丝阴凉，让人心也沉静了下来。“妈，我挺喜欢这儿的，你大可放舒心些。”母亲听完后愣了一下，不久便回去了。她知道，我并不大满意这儿，却不能不接受，总说着：“自己要承担后果。”自那时起，我便对这个地方有种说不出的感觉。

每到深秋，风儿便会钻过它的每个缝隙，渐渐把鲜绿抽离，发出飒飒声。先是绿中带黄，错落有致，而后许多黄叶经不住，在空中盘旋后又飘逸地坠向大地。整个校园的道路都被覆盖着。

有一次，学校组织了大规模的清洁工作，全校人员都出动，想把整个校园清理得更加干净怡人。虽说只是刚入秋，身上却总是寒噤噤的，风也不小。它似乎总跟我们作对，地上的树叶和垃圾随之移动，无形间也增大了难度。好不容易把它们聚集到一处，没多久又吹散了。可大家没有懈怠，都用心地做着，大汗淋漓也是情愿的。当我们走近树时，树干直插苍穹，显示出它们扎在这儿的年头不少。树根盘旋、交织、蔓延，造成许多坑坑洼洼，要想清理掉里面的东西，可不是件容易事儿，坑太小，除非直接用手才能拿出来。我看见几位老师和同学二话不说就撸起袖子伸手去捡，这着实令人佩服。恰巧校长走过，也欣慰地夸奖道：“现如今像这样能直接用手捡垃圾的人真的不多了。”一股成就感油然而生。渐渐的，我对这儿多了几分好感。

入学也快一年了，这一年，过得平淡。对这方土地的印象也不拘于环境，更赞它良好的教学，我的成绩才得以提高。又到了容易犯困的时节，不知怎的，学校叫人把树都砍短些，树叶也没了，唯余树干光秃秃立在那儿，不像以前那般可给人荫蔽，鸟鸣声也少了。没了它，人们在学校道路上走着，往往会暑热难耐，无法接受。新的学年，我想接受更大的挑战，就当了班长。起初，事多而杂，又要时时做榜样……弄得身心俱疲，学习成绩也不是很理想，几次打退堂鼓。后来，也渐渐适应了新身份。现如今，棵棵香樟树上已抽出新芽……

在这里一年多的打磨，更坚定了自我也越来越适应这里，越来越喜欢这里。人，都是起起落落。失意时给别人捧捧场，得意时听听别人的掌声。人生海海，又何必在意一时沉浮……

不知多少次从你身旁匆匆走过，又不知有多少次独自踱着悠闲的小步徐行，有过多少雨晴，又有几度枯荣……

叶落了，叶又生。

黄璜：绿色学校，绿色教育

临近期中考试，一想到有九个科目需要复习，我无奈地揉了揉发胀的脑袋，心中的无名火难以抑制，索性将笔一扔，走出教室。

早上刚下了场雨，学校的一切是那么的干净，雨后清凉的空气荡涤了我内心的狂躁。长吁一口气，我踏上后山弯曲的小路，打算随意走走。在大树庇佑下的杂草昂首立着，点点雨珠微微压弯了它们的腰，铺了一层落叶的小道软软的泥水在鞋子的踩压下“吱”地冒了出来，洇染了白边的鞋底。偶尔有一束松针落下，带着雨水沉重地坠下，落在地上发出轻微的响声。一路漫步，上面宽阔了起来，几棵干枯的树苗孤零零地立着。

我走近一看，微湿的枝干表面有些龟裂的树纹，而枝干末端却没有一点绿意。“这些树，都死了吗?”我刚恢复平静的心又一紧！生命，为何如此脆弱呢?有些怅然，忆起在大树庇护下仍存活的幼草，再看看这些孤独的树苗，我轻轻地叹了口气，扭头走回教室。

原来打算出去放松一下心情，结果回来后心情却更沉重了。我托着下巴，看着那些带给我无穷压力的书本，猛然冒出个念头：期中考试复习压力这么大，生活了无趣味，不如死了算了！或许可以站在高处，往下一跳，一了百了！我被自己的念头吓了一跳，忙摇摇头，把这个可怕的想法甩出脑海。

黑板上，语文老师的板书还在——史铁生在地坛中恢复理性、得到平静，还变得豁达，最终坦然接受了人生的不幸，决定坚毅地活下去。看着这个板书，我仔细一想，其实我并不缺乏生命教育。在实验高中这个以“绿色教育”为特色的校园里，多少次国旗下献词、班会课、课堂教学，都宣扬过生命教育。生命脆弱，却又如此珍贵，面对这唯有一次的生命，我们确实应该好好地把握。压力?生活中终归有的，学会适当宣泄、调整自我，我会挺过去的。这样想之后，我不再每天逼着自己完成过量的学习任务，而是适当休息，劳逸结合。

期中考试过后，我来到学校后山。当我再次登上平台时，我震惊了——曾经那几株干枯瘦小、濒临死亡的树苗，竟然都冒出了新叶！原来，我们这个“绿色学校”真的处处充满绿意！看到这一景象的我，突地对自己的人生自信了起来。我开始有理由相信，在“绿色教育”浸染下的我们，一定会活得精彩，一定会走向美好的未来！

陈婵钰：我与学校特色教育同成长

初来乍到，映入眼帘的是校园那生机勃勃的绿色，走进校道，便能望见广阔的绿茵场，郁郁苍苍的树整齐列队迎接着新生的到来，轻摇着头向我们轻声问候，一路走向宿舍，印象最深的，莫如绿。

“今天的态度决定明天的高度，今天的修养决定明天的方向。”这是军训期间记忆最深的一句话！特色的思想教育，为我们未来的发展打下根基。教官给我们讲述他当兵的那些事，教我们唱军歌。我体会着每一个细节，从军歌中唱出了对国家的爱，从教官特色的教学中学到很多人生的道理，感受到爱国是多么神圣、光荣的事。观看爱国影片，让我们了解历史，以史为鉴。从影片中我领略到中国军人为国家不懈奋斗的雄姿，不仅激发了我们的学习热情，也更让我们想去努力拼搏，报效祖国。

通过军训，我以往的思想宛若被清泉冲洗过一般，容不得一丝杂质，从中学得了吃苦耐劳的精神，更让我坚定了未来的方向。

时间飞逝，进入高中以来的第一场考试，也向我们靠近。同学们不免会感到紧张，老师或许是知道的！在临近考试时，总是给予我们温柔的问候，温馨的提醒。过了紧张而又暗示自己要沉得住气的考试，迎来的是公布成绩，看成绩的那一刻，我胆战心惊、小鹿乱撞，不敢直视成绩，捂着眼睛慢慢地、慢慢地睁开，当看见一个不高不低的成绩时，心才稍微放下，可接着而来的却是满心的苦恼，思索着该如何改进学习方法。

老师分析了我们的考试情况，滔滔不绝地向我们讲述一些有效的学习方法，给予我们建议。其实，我很乐于倾听老师给我们的建议，每一次听完都会觉得听了一个人生讲座，真实而有效，处处能感受到老师为我们的操劳，以过来人的身份提醒我们。想起上课时，老师在讲台上走动的身影，认真且有条理地讲课，其间常能听到老师对我们来自生活的教育。教书的同时育人，先教我们做人，再带领我们在书海里畅游。

浓浓师生情，温馨同学情，也是我们人生教育的又一收获。学校开展了很多团体活动，并鼓励我们积极参加。不久前的三人篮球赛就让我从中有所成长。比赛期间，我们班的篮球运动员精神抖擞地走向球场，一切已准备好，他们专注地盯着裁判，时刻等待着开始的信号。作为观众的我们，不禁也被带入紧张的气氛。当我们班进球得分时，我们总是万分激动，用力地鼓掌，内心的喜悦难以言表，班主任也带领着我们的大部队给运动员呐喊助威。经过三天的激烈比赛，我们班最终夺冠，听到这个消息时，全班都沸腾了。有人在黑板上画下我们的篮球运动员的漫画像，有人举起胜利的手势，有人沉浸于欢乐之中……当运动员们推开教室的门，我们齐声欢呼，报以雷鸣般的掌声，快乐的气息瞬间弥漫了整个教室……

从这次团体赛后我们班的反应，我深感这个大家庭的团结与温暖，也觅得了“家的味道”。这次活动让我懂得了团结就是力量，团结的集体更具凝聚力。

来到实高，生活在实高，让我深有所感。领略到学校对我们的独特教育，教师富有特色的教学方式，班级里充满家一般的亲情。我也从中成长不少，渐渐褪去幼稚，从幼芽向参天大树成长。在学校的“特色培育”的滋润下，我们这些小幼苗正在渐渐成长！

侯舒璇：绿光

“韩江水悠泽披四方，传承文明是我们共同的理想”，傍晚时分的校园被校歌笼罩着。我和小耳在去晚自习的路上经过礼堂，不禁放慢了脚步，回想起了关于礼堂的记忆……

“好多人啊！”小耳拉着我的手说。这是我们两人第一次来到大礼堂。台下的人群摩肩接踵。“下面我宣布，澄海实验高级中学开学典礼现在开始。”台下的同学渐渐安静下来。对于这个新环境，我和小耳可以说是一无所知，我只知道这个学校很大，而且有很多花草树木。台上的老师慢慢地向我们介绍这个新学校……为了能让学生更好地了解学校，台上的老师和我们进行了互动。“风声雨声读书声，声声入耳”，屏幕上出现了这几个字。老师问我们：“大家知道这个石碑是在校园的哪个位置吗?”老师这一问可把我给问懵了。这个学校那么大，我还没逛完呢，而且到处都是花草树木，我哪里知道这是哪儿的石碑呀！只见有同学手举起来抢答：“老师，我知道这是……”互动结束后，老师说道：“同学们，我们学校可是一所绿色学校。校园里有许多的花草树木。我们要热爱这里的一草一木，它们都是生命，我们要用心对待他们……”经过老师这么一说，我对校园里那一片郁郁葱葱的绿色有了新的认识——这些花草树木不仅仅是普通的树木，还是被实高人视为组成校园完整生命中重要的一部分。日后，我走在实高的校园里总能在草丛中看到一些标语：小草在睡觉，请你别打扰……平时在学校里看到许多学生为了不踩到小草总会绕行。我想，在学校的教育下，对于实高人来说，绿色的生命已经变成了这个学校不可或缺的一部分。

我还记得那天在礼堂的舞台上熠熠发光的我们。转眼间，高一已经过去大半，我们迎来了期待已久的合唱比赛。“我相信你，你一定能行的。”我拉着小耳的手跟她说。这次合唱比赛由小耳为我们班伴奏。小耳学了很多年的钢琴，可是她并没有选择当一名艺术生，所以她上台表演的机会并不是很多。她很珍惜这次为班里伴奏的机会，努力了很久才争取到这个机会，生怕会搞砸了。所以她争取到了机会后，便拼命地练习。每天放学后，她都是一头扎进琴房一遍又一遍地练习那首熟悉得不能再熟悉的曲子。到了合唱比赛的那天，小耳穿着一身华丽的礼服，同我们一起走上舞台，坐在钢琴前。舞台上的灯光洒下来，照在我们每一个人的身上，我们脸上带着青春的光芒，这时的我们熠熠生辉。优美的音符从小耳的指尖流出，跳跃着、欢腾着，掀开了这一场合唱的序幕。合唱进行得非常成功，结束时小耳提起礼服裙摆，鞠了一个深深的躬，台下响起了热烈的掌声。小耳告诉我：她很感谢能拥有这样一次机会上台表演，能把她热爱的钢琴与大家分享。这一次机会让她得到了锻炼与成长，我们都在这所被绿色充盈的高中里不断成长。

我站在舞台上，手里紧握话筒，手心细密的汗珠在诉说着我的紧张。这次诗歌朗诵比赛，我作为领诵站在这个舞台上，享受着聚光灯。我深吸一口气念出了那些练习了千百遍的诗词。我热爱用声音去表达自己，去传递感受。这一次我站在礼堂中，有机会去把自己所热爱的东西与他人分享，并且能够得到他人的欣赏。

实高这所学校教给学生的，不仅仅是知识，还有灵魂的指引和人生的导航。在这所学校里，我学会了很多东西——热爱生命，尊重自然，了解自我……

在这所被绿色充盈着的学校里面，我们汲取养分努力成长。我越来越庆幸，我三年的美好青春是在这里度过的。青春太美好，总让人唯恐虚掷，但如果能在这样一所我热爱的高中里度过，我想这是很值得的！

邱文钰：我们与校园环境

澄海实验高级中学，别的方面不说，单是在校园环境方面的管理建设我是很佩服的。

记得小时候第一次进入实验高中校园，它给我最大的印象就是树多。虽然今年入学的时候才发现树的数量比我印象中的有所减少，但我对其的喜爱是有增无减的。一是因为树对保护环境起的作用很大。二是因为树能引起我的无限遐想。

青青一树伤心色，曾入几人离恨中。也许我今天所看到的那一片树木，曾经当过十几届师兄师姐毕业照的背景板。那该有多少人在这里聚集，又有多少人在这里分别啊！走在校园的各个角落，凝望着一棵又一棵树，我好像看到了有一个人倚在树旁背书，又好像看到了一对好友坐在树下闲聊。我似乎看到军训时我们坐在树下乘凉的样子，想起那一张张稚嫩得如春天里雏菊的脸，我感慨万分。现如今的我们与刚来学校时的懵懂又羞涩相比，都成熟、长大了不少。

有树就有鸟栖。实高的鸟叫声也是一大特色。

开学的时候，一位老师对我们这些新生说："每天早上，你们会被这校园里的鸟叫声给叫醒的。"其实不只是早上，每时每刻，鸟叫声都会在我们耳边萦绕。早晨，鸟叫声是早安铃；晚上，鸟叫声便是安眠曲。夜自习安静的教室里，鸟儿就是唯一的声源。下课时同学们的嬉笑打闹声中，夹杂着尖细的鸟叫声，就好像窗外的鸟儿也被我们的愉快感染了似的。现如今，听惯了这实高的鸟叫声，以至于每次我一离开校园，回到我那静悄悄的家里，又或是走上那嘈杂的大街，感受到的只有不习惯。

每天早晨，我都会去艺术楼的走廊上背书，在我离开宿舍的路上都会经过一个垃圾桶。这本来是一件极其平常的事情，可我却深有感触。无论刮风下雨，每次我路过那里，都会发现那个垃圾桶是空的，干干净净，使人心情愉悦。一次偶然，我碰着了那位倒垃圾的人。那是一个瘦瘦的老伯，经常穿着一件发暗的藕荷色单衣，眼睛里又常常充满着笑意，这使他显得慈祥又精神。所以自从那回的初次偶遇后，我都会在人群中留意着他，对他印象非常深刻。

我还在校外遇见过他。有一次放学的时候，我在学校旁边的书店里借书看，到了回家的时间我便往回走。在路上我随手捡了两个饮料罐，正在原地张望寻找垃圾桶的时候。远远的，我看到一个藕荷色身影推着一辆环卫车走了过来。于是我就随手将垃圾丢进去。没想到的是，他呵呵一笑，核桃皮一样皱在一起的脸舒展开来。不大不小的声音传进了我的耳朵里："不愧是读过书的，讲文明！"我愣了一下，随即一股暖流冲上了我的心头。我红着脸和他告了别，回家去了。

其实，在实高校园里，不仅自然环境怡人，还有另一种环境也是令人向往的。

我们班里、宿舍里，充斥的是欢声笑语，大家早就没有了第一天初见时的羞涩和拘束。课堂上，大家都十分活跃，各抒己见；晚自修时，即使是最好动的同学，也是会静下心来埋头学习。近朱者赤，近墨者黑。在一个学习氛围极其淡薄的环境里，学习起来是很吃力的。反之，在良好的学习环境中，自己会在不知不觉中努力向优秀的人看齐，从而学习氛围会更浓厚，人也会不断进步。

营造如此好的学习环境，除了需要同学们的努力配合外，老师们的教导也必不可少。课前，老师们辛苦备课，想方设法地把课堂构建得更加生动有趣。课上，老师们风趣幽默，倾囊相授，无疑是将夸美纽斯的教育思想——“把一切知识教给一切人”体现得淋漓尽致。课下，面对询问问题的学生，老师们热情且耐心。我看过一篇描写某位老师的文章，里面有一句话使我感动不已：“耐心是教师的必备品质，我们不求事业的辉煌，只想保有一颗平常心，用朴素的爱与耐心对待学生。”处于这样的教学环境之中，我们很难不去认真学习、不去感恩！

“心欲小而志欲大，智欲圆而行欲方”“以至诚为道，以至仁为德”“志不强者智不达”……这些都是我们学校中随处可见的书法作品中的名言警句。走过学校的每一个角落，最吸引我的就是这些充满翰墨香气的书画。这些饱含思想精华的句子，用眼去看的人备受鼓舞，用心去体会的人连连赞叹。这是无形的营养剂，也是最有效的提神药。小则可以美化环境，大则可以陶冶情操。处于这样的校园文化环境之中，我们很难不被正能量潜移默化地影响！

自然环境，靠的不仅仅是清洁人员的打扫，更重要的是我们每个学生的自觉；教学环境，靠的不仅仅是老师领导的努力，更重要的是我们每个学生的自律；文化环境，靠的不仅仅是艺术作品的支撑，更重要的是我们每个学生的自省；我们靠实高的美好而进步，实高的美好靠我们这些学子而延续。让我们与实高共同进步吧！

后　记

2018 年 3 月，澄海实验高中被广东省教育研究院认定为首批基础教育研究实验基地学校，承担“绿色行动”校本课程深度开发研究项目。该项目研究工作得到韩山师范学院广东省中小学教师发展中心的大力支持，共建了“专家工作室”，开展合作研究，相约将实验成果编纂成书，并于 2019 年初开始组稿。经过一年多的努力，书稿终于完成，研究项目也进入结项阶段。

本书是研究项目成果之一，收集和整理了学校近年创建“绿色教育”特色学校的一些经验材料，从一个侧面反映学校开展强校、强师、强学的“绿色行动”的基本情况，集中体现近年来学校在完善“绿色教育”文化体系，努力打造生态文明校园、智慧校园、书香校园，促进校园文化升级、教师专业发展、学生学业进步方面的一些成果。

为了寻觅“绿色教育”文化体系的缘由，本书在第一编引言部分简单追忆了学校在师范时期的立校主张、教研氛围和办学特色，所用素材取自方志、旧报和师友访谈，因受限于篇幅只勾画大概。引言标题由老校长卢楚德先生文章《洒下光和热，杏坛尽芳菲》点窜而来。部分事迹采用了陈俊义、蔡林然、蔡沛勤、冯健等师范时期校领导、教师的文稿，在此表示感谢。

澄师到实高，一个甲子沧海桑田，花萼相辉，衣钵传承，继往开来，哺育万千学子。“给我们一把种子，定让它花果飘香”，“我们贴在地面上步行，不在云端跳舞”，这是澄师留给实高的宝典，成为实高人的教育信念和行为写照。饮水思源、不忘桑梓，谨此致敬澄师历任校长及历届师友！

观昔鉴今，勿忘使命。澄海实验高中办学已满二十载，学校办学历史的积淀和凝结，是全体师生共同创造的精神财富。编者借此契机，梳理了二十年来学校发生的主要事件、重要决策措施、教育教学成果、师生工作学习成就等，作为文字史料存留。学校保存的文献较多，如国家、省、市等级学校评估报告、年度工作总结、课题研究成果、年度校刊、师生荣誉册、教师论文集、学生作品选等，都是校史撰写的第一手材料。由于学校办学时间不长，亲历、亲闻、亲见的史料易举易得，整理过程没有遇到多少困难。书中诸多素材引用了历任校长在任期间的文献资料，如林惜平校长、侯庆生两位校长发表的论文、讲话，主持制订的学校发展规划；廖世雄、蔡耀得、曾瑾三位同志在本校任副校长期间撰写的绿色教育、学校文化建设、教育教学管理方面的文献材料；还有余希武、王旭宜校长在职期间的特色学校创建材料，在此一一致谢。

学校精神文化一直在发挥着陶冶人、涵养人、感召人、凝聚人的作用。本书有大量篇幅叙述了学校绿色教育文化体系的沿革，阐述了其内涵、结构、理论依据。澄海实验高中绿色教育文化能够形成体系并成熟强大起来，得益于历届领导班子的集体智慧，更得益于全体教师和学生矢志不渝地践行绿色教育理念。这二十年是“绿色学校”的春天，也是“绿色发展”的黄金时期。在这二十年里，澄海实验高中的师生员工，坚守初心使命，保持稳健行走的姿态，从不放弃，毫不动摇，创造了一个又一个区域教育奇迹。谨此向为澄海实验高中奉献青春韶华的管理人员和全体教职工致敬。

参与本书编写的还有学校其他管理人员和师生：各学科教研组组长积极配合组织文章的征集工作，撰写学科核心素养学习指导；本书的编写工作还得到了承担教育科研、信息化中心学校“种子教师”的支持，他们提供了课题研究成果和教学案例，参加澄海区“我与学校特色培育同成长”征文获奖师生亦贡献了文章心得；谢泽鸿、邱桂清、陈曦怀、郑婉华、许春梅等教师为部分书稿做审校；特别让我们感动的是，基地建设和本书的编写均得到了韩山师范学院张君敏、黄俊生、李静、苑青松等专家的支持和指导；本书的出版还得到了韩山师范学院和暨南大学出版社的大力支持和帮助，在此一并致以衷心感谢。

本书是韩山师范学院与澄海实高共建“专家工作室”的合作成果，除部分文章有作者署名外，其余皆由主编供稿。本书的编写参阅了相关书籍与材料，一些引用内容已在相关章节中注明出处，在此向原作者表示衷心感谢。书稿的完成得益于首届基础教育研究实验基地学校建设项目，感谢广东省教育研究院领导、专家的关怀和指导。虽然我们倾注了大量的时间与精力编写本书，但由于编者水平有限，书中仍不尽如人意之处或错漏不足之处，恳请读者批评指正。

许守武

澄海实验高级中学校长

2021 年 2 月 10 日